Geschiede

Robert Lemm

Geschiedenis van Spanje

Uitgeverij De Arbeiderspers
Amsterdam · Antwerpen

Eerste druk september 1997
Tweede druk juni 1998

Omslagontwerp: Nico Richter
Omslagfotografie: Peter van Roon

ISBN 90 295 2786 2 / NUGI 641

'...want historici dienen nauwgezet, waarheidsgetrouw en strikt onpartijdig te zijn; eigenbaat en vrees, wrok en voorliefde mogen hen niet afbrengen van de weg van de waarheid; en de moeder van de waarheid is de geschiedenis, rivale van de tijd, vat van de verrichtingen, getuige van het verleden, voorbeeld en waarschuwing van het heden, voorbode van de toekomst.'

Cervantes, *Don Quijote*, eerste deel, hoofdstuk IX.

Inhoud

Proloog

Cervantes noemde geschiedenis retorisch 'moeder' van de waarheid. Dat idee, zo schreef Jorge Luis Borges in 'Pierre Menard, autor del Quijote' uit 1939, verbaast ons. Want in onze tijd verstaat men onder geschiedenis niet de oorsprong, maar het onderzoeken van de werkelijkheid. Ooit verstond men onder historische waarheid niet wat er gebeurd is, maar wat wij geloven dat er gebeurd is. Het verleden gold vooral als waarschuwend voorbeeld en richtingwijzer. Door van het verleden te leren kon men het komende voorzien. Wie dat deed heette een profeet en een dichter. De dichter zocht in de geschiedenis epiek, drama. Als ik me niet vergis was de negentiende-eeuwse historicus, de romanticus althans, nog een beetje profeet en dichter. Op grond van zijn overtuiging maakte hij van geschiedenis een relaas, een verhaal.

Volgens Huizinga in zijn opstel 'Over vormverandering der Geschiedenis' uit 1941 liet het gemeenschappelijk verleden zich tot medio negentiende eeuw nog 'verdichten': 'Men ziet personen optreden, terwijl de massaverschijnselen nog op de achtergrond blijven.' Vanaf de tweede helft van de negentiende eeuw ziet Huizinga dat proces dat wij geschiedenis noemen, 'vormeloos' worden onder invloed van massabewegingen. De personen, eens dragers van het collectieve gebeuren, ruimen hoe langer hoe meer het veld voor sociale golfbewegingen. Waar bijvoorbeeld Thomas Carlyle in 1845 de geschiedenis terugbracht tot de 'biografieën van grote mensen', zag Hegel in 1820-1830 diezelfde mensen als 'schuimkoppen' van die golfbewegingen. Hegels zienswijze werd dominant. Aan het eind van de negentiende eeuw ging men geschiedenis beschouwen als het evolutief proces van een mensheid in groei van kinderjaren via jeugd naar volwassenheid, om met Oswald Spengler in 1917 haar ouderdom en ondergang te bereiken, waardoor het cyclische idee van de zeventiende-eeuwse Italiaan Giambattista Vico opdoemt.

De twintigste eeuw vertoont op het punt van geschiedschrijving een vergaarbak van feiten voor toetsing van theorieën. Statistieken, cijfers, archiefstukken, documenten, details worden als voor zichzelf sprekende getuigenissen aangevoerd, als waren de aandragers klerken van een kloon onpersoonlijke informanten. Men houdt de schijn op van een boven de feiten staande objectiviteit, die vrij van waarden is. Maar geschiedschrijving die vrij van waarden is, bestaat niet. Een historicus selecteert, maakt keuzen en interpreteert afhankelijk van zijn visie. Er is geen visie zonder een of ander, sterker of zwakker geloof. Je zou hoogstens kunnen onderscheiden tussen historici die duidelijk voor hun geloof uitkomen, historici die het verbergen en historici die geen geloof hebben. Onder de eersten zijn er die de werkelijkheid vereenvoudigen, onder de laatsten vindt men de theoretici en de schrijvers van 'handboeken'. Mijn *Geschiedenis van Spanje* wil geen theorie of handboek zijn, maar een duiding van feiten en gebeurtenissen die zodanig zijn gekozen en gerangschikt dat de lezer door de bomen het bos blijft zien.

'*Renaissance* en *cultuur* zijn moderne uitvindingen tegen de Middeleeuwen, én tegen Spanje,' schreef Miguel de Unamuno in 1912 in zijn hoofdwerk *Del sentimiento trágico de la vida*. Die uitspraak mag men als de leidraad van mijn boek beschouwen. Dat houdt in dat ik, over het algemeen genomen, de sterkte van Spanje zie in de christelijke gedrevenheid van de zestiende en zeventiende eeuw. Omgekeerd houdt dat in dat ik over het algemeen Spanje niet vind overtuigen wanneer het 'modern' wil zijn. Wie Renaissance belangrijk vindt, kan zijn hart ophalen aan Italië. Wie beschaving en cultuur zoekt, heeft Frankrijk en Duitsland tot zijn beschikking. Wie nieuwsgierig naar de toekomst is, moet naar de Verenigde Staten kijken. Spanje lijkt in de wieg gelegd voor kruistocht en mystiek, voor soldaten en monniken, voor een middeleeuws ideaal dat met de Habsburgers ten onder ging. Dat Spanje om dat ideaal is gehoond, en nog steeds wordt gehoond – zoals bleek tijdens het vijfhonderdjarig jubileum van de ontdekking van Amerika in 1992 – vormde een belangrijke reden om dit boek toe te voegen aan mijn eerder gepubliceerde *Ochtend van Amerika* (1989) en *De Spaanse inquisitie* (1993).

Het specifieke christendom van Spanje, dat door het eeuwenlange samenwonen met mohammedanen en joden is getekend, de continue spanning tussen centralisme en regionalisme sinds de eenwording van eind vijftiende eeuw, de zwarte legende vanaf de Tachtigjarige Oorlog met de Nederlanden en de controverse van de twee Spanjes sinds het einde van de achttiende eeuw, lijken mij de permanente trekken van de Spaanse geschiedenis. Rond die trekken is het bouwwerk van mijn relaas opgetrokken. Spanje is niet, zoals geen enkel land, een doel, maar een middel.

Het doel van de geschiedenis is niet om ons naar een concreet land te brengen, maar het doel van een land is om ons naar de geschiedenis te brengen, naar het bewustzijn van de gevarieerde, oneindige en eeuwige mensheid, en zelfs naar het bewustzijn van God.

Ik dank Charlotte de Cloet, Erik Coenen, Annelies Reesink, Hans de Vries en Jan de Wijer voor hun waardevolle aanwijzingen en de kritische aandacht waarmee zij mijn manuscript hebben gelezen.

Robert Lemm, mei 1997

Middeleeuwen

I Hispania

HET MYTHISCHE BEGIN

Volgens Juan de Mariana, wiens *Geschiedenis van Spanje* – die stamt uit het begin van de zeventiende eeuw en is opgedragen aan koning Filips III – de tijd tussen Adam en de ondergang van de onoverwinnelijke Armada in 1588 bevat, zou Tubal de eerste mens zijn geweest op het Iberisch schiereiland. Tubal was een zoon van Jafeth, volgens kerkvader Augustinus de stamvader van de Grieken. Jafeth heette ook de jongste van de drie zonen met wie aartsvader Noach de zondvloed had overleefd. Aldus gaf historicus Mariana de Spanjaarden, die in zijn tijd op het toppunt van hun macht stonden, een bijbels-Griekse oorsprong, nog verluchtigd door de mythologie. Want een van de werken van Hercules betrof het uitschakelen van de monsterlijke koning Geryon, die over het westelijke Hispalis heerste. Een volgend werk voerde de held naar de Hesperiden, de dochters van de avondster of Hesperos (Vesper), die in het bezit waren van gouden appels. Voor de Grieken heette het uiterste westen, waar de zon ondergaat, Hesperia, het avondland. Een andere mythe vertelt dat de Hesperiden dochters waren van de titaan Atlas. Diens land Atlantis, dat buiten de zuilen van Hercules of Straat van Gibraltar lag, was ooit door de oceaan verzwolgen. Dat zou volgens Plato zijn gebeurd omdat de regeerders van die utopie tegen de goden hadden gerebelleerd. Mogelijk overblijfsel van die 'gouden eeuw' was het legendarische Tartessos, dat sommigen associeerden met het bijbelse Tarsjisj en situeerden in het uiterste zuidwesten van het schiereiland, aan de zeeweg naar de gelukzalige eilanden die Odysseus voorbij de zuilen van Hercules hoopte te vinden. Spanje kon dus bogen op gezegende grond. Dat was reden voor de twee grote voorlopers van Mariana – bisschop Isidorus van Sevilla (560-636), schrijver van de eerste encyclopedie, en koning Alfons de Wijze (1221-1284), schrijver van de eerste algemene geschiedenis – om hun land als 'uitverkoren' te beschouwen, als aangeraakt door het goud van het paradijs.

Sint Isidorus van Sevilla en zijn zuster Florentina

De meeste moderne geschiedschrijvers beginnen liever in de 'ijzeren tijd', toen het land bewoond werd door de Keltiberiërs. De Kelten zouden uit het noorden, de Iberiërs uit het zuiden zijn gekomen. Van die Keltiberiërs weet men niet veel meer te vertellen dan dat ze van landbouw, veeteelt en mijnbouw leefden en dat ze na verbranding van hun doden de as opborgen in urnen. De eerste bewoners van Hesperia van wie men meer weet, waren de Feniciërs. Die bezaten al vanaf 1000 voor Christus factorijen aan de oostkust tot aan het vermaarde Tartessos of Gades (Cádiz) in het zuidwesten. Na de ondergang van het Fenicische Tyrus in de zesde eeuw voor Christus, tijdens de Babylonische ballingschap, namen de Grieken de handelscontacten van hun concurrenten over. Ze stichtten rond 575 de plaatsen Ampurias en Rosas aan de noordoostelijke kust. Gaandeweg werden de Grieken verdrongen door de Carthagers, die Sicilië, Sardinië, Corsica en de Balearen koloniseerden en op het vasteland, in het zuidoosten, Carthago Nova bouwden, het latere Cartagena. In de derde eeuw voor Christus kwamen de Carthagers in botsing met de Romeinen, wat resulteerde in de drie zogeheten Punische oorlogen. Tijdens de tweede van die oorlogen raakten beide grootmachten slaags om de stad Saguntum, ten noordoosten van het latere Valencia. Die slag, van 219, luidde het begin in van de Romeinse tijd.

DE ROMEINEN

Tegen 213 voor Christus arriveerde Publius Cornelius Scipio (Major) – die later de bijnaam Africanus kreeg omdat hij Carthago definitief zou overwinnen – als proconsul, of Romeins gouverneur, in Hispania. Een eeuw later werden de Keltiberiërs, die verdeeld waren over verschillende, elkaar bestrijdende stammen, verslagen. Viriathus, een van hun hoofdmannen, werd verraderlijk in zijn slaap vermoord, en Scipio Minor, de aangenomen zoon van Major, brak het verzet van de stad Numantia, waarvan de bewoners liever de hongerdood trotseerden dan zich over te geven. Aanleiding voor Cervantes om in de gloriedagen van het Spaanse imperium de moed van zijn landgenoten te prijzen met de leuze 'liever dood dan slaaf' en de Spaanse overheersing van Italië te rechtvaardigen met de uitspraak dat waar Rome Numantia had vernederd, Rome nu het juk van

Spanje moest gedogen. In 82 werd Sertorius Romeins gouverneur van Hispania. Hij maakte zich geliefd bij de plaatselijke bevolking en gaf, als we Plutarchus mogen geloven, blijk van een gedrag dat doet denken aan de latere Cid. Nadat Pompejus korte metten had gemaakt met de van Rome te onafhankelijke Sertorius, moest hij op zijn beurt buigen voor Julius Caesar. In die tijd, zo'n halve eeuw voor Christus, was het Iberisch schiereiland verdeeld in twee districten: Hispania Ulterior, waar de invloed van Caesar gold, en Hispania Citerior, waar Pompejus het voor het zeggen had.

Met keizer Augustus nam de romanisering van Hispania een aanvang: administratief, juridisch, sociaal, cultureel. Er verrezen tempels, steden met aquaducten en theaters. Wegen en bruggen zorgden voor de verbindingen. Het Latijn diende zich aan als voertaal voor de handel en de rechtspraak. De bevolking van ongeveer zeven miljoen zielen bestond uit vrijen en slaven, landbezitters en landbewerkers. Keramiek en vooral mijnbouw (bij Carthago Nova) bezorgden Hispania faam. Consuls en pretoren die na hun ambtstermijn naar Rome terugkeerden, verzuimden niet om goud en zilver mee te nemen. De latere Spaanse geschiedschrijving verzuimde op haar beurt niet om iedere beroemde Romein die op Iberische bodem was geboren voor het nationale patrimonium op te eisen. De filosoof Seneca werd de vader van een stoïcisme dat doorgaat als typerend voor de Spaanse volksaard. De dichter en historicus Lucanus, de welsprekende Quintilianus, de om zijn epigrammen geprezen Martialis zouden allen aan de wieg hebben gestaan van de Spaanse literatuur. Zelfs keizers als Trajanus, Hadrianus, Marcus Aurelius en Theodosius zouden al blijk hebben gegeven van autochtone trekken. En omdat Spanje het katholicisme in zijn vaandel draagt, vermeldt menig historicus vol trots dat de Maagd Maria, staande op een pilaar bij de stad Zaragoza, aan de daar aanwezige apostel Jakobus was verschenen om hem te helpen bij de verbreiding van het christendom onder de Keltiberiërs. Ook de apostel Paulus zou, op een van zijn missiereizen, Hispania hebben bezocht (Romeinen 15:28).

In het begin van de derde eeuw na Christus waren de Keltiberiërs Romeinen geworden. Dat bracht keizer Caracalla ertoe alle vrije mannen het staatsburgerschap te verlenen. Keizer Diocletianus (284-305) verdeelde Hispania in vijf gewesten: Baetica, met als hoofdstad Corduba (Córdoba); Lusitania, met als hoofdstad Emerita Augusta (Mérida); Gallaecia (Galicië), met Braga; Cartaginense, met Carthago Nova; en Tarraconense, met

Tarraco (Tarragona). Het zesde gewest dat onder Hispania viel, was Mauritania (Noord-Afrika), met Tingis (Tanger) als hoofdstad. Aan het hoofd van ieder gewest stonden pretoren en senatoren. Dezen waren verantwoording verschuldigd aan de proconsul, die direct onder de keizer stond. Elke stad van betekenis had *duumviri* (tweemanschappen als burgemeesters), twee *aediles* (bewakers van de openbare orde) en was in het bezit van een eigen gerechtshof en een aan de keizer gewijde tempel. Maar de Romeinse veelgoderij verloor snel terrein ten gunste van het christendom, dat van drie bisschopszetels in 220 uitgroeide tot 37 aan het eind van de eeuw. Tijdens het bewind van de keizers Decius (249-251) en Diocletianus vielen er op grote schaal martelaren onder degenen die zich tegen de staat verzetten. Maar na het edict van Milaan uit 313, dat de christenen de vrijheid gaf om hun godsdienst openlijk te belijden en kerken te bouwen, sloegen de ketterijen toe. De bekendste Hispaanse ketter is Priscillianus, uitdrager van het manicheïsme, die in 385 te Trier werd terechtgesteld omdat hij de autoriteit van de uit Spanje afkomstige keizer Theodosius had uitgedaagd.

BYZANTIUM

Vanaf 330 na Christus verhuisde de eerste christelijke keizer, Constantijn, naar het oosten. Door de nieuwe hoofdstad Constantinopel verschoof het zwaartepunt van het Romeinse Rijk en werd het westelijke Hispania een randgebied. De bevolking nam af, de handel verslapte en een nieuwe ketterij begon om zich heen te grijpen: het arianisme. In 325 werd de leer van Arius, die betoogde dat Christus alleen maar mens was en geen God, veroordeeld op het Concilie van Nicaea. Maar het zou nog een eeuw duren alvorens de dwaalleer van Arius volledig was uitgeroeid. Dat gebeurde eerder in Constantinopel dan in Italië en Hispania, waar het arianisme zijn stempel drukte op de politieke verwikkelingen. De uit het oosten verjaagde arianen kregen namelijk aanhang onder de Goten, die de keizers van het West-Romeinse Rijk zouden afzetten. Ulfilas bijvoorbeeld, die rond 377 de Heilige Schrift in het Gotisch vertaalde, was een ariaan. De Goten waren geromaniseerde barbaren, die aan de grenzen van het Rijk woonden en die door het oprukken van de Hunnen naar binnen werden gedreven. Tegelijkertijd stroomden er ook barbaren van buiten het Rijk naar binnen. In Hispania waren dat de Suebi (wier naam voortleeft in het Duitse Zwaben), de Vandalen (die hun naam zouden geven aan Andalusië) en de Alanen (vermoedelijk van Perzische herkomst).

Toen de Oost-Goot Odoaker in 476 de laatste keizer van het West-Romeinse Rijk afzette, hadden de Hispaanse en de Gallische Goten zich al van Rome losgemaakt. De Galliërs gingen zich Franken noemen. De Hispani heetten voortaan West-Goten. De eersten waren, sinds de bekering van Clovis tot het christendom in 497, orthodox. De anderen, bezuiden de Pyreneeën, waren arianen, net als de Oost-Goten in Italië. De voornaamste reden om aan het arianisme vast te houden was de angst voor Byzantium (Constantinopel), dat met het wapen van de orthodoxie zijn expansie naar het Westen heiligde. Aanvankelijk werden de West-Goten vanuit Toulouse (Septimania) geregeerd, maar onder Alarik II maakte Hispania zich in 507 zelfstandig, terwijl de Italiaanse Oost-Goten nog in 540 onder Byzantijns bestuur vielen. Die situatie maakte dat Hispania bleef vasthouden aan het arianisme.

DE GOTISCHE MONARCHIE

De keer kwam onder het bewind van Leovigildus (569-586), de eerste West-Goot die koninklijke waardigheid claimde door zich breeduit op een met purper en goud versierde troon te planten. Tot dan toe waren de Goten, naar Germaanse traditie, gewoon om telkens de sterkste tot hun leider te kiezen en die op hun schilden te verheffen. Maar Leovigildus wilde dat zijn zoon Hermenegildus hem zou opvolgen. Nu had hij deze uitgehuwelijkt aan een Frankische prinses, Ingund, en Ingund was orthodox opgevoed. Onder haar invloed bekeerde Hermenegildus zich tot de rechtzinnige leer. Die stap bracht zijn vader ertoe hem te vermoorden. Maar na de dood van Leovigildus verklaarde zijn tweede zoon, Recaredus, in 587 de orthodoxie tot de enige waarheid. Gregorius van Tours (539-594), schrijver van een geschiedenis van de Franken, juichte de stap van Hermenegildus toe. Isidorus van Sevilla, zijn geleerde tijdgenoot en schrijver van een geschiedenis van de West-Goten, was minder lovend over de rebellie van de zoon tegen zijn vader, hoewel hij het arianisme, zij het bedekt, afkeurde. Filips II zorgde er duizend jaar later voor dat Hermenegildus heilig werd verklaard.

Tussen 526 en 672 vonden er tien concilies plaats in Toledo, de hoofdstad van het West-Gotische Rijk. Die concilies dienden niet alleen godsdienstige, doch vooral seculiere zaken. De kerk had belang bij een stabiel wereldlijk bestuur, maar vrijwel geen enkele scepter bleef lang onbetwist. Revoluties waren schering en inslag. De Goten mochten dan het Romeinse bestuur hebben overgenomen, bij gemis van erfopvolging bleef de machtsuitoefening een hachelijk avontuur. Koningen werden gekozen, niet geboren, maar als ze eenmaal in het zadel zaten, dan was hun zeggenschap onbeperkt. Ze waren zowel wetgever als opperrechter en legeraanvoerder. Regels en instellingen bestonden alleen op papier. Die willekeur veroorzaakte opstanden, koningsmoorden, factievorming onder de landadel. Bij tijd en wijle werden er, vooral door kerkelijke kringen, pogingen ondernomen om het koningschap via erfopvolging te stabiliseren, maar de Germaanse gewoonte van het recht van de sterkste bleek onuitroeibaar. Even onuitroeibaar waren de andere hartstochten. Voor openlijk overspel en sodomie bijvoorbeeld geneerden de hoge heren zich evenmin als voor diefstal en afpersing, vraatzucht en wreedheid. Ze moesten nog leren hun ondeugden te verbergen.

Stedenbouw en handel interesseerden de Goten niet, zodat er van 'beschaving', afgezien van wat kloosters, geen sprake was. Men leefde van de visvangst en de landbouw. De slaven, die voor de vrijen de akkers bewerkten, dienden als dat nodig was in de legers van hun heren. Syriërs, Grieken en joden hielden zich met de aanvoer en doorverkoop van goederen bezig. Dat er veel joden waren, bewijzen de maatregelen die sommige concilies tegen hen afkondigden. Ze stonden continu onder druk om zich te bekeren en kregen zware straffen wanneer ze zich, eenmaal bekeerd, als joden bleven gedragen. Onder koning Sisebuto (612-621) vonden er grote vervolgingen plaats.

Wamba, die van 627 tot 680 regeerde, staat bekend als een van de weinige vorsten van moreel gewicht, maar hij werd door een vijandige partij afgezet. Zijn kleinzoon Egica wist de adel, die tegen zijn grootvader in opstand was gekomen, in te tomen, maar Egica's zoon en opvolger Witiza raakte weer in een karakteristieke familievete verstrikt. Dat had een burgeroorlog tot gevolg, die door de Afrikaanse mohammedanen zou worden benut. Rodrigo, de laatste Gotische koning, moest in 711 het veld ruimen voor de binnenvallende moren. De Goten bleken zowel zedelijk als militair uitgeput. Het merendeel van de bevolking viel het Gotische gezag af en liep naar de nieuwe machtigen over.

Over de Goten en hun tijd bestaan verschillende visies. Volgens Isidorus van Sevilla, het grootste intellect tijdens de West-Gotische periode, stamden de Goten of Getae af van Magog, een zoon van Jafeth. Ze zouden volgens deze kerkvader verwant zijn aan de Scythen en door de Hunnen naar het Romeinse Rijk zijn gedreven. Koning Alfons de Wijze, die zes eeuwen later leefde, verweet de eens zo trotse en vrije Goten – die hij al als rechtgeaarde Spanjaarden beschouwde – dat ze slaven waren geworden van hun eigen ondeugden, en daarom zou God ze hebben overgelaten aan de geharde, barbaarse moren.

De 'verlichte' historicus Edward Gibbon (*Decline and Fall of the Roman Empire* uit 1776-1788) betoogde dat 'Spanje als provincie van Rome floreerde, maar als koninkrijk aan uitputting en machtsmisbruik ten onder ging'. Keizer Theodosius zou 'het vrolijke heidendom hebben vernietigd en de tirannie van de ondoorgrondelijke triniteitsleer hebben ingevoerd'. De Amerikaan William Prescott, een negentiende-eeuwse Spanje-kenner, noemde de Goten liberaal en democratisch. José Ortega y Gasset, de bekende twintigste-eeuwse socioloog en schrijver van *De opstand der horden*, had liever gezien dat Hispania wat 'Frankischer' was geweest. Volgens de toonaangevende cultuurhistorici Marcelino Menéndez y Pelayo en Américo Castro kan men de Goten nog geen Spanjaarden noemen. Julián Marías, een van de laatste historici met een duidelijke visie, is van mening dat de Goten Spanje op het gebied van taal en godsdienst tot een eenheid maakten.

2 Al-Andalus

DE ARABISCHE INVASIE

In 711 – het negentigste jaar van de hidzjra volgens de mohammedaanse tijdrekening – overspoelden Noord-Afrikaanse berbers het Iberische schiereiland. In luttele eeuwen waren de islamieten oostwaarts tot in India doorgedrongen en niets hield hun opmars naar het westen tegen, totdat de Frank Karel Martel ze in 732 bij Poitiers tot staan bracht. Bezuiden de Pyreneeën zouden ze standhouden tot 1492, het jaar waarin de verenigde legers van Castilië en Aragon het laatste moorse bolwerk op Iberische bodem ontmantelden. De acht tussenliggende eeuwen vullen in de Spaanse geschiedschrijving het hoofdstuk van de Reconquista, of herovering. De fasen van dat proces laten zich in christelijk perspectief afmeten aan de wisselende graden van solidariteit onder de christenen en die van desintegratie onder de mohammedanen. De hechtheid van het gemeenschappelijke front van de eersten is steeds omgekeerd evenredig aan de onderlinge verdeeldheid van de anderen, en vice versa. Bovendien werden de strijdenden van beide kanten gesteund en voortgestuwd door respectievelijk de Frankische vorsten en de Noord-Afrikaanse emirs. Het schiereiland vormde aldus de arena van twee nu eens botsende, dan weer coëxisterende wereldbeschouwingen.

Wat verwondering wekt is hoe het betrekkelijk kleine leger van de Noord-Afrikanen (ongeveer twaalfduizend man) zo snel de numerieke overmacht van de laatste West-Gotische koning, Rodrigo, op de knieën kreeg. De militaire oorzaken zijn gelegen in de heilige gedrevenheid van de mohammedaanse nomaden enerzijds, en in de tegenstellingen onder de Gotische adel, alsmede de onbetrouwbaarheid van hun horigen anderzijds. Die laatsten gaven zich zonder slag of stoot aan de indringers over en bekeerden zich tot de islam. De directe aanleiding voor de inval is tot een legende uitgegroeid. Graaf Julián, een vazal van koning Rodrigo in Ceuta – een Gotische buitenpost aan de overzijde van de Straat van Gibraltar – zou de Arabische gouverneur van Noord-Afrika, Moesa, tot de over-

Maimonides

steek hebben aangezet uit wraak. De koning had namelijk de dochter van de graaf onteerd. Ook de joden, die periodiek werden vervolgd tijdens het Gotische bewind, hadden belang bij een wisseling van de wacht. Feit of fabel, het gebeuren diende het zelfbewustzijn en de oorlogspropaganda van de christenen en werd mettertijd, toen het Spaanse imperium op zijn hoogtepunt stond, van een morele uitleg voorzien: het Gotische Hispania was ooit om zedenverwildering door God gestraft, dus dienden de christenen zich nu in toom te houden, want anders zouden zij een nieuwe, ditmaal Turkse invasie over zich afroepen. De beroemdste versie van de legende, 'De voorspelling van de Taag', is van de hand van de zestiende-eeuwse theoloog en dichter *fray* Luis de León.

Een tweede legende, eveneens onderdeel van de krijgsmystiek, betreft don Pelayo, een andere vazal van koning Rodrigo. Deze wist in 722 in het noordelijk bergland aan de Cantabrische kust met een handjevol gevluchte Goten de moren te weerstaan bij de grot van Covadonga. Uit zijn nageslacht kwamen de koningen van het eerste christenrijk Asturië. Dat breidde zich allengs uit over het noordwestelijke Galicië, waar rond 790 het graf werd gevonden van de apostel Jakobus. Die 'vondst', die in een wolk van wonderen is gehuld, verleende de strijd van de christenen een gewijd karakter. Santiago, zoals de apostel op zijn Spaans heet, voerde op een witte hengst en met geheven zwaard de legers van het licht aan tegen de horden van de duisternis. De pelgrimsroute naar Santiago de Compostela trok weldra ridders uit heel Europa die zich voor de kruistocht verdienstelijk wilden maken.

Koning Rodrigo, graaf Julián, don Pelayo en Santiago werden de symbolen van een volk dat, volgens de twintigste-eeuwse Spaanse geschiedschrijver Julián Marías, nimmer de Arabische overheersing heeft geaccepteerd en dat altijd een christelijke monarchie heeft willen zijn. Dat de Arabische geschiedschrijvers met betrekking tot het Iberisch schiereiland andere verwachtingen koesterden en aan de periode 711-1492 hun eigen uitleg gaven, spreekt vanzelf.

HET EMIRAAT

Daags na hun eclatante overwinning aan de Guadalquivir bij Jerez kregen gouverneur Moesa en zijn legeraanvoerder Tarik ruzie. Beiden werden teruggeroepen naar Damascus, in die tijd het machtscentrum van de islam. Achter bleef Abd Al-Aziz, zoon van Moesa, die huwde met de weduwe van de verslagen koning Rodrigo. De meeste Gotische edelen namen de islam aan. Wie aan het christendom wilde vasthouden, hoefde niet te vertrekken, maar wachtte een tweederangsstatus met extra belasting. Slechts enkele edelen namen de wijk naar het noorden. De overgrote meerderheid der horigen aanvaardde de nieuwe godsdienst en vele Hispaans-Gotische vrouwen trouwden met gearabiseerde berbers. In het oosten van het schiereiland, waar de nieuwe machthebbers hun gezag nog niet geheel konden laten gelden, bleven christelijke enclaves bestaan, de zogeheten rijkjes van Todmir. Al met al onderwierpen zich ongeveer acht miljoen ingezetenen aan twintigduizend nieuwkomers van verschillende stammen onder aanvoering van een elite uit het Midden-Oosten. Het lag dus voor de hand dat de nieuwkomers veel van de bestaande, Hispaans-Gotische levenswijze overnamen en dat de islam op het Iberisch schiereiland een ander aanzien zou krijgen dan in Damascus of op het Arabische schiereiland. Het 'romance' of Romaans (verbasterd Latijn) bijvoorbeeld, de taal van de overwonnenen, bleef naast het Arabisch als tweede voertaal gehandhaafd.

Tussen 711 en 750 hing Al-Andalus, zoals het Arabische Spanje heette, af van Damascus. In dat laatste jaar verschoof het machtscentrum van Damascus naar Bagdad. Die gebeurtenis was het gevolg van de moord op de afstammelingen van Omar, de Omayaden, door de Abbasiden, die via Aboe Abbas prat gingen op hun afstamming van de Profeet. De Abbasiden veranderden Bagdad in de sprookjesstad van duizend-en-een-nacht, zetel van Haroen Al-Rasjid, de Arabische Salomo en tijdgenoot van Karel de Grote. Maar een van de Omayaden wist aan de slachting te ontsnappen en vluchtte door Noord-Afrika naar Al-Andalus. Hij verenigde er de onhandelbare berbers, maakte van Córdoba een tweede Damascus en sneed zes jaar later, als Abd Er-Rahman I, Al-Andalus los van Bagdad. Daarmee begon het westerse emiraat. Vele vluchtelingen uit het Midden-Oosten stroomden toe en gaven hun nieuwe land een meer oosters aanzien. Pogingen van Bagdad om Córdoba alsnog te onderwerpen mislukten. Abd Er-Rahman breidde zijn rijk uit naar het noorden, waar de christenen de hulp inriepen van Karel de Grote. Dat leidde onder andere tot diens interventie en nederlaag bij Roncesvalles in 778, waarvan het latere Roelandslied verhaalt.

Het emiraat van Córdoba nam het Gotische systeem van grootgrondbezit over en importeerde daartoe slaven uit Afrika. Die moesten de rijst, katoen, olijven en saffraan verbouwen, waarom de agricultuur draaide. Maar ook de schapenteelt breidde zich uit. Vernieuwingen op het gebied van stedenbouw, fortificatie, architectuur, irrigatie, belastingheffing, topografie, botanica en textiel zouden een blijvend stempel op het leven van het schiereiland drukken en hun sporen achterlaten in het Romaans, voorbode van het Spaans.

Het bestuur stond aanvankelijk onder leiding van een vorst of emir, later een kalief, die behalve staatkundige tevens geestelijke macht uitoefende. Hij werd bijgestaan door een raad van edelen onder supervisie van de eerste minister of *hayib*. De rechterlijke macht was in handen van de kadi's, voorgezeten door een opperrechter die verantwoording verschuldigd was aan de vorst. Staat en godsdienst waren innig verstrengeld. Onderdanen die niet tot de islam behoorden, zoals de christelijke 'mozaraben', moesten dubbele belasting betalen en in aparte buurten wonen, met eigen rechters. De joden, die meestal vrije beroepen hadden, genoten in het begin respect, maar naarmate de Arabische bestuurders zich zekerder van zichzelf voelden, verloren ze aanzien. Later, na het uiteenvallen van het kalifaat, zouden ze ten prooi vallen aan vervolgingen van fundamentalisten, evenals trouwens de 'mozaraben'. Wie zich tot de islam bekeerde, hoefde niet meer als slaaf te werken, maar werd voorlopig met argwaan bejegend. Onder de mohammedanen zelf vormden degenen die uit het Midden-Oosten waren gekomen en op zuiver Arabisch bloed konden bogen, de bovenklasse. Daaronder stond de meerderheid van Noord-Afrikaanse berbers, wier bekering tot de islam van kortgeleden was. Geleidelijk vermengden Arabieren en berbers zich met elkaar en met christenen die tot de islam waren overgegaan. De kinderen uit die gemengde huwelijken werden *muladi's* genoemd.

Over de onderlinge betrekkingen tussen het Arabische Spanje en de noordelijke christenen verschillen twintigste-eeuwse historici nog altijd van inzicht. De discussie spitst zich vooral toe rond de vragen hoe Spaans Al-Andalus was en hoe diep de Arabische cultuur het christelijke Spanje heeft beïnvloed. Américo Castro schrijft het Spaanse christendom sterk islamitische en joodse trekken toe, terwijl Claudio Sánchez Albornoz daar met vuur tegen ingaat, de invloed oppervlakkig noemt en het onderlinge contact tussen christenen en moslims tijdens de Arabische overheersing te verwaarlozen acht. Hun polemiek, die in wezen om een 'meer of minder' draait, heeft scholen opgeleverd die de geschiedschrijving van Spanje onafgebroken in hun greep houden.

In 929 riep Abd Er-Rahman III zich uit tot kalief, ofwel 'beschermer van alle gelovigen'. Tot dan toe waren de opvolgers van de eerste Abd Er-Rahman louter 'emirs' – ofwel officieel van het Midden-Oosten afhankelijke onderkoningen – geweest, en dus begint nu pas het eigenlijke kalifaat van Córdoba. Abd Er-Rahman III kreeg voor elkaar wat zijn voorgangers niet was gelukt: hij bracht alle ontevredenen onder zijn juk en hield zich als absoluut heerser staande op de top van de theocratische piramide. Onder zijn bewind groeide Córdoba uit tot de tweede sprookjesstad van de islam, met een half miljoen inwoners, meer dan duizend moskeeën, negenhonderd badhuizen, een veelheid van bazaars, werkplaatsen van muntslagers en leerlooiers, dokken in Sevilla, kortom een bedrijvigheid die destijds nergens op het Europese continent voorkwam. De kalief hield de vikingen, die de westelijke kusten plunderden, op een afstand, streed met succes tegen de christenvorsten, maakte van de rivier de Duero een veilige noordgrens en veroverde het Afrikaanse rijk van Fez. Zijn opvolger, Hakam II, speelde niet alleen de christelijke vorsten tegen elkaar uit, maar had ook tijd voor de wetenschap; de bibliotheek van Córdoba werd met vierhonderdduizend boeken de grootste ter wereld. De jonge Hisham II, die in 976 opvolgde, regeerde onder invloed van zijn *hayib* en kamenier, Ibn Abi Amir, kortweg Al-Mansoer. Deze nam de titel van 'overwinnaar' aan, verwoestte de christelijke steden Barcelona en Coimbra, en stootte door tot Santiago de Compostela. Santiago was inmiddels tot het geestelijke centrum van de Reconquista uitgegroeid, gepresideerd door een aartsbisschop die zich op één lijn stelde met de paus van Rome. Een wonder verhinderde dat Al-Mansoer het graf van de apostel schond. Zijn durf viel overigens samen met de niet minder gedurfde uitval van de eerste kruisvaarders naar het oosten, bedoeld om het Heilige Graf in Jeruzalem te veroveren.

Met de dood van Al-Mansoer kwam er een einde aan de Arabische overmacht. Op zijn graf schreven zijn bewonderaars: 'De sporen die jij op aarde hebt achtergelaten zullen jou hun geschiedenis tonen als zag jij haar met je eigen ogen', en: 'Nooit meer zullen de tijden iemand brengen gelijkwaardig aan hem, iemand die ooit nog zoals hij onze grenzen verdedigt.' Een christelijke kroniekschrijver uit die tijd opperde: 'In het jaar 1002 stierf Al-Mansoer; hij is begraven in de Hel.' De beroemde negentiende-eeuwse Nederlandse arabist R. A. P. Dozy noemde hem in zijn boek over de Spaanse islam 'een groot man', maar voegde daaraan toe: 'Toegegeven dat de eeuwige zedelijke beginselen haast nooit in acht worden genomen, is het onmogelijk om Al-Mansoer te beminnen en heel moeilijk om hem te bewonderen.'

DE TAIFAS

Na Al-Mansoer, of vanaf 1023, viel het kalifaat uiteen in de zogenoemde Taifa-rijkjes, wat 'partijen' of 'facties' betekent. In de loop van de elfde eeuw slokten de belangrijkste van die rijkjes – zoals Sevilla, Toledo, Badajoz, Zaragoza, Valencia, Granada – de kleinere op. Hun onderlinge wedijver speelde de noordelijke christenrijkjes in de kaart. In 1085 waagde Alfonso VI van Castilië een uitval naar het zuiden, die resulteerde in de verovering van Toledo. De inname van die voormalige hoofdstad van het West-Gotische Rijk was van een onschatbare symbolische waarde en betekende een beslissende stap in het proces van de Reconquista. Negen jaar later veroverde een vazal van de Castiliaanse koning, de roemruchte Ruy Díaz van Burgos, beter bekend als El Cid, Valencia. Hoewel die stad na de dood van de held weer aan de moren verviel, was ook dit wapenfeit niet mis te verstaan. Het getij was aan het keren. De in het nauw gebrachte Taifas hadden al Noord-Afrikaanse hulp ingeroepen, wat een nieuwe invasie van berbers op gang had gebracht, ditmaal van de Almoraviden. Deze taaie nomaden uit de woestijn vonden het vruchtbare Al-Andalus te verwekelijkt. Aangevuurd door puriteinse theologen legde hun hoofdman, Yoesoef, de zweep over de godsdienstige laksheid en de zedelijke verloedering. Joden en 'mozaraben' moesten het ontgelden, maar de opvolgers van Yoesoef konden de Taifas niet meer bundelen. Aan christelijke zijde daarentegen sloten de gelederen zich geleidelijk aaneen. Dat had invallen vanuit het noorden tot gevolg, die de mohammedaanse vorstendommen de een na de ander schatplichtig maakten aan de vijanden van Allah en zijn Profeet.

Opnieuw moesten de Taifas hulp zoeken in Afrika en opnieuw stroomden er nomaden uit de woestijn toe, dit keer de Almohaden. Dezen richtten een bloedbad aan onder de joden, die nu in groten getale Al-Andalus begonnen te verlaten, hetzij in noordelijke richting, waar ze om hun vakkennis aan de christelijke hoven, met name te Toledo, welkom waren, hetzij naar het Midden-Oosten, naar Kaïro, waar de tolerante sultan Saladijn het hoofd bood aan de oprukkende kruisridders. De Almohaden wisten met de gelovigen van Al-Andalus nog één keer een vuist te maken en de christelijke vorsten in het stof te laten bijten. Dat gebeurde bij Alarcos de la Frontera in 1195. Zeventien jaar later sloegen de verenigde christenen terug bij Las Navas de Tolosa: 1212 is het definitieve keerpunt, dat het lot van de Iberische islam bezegelde. Binnen een paar decennia vielen Córdoba, Valencia en Sevilla aan de vijand ten prooi, terwijl in het oosten Mongoolse horden Bagdad platbrandden en de boeken in de Tigris gooiden. Zo'n afbraak zou de Spaanse islam bespaard blijven. In 1280 is praktisch het hele schiereiland in christelijke handen. Granada, het enig overgebleven vorstendom, gloeit nog twee eeuwen na. Het is schatplichtig aan de koningen van Castilië, totdat een interne machtsstrijd en de noordelijke legers het doek doen vallen over achthonderd jaar mohammedaanse beschaving op het schiereiland.

DE ARABISCH-JOODSE CULTUUR

De Arabische beschaving heeft op tal van gebieden, zoals chemie, geneeskunde, algebra, cijfers (*sjifr* in het Arabisch betekent 'nul'), geografie, zeevaart, het gebruik van papier, de architectuur, de arabesk, sporen achtergelaten. Ook op het gebied van de muziek. In de negende eeuw kwam er een vluchteling uit Bagdad naar Córdoba, Ziryad, die een nieuwe mode introduceerde, namelijk de luit met het plectrum.

De hoogtepunten van de mohammedaanse tijd zijn niet de bouwwerken, hoe indrukwekkend de moskee van Córdoba, de Giralda van Sevilla en het Alhambra van Granada – om de beroemdste te noemen – ook zijn. De hoogtepunten zijn de geschreven werken van de dichters en de filosofen. De belangrijkste namen mogen in een hoofdstuk over Al-Andalus niet ontbreken. De invloed van Plato en de in het westen nog onbekende Aristoteles, alsook die van oosterse denkers als Al-Farabi, Avicenna en Al-Ghazzali is onmiskenbaar.

Ibn Hazm van Córdoba, die van 994 tot 1063 leefde en die de ondergang van het kalifaat voorzag, schreef aan de vooravond van de Taifas-anarchie een aan Ovidius' *Ars amatoria* verwante, maar platoons getinte verhandeling over de liefde, getiteld *De ring van de duif.* Ibn Hazm geeft geliefden een richtsnoer van gedragingen die hij illustreert met voorbeelden. De actieve, ofwel de minnaar, moet de uiterste ingetogenheid in acht nemen en zich in alles aan de passieve ofwel beminde onderwerpen, schrijft hij, vooruitlopend op de christelijke 'hoofse liefde' en de mystiek van San Juan de la Cruz. De afwezigheid van de geliefde is de zwaarste beproeving; trouw tot in de dood is de hoogste deugd; verraad, de ergste zonde. Maar ons uiteindelijke doel, de enige ware liefde in deze vergankelijke wereld, is God, die de bron is van alle liefde.

Avempace, die alleen onder zijn Latijnse naam bekendstaat, werd in 1070 te Zaragoza geboren en zakte tijdens zijn leven via Sevilla af naar het Noord-Afrikaanse Fez, waar hij in 1138 stierf. Hij maakte het fundamentalisme van de Almoraviden mee en daartegen propageerde hij het 'Bestuur van de enkeling', ofwel van de zelfgenoegzame rechtvaardige die zich afzijdig houdt van het openbare gebeuren. Hij is een voorbode van Luis de León en Michel de Montaigne.

Nog pessimistischer over de samenleving is Ibn Tufail (1110-1185), die de fanatieke Almohaden zag komen en wiens *Philosophus Autodidactus*, die in 1672 in het Nederlands werd vertaald, van invloed zou zijn op de *Criticón* van Gracián, de *Robinson Crusoe* van Defoe en de filosofie van Unamuno.

Ibn Rushd, beter bekend onder zijn Latijnse naam Averroës, leefde van 1126 tot 1198. Hij werd in Córdoba geboren, maar vertrok op vierenveertigjarige leeftijd naar Marrakech, waar Ibn Tufail hem introduceerde aan het hof van een vorst die onderlegd was in de Griekse filosofie. Deze vroeg Averroës om een commentaar te schrijven op Aristoteles. Na drie jaar moest hij Marrakech verlaten omdat de nieuwe machthebber minder voor filosofie voelde. Als balling keerde hij terug naar Al-Andalus en werd later in zijn geboortestad begraven. Terwijl de Almohaden de dienst uitmaakten, waagde Averroës zich aan de emancipatie van de Rede, iets wat Thomas van Aquino een eeuw later – maar dan met instemming – voor het christendom zou doen.

Ibn Chaldoen (1332-1406) schreef de geschiedenis van Granada en voorzag het einde van de Spaanse islam. Voor hem was de filosofie medeoorzaak van het verval, aangezien zij het geloof aantast en de wilskracht ondermijnt. Hij bespeurde geen mensen meer die zich boven hun omstandigheden verhieven. De Turken, die aan de vooravond van hun suprematie stonden en met wie het christelijke Spanje weldra te maken zou krijgen, beschouwde hij niet als authentieke Arabieren. In de traditie van Avempace en Ibn Tufail keerde hij zich van de maatschappij af. 'Liever arm maar onafhankelijk dan welvarend maar slaaf', luidde een van zijn uitspraken. Belasting betalen achtte hij een teken van zwakte. Hij vertrok naar Noord-Afrika en stierf in Kaïro.

Behalve filosofische verhandelingen zijn er uit de periode tussen 1100 en 1400 vele gedichten bewaard gebleven. De liefde, met bijbehorende vreugde en pijn, is het voornaamste onderwerp. De wijn vloeit rijkelijk. De meest erotische passages van die poëzie zijn niet in het Arabisch of het Hebreeuws, maar in het Romaans verwoord.

Een aparte vermelding verdienen enige joodse dichters en filosofen van Al-Andalus, of liever Sefarad, zoals Spanje in het Hebreeuws heet.

Samuel Ha-Nagid, dichter en staatsman, rabbijn en generaal, werd in 993 geboren in Córdoba. Toen die stad in 1013 door Noord-Afrikaanse berbers werd geplunderd, trok hij naar Málaga, dat door Granada werd ingelijfd. De vorst van die stad verhief hem tot vizier en diens opvolger maakte hem tot legeraanvoerder. Hij leidde de troepen van Granada tegen die van Sevilla en stierf in 1056. Zijn poëzie ademt een mengeling van wereldse genoegens en godsvertrouwen. De oorlog, schreef hij, is in het begin als een jong meisje, maar wordt op den duur als een oude vrouw. Het leven, schreef hij ook, begint en eindigt met huilen.

Solomon Ibn Gabirol (1021-1058), bekend onder zijn Latijnse naam Avicebron, werd geboren in Málaga en was bevriend met Samuel Ha-Nagid. Hij leidde een eenzaam leven in Zaragoza en stierf in Valencia. Hij was lelijk en kreupel en noemde zichzelf op zijn zestiende een man van tachtig. In de bloemen zag hij versieringen waarmee de aarde wraak neemt op de schoonheid van de sterrenhemel. In de twaalfde eeuw werd zijn hoofdwerk, *Fons vitae*, uit het Arabisch in het Latijn vertaald. Velen schreven het toe aan een christelijke auteur. De scholastici citeerden 'Avicebron' zonder te weten wie hij was. Zijn mystieke filosofie, waarin de mens als een microkosmos is voorgesteld, zou via Isaac Abrabanel en León Hebreo tot de Florentijnse neoplatonici doordringen. In de negentiende eeuw werd zijn werk herontdekt. Het maakte indruk op Schopenhauer.

Moses Ibn Ezra (1055-1135) zwierf veertig jaar en schreef een boek met gesprekken en herinneringen. In 1066 richtten berberse fundamentalisten een bloedbad aan in zijn geboortestad Granada, waarvoor hij tijdelijk uitweek naar Lucena. Toen de Almoraviden in 1090 Granada verwoestten, trok hij naar het christelijke noorden, waar hij zijn laatste jaren doorbracht. In zijn jeugd was hij een losbol, maar op oudere leeftijd betreurde hij zijn dwaasheid en zocht hij troost bij God.

Judah Halevi (1075-1141) ontvluchtte Granada in 1090 en werd in het christelijke Toledo lijfarts van de koning. Toen ook daar vervolgingen uitbraken, week hij uit naar Palestina. Hij stierf in Egypte. Hij schreef zowel in het Hebreeuws als in het Arabisch. Wroeging om zonden geeft in zijn poëzie de toon aan.

Abraham Ibn Ezra (1092-1167) verliet Córdoba na de komst van de Almohaden en ontmoette Halevi in Toledo. Vandaar trok hij via Rome en Frankrijk naar Londen, waar hij stierf. Hij was wiskundige, astronoom en filosoof. Hij prees de grootsheid van Gods schepping, maar waarschuwde tegen verslaving aan het aardse.

Maimonides, of rabbi Moses Ben Maimon, is wellicht de grootste filosoof van Al-Andalus. Hij werd in 1135 in Córdoba geboren. Op zijn dertiende verliet hij met zijn ouders de oude hoofdstad van het kalifaat vanwege de Almohaden, die de synagogen verwoestten en de joden tot de islam dwongen. In Fez was de situatie niet veel beter. Om er te kunnen blijven moesten de joden zich als mohammedanen gedragen. Maimonides was van mening dat men zijn eigen geloof niet op de spits moest drijven en gaf de voorkeur aan discrete aanpassing. Van Fez reisde het gezin naar Kaïro, waar een verdraagzaam klimaat heerste onder sultan Saladijn. Maimonides werd diens lijfarts. Hij leidde een teruggetrokken leven op een paar kilometer van Kaïro. Een aanbod van Richard Leeuwenhart om naar Engeland te komen, sloeg hij af. Als leider van de joodse gemeenschap raakte hij betrokken bij het optreden van een van die valse Messiassen die zich bij tijd en wijle voordoen. Ondertussen schreef hij zijn werken, waaronder een commentaar op de thora en een 'gids voor verdoolden'. In dat laatste probeerde hij een brug te slaan tussen filosofie (met name die van Aristoteles) en de geopenbaarde godsdienst. Dit werk zou van grote invloed zijn op de theologie van Thomas van Aquino. Maimonides stierf in 1204 en werd door zijn enige zoon nabij Tiberias, in het Heilige Land, begraven.

3 Castilië

De West-Gotische monarchie zou – volgens latere christelijke historici – te gronde zijn gegaan door een periodieke naijver onder de heren, die werd aangescherpt door het heidense recht van de sterkste. Dat de invoering van erfopvolging de staat niet noodzakelijk stabiliseerde, bewijzen de antecedenten van de christelijke vorstendommen die tegen de mohammedaanse verdrukking in gestalte kregen. Net als de Frankische koningen bestonden ook hun Iberische pendanten het herhaaldelijk hun grondgebied te verkavelen onder concurrerende zonen, die op hun beurt door belanghebbenden werden gemanipuleerd. Verkaveling betekende verzwakking van de christelijke zaak, met als gevolg dat de Reconquista stagneerde. Hoe groter het grondgebied en hoe krachtiger het koninklijke gezag, des te volgzamer de vazallen en des te verder de opmars naar het zuiden vorderde. Omgekeerd gold van mohammedaanse kant natuurlijk hetzelfde. Gedurende het kalifaat van Córdoba kregen de christenrijkjes steun van de Franken, die de islam graag op een afstand hielden. Dat de strategie van de kalief erop gericht was de christelijke vorsten tegen elkaar op te zetten, spreekt voor zich. En het laat zich raden dat de verstandigsten in het christelijke kamp het gevaar hiervan onderkenden. Gezien hun bezorgdheid is de vondst van de apostel Jakobus een meesterstuk, een geschenk uit de hemel.

SANTIAGO DE COMPOSTELA

De vondst van de apostel Jakobus werd gedaan onder koning Alfonso II van Asturië, bijgenaamd de Kuise. Deze koning was een tijdgenoot van Karel de Grote en stamde af van de legendarische don Pelayo, die in 722 de berbers had weerstaan bij Covadonga. Rond 814 kreeg een monnik een visioen, waarin engelen hem de de vindplaats van de apostel wezen. Het verhaal wil dat de door koning Herodes onthoofde Jakobus door diens leerlingen naar de noordwestpunt van het Iberische schiereiland is over-

Alfons x, de Wijze

gevaren en begraven ligt bij Iria Flavia, de oude Romeinse hoofdstad van Galicië. In die streek zou hij tijdens zijn leven het evangelie verkondigd hebben. Nu kwam hij terug 'om zijn werk af te maken', voor 'als de tijd rijp was'. De tijd was inmiddels rijp en geen plek was geschikter, want nooit en nergens hadden de christenen meer dan nu en hier behoefte aan een gemeenschappelijk vaandel tegen de jihad. Boven het graf liet de koning een kerkje optrekken. Onder diens opvolger, Ramiro I, voerde de apostel in galop het christelijke leger tot een overwinning. Jakobus, of Santiago, ontpopte zich als 'morendoder' en gaf de beginnende Reconquista het aureool van een 'heilige oorlog'.

Alfonso III, bijgenaamd de Grote, breidde Asturië uit in westelijke richting, over León en Galicië, en annexeerde het heiligdom. In 872 liet hij de kerk boven het graf door een grotere vervangen, en sindsdien evolueerde Santiago de Compostela (Jacobus in het Sterrenveld) tot een van de heiligste plaatsen ter wereld, in één adem te noemen met Jeruzalem, Rome, Constantinopel en Córdoba. Arabische chroniqueurs vergeleken Santiago met de Kaäba in Mekka, want zij beseften dat van hieruit het christendom zijn aardse macht ontplooide. Na de mislukte poging van Al-Mansoer om die christelijke Kaäba te vernietigen, begonnen de pelgrims toe te stromen en werd Santiago na Jeruzalem en Rome het belangrijkste bedevaartsoord van het Westen. In de twaalfde eeuw kreeg de stad een aartsbisschoppelijke zetel en een militaire orde. Er verrees een kathedraal die niet alleen gelovigen aantrok, maar vanwege haar rijkdommen ook noormannen en andere piraten. De pelgrimsroute naar Santiago was voor de hele christenheid een 'begrip', met een eigen geschiedenis, een eigen ritueel, een eigen literatuur.

FERNÁN GONZÁLEZ, DE STICHTER VAN CASTILIË

De grote Alfonso III heerste van 866 tot 910. Hij beschouwde zich, wellicht uit wedijver met Karel de Grote en diens nazaten, als keizer van de christenen, die hij aanvoerde tegen de troepen van Abd Er-Rahman I. Hij veroverde Oporto, Coimbra, Zamora, Simancas, Burgos en Toro op de moren en maakte van de rivier de Duero de zuidgrens. Het veroverde land bevolkte hij met vazallen, nadat de mohammedanen het hadden ontruimd en naar hun geloofsgenoten in het zuiden waren uitgeweken. Bij zijn dood verdeelde hij zijn grondgebied onder zijn drie opstandige zonen. Daardoor ontstonden er, van west naar oost, drie rijken: Galicië, León en Asturië. León werd het zwaartepunt van de Reconquista. En het deel van dit rijk, dat aan de zuidoostgrens lag, heette Castilië, naar de 'kastelen' die het tegen de vijand moesten beschermen. Dit grensgebied zou de kern van christelijk Spanje worden, zijn taal aan het hele schiereiland opleggen en op den duur uitgroeien tot het grootste imperium ter wereld. Het ligt dus voor de hand om de geschiedenis van Castilië te volgen en de geschiedenissen van de andere Iberische monarchieën daarbij in te lassen.

Van ongeveer 850 dateert de stichting van de stad Burgos, centrum van het graafschap Castilië. De graven waren gehoorzaamheid verschuldigd aan de koning van León. De eerste graaf die naar onafhankelijkheid dorstte, heette Fernán González. Hij leefde van 927 tot 970. Zijn bewogen loopbaan vormde stof voor een episch dichtwerk, dat tevens een hoofdstuk is van de Reconquista. Hij vocht zij aan zij met koning Ramiro II van León tegen kalief Abd Er-Rahman III, maar verbrak de band met zijn heer door in Burgos demonstratief het Leonese wetboek in brand te steken. Volgens hem toonden de Castilianen voldoende pit om er een eigen rechtspraak op na te houden. Aangezien heer en vazal elkaar nodig hadden in de strijd tegen de gemeenschappelijke vijand, moesten de roepers om onafhankelijkheid een geschikt moment afwachten.

Maar dan komt het jaar 943. De koning van León grijpt in en zet de rebelse ridders, onder wie Fernán González, achter slot en grendel. De graaf wil van geen onderwerping weten en beroept zich, met bijval van het Castiliaanse volk, op 'wat God hem heeft gegeven'. Als compromis komt uit de bus dat de graaf, die getrouwd is met de zuster van de koningin, toestemt in een niet oneervol huwelijk van zijn dochter met de zoon van koning Ramiro II, kroonprins Ordoño.

Vlak daarop sterft de koning. Wanneer een paar jaar later ook Fernán González' schoonzoon sterft, die zijn vader als Ordoño III is opgevolgd, wordt de Leonese troon een twistappel tussen iemand die zich Ordoño IV noemt en een zekere Sancho de Dikke. Ze zijn familie van elkaar. Fernán González assisteert de eerste, maar achter Sancho staat de partij van zijn vrouw, het koninkrijk Navarra. Het kalifaat wakkert de familieruzie aan. De Arabische chroniqeur Ibn Chaldoen betoogt dat graaf Fernán González alleen maar tegen de, volgens hem, rechtmatige opvolger Sancho ageerde om via zijn neef Ordoño IV naar de troon van León te dingen. Die ongunstige kijk van Arabische kant maakt de graaf in eigen contreien populair. Alle christenen, uitgezonderd het koninkrijk Navarra, kiezen de zijde van de graaf wanneer de inmiddels tot koning gekroonde Sancho van León hulp zoekt bij kalief Abd Er-Rahman III. Deze laat de koning niet alleen door zijn joodse lijfarts van zijn overgewicht genezen, maar geeft hem bovendien een leger mee om zijn betwiste positie te heroveren. In ruil voor die hulp bedingt de kalief tien grensplaatsen. Die schikking brengt Sancho uiteraard in opspraak en bezorgt Fernán González de gelegenheid om een held te worden. Maar voor het zover is, weet koning Sancho zijn concurrent Ordoño IV te verjagen en diens handlanger, de ambitieuze graaf, te arresteren. De kalief verzoekt nu de koning om uitlevering van de graaf. Maar Navarra, dat achter koning Sancho staat, begrijpt dat uitlevering aan Córdoba van Fernán González, die door het Castiliaanse volk op handen wordt gedragen, moeilijk te verkopen is. Bovendien zou heel christelijk Spanje daarvan schande spreken. Navarra valt dus koning Sancho af, zij het op voorwaarde dat Fernán González de onwettige Ordoño IV afvalt.

In 962 is de graaf weer op vrije voeten. In die afloop ziet iedereen een overwinning van de christelijke solidariteit. Fernán González personifieert nu als geen ander de heilige zaak van de Reconquista. Zestig jaar later is zijn nazaat koning van Castilië en van León. Vanaf nu neemt het door Fernán González gestichte rijk het voortouw bij de herovering van Spanje op de moren. In het westen wordt Castilië-León geflankeerd door het graafschap Portugal en aan oostelijke zijde door de koninkrijken Navarra en Aragon en het graafschap Barcelona. Vijf christelijke vorstendommen stoten nu zuidwaarts, terwijl bezuiden de rivier de Duero het kalifaat verkruimelt in de Taifa-rijkjes.

EL CID

Koning Fernando I, die regeerde van 1035 tot 1065, maakte van Castilië, León en Galicië een voorlopige eenheid. Hij bestreed Navarra en verplichtte sommige Taifas tot betalen van belasting aan de Castiliaanse kroon. Vanuit Sevilla liet hij de stoffelijke resten van de heilige bisschop Isidorus overbrengen en in de stad León begraven. Hij breidde Castilië uit tot aan Guadalajara. Het veroverde land, Nieuw-Castilië, herbevolkte hij met christenen en overal liet hij kloosters bouwen. In tegenstelling tot Noord-Europa, waar het feodale systeem het grootgrondbezit in de hand werkte, was men in de nieuw veroverde gebieden bezuiden de Pyreneeën op kleine percelen aangewezen, wat een groot aantal vrije boeren opleverde, met meer armslag ten opzichte van de kroon dan in het onafzienbare noorden. De relatief grote hoeveelheid verspreide zelfstandigen was er mede oorzaak van dat er veel langzamer steden van de grond kwamen dan aan de periferie van het schiereiland. Het gevolg was de betrekkelijk late opkomst van de burgerij in Castilië.

Bij zijn dood in 1065 verdeelde koning Fernando I zijn grondgebied onder zijn drie zonen en twee dochters: García kreeg Galicië; Alfonso (VI) kreeg León; Sancho (II) kreeg Castilië; en Elvira en Urraca ontvingen respectievelijk de vestingplaatsen Toro en Zamora. Maar het centrale personage van deze episode is Ruy Díaz de Vivar (Burgos), beter bekend onder zijn Arabische erenaam: El Cid. De Cid was een vazal van de Castiliaanse koning, Sancho II, aan wiens zijde hij zich verdienstelijk maakte in de oorlog tegen Navarra. Dat leverde hem het lovende epitheton 'Campeador' of 'Campiductor' op, 'hij die zich onderscheidt op het slagveld'. Nog hoger steeg zijn prestige door zijn aandeel in het bedwingen van de emir van Zaragoza. Maar toen Sancho tegen zijn broers begon te vechten, nam zijn lot een wending die stof bood voor het bekende epische gedicht van een eeuw later.

Koning Alfonso VI van León vlucht voor zijn oprukkende broer Sancho naar emir Al-Mamoen van Toledo. In 1072 'sneuvelt' Sancho voor de muren van Zamora. Of is hij verraderlijk vermoord, met medeplichtigheid van zijn zuster Urraca? Feit is dat Alfonso daarop terugkeert uit Toledo en zich in Burgos tot koning van Castilië laat beëdigen. Degene die de eed afneemt is de Cid. De koning moet zweren dat hij part noch deel heeft gehad aan de dood van zijn broer. Alfonso VI slikt zijn trots in, maar maakt van de eerste de beste gelegenheid gebruik om zijn nieuwe vazal te verbannen. Achter die verbanning steekt dezelfde afgunst die onder Karel de Grote de held Roeland trof. De Cid vertrekt met een klein aantal getrouwen naar het land van de moren en verovert het grote Valencia. Hoewel die stad na zijn dood in 1099 door de Almoraviden werd heroverd, maakte zijn geste een verzoening met de koning onvermijdelijk. Hoe die verzoening tot stand kwam en hoe het met de Cid afliep, valt buiten de geschiedenis. Wie nieuwsgierig is, leze het epos.

Alfonso VI maakte geschiedenis. Na de dood van zijn moorse gastheer, Al-Mamoen, bezet hij Toledo, de oude hoofdstad van het gotische Spanje. 1085 is een sleuteljaar in de Reconquista. De 'mozaraben' binnen de stad, die de christelijke inval hadden begroet, zagen hun status verhoogd en gaven het nieuwe Toledo, herbevolkt door Castilianen, een eigen kleur. De joden, die uit de verschillende Taifa-rijken hierheen waren gevlucht voor de Noord-Afrikaanse fundamentalisten, namen een afwachtende houding aan. Zolang de dreiging uit het zuiden aanhield, en daarmee het evenwicht tussen christenen en mohammedanen, bleef hun positie draaglijk. Ze konden overigens niet veel kanten op. In Sevilla ontketenden de Almoraviden een pogrom onder de achtergebleven joden, terwijl terzelfder tijd de joden in het oosten ten prooi vielen aan de eerste kruisvaarders. De mohammedanen die Toledo niet wilden ontruimen mochten als 'mudejaren' in aparte buurten blijven wonen, maar alleen beroepen uitoefenen die met het marktwezen en de landbouw te maken hadden. Om de stad te verwestersen verving men de mozarabische ritus in de kerken (typerend voor de christenen die onder mohammedaans bestuur leefden) door de romaanse, waarbij zich de invloed liet gelden van de cisterciënzers van het beroemde Franse klooster van Cluny. Ter verduitsing van het bloed koppelde koning Alfonso VI zijn twee dochters aan prinsen uit Bourgondië en Lotharingen. Uit Teresa, die met de Bourgondiër trouwde, sproot het huis van Portugal, dat zich, net als een eeuw eerder Castilië, van graafschap tot koninkrijk zou ontwikkelen.

In de jaren volgend op de inname van Toledo groeide Santiago de Compostela naar het toppunt van zijn macht. De aartsbisschop van de stad, Diego Gelmírez, gedroeg zich als de paus en hij benoemde kardinalen. Op het graf van de apostel verrees een romaans-gotische kathedraal naar Frans model, ten teken van de massale toestroom van vooral Franse pelgrims en ridders die desnoods voor de Reconquista wilden sterven om het hemelse paradijs te beërven. Bij de dood van Alfonso VI was Castilië het grootste van de christelijke vorstendommen. Het reikte vanaf de Cantabrische kust tot aan het midden van het schiereiland. Zijn opvolger, Alfonso VII, liet zich tot keizer kronen in León (1135), maar verdeelde zijn land onder zijn twee zonen. Sancho III kreeg Castilië en Fernando II kreeg León. De laatste moest gedogen dat het graafschap Portugal zich aan zijn gezag begon te ontworstelen onder Afonso Henriques, de zoon van Teresa, die Santarem en Lissabon aan de moren ontfutselde. Alfonso VIII wist Castilië en León weer te verenigen, maar kreeg te maken met felle rivaliteit onder adellijke families die hij met behulp van de – voor het eerst bijeengeroepen – afgevaardigden van de steden trachtte te bezweren. Niet lang daarna vielen de Almohaden het schiereiland binnen en zij brachten de christenen een zware nederlaag toe bij Alarcos de la Frontera in 1195. Om de christelijke zaak niet nodeloos in gevaar te laten brengen door interne eerzucht, riep paus Innocentius III op tot een kruistocht die alle rijken van het schiereiland, aangevuld met Fransen, samenbracht onder één vlag. De vereende inspanning leidde tot de definitieve nederlaag van de Iberische islam bij Las Navas de Tolosa, tussen Toledo en Córdoba, op 16 juli 1212. Daarmee lag de weg naar de rijke vallei van de Guadalquivir open.

Het was de tijd van de grote jodenvervolgingen in Engeland en Frankrijk, het verbod op Aristoteles aan de universiteit van Parijs, de aanval op de oostelijke islam door de Mongoolse troepen van Djenghis Khan, het eerste optreden van de Spaanse predikheer Domingo de Guzmán – beter bekend als Dominicus – tegen de Kathaarse ketters in Zuid-Frankrijk, de plundering van Constantinopel door de kruisridders in het kader van de Vierde Kruistocht, het vierde Lateraanse concilie, de stichting van de orde der Trinitariërs tot vrijkoping van christenen in moorse gevangenschap en de stichting van de universiteit van Salamanca door Alfonso IX, die de kort regerende Enrique I was opgevolgd. Alfonso's broer en opvolger, Fernando III, zou van Castilië en León een duurzame eenheid maken.

FERDINAND DE HEILIGE EN ALFONS DE WIJZE

Fernando III, bijgenaamd de Heilige, verhoudt zich tot zijn zoon Alfonso X, bijgenaamd de Wijze, als David tot Salomo. Fernando was de zoon van doña Berenguela, dochter van Alfonso VIII, die de gezamenlijke christelijke legers naar de glorieuze zege van Las Navas de Tolosa had gevoerd. Uit het huwelijk van Alfonso VIII en Eleonora van Aquitanië, een dochter van Hendrik II van Engeland, waren een kroonprins en twee prinsessen geboren: de troonopvolger van Castilië Enrique I, doña Blanca en doña Berenguela. De oudste prinses, Blanca, werd uitgehuwelijkt aan Lodewijk VIII (Saint Louis), een zoon van de Franse koning Philippe Auguste. Berenguela werd verbonden met koning Fernando II van León, en na diens dood met Alfonso IX. Uit dat laatste huwelijk was Fernando III geboren, die de jong verongelukte Enrique I verving op de troon van Castilië, iets waar zijn vader, Alfonso IX van León, zich niet bij neerlegde. Voeg daaraan toe de drang van de immer eerzuchtige ridders en het naar onafhankelijkheid strevende Portugal, en er is alle aanleiding voor drama. Maar moeder Berenguela wist haar zoon Fernando III tot koning van Castilië uitgeroepen te krijgen met steun van het Castiliaanse volk, dat geen inmenging van León duldde. Fernando huwde met Beatrix van Zwaben, een kleindochter van Frederik Barbarossa. Ze kregen zeven kinderen, van wie de latere Alfonso de Wijze de oudste was. Na de dood van Beatrix hertrouwde Fernando met de kleindochter van de Heilige Lodewijk, Jeanne, die hem nog eens zes kinderen gaf.

Na het overlijden van zijn vader Alfonso IX lukte het Fernando III om Castilië en León onder zijn kroon te verenigen. Zijn leven werd één grote zegetocht, met als hoogtepunten de veroveringen van Córdoba (1236) en Sevilla (1248), toentertijd de dichtst bevolkte steden van het schiereiland. Ondertussen nam Portugal de vrijwel lege grensgebieden van de Alentejo en de Algarve in, en drong Aragon via Valencia en de Balearen het handelsrijk van Murcia binnen. Fernando werd op zijn tocht ter zijde gestaan door de militante aartsbisschop van Toledo, Rodrigo Jiménez de Rada, die de heldendaden van zijn heer vereeuwigde in een kroniek, *Rerum in Hispania gestarum*. Dit was voorlopig de laatste kroniek in het Latijn, want vanaf nu kreeg het Castiliaans officiële status. In 1244 sloten Castilië en Aragon het verdrag van Almizra, waarbij de nieuwe grens tussen beide rijken werd vastgesteld. In datzelfde jaar veroverde de Egyptische sultan Jeruzalem op de kruisvaarders.

De intocht op 23 november 1248 in Sevilla, de grootste stad van het schiereiland, leidde tot een massale vlucht van mohammedanen naar Granada en Afrika. Een minderheid van voornamelijk ambachtslieden en handelaren bleef in Sevilla wonen, maar in afgescheiden wijken. Alleen voor wie zich tot het christendom bekeerde, stond de nieuwe orde open. Fernando was zo ingenomen met zijn aanwinst dat hij er zijn hof vestigde, gesecondeerd door joodse dokters en gehoorzame vazallen. Hij bevolkte de stad met Castilianen, gaf de kersverse ingezetenen privileges, verdeelde het omliggende land onder zijn soldaten en blies in vrede zijn laatste adem uit op 30 mei 1252. De geschiedenis memoreert hem als een koning die zachtaardig was voor de eenvoudigen, rechtvaardig voor de edelen en heldhaftig in de strijd. 'Naakt kwam ik ter wereld, en naakt ga ik van de wereld weg,' waren zijn laatste woorden. Hij had nog over willen steken naar Afrika om het kruis van Christus ook daar te planten, zoals zijn heilige oom Lodewijk, die in 1270 bij Tunis zou sterven. Uit de tijd van Fernando III dateren de oprichtingen van de militair-religieuze orden van Calatrava en Alcántara, naast die van de al bestaande van Santiago. Ze waren geënt op de beroemde orden der tempeliers en hospitaalridders onder de oostelijke kruisvaarders. De grootmeesters van die drie orden kregen mettertijd veel in de melk te brokken, en bekleding met het voorzitterschap van zo'n 'institutie' was de wens van alle eerzuchtigen. De zeventiende eeuw, gekenmerkt door zwakke koningen, verklaarde de 'sterke' koning Fernando III heilig.

Alfonso X, de zoon van de heilige krijger, voelde meer voor de pen dan voor het zwaard. Hij maakte van Sevilla de voorlopige hoofdstad van Castilië, richtte Toledo als cultureel centrum in en omringde zich met geleerden. Hij liet de Griekse wijsbegeerte uit het Arabisch en het Hebreeuws in het Latijn vertalen en stelde Europa op de hoogte van wat het nog niet wist. Van heinde en verre stroomden de nieuwsgierigen toe om in het rijk van de Castiliaanse Salomo hun licht op te steken. Het zag er zelfs even naar uit dat men de Wijze Koning, zoon van de Zwabische kleindochter van Barbarossa, tot keizer van Duitsland zou kronen, maar de keurvorsten benoemden een ander. Spanje moest nog drie eeuwen op de eer wachten. Alfonso mocht dan geen keizer van de Duitsers worden, zijn status als keizer van de letteren valt niet te betwisten. Toen hij op tweeënzeventigjarige leeftijd in Sevilla stierf, kon Europa zich verheugen in de eerste algemene geschiedenis van de wereld, die reikte vanaf Adam tot aan 1284.

Minder gelukkig was de wijze koning in het beheren van zijn aardse rijk. De Reconquista vorderde niet verder dan wat onbeduidende grensplaatsen. Cádiz, dat door zijn vader was ingenomen, moest opnieuw worden veroverd. Zijn oudste zoon sneuvelde tegen de moren en liet twee zonen achter, die zijn eigen tweede zoon, Sancho, de troon betwistten. Een groot deel van de adel viel de koning af en de paus moest eraan te pas komen om de ongehoorzamen tot verzoening te bewegen. Na zijn dood werd Alfonso opgevolgd door zijn tweede zoon als Sancho IV, bijgenaamd de Dappere.

De in 1284 te Toledo gekroonde Sancho IV kreeg de kleinkinderen van zijn vader en een deel van de door Aragon gesteunde adel tegen zich. Maar hij plantte zijn banier in Tarifa, de zuidelijkste punt van het schiereiland. Zijn opvolger Fernando IV verkreeg vrede met Aragon in ruil voor een deel van Murcia. Diens opvolger Alfonso XI moest aantreden tegen opstandige edelen, maar hield een nieuwe golf Afrikaanse berbers, die was opgeroepen door Granada, tegen bij Algeciras. Om de moren te kunnen beoorlogen voerde de koning belasting in, de zogeheten *alcabala*. Toen Alfonso XI in 1350 aan de zwarte pest stierf, brak er voor Castilië een zeer onrustige eeuw aan, die werd gekenmerkt door bastaarden en bloedbaden die een verandering van dynastie en de verwijdering van Portugal tot gevolg hadden.

Na Alfonso XI kwam zijn zoon Pedro I. Sommigen noemden hem de Rechtvaardige, anderen de Wrede. De ongunstige naam weet hij aan het kroost van de bijzit van zijn vader, Leonor de Guzmán, en aan alle ambitieuzen die via haar bastaardzonen datgene hoopten te bereiken wat ze via koning Pedro konden vergeten. Leider van die bastaarden was Enrique de Trastamara. Mede op verzoek van zijn moeder sloot Pedro de staatsgevaarlijke Leonor op. Haar zonen vluchtten en in hun afwezigheid liet Pedro Leonor doden. Enrique de Trastamara ontketende daarop een opstand onder de Castiliaanse edelen en vond daarbij Aragon en Frankrijk aan zijn zijde. Pedro I – geruggesteund door Portugal, Engeland en Granada – richtte een slachting aan in Toro, waarbij onder anderen de vrouw van Enrique gekeeld werd. Dit ging zelfs de moeder van de koning te ver. Maar Pedro's bloeddorst was nog niet verzadigd. Hij plunderde Soria, bestookte Barcelona vanuit zee, liet de koning van Granada vermoorden. De builenpest sloeg ondertussen om zich heen. De Black Prince, zoon van koning Edward III, stond achter Pedro. De Franse avonturier Bertrand du Guesclin schaarde zich aan Enriques zijde. De tragedie bereikte haar dieptepunt in Montiel in 1369, toen Enrique zijn halfbroer eigenhandig neerstak en zich als Enrique II liet uitroepen tot koning van Castilië. Met dat bloedige treffen begon voor Castilië de nieuwe dynastie van de Trastamara's.

Het graafschap Portugal, dat zich inmiddels tot aan de Taag uitstrekte, maakte ooit samen met Galicië deel uit van het koninkrijk León. Alfonso VI, de veroveraar van Toledo, bond zijn dochter Teresa aan een Bourgondische prins. Uit hun huwelijk werd Afonso Henriques geboren, die in 1143 van Portugal een koninkrijk maakte. Hij veroverde Santarem, Lissabon en Evora, en lijfde de Alentejo in. Zijn tweede opvolger, Afonso III, hielp in 1212 mee bij de slag van Las Navas de Tolosa. Koning Dionis, die van 1279 tot 1325 regeerde, annexeerde de onbevolkte Algarve en kreeg als onafhankelijk soeverein erkenning van Alfonso de Wijze van Castilië. Hij was getrouwd met een dochter van de Aragonese koning Pedro III, Isabel, die een klooster voor clarissen te Coimbra stichtte en later heilig werd verklaard. Op Dom Dionis volgden Afonso IV, Pedro I en Fernando I, wiens dochter Beatriz in het huwelijk trad met Juan I, zoon van Enrique II van Castilië.

Toen koning Fernando I van Portugal in 1383 stierf, weigerde de burgerij van Lissabon de aanspraken van Beatriz te erkennen uit vrees voor Castiliaanse inmenging. Lissabon was inmiddels een handelsstad geworden en hield haar welvaart liever voor zichzelf. De Portugese landadel en de clerus, die meer op de hand van Castilië waren, moesten buigen voor de burgerlijke stand van Lissabon, die zich uitsprak voor een bastaard, de zogeheten grootmeester van de orde van Avis. Deze liet zich uitroepen tot koning João I. Met hem kwam er een einde aan het Bourgondische huis en brak er ook voor Portugal een nieuw tijdperk aan. Portugal had niet noemenswaardig tegen de moren gevochten. Het Portugese volk had geen 'epische' aard, zoals het Castiliaanse, maar veeleer een 'lyrische', verwant aan Galicië en de Provence. Portugal keek westwaarts, over de eindeloze oceaan, en droomde van werelden in het verschiet. Aan dat dromerige paarde zich het mercantilistische. Lissabon ontwikkelde zich tot een stadstaat vergelijkbaar met Venetië, waar het de glansrol van zou overnemen na de openlegging van de zeeroute rond Kaap de Goede Hoop.

ZWAKKE KONINGEN, JODENVERVOLGINGEN, BUITENLANDSE INMENGING

Koning Enrique II van Castilië (1369-1379) ontleende zijn bijnaam Verlener van Gunsten aan de eerbewijzen die hij de velen die hem aan zijn troon hadden geholpen, verschuldigd was. De macht van de adel nam dus toe, en aangezien die onderling verdeeld was, kreeg het centrale gezag een deuk. Van de kant van de mohammedanen dreigde er geen serieus gevaar meer, want ook het laatste rijk, Granada, viel ten prooi aan interne ruzies. Castilië had nu eerder de politiek van Aragon te vrezen, alsmede de pretenties van Engeland. De hertogen van Lancaster en York waren namelijk met dochters van de door Enrique gedode Pedro I gehuwd. Toen Enriques zoon, Juan I, via zijn vrouw zijn rechten op de Portugese troon wilde laten gelden, steunden de Engelsen de grootmeester van Avis, koning João I. Dat leidde tot een Castiliaanse nederlaag bij Aljubarrota in 1385. Daarmee was de vereniging van beide kronen voorlopig van de baan.

Hoe groot de deuk was die de kroon onder de Trastamara's had opgelopen, bleek toen in 1390 de jonge en ziekelijke Enrique III de troon besteeg. Zes tutors met elk andere wensdromen maakten zich meester van de koninklijke puber en stortten het rijk in anarchie. Die viel samen met de ernstigste interne ruzie uit de geschiedenis van de kerk, het beruchte Groot Schisma, waarbij drie pausen om de tiara vochten en machtige kardinalen via het ene concilie na het andere de onfeilbare autoriteit van Petrus' opvolgers zochten te beknotten. Tegen de achtergrond van die tegenstrijdigheden konden de joden ondertussen nergens op bescherming rekenen. De kroon was gewoon om het innen van belasting en de geldhandel aan joden over te laten, en de geringste aanleiding kon de wrok van het volk tot een explosie brengen. Die aanleiding betrof eens een belastingverhoging. De daders behoorden tot een groep fanatieke monniken te Sevilla, die het algehele onbehagen afreageerden op de wijk waar 'de moordenaars van Christus' woonden. Vierduizend joden vonden de dood, waarna de moordlust oversloeg naar andere steden in Castilië, Portugal en Aragon. Omdat Castilië in een gezagscrisis verkeerde, bleven de daders ongestraft. De paniek die onder de joden uitbrak, bracht tienduizenden ertoe zich in de daarop volgende decennia tot het christendom te bekeren. De meeste bekeerlingen bleven echter hun oude godsdienst trouw. De 'nieuwe christenen' vielen herhaaldelijk aan de volkswoede ten prooi, vooral in perioden waarin het schortte aan autoriteit.

Tijdens de regering van Enrique III (1390-1406) werden de Canarische eilanden in bezit genomen en stuurde Castilië een ambassade naar de Mongoolse veroveraar Timoer, volgens historicus Mariana 'een barbaar met een verwrongen gezicht die door God was opgewekt om de verloederende christenheid te geselen'. Een nieuwe Attila dus. Koning Juan II bleef een halve eeuw op de troon, maar liet de scepter over aan zijn gunsteling, don Alvaro de Luna, die hij tooide met de begeerlijke en afgunst oproepende titel van grootmeester van Santiago. Diens perikelen verschaften de negentiende-eeuwse romantici stof tot literatuur. Don Alvaro's vijanden beschuldigden hem ervan met de kapitaalkrachtige 'nieuwe christenen' te heulen, een aantijging die in 1449 in Toledo een revolutie op gang bracht. Daarbij moesten de zittende notabelen plaatsmaken voor andere ambitieuzen. Jaloerse edelen zorgden er vervolgens voor dat don Alvaro op het schavot belandde.

Gedurende de termijn van Juan II raakte de politiek van Castilië verweven met die van Aragon. De regent die tijdens de jeugdjaren van de koning de bestuurszaken had waargenomen, prins Fernando, werd tot koning van Aragon gekozen. Juan II was liever monnik dan vorst geweest. Als tussenoplossing hield hij er een literaire hofhouding op na. Een jaar na de onthoofding van zijn sterke man (1453) stierf de zwakke koning. Aan de Reconquista had hij niets noemenswaardigs toegevoegd. De hofkliek vervolgde liever ketters (Durango, 1442) en joden (Segovia, 1410). Dat was minder kostbaar en men hoefde er het eigen leven niet bij op het spel te zetten. Bovendien was de burgerij in belangrijkheid toegenomen, en daarmee handel en bankwezen. Kortom, nieuwe, modernere idealen braken baan. Portugal en Aragon waren al verder gevorderd. Het eerste land was stilaan de Afrikaanse kusten aan het exploreren en exploiteren; het andere land stak zijn voelhorens uit in het Middellandse-Zeegebied. Om het al schatplichtige Granada te onderwerpen was het wachten op de impuls die van een verenigd Spanje zou uitgaan.

HENDRIK DE IMPOTENTE

Enrique IV, die van 1454 tot 1474 regeerde, was de laatste koning van een afzonderlijk Castilië. Succes rechtvaardigt altijd alle middelen, en wie verliest krijgt vaak van veel de schuld. Enriques bijnaam, de Impotente, illustreert het tweede deel van deze stelling. Enrique IV had twee chroniqueurs, van wie de ene – Diego Enríquez del Castillo – zijn deugden en de andere – Alonso de Palencia – zijn ondeugden benadrukte, en wel op basis van dezelfde eigenschappen en daaruit voortvloeiende daden. Wat voor de eerste vrijgevig heette, was voor de andere spilziek; wat voor de eerste tot loyaliteit en tevredenheid onder de edelen stemde, leidde voor de andere tot verkwanseling van ambten aan eerzuchtigen. Diezelfde dichotomie is van toepassing op al zijn andere hoedanigheden en handelingen. Enriques aanklager kreeg gelijk van de geschiedenis, omdat zijn halfzuster Isabel Castilië tot wereldmacht zou verheffen, met als gevolg dat alle historici, tot meerdere glorie van Isabel, het ongunstige beeld van haar broer herhalen. Ramón Menéndez Pidal, een van de gezaghebbendste kenners van Spanje, opperde in 1947 dat met Enrique IV alle negatieve kanten van het Spaanse karakter aan het daglicht traden. De marxistische historicus Pierre Vilar betoogde in datzelfde jaar 1947 dat de periode 1462-1472 één lange burgeroorlog was waarin de koning, hoewel een abnormale man van bizarre gewoonten, aan de zijde van het volk streed tegen de adel en de clerus.

Enrique was geboren uit de eerste vrouw van Juan II, een Aragonese prinses. Isabel en haar broer Alonso waren geboren uit diens tweede huwelijk met een Portugese prinses. Over de legale opvolging van Enrique kon dus geen twijfel bestaan. Het eerste huwelijk van koning Enrique IV bleef kinderloos en werd met pauselijke dispensatie ontbonden. De koningin, Blanca van Navarra, heette onvruchtbaar en kon bij gemis van een troonopvolger worden verstoten. Dit gebeurde tot teleurstelling van 's konings vijanden. Hun ongenoegen richtte zich tegen zijn favoriet, don Beltrán de la Cueva, die van zijn heer het felbegeerde grootmeesterschap van de orde van Santiago had gekregen. Enrique IV trad voor de tweede maal in het huwelijk met een Portugese prinses. Toen een dochter werd geboren, fluisterden de ontevredenen dat het meisje met koninklijke aanmoediging was verwekt door don Beltrán. Ze noemden haar een bastaard en gaven haar de veelzeggende spotnaam La Beltraneja. Enrique was volgens hen impotent. Diego de Colmenares, een zeventiende-eeuwse chroniqueur, beweerde dat de koning voor de ogen van de bisschop van Astorga had bewezen dat hij zijn geslachtsdeel overeind kon krijgen. Dat bracht de chroniqueur er overigens niet toe om uit de toon van de politiek correcte geschiedschrijving te vallen. Impotent of niet, God wilde dat Isabel zou opvolgen. De jezuïet Juan de Mariana, cynischer, achtte de 'impotentie' een terechte fabel van de clerus ten behoeve van Spanjes roeping om de wereld te regeren en suggereerde dat de koning niet impotent, maar 'homoseksueel' was. Sindsdien heeft geen geschiedschrijver meer vraagtekens gezet bij de opvolging van Isabel, wier succes immers door de eeuwen op overtuigende wijze was aangetoond.

Andrés Bernáldez, die zijn kroniek van Isabel en Fernando in 1515 beëindigde, verdeelde het tijdvak van Enrique IV in tien vette en tien magere jaren. Hij omschreef hem als humaan, muzikaal, rijk, edelmoedig, verfijnd. Buiten Spanje genoot hij een hoger aanzien dan de koningen van Aragon, Navarra en Portugal. Tijdens de tien magere jaren sloegen zijn kwaliteiten om in zwakten, wat de hoon van het volk opriep. Er circuleerden gedichten van 'herders' waarin het hof op de hak werd genomen: de koning zou zich te veel afgeven met moren en joden; hij deed niets aan de Reconquista; de koningin flirtte met de gunsteling; de misdaad nam toe door competitie onder de edelen; de zeden verwilderden; posten werden verkocht; de schatkist raakte leeg. Hoe langer hoe meer bisschoppen en baronnen vielen Enrique af en liepen over naar zijn halfbroer, Alfonso. Deze liet zich overhalen om de strijd met zijn broer aan te binden, maar tijdens de beslissende slag in 1468 sneuvelde hij. Volgens sommigen zou hij zijn vergiftigd. Zijn dood maakte een nieuw boegbeeld wenselijk, en dat werd de zuster van Alfonso, Isabel. Aanvankelijk voelde de prinses niets voor die rol, want ze was verstandig genoeg om te begrijpen dat de misnoegde edelen haar alleen maar voor hun eigen, verdeelde doeleinden wilden gebruiken. Maar toen de druk groter werd, ging zij overstag. Dit betekende een directe aanvaring met haar broer, maar – schrijven de chroniqueurs – het was in die jaren gevaarlijker om vóór de koning te zijn dan tégen hem. Het werd zelfs als een 'ondeugd' beschouwd om het wettige gezag trouw te blijven. Dat maakte de stap van Isabel overigens niet gemakkelijker. Want er waren genoeg invloedrijke heren die Juana La Beltraneja wilden koppelen aan koning Afonso V van Portugal, in de hoop van die kant te krijgen wat ze niet van Isabel hoefden te verwachten.

Enrique zag in dat hij de oorlog tegen zijn zuster niet kon winnen en liet zich ompraten tot een compromis. Isabel mocht hem opvolgen mits ze met de kandidaat van zijn keuze trouwde. Hij wilde anderzijds zijn dochter Juana niet openlijk afvallen, omdat hij daarmee de praatjes over zijn impotentie zou bevestigen. Bovendien kon hij de bisschoppen en baronnen die hem trouw waren gebleven, niet in de kou laten staan. Maar ook Aragon en Portugal, en zelfs Frankrijk keken met belangstelling naar de ontwikkelingen rond de Castiliaanse troonopvolging. Isabel kreeg uit alledrie de landen aanzoeken. Wat Enrique wilde, kon haar toen niet meer schelen. Wat wilde zijzelf? De Franse en de Portugese kandidaten stootten haar af vanwege hun ouderdom. De Aragonese pretendent, Fernando, was van haar eigen leeftijd. Ze wikte en woog, liet zich door boezemvriendinnen beraden en besloot op het aanzoek van Aragon in te gaan. En in 1469 trouwden Isabel en Fernando in alle stilte te Valladolid. De vijf jaren die verliepen tussen hun heimelijke huwelijk en de dood van Enrique IV in 1474, geven een continu touwtrekken te zien, variërend van dreigen en ruziemaken tot toenadering en verzoening. Twee feiten stonden vast: adel en clerus waren in twee kampen verdeeld, en Portugal legde zich niet bij de situatie neer. Want via Juana La Beltraneja, die van lieverlee maar aan Afonso V van Portugal was uitgehuwelijkt, hoopte deze oude koning zijn claim op de Castiliaanse troon te doen gelden. Enrique IV mocht zich te elfder ure samen met zijn zuster voor het enthousiaste volk van Segovia vertonen, de koning lag nog niet in zijn graf of de oorlog met de westerburen brak uit, waarbij de machtigste Castiliaanse magistraten de zijde van de bejaarde Afonso kozen.

Ondertussen was er ook in Granada een burgeroorlog uitgebroken tussen de kinderen van twee koninginnen en één en dezelfde koning. Dat de vereniging van Aragon en Castilië levensgevaarlijk was voor het laatste mohammedaanse vorstendom, ligt voor de hand. Voorlopig had Granada nog niets te duchten, want de twee heren die in christelijk Andalusië de dienst uitmaakten, waren in een verbitterde vete verwikkeld.

DE OPKOMST VAN DE BURGERIJ EN DE KUNST

De vijftiende eeuw geeft de toenemende belangrijkheid van de burgerij te zien. De adel en de clerus konden twisten wat ze wilden, de steden hadden andere zorgen. Ze lieten hun steeds invloedrijkere stem horen via afgevaardigden in de volksvertegenwoordiging, de zogeheten Cortes. De Cortes voelden van nature meer voor Mercurius dan voor Mars, en dat hield in dat ze een krachtig koninklijk gezag voorstonden, waaraan adel en clerus zich zouden onderwerpen. Isabel en Fernando voorzagen in die behoefte.

Hoe het tijdens het bewind van Mars, en de opkomende roep om Mercurius, Minerva verging, verdient nu een korte uiteenzetting. Of het *Cantar de mio Cid* nu wel of niet de eerste getuigenis in de volkstaal is, heeft aanleiding gegeven tot polemiek. Menéndez Pidal noemt 1170 als datum. Inmiddels staat vast dat sommige romaanse fragmenten in de poëzie van Al-Andalus van eerder dateren. Dat neemt niet weg dat dit *Lied van de Cid* het belang van die oudere poëzie verre overstijgt. Het behoort met het *Chanson de Roland*, de *Beowulf* en het *Nibelungenlied* tot de grote epen van de Middeleeuwen. Het onderscheidt zich van die eerdere doordat het een sterk historische inslag heeft en zich op plaatsen afspeelt die geografisch verifieerbaar zijn. Of dat het kunstzinnige gehalte verhoogt, is een andere vraag. Het *Lied van de Cid* gaat over gekrenkte eer en strijd om recht. Latere beschouwers hebben aan het karakter van de Cid trekken ontleend die kenmerkend zouden zijn voor de Spanjaard, zoals individualisme, trouw, eergevoel en realiteitszin.

Van de dertiende eeuw dateren heiligenlevens, mysteriespelen en aansporingen om de hoofse liefde op te geven voor liefde tot God. Aparte vermelding verdienen *De Wonderen van Onze-Lieve-Vrouw* van Gonzalo de Berceo (1195-1264), waarin tal van anekdotische verhalen staan, onder andere rond de pelgrimstocht naar Santiago, die laten zien hoe Maria haar getrouwen uit netelige situaties redt. Maar de hoogtepunten uit die eeuw vormen de werken van koning Alfons de Wijze, van wie historicus Juan de Mariana opmerkte dat hij hemel en sterren observeerde en de aarde vergat. Ook de koning bezong de wonderen van Maria, onder andere het bekende verhaal over een zondige non die haar klooster verlaat en na berouwvolle terugkeer ontdekt dat de Maagd haar al die tijd heeft vervangen. Maar ook profane onderwerpen genoten de koninklijke belangstelling, zoals de oorlog en de erotische liefde. Om zijn keizerlijke aspiraties te schragen schreef de Wijze Koning een *Algemene kroniek*, die veel verder strekte dan de conventionele kronieken, die tot de regeringstermijn van slechts één koning beperkt bleven. Daarbij verdeelde hij de geschiedenis in zes tijdperken: vanaf Adam (eerste tijdperk) tot Christus (aanvang van het zesde). Dit werk laat zien hoe men in de Middeleeuwen de beschavingen van de joden, de Egyptenaren, de Grieken, de Romeinen en de eerste duizend jaar van onze jaartelling beschouwde en op wat voor autoriteiten men zich toen baseerde. Een van de verrassendste onderdelen van dit omvangrijke historische werk betreft het leven van Mohammed en de manier waarop de geleerde koning, die door Arabische kenners was geïnformeerd, de islam in christelijk perspectief beoordeelt. Voorts hield Alfonso zich met alle toenmalig bekende wetenschappen bezig en vervaardigde hij een wetboek in zeven hoofdstukken, *Las Siete*

Partidas, dat onder andere een beschouwing over de joden en een gedetailleerde vorstenspiegel bevat. Alfonso schreef ook over de astrologische hoedanigheden van stenen en over het schaakspel.

Het *Libro de Buen Amor* (Boek van de Goede Liefde) uit 1330 van Juan Ruiz handelt over de avonturen van een prelaat die, onder het teken van Venus geboren, zijn hart ophaalt aan de vrouwen, maar dankzij de hulp van Maria geneest van zijn 'dwaze liefde'. Juan Manuel (1282-1348) – graaf Lucanor en neef van Alfons de Wijze – schreef een vorstenspiegel onder zijn voornoemde adellijke titel. Het zijn voorbeeldige verhalen die eindigen met wijze raadgevingen. Sem Tob de Carrión (1300-1370), een rabbijn die tijdens Alfonso XI en Pedro de Wrede leefde, is bekend om zijn *Proverbios Morales*, eveneens wijze raadgevingen, maar niet geheel vrij van achterdocht.

De veertiende eeuw geeft de eerste Spaanse ridderroman te zien, *El Caballero Cifar*, over een Toledaanse lekenbroeder die mede vanwege zijn godsvertrouwen de ergste beproevingen doorstaat en de verloren koninklijke status van zijn voorgeslacht herwint. De moraal ervan is (vooruitlopend op Thomas à Kempis) dat het beter is om tijdens je leven te boeten dan in het hiernamaals. De markies van Santillana (1398-1458), die tegen koning Juan II en don Alvaro de Luna streed, introduceerde de Italiaanse stijl in het Castiliaans en schreef sonnetten in de trant van Petrarca. Hij vertaalde Plato, Vergilius, Ovidius en Seneca. Hij verdeelde de poëzie, die hij een goddelijke oorsprong toeschreef, in 'verheven' en 'volks'. Tot die laatste categorie behoren de gedichten van zijn hand over herders en herderinnen. Voorts vindt men de belangrijkste dichters in zijn werk becommentarieerd. Geïnspireerd op Dante schreef hij een *Hel van minnaars*.

Van Juan de Mena (1411-1456), latinist en hofdichter van koning Juan II, is het *Laberinto de Fortuna*, een dichtwerk dat in vorm op dat van Dante lijkt, maar dat het wereldgebeuren tot thema heeft. De raderen van verleden, heden en toekomst, die door planeten en sterren worden beïnvloed, blijken zijn broodheer in de kaart te spelen, maar de fortuin blijft grillig en het verdient daarom aanbeveling je hoop te stellen op God. Het indrukwekkendste werk uit deze periode zijn evenwel de *Coplas* die Jorge Manrique (1440-1470) opdroeg aan zijn vader. Deze 'coupletten' vormen wellicht de diepste overpeinzing over de vergankelijkheid van het leven en de verzoening met de dood die de Middeleeuwen hebben voortgebracht. In tegenstelling tot de Italianen meenden de eerste Spaanse humanisten dat de pen en het zwaard elkaar niet hoefden uit te sluiten.

De vijftiende eeuw is bij uitstek de tijd van de romances, anonieme verhalende gedichten in assonerende achtlettergrepige verzen over liefde en moord, overspel en trouw, over koning Rodrigo en graaf Julián, Fernán González en de Cid, over moren en christenen en nog vele andere onderwerpen. De romances griften de heldendaden in het geheugen en functioneerden als de nieuwsberichten van die tijd. Een van de kernachtigste, die het Spaanse karakter zeer typeert, luidt:

Beter te sterven met ere
dan eerloos te moeten leven,
want sterven wordt iedereen
bij zijn geboorte meegegeven.

4 Aragon

Het bergland van Navarra, Aragon en Catalonië kwam nooit helemaal in mohammedaanse handen. Er bleven christelijke enclaves bestaan binnen de invloedssfeer van de Franken. Aan de oostelijke flank van de Pyreneeën lag de 'Spaanse Mark', dat in het noorden aan het Frankische Septimania grensde. Dit gebied viel onder Karel de Grote en Lodewijk de Vrome. Het vormde een lappendeken van graafschappen. Na de dood van Lodewijk sneed het de band met het noorden door. Omstreeks 850 wierp Navarra zich op als koninkrijk. Ongeveer terzelfdertijd vond graaf Wilfredo van Barcelona, bijgenaamd de Behaarde, een zwart Mariabeeld. Op die plaats stichtte hij het benedictijner klooster van Montserrat, het geestelijk centrum van het toekomstige Catalonië. Wilfredo heeft nog tegen Abd Er-Rahman III gevochten. Hij stierf in 898. In 985 werd Barcelona voor korte tijd bezet door Al-Mansoer.

DE ARAGONESE RECONQUISTA

Koning Sancho III van Navarra, bijgenaamd de Grote, heerste van 1000 tot 1035. Hij verruimde zijn territorium met delen van Aragon, dat inmiddels van graafschap tot koninkrijk was uitgegroeid, en hij promoveerde Navarra tot voorhoede tegen de mohammedaanse oppermacht. Na 1050 nam Aragon die rol over. Koning Ramiro I van Aragon wist geleidelijk zijn gezag over het graafschap Barcelona uit te breiden en riep voor het eerst de Cortes bijeen. Het was de tijd dat de Cid tot in Valencia doorstootte, de Normandiërs naar Italië afzakten en paus Gregorius VIII de Duitse keizer Hendrik IV in de ban deed tegen de achtergrond van de investituurstrijd. Van 1085 tot 1248 vonden er over heel het schiereiland de beslissende oorlogen plaats tussen christendom en islam. Ook in het Levantijnse deel moesten de mohammedanen de veroverde steden ontruimen, waarna christenen hun plaatsen innamen. Onder hen waren Franken die hadden meegedaan aan de strijd. Alleen de christelijke 'mozaraben' en de

Links. Raymundus Lullius, afgebeeld bij een van zijn boomboeken
Rechts. De steniging van Raymundus in Noord-Afrika

joden bleven achter. Alfonso I, de Vechtjas, won Zaragoza, Tudela, Darroca, Tarazona en Catalayud, en verschoof de zuidgrens naar de rivier de Ebro, maar moest Navarra prijsgeven. Hij trouwde een dochter van Alfonso VI van Castilië, maar stuitte op verzet van de Castiliaanse adel, wat leidde tot een treffen tussen beide vorstendommen. Zijn grondgebied liet hij na aan de tempeliers. Zijn opvolger Ramiro II nam Lérida in en huwde zijn dochter Petronila uit aan de laatste graaf van Barcelona, Ramón Berenguer IV. Hun zoon was Alfonso II, de eerste koning van Aragon en Barcelona (later Catalonië). Navarra bleef voorlopig een onafhankelijk koninkrijk.

Wat de verovering van Toledo voor Castilië had betekend, moest de verovering van Valencia voor Aragon zijn, maar dat gebeurde pas in 1237, anderhalve eeuw later. Dat de Reconquista in Aragon trager verliep dan in Castilië, had te maken met de ketterijen die in het zuiden van Frankrijk de staatsorde bedreigden. Daarbij raakte Aragon betrokken. Dat remde de kruistocht naar het zuiden af en overhaastte de oprichting van de inquisitie.

DE KATHAREN EN DE EERSTE KRUISTOCHT 'NAAR BINNEN'

In 1196 werd koning Alfonso II van Aragon opgevolgd door Pedro II. Deze Pedro steunde zijn bloedverwant graaf Raymond van Toulouse, en die graaf bood bescherming aan de Albigenzen. De Albigenzen, genoemd naar het Zuid-Franse plaatsje Albi, hadden de oude leer van het manicheïsme, die populair was geweest in de vierde eeuw en wortelde in het gnosticisme, opgediept uit onvrede met de verwereldlijkte kerk. Ze dachten 'dualistisch', dat wil zeggen dat de aarde naar hun idee een strijdperk was tussen goed en kwaad. Daarbij kenden ze aan dat laatste een zelfstandige macht toe. Ze ontkenden dus de almacht van de goede God, een geloofswaarheid van de kerk van Rome. De ziel beschouwden zij als goed en het lichaam als slecht. Dat was voor hen een reden om huwelijk en voortplanting te bagatelliseren. Zelfmoord achtten ze geoorloofd, aangezien de ziel in een nieuw lichaam terugkeerde; vrije liefde mocht, omdat de aarde niet deugde; vlees eten en rijkdom waren zondig; heiligenbeelden voerden tot afgoderij; het doopsel en de andere sacramenten hadden geen waarde, want ze werden toegediend door onwaardige priesters. De Albigenzen worden ook wel Katharen genoemd, of 'zuiveren'. Hun ideeën vonden weerklank bij de Waldenzen, volgelingen van Petrus Waldo. Ze gaan door voor de wegbereiders van Wycleff, Hus, Luther en Calvijn. De Albigenzen vormden een bedreiging voor de kerk van Rome, en daarmee voor de staat. Dat laatste sprak zeer tot de verbeelding van de romantici en de anti-autoritaire intelligentsia aan het eind van de twintigste eeuw.

De Katharen verspreidden zich vooral over het noorden van Italië en het zuiden van Frankrijk, in de Languedoc en de Provence. Ze verschaften de graaf van Toulouse een gelegenheid om zich onafhankelijk van de Franse koning op te stellen. Aragon had grensgeschillen met Frankrijk en daarom greep ook koning Pedro II de ketterij aan om zich noordwaarts te profileren. Maar Parijs maakte gemene zaken met Rome, en beide grootmachten dreven de Katharen en hun beschermheren in het nauw. Rome deed dat op tweeërlei wijze: door een leger op de ketters af te sturen – de eerste kruistocht 'naar binnen' – en door stichting van een nieuwe orde, die der predikheren of dominicanen, genoemd naar de Spaanse initiatiefnemer Domingo de Guzmán. De predikheren richtten een – voorlopig kerkelijke – inquisitie op. Ze bestudeerden de ketterijen en probeerden met overtuigingskracht en door strikte naleving van de armoede de 'dolenden' naar de rechtzinnige schaapskooi terug te voeren. Als woorden niet hielpen, dan kon de orde overgaan tot uitlevering aan de wereldlijke arm.

Aan het hoofd van de pauselijke strijdkrachten stond Simon de Montfort, ooit tutor van de kroonprins van Aragon. In 1213 versloeg deze geharde kruisvaarder het leger van de ketters bij Muret. Daarbij sneuvelde koning Pedro II. Het verhaal wil dat de koning in de bijslaap met een nymfomane vrouw zoveel zaad had verloren dat hij tijdens de slag nauwelijks op zijn benen kon staan. Zijn zwakke commando was niet bevorderlijk voor de tucht onder de verdedigers van Muret en ten slotte kwam iedere edelman nog slechts op voor zijn eigen belang.

Deze Pedro was officieel getrouwd geweest met een kleindochter van de keizer van Byzantium, maar kon geen gevoel voor haar opbrengen. Omdat zij desondanks voor een wettige troonopvolger wilde zorgen, vermomde zij zich als deerne en drong, zoals Thamar met Juda had gedaan, het slaapvertrek van haar donjuaneske man binnen. In de duisternis zag hij haar voor een ander aan. Zo raakte zij zwanger. Het kind in haar schoot zou later de grootste koning van Aragon worden: Jaime I, bijgenaamd de Veroveraar.

Jaime werd in 1208 te Montpellier geboren. Het land dat hij erfde, was vrijwel bankroet en overal heerste anarchie. Hij moest niet alleen interne orde zien te scheppen, maar ook Frankrijk op een afstand houden, dat aanspraak maakte op een grensgebied. Terwijl hebzuchtige graven de jonge koning voor hun kar probeerden te spannen en terwijl joden en Saracenen de schatkist leegden, verbond de twaalfjarige Jaime zijn lot met dat van een tante van koning Fernando III van Castilië. Jaimes voornaamste tegenstander, zijn oom, hoopte zélf de troon te bezetten door de edelen van allerlei te beloven. De samenzweerders namen de koning gevangen en sloten hem op in het paleis van Zaragoza. Daar kreeg hij twintig dagen de tijd om op de verzoeken van de baronnen in te gaan. Jaime ontsnapte uit het paleis en zocht zijn toevlucht in een klooster. Van daaruit nam hij contact op met zijn vazallen.

De kleine groep getrouwen die hem te hulp schiet, stelt hij buit in het vooruitzicht. En roem. Want om de onderlinge belangen te bundelen richt hij hun aandacht op Valencia, dat sinds de dood van de Cid weer in handen is van 'de vijanden van Christus'. De eerste poging om de stad te veroveren mislukt. Wél weet hij Valencia schatplichtig te maken aan Aragon. Dat kleine succes levert hem het respect op van een deel van de adel, die een afwachtende houding had aangenomen. Nu moet hij zoveel mogelijk heren ervan zien te overtuigen dat er toekomst zit in een gezamenlijk optreden tegen de mohammedanen. Om hen op te warmen roept hij in 1228 de Cortes bijeen in de havenstad Barcelona. Hij stelt voor om eerst beslag te leggen op het moorse eiland Majorca, dat Barcelona een doorn in het oog is omdat het zijn schepen onderschept. De stad is onmiddellijk te vinden voor het plan van de koning. Aragon daarentegen, dat in het binnenland is gelegen, pakt liever gelijk Valencia aan. Maar Jaime oppert dat men moet beginnen met het haalbare, om pas daarna het moeilijkere aan te vatten.

Met voornamelijk Catalanen – vijftienduizend man en vijftienhonderd paarden – vaart een vloot van honderd schepen naar Majorca, dat in 1229 bij het koninkrijk Aragon wordt ingelijfd. In een paar jaar onderwerpt Jaime het eiland en verdeelt het onder de veroveraars. Kort daarop volgen Minorca en Ibiza. Daarna kan de Reconquista zuidwaarts over land worden voortgezet. Tijdens de opmars naar Valencia ontmoeten koning Jaime I van Aragon en koning Fernando III van Castilië elkaar om de grenzen tussen hun rijken vast te stellen. In 1237 slaat Jaime met ongeveer zestigduizend man het beleg voor Valencia. Vijftigduizend Valencianen verlaten de stad, richting Granada en Afrika. In het gezelschap van Jaimes biechtvader, de heilige dominicaan Raymundus van Penyafort, en met het vaandel van Sint-Joris betreedt de koninklijke stoet de rijke stad, onder het zingen van een Te-Deum en eerbetuigingen van de joodse gemeenschap. Na Valencia vallen Denia, Alcira en Játiva. In 1244 wordt bij het verdrag van Almizra met Castilië gestipuleerd dat Aragon zijn zuidgrens heeft bereikt, want op Murcia – het laatste rijkje op weg naar Granada – had Fernando III al zijn oog laten vallen.

Onder Jaime I kreeg het koninkrijk Aragon zijn voorlopige omvang. Het katholicisme werd tot de enig toegestane godsdienst verklaard. Raymundus van Penyafort, uitgever van pauselijke decreten en schrijver van een gezaghebbende biechtspiegel, zette zijn schouders onder de oprichting van de mercedariërs, een orde tot vrijkoping van christenslaven uit moorse gevangenschap. Ketters werden onteigend door de kerkelijke inquisitie en door de wereldlijke arm. De vele 'mudejaren' die in Valencia bleven wonen, kregen de raad zich te bekeren. De joden dienden in aparte wijken, de zogenaamde *aljamas*, te wonen. Het concilie van Tarragona vaardigde in 1242 een verbod uit op bijbels in de volkstaal teneinde speculaties die gemakkelijk aanleiding gaven tot ketterijen, zoals die der Waldenzen, de kop in te drukken. Dat was een verschil met Castilië, waar van Kathaarse of preprotestantse tendensen niets te merken was. In 1274 wilde Jaime de Veroveraar nog op kruistocht gaan naar het Midden-Oosten, maar twee jaar later stierf hij. Hij werd begraven in het klooster van Poblet, dat Ramiro II in 1134 had gesticht.

SICILIË EN GRIEKENLAND

Onder Pedro III, de Grote, breidde Aragon zich door diens huwelijk uit over het eiland Sicilië. Dit strookte niet met de politiek van de paus, die dat eiland aan de Franse Anjous had gegeven teneinde de Duitse keizer, die er aanspraak op maakte, op een afstand te houden. De heilige vader excommuniceerde de Aragonese koning en gaf het eiland aan de Fransen terug. Maar hij had geen rekening gehouden met de Sicilianen, die geen Franse overheersing wilden en daarom Aragon te hulp riepen. Dit leidde in 1282 tot de zogeheten Siciliaanse vespers, een gebeuren dat eeuwen later romantici in vervoering bracht omdat ze er een voorspel in zagen van de vrijheidsstrijd van het volk tegen zijn onderdrukkers.

Alfonso III kreeg het aan de stok met de adel. Gedurende zijn regeringsperiode begon de burgerij zich te manifesteren, met name in Barcelona: textiel, scheepsbouw, smederijen, koophandel, bankwezen. Aragon telde in die tijd ongeveer twintigduizend joden en even zoveel 'mudejaren', vooral in Valencia en omstreken. In het binnenland vormde de landbouw de voornaamste bron van inkomsten en nam het grootgrondbezit toe, hoewel nooit tot zulke grote proporties als in Frankrijk. Jaime II, die van 1291 tot 1327 de troon bezette, moest afzien van Sicilië, maar stuurde een vloot naar Constantinopel en nam een deel van Griekenland in. Die onderneming viel samen met de opheffing van de orde der tempeliers, die van heiligschennis en sodomie waren beschuldigd omdat de Franse koning op hun kapitaal aasde. De Aragonezen losten de tempeliers af. Dat was nodig omdat Constantinopel werd bedreigd door de Ottomanen, wier macht daagde. Dat zou het schiereiland weldra ondervinden. Maar de Fransen zagen dat nog niet en lieten de leiders van de Aragonese expeditie in Byzantium vermoorden. Reden voor Aragonese huurlingen, de 'almogavaren', om Athene en Neopatria (de Peloponnesus) te bezetten. Tijdens het bewind van Jaime II stierven Raymundus Lulius en Arnaldo de Vilanova. Beide geleerden stonden onder verdenking van de inquisitie. De eerste ten onrechte; de tweede – astroloog en alchimist, aanklager van de kerkelijke verloedering, aankondiger van de antichrist, heraut van de vrijdenkerij en onheilsprofeet – terecht, althans volgens de grootste kenner van de Spaanse heterodoxen, Marcelino Menéndez y Pelayo.

HET GROOT SCHISMA, VICENTE FERRER, DE BOTSING MET FRANKRIJK

Alfonso IV kreeg net als zijn vader Alfonso III de adel tegen zich. Pedro IV, die geen zonen had en zijn dochter als opvolgster wenste, moest tenslotte zijn broer op de troon dulden. En de adel greep iedere gelegenheid aan om de koninklijke autoriteit te beperken. Daarbij kwamen bovendien een financiële crisis en de oorlog met Castilië. Aragon steunde daar Enrique de Trastamara tegen Pedro de Wrede, wat Barcelona met een aanval vanuit zee moest bekopen. Maar Pedro IV, bijgenaamd de Deftige omdat hij veel belang hechtte aan etiquette, wist vaste voet op Sicilië te krijgen en lijfde Griekenland in. Zijn nadagen vielen samen met het Groot Schisma dat de kerk van binnenuit ondermijnde. Zijn opvolger Martín I, bijgenaamd de Menselijke, koos de zijde van de Aragonese 'tegenpaus', Benedictus XIII (Pedro de Luna), die uit Avignon naar zijn vaderland moest vluchten.

Een paar jaar na het overlijden van de kinderloze Martín besteeg een Trastamara de Aragonese troon via het compromis van Caspe van 1412. Zijn naam was Fernando I, tutor van de Castiliaanse koning Juan II. Fernando wist tegenpaus Benedictus XIII ertoe te bewegen van diens claim af te zien. Dit gebeurde mede onder druk van de concilies van Konstanz en Bazel, waarop de voorstanders van het pauselijk primaatschap en de pleitbezorgers van vrijheid voor de kardinalen tot een akkoord probeerden te komen. Fernando liet zich in zijn standpunt leiden door de heilige dominicaan Vicente Ferrer, die zelf aanvankelijk Benedictus had gesteund. Een andere heilige, Catharina van Siena, stond achter de paus van Rome, Urbanus VI. Vicente Ferrer liet zich niet alleen in met de hoge politiek, maar ook met het lage volk. Zowel in Aragon als Castilië bekeerde hij duizenden moren en joden tot het christendom. Die bekeringen verliepen niet geheel zonder dwang. Op het zogeheten dispuut van Tortosa bijvoorbeeld, in 1414, mochten rabbijnen in het openbaar redetwisten met hun christelijke tegenpolen, maar onder het toeziend oog van de koning en de dominicaanse inquisiteurs. De advocaten van de christelijke waarheid, onder wie joodse bekeerlingen, konden bij voorbaat rekenen op de sympathie van het gezag. Het gevolg was dat duizenden joden hun voormannen zagen verliezen. Velen, met de herinnering aan de recente vervolgingen nog in het geheugen, verschaften zich toen via wat wijwater toegang tot de maatschappelijke posities waarvan ze voorheen uitgesloten waren. Ferrer trok heel Europa door en bracht met zijn geestdrift overal grote menigten op de been. Hij stierf in 1419 in Nantes. De Aragonese chroniqueur Jerónimo de Zurita noemde hem een eeuw later 'een schitterend licht voor alle koninkrijken van de katholieke kerk'. Volgens vele moderne historici zou Ferrer hebben opgeroepen tot plundering van jodenwijken. Maar die mening is in tegenspraak met de biografie en de filosofie van de heilige.

De opvolger van Fernando, Alfonso V, vertrok naar Napels om daar koning te worden en liet zijn land over aan zijn broer Juan II. Dat zou vooral voor Barcelona nadelig blijken. De handel was ingestort en in de stad woedde een oorlog tussen 'patriciërs' en 'kooplieden'. De burgerij had behoefte aan een sterke koning die de pretenties van de adel aan banden legde. Alleen dan kon het zakenleven gedijen. Daarom begonnen de Barcelonezen – buiten medeweten van de koning die naar Navarra lonkte – hun hoop te stellen op de Castiliaanse koning Enrique IV, de Impotente.

Juan II, die van 1458 tot 1479 regeerde, is de laatste koning van een afzonderlijk Aragon. Hij verbond zich via een huwelijk met Navarra. Daar zat sinds sinds 1274 een Franse dynastie op de troon, maar vanaf 1328 was het weer onafhankelijk geworden. Uit de verbintenis van Juan II met Blanca van Navarra werd een prins geboren die van zijn vader geen erkenning als troonopvolger kreeg. Die weigering betekende oorlog met Navarra. Daarbij stierf de prins, mogelijk door vergiftiging. Daarmee was de aansluiting van Navarra bij Aragon van de baan. Ondertussen waren zowel Aragon als Catalonië in een conflict met Frankrijk verwikkeld om een grensgebied, de Roussillon. De kwijnende handel en de ruzie met de machtige noorderbuur maakten een bond met Castilië opportuun. Maar binnen Castilië lobbyden behalve voorstanders van Aragon ook voorstanders van een bond met Portugal. Zowel de ogen van Barcelona als die van Lissabon richtten zich op de Castiliaanse prinses Isabel. Zij had haar halfbroer, koning Enrique IV, te verstaan gegeven dat zij zélf haar keuze zou bepalen en dat zij zich, ondanks de eerder gemaakte afspraak, geen kandidaat van zijn voorkeur zou laten opdringen. Volgens chroniqueur en ooggetuige Andrés Bernáldez gaf Isabel gehoor aan de *vox populi*, die zij uitlegde als de *vox Dei*. En de straatkinderen zongen: 'flores de Aragón dentro de Castilla son', waarmee de band tussen beide rijken door de hemel met bloemen werd bezegeld. En omdat de zoon van koning Juan II, Fernando, bovendien van haar eigen leeftijd was, er aantrekkelijk uitzag en al zeer jong op het slagveld van strategische kwaliteiten blijk had gegeven, neigde ze naar hem. Haar keuze impliceerde twee botsingen: één met Portugal, dat aanspraak maakte op de Castiliaanse troon, en één met Frankrijk, dat aanspraak maakte op de Aragonese Roussillon. Succes in beide conflicten leidde ten slotte tot de veroveringen van Granada en Navarra, tot de geboorte van Spanje.

DE INRICHTING VAN ARAGON

Dat in Aragon de nadruk op de landbouw viel en dat Catalonië het vooral van de handel moest hebben, is uit het voorafgaande al duidelijk geworden. Burgerij hoort bij handel, handel hoort bij de zee en Barcelona was de haven. Dat de Aragonese koningen met de speciale wensen van de haven – toevoer van welvaart voor het hele koninkrijk – rekening hielden, laat zich raden. In Barcelona en Valencia ontbloeiden kleine industrieën, waarin 'mudejaren' en joden een vooraanstaande rol speelden. Ook na de vereniging met Aragon in 1164 behielden de Catalanen eigen rechten. De opkomst van de Turken, die in de veertiende en vijftiende eeuw de Noord-Afrikaanse kusten begonnen te controleren, bezorgde de Catalaanse zeevaart een gevoelige klap.

De koningen van zowel Aragon als Castilië ontleenden hun macht aan de gratie Gods. Het verschil was dat in Aragon vrouwen van de troon waren uitgesloten, terwijl broers en ooms mochten opvolgen. Koningen hadden de macht om oorlogen te verklaren, vazallen voor het leger op te roepen, vredesverdragen te ondertekenen, wetten uit te vaardigen, privileges te verlenen, belasting te heffen en recht te spreken. Bij dat alles werden ze geassisteerd door raden, die in de twaalfde eeuw geleidelijk tot instituties evolueerden, zoals de Cortes, kanselarijen, gerechtshoven, gemeenteraden. Met name de Cortes, waarin vertegenwoordigers van de steden zaten, kwamen de kroon goed van pas tegen de aanmatigingen van de hoge adel. Deze genoot in Aragon meer voorrechten dan in Castilië. Aragon kende een speciaal instituut dat op uitvoering van de besluiten van de Cortes moest toezien. Iedere burger kon in principe tot gemeenteraadslid worden gekozen, behalve de 'mudejaren' en de joden. In feite werden de steden echter geregeerd door families. De adel had lijfeigenen en horigen in dienst, ofwel knechten die gebonden waren aan het land dat ze voor hun heer bewerkten. Het land was officieel eigendom van de kroon en door de koning in bruikleen gegeven aan zijn vazallen. Onder de clerus waren evenveel machtige heren als onder de adel. Ze fungeerden als naaste adviseurs van de koningen en zaten in de Cortes, de gerechtshoven, de gemeenteraden. De aantrekkelijkste posities waren de bisschopszetels en het voorzitterschap van de militair-religieuze orden. Benoemingen voor die posten hingen af van Rome en dat gaf de hoge clerus een begeerlijke onafhankelijkheid van de kroon. Aan dat voorrecht zouden Isabel en Fernando een einde maken.

De veeboeren in Castilië, die koninklijke bescherming genoten met het oog op de niet onbelangrijke productie van wol, hadden het beter dan de landbouwers in Aragon, die het af moesten leggen tegen de toenemende invloed van de georganiseerde gilden van de Levant. In Barcelona floreerde de scheepvaart en in Valencia de nijverheid, vooral op het gebied van papier, leer, zijde, keramiek.

Beschaving en cultuur kwamen voort uit de kloosters. Aanvankelijk waren dat de benedictijnen, met een sterke impuls van het Franse Cluny, maar in de dertiende eeuw nam het geestelijke leven een hoge vlucht onder de zojuist opgerichte orden van dominicanen en franciscanen. Hun optreden liep parallel aan de stichting van de eerste universiteiten, in Aragon iets later dan in Castilië. De Catalaanse architectuur en muurschilderingen geven de bloei van de Romaanse stijl te zien.

DE GROTE CATALAANSE LITERATUUR

Verreweg de belangrijkste schrijver van Aragon en Catalonië is Raymundus Lulius, theoloog en filosoof, die enige tijd aan het hof van Jaime I vertoefde. Hij werd rond 1233 op Majorca geboren en kwam na een werelds leven als troubadour tot inkeer. Hij trad eerst toe tot de dominicanen, maar toen die orde kritiek kreeg op zijn geschriften, werd hij franciscaan. Zijn ideaal was de mohammedanen en de joden tot het christendom te bekeren. Daartoe klopte hij overal in Europa bij koningen en kerkvorsten aan. Men ontving hem met scepticisme, want de machtigen der aarde geloofden niet meer in bekeringen door geestkracht. In Noord-Afrika werd hij op hoge leeftijd door de Saracenen gestenigd, waarna Genovezen hem zwaargewond naar zijn geboorte-eiland terugbrachten. Bij aankomst stierf hij. Zijn werken, die zijn geschreven in het Catalaans, het Arabisch en het Latijn, laten een menging van mystiek, idealisme, wetenschap en autobiografie zien. Van zijn hand zijn onder andere een beknopte methode voor het vinden van de waarheid, een zogenaamde 'boom van de wetenschappen' en een 'kunst van het redeneren', die als *Artes* grote indruk maakten op de Italiaanse neoplatonisten en latere esoterici. Lulius schreef ook over het schouwen van God, over de ideale ridder, over Maria, over het teruggetrokken leven en ten slotte zijn eigen avontuurlijke levensverhaal. De invloed van deze geestelijke kruisvaarder op de latere mystiek en in het algemeen op de Europese cultuur is groot. Zijn genialiteit en durf ontstegen het geleerde milieu van de toenmalige universiteiten. Tijdens zijn leven stond hij aan felle spot bloot. Na zijn dood in 1315 probeerde de Aragonese inquisitie zijn werken alsnog tegen te houden, maar de ontwikkelde geesten namen ze voorgoed onder hun bescherming.

Bernat Metge, die van 1350 tot 1413 leefde, was secretaris van koning Pedro IV en belandde op beschuldiging van paleisintriges in de gevangenis. Pedro's opvolger haalde hem uit zijn cel en stuurde hem als ambassadeur naar het pauselijk hof te Avignon. Na terugkeer in Catalonië viel hij opnieuw in ongenade, waarop hij wederom gerehabiliteerd werd. Ten slotte trok hij zich in het klooster terug. Hij schreef gedichten en satiren, vertaalde Petrarca en Boccaccio, maar het werk waarop zijn faam berust is een 'droom', die hij in de gevangenis schreef onder invloed van Boethius' beroemde *Vertroosting van de filosofie*. De 'droom' van Metge houdt een pleidooi in voor het geloof in de onsterfelijkheid van de ziel en geeft tevens een kijkje in het hiernamaals. Terloops werpt Metge vragen op over lotsbestemming en voorzienigheid. De eigen tijd komt er slecht af en de dromer besluit met een oproep om wereldse liefde af te zweren ten gunste van liefde tot God. Voor zondaars die zich willen bekeren is er geen krachtiger hulp dan de Maagd Maria.

De Valenciaan Ausias March (1395-1461) geldt als filosofisch troubadour. De markies van Santillana noemde hem een 'verheven geest'. Hij was zeer vertrouwd met de klassieken, met name Ovidius, en hij was een groot kenner van het werk van Dante en Petrarca. Zijn 'liefdesgezangen', die gewijd zijn aan een adellijke dame, getuigen van heroïsche berusting, treurnis en soms wanhoop. Samen met de Castilianen Jorge Manrique en Juan de Mena oefende hij grote invloed uit op de Spaanse renaissancedichters van de zestiende eeuw. In de zeventiende eeuw oogstte hij de lof van Quevedo en Lope de Vega. Wat de poëzie van Ausias March haast modern maakt, is de sterke nadruk op de binnenwereld, op het subjectieve gevoel.

De rijke Catalaanse poëzie lijkt als twee druppels water op die van de Provençaalse troubadours. Naast de wat melancholieke lyriek van Portugal en Galicië, en naast de krijgshaftige epiek van Castilië valt het mediterrane karakter op door zinnelijkheid en levenslust. Typerend is de ontmoeting van de Castiliaanse Cid met de graaf van Barcelona. Terwijl die laatste zich ongegeneerd volvreet, kijkt de held, half geamuseerd en half spottend, toe. De graaf is een *follón*, een levensgenieter, een hedonist. 'De Levantijn,' schreef Unamuno in 1906 aan Ortega y Gasset, 'is te wellustig. Dat stompt de geest af.' Salvador de Madariaga noemde het Catalaanse genie 'plastisch'.

Nieuwe Tijd

5 Het Spanje van de katholieke vorsten

DE TROONSBESTIJGING VAN ISABEL

Segovia, dinsdag 13 december 1474. Feestdag van de heilige Lucia. Op de *plaza mayor* prijkt een met draperieën versierd podium. Daaromheen zijn vazallen, de notabelen van de stad en het volk samengestroomd om Isabel te begroeten als koningin van Castilië. Zij komt te paard onder een brokaten baldakijn het Alcázar uitgereden, blank en blond, groenblauwe ogen, drieëntwintig jaar oud. Ze bestijgt het podium en neemt plaats op een zetel die zich boven drie treden verheft. Te rechter zijde staat haar voorproever, Gutierre de Cárdenas, met ontbloot zwaard. De koninklijke wapendragers verzoeken om stilte, waarna een heraut roept: 'Castilië voor koning Fernando en koningin Isabel!' Vaandels gaan omhoog, trompetten schallen, diverse muziekinstrumenten klinken op, de stad applaudisseert. Vervolgens rijdt de koningin naar de kathedraal, waar de bisschop haar onthaalt op een plechtig gezongen Te-Deum. Ze knielt, dankt God en keert terug naar het Alcázar, dat zij overdraagt aan haar vertrouweling Andrés de Cabrera. Ze belooft de kasteelheer ieder jaar op het feest van Sint-Lucia haar gouden drinkbekers te zullen toesturen. Vanaf die dag slaapt zij niet meer in het kasteel, maar in het paleis. Twee weken later voegt Fernando zich bij haar.

Met zulke penseelstreken schetste de zeventiende-eeuwse chroniqueur Diego de Colmenares uit Segovia de troonsbestijging van Isabel, een evenement dat hij trots bestempelde tot dageraad van de grootste monarchie aller tijden. Vijftig jaar later huldigde de Sevilliaanse chroniqueur Diego Ortíz de Zúñiga Isabels troonsbestijging als de afdaling van Astraea, godin van de rechtvaardigheid, naar de aarde. Hun zestiende-eeuwse voorlopers bejubelden Isabel en Fernando unaniem als een zegen van de hemel. De negentiende-eeuwse Amerikaanse historicus William Prescott zag in de plechtigheid een prille uiting van 'democratische volkswil' naar Rousseau. De twintigste-eeuwse Franse historicus Pierre Vilar reduceerde het gebeuren tot de collectieve voorkeur van Castilië voor het mediterrane

De overgave van Granada

Aragon boven het Atlantische Portugal. Hoe men 1474 achteraf ook benoemt of beoordeelt, op het moment zelf stond allerminst vast of de monarchie van het land dat als eerste van Europa een eenheid werd, het stadium van de wieg kon overleven.

Om te beginnen moest Fernando van Aragon, met wie Isabel vijf jaar tevoren in de echt was getreden, worden overgehaald om de rechten en gewoonten van Castilië te eerbiedigen. Omgekeerd moest Isabel zweren dat ze het eigene van Aragon intact zou laten. De eenwording van Spanje hing aan de zijden draad van beider discretie en diplomatiek vernuft. Alleen op basis van gelijkwaardigheid had het huwelijk van Aragon en Castilië kans van slagen, en dat het slaagde mag een wonder heten. Isabel kon de autoriteit afdwingen om Fernando koning in haar gebied te laten zijn – een meesterstuk gezien de opvliegende aard van de Castiliaanse adel. Fernando oefende macht uit, zonder zich ten koste van zijn vrouw op de voorgrond te dringen en oogstte daarmee de bewondering van menig kenner, onder wie de in Spaanse ogen verderfelijke Machiavelli. Beiden beschikten over uitzonderlijke kwaliteiten – iets wat buitenlandse waarnemers van toen en later onophoudelijk hebben beweerd – maar dat verklaart hun politieke succes slechts ten dele. Want Portugal en Frankrijk gedoogden onder geen beding een sterke buur. Frankrijk was zelf onderweg naar interne eenheid en zal tot aan 1700 de felste rivaal van Spanje blijven. Portugal probeerde als eerste de Spaanse droom in de kiem te smoren.

DE PORTUGESE SUCCESSIEOORLOG

Koninkrijken vallen, evenals individuen, zelden door vijanden van buitenaf en bijna altijd door bederf van binnenuit, merkte Luis de León op. De machtigste mannen van Castilië, onder wie de grootmeesters van Santiago en Calatrava en de aartsbisschop van Toledo, wilden niets van het nieuwe koningspaar weten. Zij betuigden adhesie met de dochter van de overleden koning Enrique IV. Juana was voor hen niet La Beltraneja, de bastaard, maar de wettige troonopvolgster. En nu wezen zij op de laatste wil van haar vader, die haar koppelde aan de bejaarde koning Afonso V van Portugal. Van hem hoopten zij datgene te verkrijgen wat ze van Isabel en Fernando niet hoefden te verwachten. Vooral de militante aartsbisschop van Toledo was op zijn tenen getrapt omdat het jonge echtpaar de voorkeur had gegeven aan een prelaat van eigen makelij, namelijk Pedro González de Mendoza, die weldra tot kardinaal van Spanje gepromoveerd zou worden. Aan de zijde van Isabel en Fernando schaarden zich de hertog van Alva en de markies van Santillana, maar de meeste edelen namen, zoals gebruikelijk, de afwachtende houding aan van *viva quien vence*, ofwel 'leve wie wint'. Van de kant van het nog onafhankelijke koninkrijk Navarra – door zijn dynastie Frans georiënteerd – hebben Isabel en Fernando tegenwerking te duchten.

In 1475 marcheert Portugal met veertienduizend voetknechten en vijfduizend ruiters het buurland binnen. In de kathedraal van Plasencia roept de bisschop van die stad Afonso en Juana tot koning en koningin van Castilië uit. Fernando slaat terug, maar de Portugezen bezetten Burgos. Even later komt Segovia in opstand tegen Isabel. De rebellen, die zich in het Alcázar hebben verschanst, hebben haar eersteling, prinses Isabel, en haar kasteelheer Cabrera in gijzeling genomen. Zodra de onheilspellende tijding de koningin ter ore komt, galoppeert ze naar 'haar stad'. Haar militaire adviseurs raden aan geduld te oefenen en het beleg in alle rust voor te bereiden. Maar Isabel slaat die raad in de wind. Ze rijdt nagenoeg in haar eentje de stad binnen en op het plein waar ze een paar jaar tevoren was gekroond, roept ze uit dat de koningin is gearriveerd en dat ze de ogenblikkelijke overgave van het kasteel eist. Dat optreden maakt de bezetters zo onzeker dat ze bedeesd naar buiten druppelen. De prinses is ongedeerd, Cabrera en zijn vrouw stijgen in de adelstand, het respect voor de koningin groeit. Onderwijl herovert Fernando de stad Zamora en belegert vervolgens de grensvesting Toro. De Portugezen blazen de aftocht. Afonso vlucht naar Frankrijk om hulp, maar koning Lodewijk XI heeft het voorlopig te druk met de oorlog tegen Bourgondië. Wel wordt een Franse troepenmacht van veertigduizend man, voorzien van kanonnen, naar het Baskische grensgebied gestuurd. Fernando trekt als de weerlicht naar het noorden en voorkomt een invasie.

In 1477 is praktisch heel Castilië in handen van Isabel en Fernando. Maar de chaos van de oorlog heeft ridders ruimte gegeven voor privéavonturen en het land veranderd in een vrijplaats van roversbenden. Als het koningspaar datzelfde jaar de dichtst bevolkte stad van het rijk, Sevilla, bezoekt, zijn de klachten van burgerij en kleine adel niet van de lucht. In plaats van de rechtspraak aan derden over te laten, besluiten koning en koningin iedereen persoonlijk aan te horen. Vierduizend delinquenten krijgen amnestie. De monarchen bezweren de Andalusische anarchie door de twee regionale potentaten en traditionele rivalen – de graaf van Medina-Sidonia en de markies van Cádiz – te verbroederen en tot gehoorzaamheid aan de troon te verplichten. Hetzelfde bereiken Isabel en Fernando met de twee ridderlijke kemphanen uit de streek rond Córdoba. Daarmee is Andalusië gepacificeerd en onder centraal gezag gebracht, met als gevolg dat boosdoeners voortaan niet meer van het ene gebied naar het andere kunnen uitwijken. In de komende jaren laten ook de heren van Extremadura en Galicië zich onder het koninklijk bewind stellen. In luttele tijd winnen Isabel en Fernando datgene waarvan hun voorouders droomden: de steun van de adel. En zo, terwijl Parijs verwoed poogt om Bretagne en Bourgondië in te lijven, in Engeland de huizen van York en Lancaster elkaar bestrijden, Italië hopeloos verdeeld is in ruziënde stadstaten, verrijst op het Iberisch schiereiland de eerste absolute monarchie van Europa. 1479 betekent het einde van de 'successieoorlog'. Portugal belooft van Castilië af te zien en Afonso's huwelijk met Juana verliest zijn geldingskracht. Hij hult zich in het habijt van Sint-Franciscus en zij treedt als claris in het klooster van Coimbra. Spanje zal Portugal de vrije hand laten in het exploiteren van zijn Afrikaanse goudmijnen en om de vrede te bezegelen wordt prinses Isabel toegezegd aan de oudste prins van Portugal. De Castiliaanse 'grandes' ten slotte, die aan Portugese zijde hadden gevochten, betuigen nu volmondig adhesie met het triomferende koningspaar.

DE ORGANISATIE VAN HET KONINKRIJK

De verabsolutering van de monarchie voltrekt zich met het afkondigen van een lange reeks nationale wetten, de oprichting van een 'plattelandspolitie' – de zogeheten *hermandades* –, de verwerving van het recht om kerkelijke hoogwaardigheidsbekleders te benoemen – het zogeheten *patronato real* – en de oprichting van een algemene, voor heel Spanje geldende inquisitie. De wetten en de politie moesten de adel aan banden leggen; het patronaat en de inquisitie moesten de zeggenschap van Rome, en daarmee de onafhankelijkheid van de hoge clerus, inperken. Dat Isabel en Fernando dit alles binnen het tijdsbestek van slechts één decennium wisten te verwezenlijken, was niet alleen te danken aan hun bijzondere capaciteiten, maar werd mede mogelijk gemaakt door de omstandigheden, waarbij de oorlog met Granada en de afnemende macht van het pauselijk hof van doorslaggevende invloed waren.

De oprichting, of liever heroprichting, van de hermandades of bewapende broederschappen moest paal en perk stellen aan de wanorde die gedurende de laatste tien jaar van het bewind van Enrique IV was ontstaan. De edelen hadden gebruikgemaakt van het zwakke koninklijke gezag om op plaatselijk niveau hun eigen haan koning te laten kraaien. Die willekeur ergerde de steden met hun toenemend zakelijke burgerij. Voorts bevorderde de onderlinge concurrentie der machtigen de georganiseerde misdaad. Plattelanders waren weerloos tegen roofridders. Afpersing bleef ongestraft, aangezien de wetten in elk gebied andere belangen dienden. Het gewone volk had daaronder te lijden en zou daarom zijn volle steun aan Isabel en Fernando geven. Ook de lagere adel had behoefte aan een sterk gezag. De onderlinge twisten van de heren gaf Granada de gelegenheid om de belastingplichten jegens Castilië op te schorten, waardoor de schatkist leeg raakte. Bovendien werd de bestuurlijke chaos door vele 'nieuwe christenen' (bekeerlingen vanuit het jodendom) aangegrepen om openlijk te 'judaïseren'. Via het doopwater hadden ze zich toegang verschaft tot de hoogste posities, maar vooral de lagere clerus was gepikeerd omdat zij zich als joden bleven gedragen. Toen Isabel en Fernando in 1477 Sevilla bezochten, klaagden de orden der franciscanen en dominicanen over het grote aantal 'judaïseerders' in hun stad. Werd het niet tijd om inquisitie in te voeren?

De inquisitie bestond al in Aragon, maar werkte daar onder kerkelijke supervisie. De inquisiteurs werden door Rome benoemd en de wereldlijke arm schoot alleen te hulp wanneer de kerk daar uitdrukkelijk om vroeg. Alleen als ketters gevaarlijk bleken voor de sociale orde, deden de inquisiteurs een beroep op de autoriteiten. Castilië kende geen inquisitie omdat de ketters daar tot dan toe nooit een bedreiging waren geweest voor de staat. Vanaf 1478 kwam verandering hierin. Op grond van de klachten meenden Isabel en Fernando bij paus Sixtus IV een verzoek te moeten indienen tot oprichting van het Heilig Officie. Nadat een catechisatiecampagne onder leiding van kardinaal González de Mendoza op niets was uitgelopen, besloten koning en koningin van de toestemming van Rome gebruik te maken. Maar de eerste inquisiteurs gingen met zoveel vuur te werk dat de paus de Spaanse vorsten verzocht om matiging. Onder de nieuw benoemde inquisiteurs bevond zich de biechtvader van Isabel en Fernando, de dominicaan Tomás de Torquemada. Torquemada, die uit zou groeien tot symbool van de inquisitie, werd de eerste nationale topambtenaar van Spanje. Hij organiseerde het Heilig Tribunaal, schreef de instructies waaraan alle inquisiteurs zich dienden te houden en zou gedurende zijn achttienjarige termijn duizenden *conversos*, of uit het jodendom bekeerde christenen, op de brandstapel brengen. De invloed van Rome op de Spaanse inquisitie was te verwaarlozen in vergelijking met de middeleeuwse inquisitie, zoals die bijvoorbeeld tot voor kort in Aragon functioneerde. Nu bepaalde de Spaanse kroon wie de uitvoerders waren, welke straffen werden toegepast en aan welke voorwaarden de gevangenissen dienden te voldoen. Rome moest weliswaar akkoord gaan met kandidaturen en procedures, maar het koninklijk gezag had uiteindelijk het laatste woord. De inquisitie was geen Spaanse uitvinding, maar opereerde nu voor het eerst op staatsniveau. Daarbij zij aangetekend dat kerk en staat in die tijd onlosmakelijk met elkaar verbonden waren. Latere polemisten hebben eindeloos gediscussieerd over de vraag of de staat dan wel de kerk voor het doen en laten van het Heilig Officie verantwoordelijk was. In werkelijkheid was de inquisitie, althans in de vijftiende eeuw, een 'gemengd tribunaal', waarbij geloofs- en staatsbelangen voor niemand te onderscheiden waren.

Maar het cruciale feit is dat Rome steeds minder en Spanje steeds meer te vertellen kreeg. Ook de benoemingen voor het grootmeesterschap van de invloedrijke klerikaal-militaire orden van Santiago, Calatrava en Alcántara, alsmede de benoemingen van aartsbisschoppen en bisschoppen vielen de koninklijke autoriteit toe. Rome mocht gegadigden voordragen, maar de keuze berustte bij het hof. Die ontwikkeling paste binnen de centralistische politiek van Fernando en Isabel. Wilden de vorsten Spanje tot een duurzame eenheid smeden, dan moesten alle niveaus van het openbare leven, vanaf de top tot aan de basis, van de nationale geest worden doordrongen. Dat die 'moderne' politiek een uitdaging inhield voor de tot voor kort nog zelfstandige gewesten, laat zich raden. De voornaamste oppositie kwam uit de lagere adel en de hogere burgerij. Een duidelijk voorbeeld daarvan is wat zich in 1485 te Zaragoza afspeelde. Om de algemene inquisitie ook in Aragon in te voeren moest Fernando de 'oude' of kerkelijke inquisitie afschaffen. Sommige rijke conversos, die met angst en beven de institutie van Torquemada zagen naderen, beriepen zich op de privileges en de tradities van Aragon ten einde het onheil af te wenden. Ze mobiliseerden de plaatselijke notabelen, maar toen bleek dat Fernando niet van zijn centralistische plannen was af te brengen, lieten ze de eerste inquisiteur die Torquemada voor Aragon had aangesteld,

Pedro de Arbúes, in de kathedraal van Zaragoza vermoorden. Daarmee bereikten ze het omgekeerde van wat ze gehoopt hadden. Het volk zag in de vermoorde een martelaar, Fernando's greep op de regio nam toe, de daders werden in het openbaar gevierendeeld en de Spaanse inquisitie stond niet langer ter discussie in Aragon. Voorlopig konden vervolgden bij de paus in beroep gaan, maar nog tijdens de ambtstermijn van Torquemada kwam ook die mogelijkheid te vervallen.

De Heilige Stoel stond steeds meer macht af aan de Spaanse kroon, die geleidelijk het zwaard van de katholieke kerk zou worden. De verwereldlijking van het Romeinse hof speelde de politiek van Spanje in de kaart. Paus Sixtus IV, die meer overtuigde als oudheidkundige en kunstkenner dan als plaatsvervanger van Petrus, was een notoir nepotist. Zijn betrokkenheid bij de moord op een van de Florentijnse Medici-broers in de onenigheid met de Pazzi-familie over de vraag wie de pauselijke financiën mocht beheren, had zijn reputatie als geestelijk herder verzwakt. De Turken bedreigden de Italiaanse laars, en de onderling verdeelde stadstaten met hun legers van huurlingen waren daar niet tegen opgewassen. De hulp van Spanje was hard nodig. Rome begreep dat het verstandig was om Isabel en Fernando te vriend te houden. Tegen die achtergrond is duidelijk waarom de paus aan de wensen van het Spaanse hof tegemoetkwam.

Binnenslands slaagde het koningspaar in de consolidatie van zijn macht door een bond met de burgerij in de Cortes. Via deze, volgens moderne historici 'vroeg-democratische' instelling konden de vertegenwoordigers van de steden hun wensen kenbaar maken. De burgers hadden alle belang bij stabiliteit en vrede, die afhankelijk waren van een krachtige, besluitvaardige overheid. De hoge adel raakte dus beklemd tussen de kroon en de derde stand. Maar die strategie zou wellicht geen vruchten hebben afgeworpen als er niet een omstandigheid was geweest die de adel kon binden. En die omstandigheid was het sluitstuk van de Reconquista.

DE OORLOG TEGEN GRANADA

In 1482 begon de veldtocht tegen Granada, die de geschiedenis inging als de laatste kruistocht. De strijd zou precies tien jaar duren en werd op het moment zelf vergeleken met de tienjarige oorlog van de Grieken om Troje. Rond deze epische kamp circuleerden romances, die staaltjes van heldendom aan beide zijden vereeuwigden voor het nageslacht. Gelijk was de strijd niet. De Spaanse legers kregen versterking van de laatste ridders uit heel Europa, die naar het front stroomden om het kruis hoog te houden tegen de halve maan. De paus stelde niet alleen veel geld beschikbaar, maar verleende ook aflaten. Wie in staat van genade sneuvelde, was verzekerd van een plaats in het paradijs. Uit Engeland en Frankrijk, uit Portugal en Vlaanderen reden ze naar Spanje om zich, gewoonlijk via het pelgrimsoord Santiago de Compostela, aan te sluiten bij de legers van Fernando en Isabel. Het koninkrijk Granada klopte aan bij de Noord-Afrikaanse emirs en de sultan van Egypte, maar Fernando verhinderde met zijn Middellandse-Zeevloot de oversteek van hulptroepen.

Het was evenwel de onderlinge verdeeldheid binnen Granada zelf die het naderend einde van de westelijke islam onafwendbaar maakte. Aan christelijke zijde bood deze 'nationale' oorlog dé gelegenheid om interne geschillen te slechten. De per traditie verdeelde edelen kregen hier de kans om roem en buit binnen te halen in het kader van de 'christelijke zaak'. Het gevoel dat 'Spanje' bestond, dat werd gevoed door acht eeuwen strijd tegen de moren, kreeg tussen 1482 en 1492 zijn definitieve beslag. De 'droom' van don Pelayo in de grot van Covadonga in 722 werd nu werkelijkheid. Hoe serieus die droom werd genomen, bleek uit een brief van Isabel en Fernando aan de paus waarin zij, op een klacht van de Egyptische sultan – die met represailles onder christenen in het Midden-Oosten dreigde – betoogden 'dat heel het schiereiland hun op grond van hun voorouders toebehoorde'. Zij voelden zich de erfgenamen van de Gotische koningen, die Spanje tot aan 711 hadden bestuurd.

De aanleiding voor de oorlog vormen de weigering van Granada om schatplicht te betalen en de moorse bezetting van de christelijke grensplaats Zahara in 1482. Het directe antwoord van Isabel en Fernando is de bezetting van de moorse grensplaats Alhama met tweeënhalfduizend ruiters en drieduizend voetknechten. Die geste siert het blazoen van de markies van Cádiz, kort tevoren nog een onafhankelijk heer en nu een enthousiast vazal van de koning, zij aan zij vechtend met zijn oude concurrent, de hertog van Medina-Sidonia, voor het eerst tegen een gemeenschappelijke vijand. Het verlies van Alhama leidde er in de hoofdstad Granada toe dat ontevreden edelen de emir ten val brengen en diens zoon Boabdil verheffen. Maar het gezag van Boabdil wordt uitgedaagd door de partij van diens broer, die zich in de zuidoostelijke havenstad Almería tot emir uitroept. In een poging zijn autoriteit te herwinnen met een heroische daad doet Boabdil een uitval, maar wordt daarbij verrast door de troepen van Fernando. De slimme Spaanse koning stuurt zijn gevangene terug met de bedoeling de onderlinge verdeeldheid in het vijandelijke kamp aan te scherpen. En met succes, want vader en zoon, zoon en broer, broers en moeder (een ex-christin), raken hopeloos in een wirwar van intriges verstrikt. De facties steken elkaar zo verwoed de loef af dat ze de oproep tot jihad van bezorgde imams niet horen. Onheilsprofeten kondigen in de straten van Granada het einde aan.

Terwijl in Rome, tegen de woelige achtergrond van de elkaar bekijvende Italiaanse stadstaten, de wereldse Sixtus IV wordt opgevolgd door de niet minder wereldse Innocentius VIII, terwijl in het door de Turken bedreigde Napels de adel rebelleert tegen de koning, terwijl in Frankrijk de wrede kwezel Lodewijk XI wordt afgelost door de fantast Karel VIII, die de op inlijving van Bourgondië en Bretagne gerichte politiek voortzet, terwijl in Portugal een samenzwering tegen de kroon uitloopt op de onthoofding van de hertog van Bragança, terwijl in Engeland een bloedige strijd om de troon woedt en terwijl Vlaanderen, dat door Parijs wordt bedreigd, bij de Duitse keizer aanklopt, terwijl kortom alle andere landen tegen zichzelf vechten, behalen Isabel en Fernando de ene overwinning na de andere op een slagveld dat heel Europa in de ban houdt. Want hier wordt geen broederoorlog gevoerd, maar staat de christenheid tegenover de vijand van de westerse beschaving. Het prestige van Isabel en Fernando stijgt met het jaar. Ondanks kortstondige tegenslagen, meestal ten gevolge van avonturiers die zonder koninklijke toestemming op strooptocht gaan in het moorse rijk, vordert de laatste fase van de Reconquista dankzij vereende inspanning. Fernando is onophoudelijk aan het front, terwijl Isabel in het achterland voor de foeragering zorgt. In 1485 neemt het christelijke leger met dertienduizend ruiters en tachtigduizend voetknechten de stad Ronda in. Honderden christelijke gevangen herkrijgen hun vrijheid. Maar ook joodse gevangenen vinden verlossing, want de veldtocht tegen Granada geniet behalve van de kerk eveneens financiële steun van de rijke joodse gemeente, wier voormannen – Abraham Senior en de uit Portugal gevluchte Isaac Abrabanel – adviseurs zijn aan het hof van Isabel en Fernando. Twee jaar later volgt de inname van Vélez Malaga, waarbij voor het eerst de uit Frankrijk, Italië en Duitsland aangevoerde kanonnen hun nut bewijzen. Met die kanonnen, de zogeheten lombarden, werden kogels van ijzer en marmer op de muren van de moren afgeschoten. Als in 1487, na een mislukte – doch onopgehelderde – aanslag op de levens van Isabel en

Fernando, Málaga zelf valt, zijn alle Spaanse grandes van de partij. De buit is enorm; christenen en joden worden ontkluisterd, de moskeeën veranderd in kerken. Hetzelfde gebeuren herhaalt zich een paar jaar later in Baza, Jaén, Guadix en Almería. Alleen de hoofdstad, met zo'n tweehonderdduizend mensen, rest nog. Fernando heeft geen haast. Hij besluit Granada uit te hongeren door het omliggende land plat te branden. In het zicht van het Alhambra bouwt hij een stad om van daaruit de verovering van de laatste moorse veste in alle rust voor te bereiden: Santa Fé. Naar het model van die nieuwe, op het hemelse Jeruzalem geïnspireerde stad, met haar vierkante plein en elkaar loodrecht kruisende straten, zullen later in Amerika de Spaanse steden verrijzen.

Op maandag 2 januari 1492 – in het jaar 897 van de hidzjra – valt het doek over achthonderd jaar mohammedaanse aanwezigheid op het schiereiland. In het gevolg van de grandes van Spanje rijden Isabel en Fernando te paard Granada binnen. Bij het Alhambra worden ze opgewacht door Boabdil, met de sleutels. Boabdil wil van zijn paard afstijgen om de hand van de koning te kussen, maar dat staat Fernando niet toe. Omdat deze hem ook geen hand wil geven, kust de moorse koning zijn arm. Bij het afdragen van de sleutels spreekt hij: 'Hier, o heer, heeft u de sleutels van de stad. Ik en degenen die hier staan zijn de uwen.' En Fernando neemt de sleutels in ontvangst. Hij overhandigt ze aan de koningin, die ze geeft aan kroonprins Juan – die koning van Castilië, Aragon en Granada zal worden. Kroonprins Juan draagt ze af aan de graaf van Tendilla, die als beheerder over het Alhambra wordt aangesteld. Daarna galmt door de rode burcht het Te-Deum, terwijl aan de hemel de halve maan wijkt voor het zilveren kruis dat de paus aan het koningspaar ten geschenke had gegeven. Uit alle vensters en schietgaten steken standaards met kruisen en Santiago-wimpels. Onder het scanderen door de bezetter van 'Castilië! Castilië!' verlaten verliezer Boabdil en diens gezellen de stad om kort daarop naar Afrika te trekken. In ongeveer deze bewoordingen tekende chroniqueur en ooggetuige Andrés Bernáldez de laatste dag van de Reconquista op. Heel Europa leefde met deze gebeurtenis mee. Vooral in Rome was de vreugde groot en zag men de inname van Granada als een compensatie voor het verlies, in 1453, van Constantinopel. Als beloning voor dit grootse wapenfeit kregen Isabel en Fernando van de paus de titel van *reyes católicos*, ofwel katholieke vorsten.

Een van de voorwaarden van de overgave luidde dat de mohammedanen hun eigen godsdienst niet hoefden op te geven, maar daar stond tegenover dat ze tweederangsburgers werden, extra belasting moesten betalen en in aparte wijken dienden te wonen. Wie zich daarentegen tot het christendom bekeerde, stond sociaal gezien, althans van officiële zijde, niets in de weg. Om de bekering te bevorderen benoemden de katholieke vorsten een van hun biechtvaders, Hernando de Talavera, tot aartsbisschop van Granada. Talavera stond bekend als een zachtaardige prelaat die met de islam vertrouwd was. Via hem hoopten de vorsten hun nieuwe rijksdeel soepel te kunnen assimileren. De welvarendste mohammedanen verkozen echter de overtocht naar Afrika, of vestigden zich in bergachtige buitengebieden. De armsten, die geen keuze hadden, bleven in de stad Granada wonen en namen om te overleven in schijn het christendom aan.

Hoe diep de sporen waren die de achterblijvende moren op Spanje drukten, werd pas gedurende de negentiende eeuw, in de nadagen van de Romantiek, een serieus onderwerp voor historici en cultuurbeschouwers. Vóór die tijd gold Spanje in de literatuur als katholiek, en als in het kader van de strijd tegen het Spaanse imperium allerlei verhalen de ronde deden over vermeende 'moorse' trekken van de Spanjaarden, dan werden die door henzelf weggewuifd als noordelijke vooroordelen. Pas sinds de ondergang van het christendom en de opkomst van het humanistische liberalisme in de moderne tijd ziet men de Arabische invloeden op de cultuur van het schiereiland als interessant en aantrekkelijk. De hispanistiek is een tak van de Romantiek die van het 'anders-zijn' van Spanje het hoofdbestanddeel van haar beschouwing heeft gemaakt. De Duitsers en de Amerikanen zijn op dit gebied de neutraalste initiatiefnemers geweest. De Fransen, de Engelsen en de Hollanders waren, op grond van hun eigen oorlogen tegen Spanje, over het algemeen te bevooroordeeld om in hun verslagen, reisverhalen en studies tot een evenwichtig en rechtvaardig beeld te komen.

DE VERZWAGERINGSPOLITIEK TEGEN FRANKRIJK

Spanje wilde een eenheid worden, maar wilde niet dat Frankrijk een eenheid werd, en vice versa. Fernando steunde Bretagne tegen Parijs, zoals Parijs Portugal tegen Castilië en Navarra tegen Aragon steunde. Bourgondië en Vlaanderen vreesden Frankrijk en zochten daarom steun bij Engeland en de Duitse keizer, die op hun beurt steun in Spanje zochten.

Om zich tegen elkaar te vrijwaren sloten staten bonden met derden. Daartoe gebruikten vorsten hun prinsen en prinsessen. Juan de Mariana omschreef koninklijke huwelijken nuchter als 'zaken'. De katholieke vorsten hadden een zoon en vier dochters. Rond 1490 was hun prestige zo toegenomen dat ze voor hun kinderen de beste partijen konden bedingen. Hun oudste dochter, Isabel, was aan het eind van de successieoorlog van 1475-1479 aan de Portugese kroonprins beloofd. Aangezien deze tijdens de kruistocht tegen Granada van zijn paard was gevallen en was overleden, viel zij ten deel aan diens broer, de steenrijke Manuel. Hun zoon zou koning van Spanje en Portugal worden – en daarmee de machtigste man ter wereld – maar in 1500 werd die hoop de bodem ingeslagen. Kroonprins Miguel stierf een paar jaar na zijn geboorte en niet lang daarna stierf zijn moeder. Manuel hertrouwde met María, de jongste dochter van Isabel en Fernando.

Niet minder tragisch liep het af met kroonprins Juan, die in 1497 op jonge leeftijd overleed. Zijn ouders hadden hem verbonden met Margarethe, de oudste dochter van Maria van Vlaanderen en de Habsburgs-Beierse-Oostenrijkse koning Maximiliaan, keizer der Duitsers. Margarethe was eerder beloofd aan de Franse koning Karel VIII, maar die achtte het te elfder ure opportuner om Anne van Bretagne te trouwen en daarmee de Franse eenwording te bevorderen. De band met Vlaanderen en het Oostenrijkse huis van Habsburg was daardoor niet van de baan, want de tweede dochter van de katholieke vorsten, Juana, trouwde met Filips de Schone, zoon van Maximiliaan en Maria van Bourgondië. Hun derde dochter, Catalina, huwelijkten zij uit aan de Engelse kroonprins Arthur. Na diens overlijden verviel ze aan zijn broer en troonopvolger, de beruchte Hendrik VIII. Door die verzwageringspolitiek raakte Spanje gelieerd aan alle landen die rond Frankrijk lagen. Frankrijk voelde zich ingesloten en zou op alle mogelijke manieren proberen om het machtige Spanje tegen te werken: door gestaag aan haar claim op de Roussillon, het zuidoostelijke grensgebied bij de Pyreneeën, vast te houden; door aanspraken op Napels dat aan het Spaanse Sicilië grensde; door stiekem de Turken en de piraten in de Middellandse Zee tegen Fernando op te zetten; door druk op Rome uit te oefenen; en door, zoals gebruikelijk, op regionalistische gevoelens binnen Spanje, met name in Catalonië, in te spelen. Halverwege de jaren negentig liepen die speldenprikken uit op een langdurig militair treffen tussen de twee grootmachten in Italië. Spanje kwam als overwinnaar uit de strijd, maar voor het zover was vonden er in het sleuteljaar

1492 behalve de verovering van Granada nog twee andere gebeurtenissen met grote gevolgen plaats: de ontdekking van de Nieuwe Wereld en de uitwijzing van de joden.

DE UITWIJZING VAN DE JODEN

In 1492 werden de joden voor de keuze gesteld zich te laten dopen of Spanje te verlaten. Ze kregen een paar maanden de tijd om hun zaken af te handelen. Geld meenemen mocht niet, dus gingen er huizen van de hand voor ezels, praktijken en winkels voor lappen stof. De meeste joden woonden in de steden en oefenden vrije beroepen uit; een minderheid werkte als belastingophaler. Over het aantal joden dat de exodus verkoos boven het doopwater, verschillen de meningen, maar men mag aannemen dat tussen de honderdzestig- en vierhonderdduizend personen Spanje verlieten, van wie het leeuwendeel afkomstig uit Andalusië. De rijksten trokken naar Portugal, waar ze tegen een hoge belasting mochten blijven totdat ook daar, in de loop van de zestiende eeuw, de inquisitie werd ingevoerd. De armsten waagden de overtocht naar Afrika, maar dat liep voor velen slecht af. Ze moesten exorbitante bedragen aan malafide schippers betalen en liepen de kans onderweg door piraten te worden overvallen. Ze werden dan opengesneden, want het verhaal ging dat ze goudstukken hadden doorgeslikt om het verbod op de uitvoer van geld te ontduiken. Weer anderen vestigden zich in het Ottomaanse rijk, waar ze om hun praktische kennis bruikbaar waren. Degenen die Rome als toevlucht kozen, kwamen er nog het best af. Onder de vleugels van de paus waren ze in elk geval voor plundering gevrijwaard.

Over de motieven van de verdrijving zijn lange polemieken gevoerd. De historici van de zestiende en zeventiende eeuw, Spaans of niet, juichten de maatregel toe. Onder de weinigen die kritische kanttekeningen plaatsten was Hernando del Pulgar, chroniqueur van de katholieke vorsten. Hij had in 1481 de inquisitie onwenselijk genoemd aangezien de meesten zich eerder uit angst dan uit overtuiging bekeerden. Bovendien vond hij het statuut dat ook kinderen van ketters vervolgd moesten worden, onmenselijk. Maar zulke geluiden waren zeer uitzonderlijk in die tijd. Jaime Bleda, die begin zeventiende eeuw een kroniek over de moren publiceerde, schreef de maatregel toe aan Torquemada zelf: door de joden uit te wijzen konden de bekeerlingen niet meer op hun oude synagogen terugvallen en zouden aldus vanzelf goede christenen worden. Pas tegen het eind van de zeventiende eeuw, toen het Spaanse verval zich begon af te tekenen, drong het besef door dat de uitwijzing van 1492 een economische aderlating was geweest. De joden waren financiële experts, terwijl de Genovezen en Vlamingen die hun plaatsen innamen van weinig loyaliteit jegens de Spaanse staat getuigden, met als gevolg dat het geld snel wegstroomde. Gedurende de achttiende eeuw vatte, in het kader van de Verlichting, de mening post dat de inquisitie en de verdrijving uitingen waren van een barbaarse tijd. In de negentiende en twintigste eeuw verlegde de discussie zich, zoals gezegd, naar de vraag in hoeverre de kerk dan wel de staat verantwoordelijk was. Menéndez y Pelayo, een van de gezaghebbendste cultuurbeschouwers van de laatste twee eeuwen, noemde 1492 'slecht noch goed' en betoogde dat de uitwijzing was afgekondigd om de joden voor vervolging te behoeden. De meest recente geschiedschrijving onthoudt zich van oordelen en stelt de verdrijving van 1492 vaak voor als de natuurlijke uiting van een land dat naar eenheid streefde.

COLUMBUS EN DE ONTDEKKING VAN DE NIEUWE WERELD

De verovering van Granada leek het einde in te luiden van acht eeuwen dadendrang, van onophoudelijke strijd tegen een gemeenschappelijke vijand. Vrede zou de mannen lui maken en de onderlinge geschillen weer aanwakkeren. Dat Columbus de Nieuwe Wereld ontdekte in hetzelfde jaar als waarin de Reconquista tot voltooiing kwam, mocht voor niemand toentertijd een toeval heten. De ontdekking was van hogerhand gewild, en gepland voor als de tijd rijp was. Zelfs de personages door wie deze gebeurtenis tot stand moest worden gebracht, leken met zorg gekozen.

Columbus werd rond 1451 geboren in Genua, waarschijnlijk uit sefardische – Spaans-joodse – ouders. Op zijn vijftiende was hij gaan varen. Hij bood zich aan aan wie maar betaalde. Hij werkte als piraat voor de Franse hertog van Anjou en trok op zijn dertigste naar Portugal, waar sinds een halve eeuw een zeevaartschool bloeide met het oog op de ontdekking van Afrika. Het wemelde er van dromers en avonturiers en er werd gespeculeerd boven zeekaarten. In 1479 bezocht hij het eiland Madeira, waar hij met zeelieden sprak die regelmatig de Canarische eilanden bevoeren. Het jaar daarop kocht Fernando die aan van de oorspronkelijke exploitant. Het verhaal circuleerde dat er in het verre westen nog meer eilanden lagen.

Columbus had Plato gelezen over het in de oceaan weggezonken Atlantis, alsook de reisverhalen van Marco Polo, Benjamin van Tudela en Ibn Batuta, die in het Verre Oosten waren geweest. Zou het niet mogelijk zijn om via het westen naar het oosten te varen? Columbus polste het handelshof van Lissabon, maar koning João II lacht hem uit. Portugal haalde jaarlijks veel goud uit zijn Afrikaanse mijnen en heeft geen behoefte aan experimenten en onbereikbare verten. Columbus' poging om koning Hendrik VII van Engeland warm te maken mislukte.

In 1485 vindt hij met zijn verhaal gehoor in Spanje, bij de abt van het klooster van La Rábida bij Cádiz. De abt weet enige adellijke heren en hoge prelaten te interesseren, maar het Spaanse hof heeft het nog te druk met de oorlog tegen Granada. Wil Columbus geduld opbrengen? Dat wil hij, want niemand minder dan koningin Isabel hecht geloof aan zijn verhaal. Ondertussen buigt een commissie van geleerden zich over zijn zeekaarten en aantekeningen. De meesten blijken sceptici, maar onder de enthousiasten zijn Pedro González de Mendoza – de invloedrijke primaat van Spanje – en Diego de Deza – die Torquemada als grootinquisiteur zou opvolgen – plus de rijke joodse geldschieter Luis de Santángel. In 1487 bereikt de Portugese zeevaarder Bartolomeu Dias de zuidpunt van Afrika, Kaap de Goede Hoop. Dat opent de mogelijkheid om het oosten te bereiken langs een andere weg dan de oude karavaanroute over land, die onveilig heet aangezien Constantinopel in Turkse handen is gevallen. Maar de route om de Kaap is erg lang. Wellicht is de weg via het westen korter. Dat de aarde rond is, betwijfelen de intelligentsten niet. Maar hoe rond? Of liever, hoe wijd is de omtrek? In 1491 wordt Columbus ontboden naar Santa Fé. Daar bereiden de katholieke vorsten de inname van Granada voor. Bisschop Talavera en de meeste andere raadgevers van het koninklijk paar adviseren negatief, maar Isabel houdt vast aan het plan en verpandt haar juwelen om het laatste geld bijeen te brengen dat voor de reis noodzakelijk is. In augustus 1492 zeilt Columbus met drie karvelen de haven van Palos uit. Ingeval hij nieuwe gebieden vond, mocht hij zich daarover admiraal en onderkoning noemen.

Op 11 oktober, vierendertig dagen na het verlaten van La Gomera, een van de Canarische eilanden, zetten Columbus en zijn honderdtwintig mannen voet op Amerikaanse bodem, op een eiland – een van de latere Bahama's – dat hij San Salvador noemt. Op het strand plant hij twee vaandels met de initialen van de katholieke vorsten. De bewoners van Guanahani, zoals San Salvador heet, staan verbaasd over de baardmannen, maar kunnen Columbus geen uitsluitsel geven op de vraag hoe ver het nog is naar het Oosten, naar de wereld van de Grote Kan die hij kende uit het reisverslag van Marco Polo. Columbus staat verwonderd. De eilanders zijn volslagen onbekend met de rest van de wereld en lijken niet aangetast door de zondeval. Hij waant zich in het paradijs, maar die illusie wordt verstoord bij het horen van verhalen over de Cariben, een wild volk dat bij tijd en wijle de eilanden afstroopt en de bewoners in slavernij wegvoert. Columbus gaat op zoek naar die Cariben. Misschien weten zij van het bestaan van de Grote Kan, en zo niet dan bezaten ze hopelijk goud, want met lege handen in Spanje terugkomen kon niet. De eilanden die hij tijdens zijn reis ontdekt noemde hij *ante-islas*, gelegen voor...de kust van het rijk van de Kan. Op de grootste van die Antillen, La Española gedoopt, laat hij mede op verzoek van een van de inlandse opperhoofden een nederzetting achter voordat hij eind 1492 terugvaart.

Via de Portugese Azoren bereikt Columbus in het voorjaar van 1493 de Spaanse kust. Hij begeeft zich linea recta naar Barcelona, waar de katholieke vorsten op dat moment hof houden. De inboorlingen, het goud en de papegaaien bewijzen het bestaan van een Nieuwe Wereld tussen Europa en het Verre Oosten. Datzelfde jaar vaart admiraal Columbus met zeventien schepen, twaalfhonderd mannen, twintig hengsten en tien merries andermaal naar de eilanden. Om ruzie met Portugal te voorkomen trekt de paus een lijn door de oceaan. Ten westen daarvan mogen de Spanjaarden hun gang gaan. Het zogeheten verdrag van Tordesillas verdeelde de 'bol' in tweeën. Het oosten is voor de Portugezen. Op La Española wacht Columbus de eerste tegenslag. De mannen die hij in zijn nederzetting, Villa de la Natividad, had achtergelaten, blijken voor het merendeel te zijn afgeslacht. Zij zouden zich aan inlandse vrouwen hebben vergrepen en goud hebben gestolen.

Zeevaarder mocht Columbus zijn, een land besturen vergde andere kwaliteiten. De christenen prakkiseerden er niet over om zich in de Indiën aan de bevelen van de admiraal te houden; de *indios* waren verdeeld over elkaar beoorlogende stammen. Iedereen tevredenstellen, een ordelijke maatschappij opbouwen, lag niet binnen de lotsbestemming van de ontdekker. De katholieke vorsten begrepen dat de eilanden een streng bestuur nodig hadden en benoemden Francisco de Bobadilla tot gouverneur. Die werd gestationeerd in Santo Domingo, hoofdstad van La Española. Bobadilla liet Columbus wegens wanbeheer in de boeien slaan en naar Spanje afvoeren. Koningin Isabel vergaf deze zijn fouten en liet hem naar het westen teruggaan op voorwaarde dat hij zich beperkte tot het ontdekken van nieuwe gebieden. In 1502 zette Columbus voet op wat pas later het vasteland zou blijken te zijn. De weg naar het Oosten vond hij niet. Vier jaar later stierf hij te Valladolid, twee jaar na koningin Isabel, die in haar testament bepaalde dat de indios in geen geval tot slaven mochten worden gemaakt, maar als onderdanen van haar rijk, mits gedoopt, dezelfde rechten verdienden als de Castilianen. Dat was een voor die tijd, naar humanistische maatstaven gemeten, uitzonderlijk 'modern' standpunt.

De vinding van de Indiën ging als een lopend vuurtje door Europa en zette menigeen in vlam. Al aan het eind van de vijftiende eeuw staken de eerste avonturiers de oceaan over, zoals de Florentijn Amerigo Vespucci, de Genovees Giovanni Caboto, de Spanjaard Vicente Yáñez Pinzón en de Portugees Pedro Alvares Cabral. Die laatste nam voor zijn land het noordoosten van Brazilië in bezit, waardoor het verdrag van Tordesillas bijgesteld moest worden. De lijn werd naar het oosten verlegd om de kustpunt van Brazilië binnen Portugees bereik te brengen. Brazilië zou echter pas in de achttiende eeuw worden ontgonnen. Wat de Spanjaarden veroverden, viel terstond onder de kroon. Het essentiële verschil met de latere landingen door Engeland en Holland is dat deze landen commerciële particulieren de vrije hand lieten, waardoor de inboorlingen rechteloos bleven. De Spanjaarden waren net zomin engelen als de andere Europeanen, maar gezegd moet worden dat de laatste wil van koningin Isabel vrij spoedig resulteerde in wetten die de ergste uitbuiting tegengingen. Voorts dient te worden vermeld dat de Spanjaarden zich onmiddellijk met de gedoopte indios vermengden en in de Nieuwe Wereld steden bouwden met kerken en universiteiten. Zo verrezen er koloniën met een eigen inrichting, wat iets anders is dan wingewesten die alleen de welvaart van het moederland dienen, zoals in het geval van Engeland en Holland. Daarom dient de kritiek op de Spaanse handelwijze in de Westelijke Indiën, die in de volgende eeuw in het kader van de oorlogspropaganda werd verspreid, met een korrel zout te worden genomen.

Dat de gevolgen van de ontdekking groot zouden zijn, spreekt voor zich. 1492 betekende een gevoelige klap voor de koopvaart van de Italiaanse steden, vooral voor Venetië. Door de zeeroute om de Kaap kwam de karavaanroute door Azië te vervallen. Spanje en Portugal beheersten nu de zeeën en namen in welvaart toe. Portugal beperkte zich tot factorijen, van waaruit handel werd gedreven met de inlandse vorsten van het Oosten. Spanje vond in het westen een uitlaat voor acht eeuwen militaire energie. Het onderwierp in verbazingwekkend korte tijd de uitgestrekte imperia van inca's en azteken, en plantte daarop zijn eigen, christelijke beschaving. Spanje verspaanste Amerika. Om die verspaansing te stimuleren werd een consequente politiek gevoerd, geschraagd door nieuwe instellingen als de Raad van de Indiën en het Casa de Contratación te Sevilla. Alleen langs die laatste instantie mocht men de Nieuwe Wereld binnengaan. De kroon was streng in haar toelatingsbeleid. Wie bijvoorbeeld niet katholiek was, kreeg geen vergunning om te emigreren. Men wilde verhinderen – zo heette het officieel – dat de indios, die op grote schaal werden gedoopt, met 'ketters' in aanraking kwamen. De inquisitie zou mettertijd in de onderkoninkrijken van Nieuw-Spanje (Mexico) en Peru worden ingevoerd, maar vergeleken bij het moederland geen noemenswaardig werk verzetten.

SPANJE EN FRANKRIJK WEDIJVEREN IN ITALIË

Zoals gezegd kreeg de buitenlandse politiek van Spanje vorm door het manoeuvreren van Frankrijk. Lodewijk XI volgde met argusogen wat er aan alle Europese hoven gebeurde. Door zijn invloed over Bourgondië uit te breiden en Vlaanderen te bedreigen, kwam hij in aanvaring met keizer Maximiliaan; door zijn bemoeienis met Navarra en zijn aanspraken op het aan Catalonië grenzende Roussillon botste hij met Fernando. Het lag dus voor de hand dat de Spaanse koning en de keizer der Duitsers elkaar vonden. Om de ring rond zijn land te doorbreken richtte de Franse koning zijn blik op Italië. Via de Anjous meende hij recht te hebben op het koninkrijk Napels. Maar hij was niet sterk genoeg om dat recht te laten gelden. Spanje, dat via Aragon verzwagerd was met het koninkrijk Napels en de scepter over Sicilië zwaaide, duldde daar geen Franse inmenging. En Rome en de bevolking van Zuid-Italië bleken ongevoelig voor Parijse avances.

Lodewijk had bondgenoten nodig, en die zocht hij onder de noordelijke Italiaanse stadstaten. Florence was boos op Rome vanwege de aanslag op de Medici door de pauselijke Pazzi. Het Florentijnse hof was wellicht naar Franse zijde over te halen, maar in 1480 vielen de Turken de Zuid-Italiaanse havenstad Otranto aan. Duizenden inwoners werden over de kling gejaagd. In Italië brak paniek uit. Geen enkele machthebber in het hopeloos verdeelde land bleek opgewassen tegen de agressie van de halve maan. Daarom deden de paus en de Napolitanen een beroep op koning Fernando. Lodewijk trok zijn consequenties en begon, om Fernando te dwarsbomen, troepen samen te trekken aan de grens met Catalonië. Die geste bracht Fernando ertoe Bretagne op te stoken tegen Parijs. In 1484 werd Lodewijk opgevolgd door Karel VIII, die met Anne van Bretagne trouwde. Daarmee werd Frankrijk, na Spanje, het tweede Europese land dat tot een eenheid uitgroeide. De kaarten voor een langdurige rivaliteit tussen de twee grootmachten waren geschud. Italië zou het strijdperk worden. Een confrontatie van de twee was levensgevaarlijk met het oog op de Turken, die inmiddels ook al Malta hadden bezet. Vooral Rome zag dat solidariteit onder de christenen geboden was. De andere stadstaten vochten alleen voor hun eigen belang. In Napels stond de adel zelfs op tegen de koning.

In het triomfjaar van de verovering van Granada en de ontdekking van de Nieuwe Wereld kwam er, als klap op de vuurpijl, een Spaanse paus uit het conclaaf: Rodrigo de Borja, hertog van Gandia. Deze Alexander VI ging als beruchtste paus de geschiedenis in. Het feit dat hij bij een Romeinse vrouw nakroost verwekte, werd vooral in later tijden een schandaal gevonden. Zijn eigen, op zedelijk gebied lakse tijd (en plaats) was vergevingsgezinder. Maar dat hij het pausschap had gekocht door een meerderheid van kardinalen forse bedragen te betalen, werd hem zeer kwalijk genomen. En dat hij zijn bastaardzoon Cesare de rode hoed toespeelde, maakte het gezag van de Heilige Stoel zwakker dan ooit, vooral toen Cesare zich ontpopte als machiavellistisch despoot en broedermoordenaar. Hoewel Alexander VI de kant van Spanje koos en om zijn macht uit te breiden veertien Spanjaarden aan de curie toevoegde, was de vrome koningin Isabel allesbehalve ingenomen met haar apostolische landgenoot. De ascetische grootinquisiteur Torquemada voelde zelfs een diepe minachting voor Alexander. Dat moest hij bekopen met inkrimping van zijn functies. Maar de benoeming van deze paus kwam Fernando goed van pas, wat een paar jaar later zou blijken.

Nadat hij zich met keizer Maximiliaan had verzoend en aan Fernando te kennen had gegeven eventueel te willen afzien van de Roussillon, meende Karel VIII ongemoeid zijn gang te kunnen gaan in Italië. Met een op buit beluste hofkliek van ridderlijke avonturiers en een leger van veertigduizend man trok hij de Alpen over. Hij dacht krachtens zijn voorvaderen, de Anjous, een claim te hebben op Napels. Om de ogen van alle christenen op zich te richten kondigde hij aan dat hij de Turken uit Constantinopel zou verdrijven en in Jeruzalem het Heilige Graf zou bevrijden van de 'Saraceense barbaren'. Zijn droom was de verovering van Granada in de schaduw te stellen. In Florence leek het begin van die droom te worden bewaarheid. De dominicaanse profeet Girolamo Savonarola – die door het vrome volk als een gezondene Gods werd beschouwd omdat hij de gehate Medici had weggescholden en van de stad een christelijke republiek had gemaakt op basis van gelijkheid en broederschap – haalde de Franse koning binnen als een nieuwe Cyrus die Rome, in de ban van antichrist Alexander VI, ging bevrijden. Alexander voelde zich in het nauw gedreven en deed een beroep op Isabel en Fernando, die hij nu in hun hoedanigheid van katholieke vorsten uitriep tot beschermers van de universele kerk. De koning van Napels, die alvast naar Sicilië vluchtte, ondersteunde dat heilige hulpgeroep. Maar terwijl Karel zich in Napels tot koning liet uitroepen, keerden keizer Maximiliaan en de hertog van Milaan zich tegen de Fransen. De Turken maakten van de gelegenheid gebruik om op te rukken naar Hongarije en de piraten sloegen hun slag in de Middellandse Zee.

Fernando kan op dat moment Spanje niet verlaten, maar zendt een vloot naar Napels en Sicilië onder leiding van de Gran Capitán, de bijnaam van Gonzalo de Córdoba, die in 1453 uit het roemruchte geslacht der Aguilars in Montilla was geboren. De Aguilars hadden in de successieoorlog aan de kant van de Portugezen gevochten. Don Gonzalo was daarvoor gevangen gezet, maar hij sloot zich later aan bij Isabel en Fernando. In de oorlog tegen Granada had hij zich verdienstelijk gemaakt, onder andere door zijn persoonlijke relatie met Boabdil. Hem sturen de katholieke vorsten naar Sicilië, van waaruit hij een 'guerrilla' begint in Calabrië. De plaatselijke bevolking haat de Fransen, en don Gonzalo maakt zich zo populair dat men hem bijna tot koning uitroept. Ook Rome is buitengewoon ingenomen met zijn optreden, want als hij de Fransen uit Napels heeft verjaagd, zuivert hij de Middellandse Zee van piraten. In 1498 sterft Karel VIII en keert don Gonzalo terug naar Spanje. Hetzelfde jaar hernemen de Medici Florence en wordt de revolutionaire Savonarola op de brandstapel gezet. Tot opluchting van de Heilige Vader, die overigens van de Spaanse ambassadeur in Rome te horen krijgt dat hij zich voortaan fatsoenlijker moet gedragen.

In Frankrijk wordt Karel opgevolgd door Lodewijk XII, die de belegering van de Roussillon hervat en de hertog van Nemours als onderkoning naar Napels stuurt. Fernando reageert onmiddellijk door de Gran Capitán voor de tweede keer met een vloot en een leger op zijn rivaal los te laten. Tijdens de veldslagen in Calabrië die tussen 1500 en 1504 tot de aftocht van Nemours leiden, worden de Spanjaarden voor het eerst 'maranen' genoemd, ofwel 'onzuivere, met joods en moors bloed besmeurde christenen'. De Nederlandse humanist Erasmus zal weldra een uitnodiging om naar Spanje te komen afslaan, aangezien hij de Spaanse christenen te verbasterd acht. Voor racisme is het nog wel te vroeg in het Latijnse zuiden, waar de 'doop' gold en niet de huidskleur.

Na zijn overwinning in Napels bevrijdde de Gran Capitán Griekenland van de Turken. Dat leverde Fernando de titel 'Verdediger van het Geloof' op. Napels zou voortaan als onderkoninkrijk deel uitmaken van de Spaanse monarchie, wat niet leuk was voor Anjou. In 1504 overleed koningin Isabel. Ze werd wereldwijd geprezen, onder anderen door de Italiaanse historici Machiavelli, Guicciardini en Castiglione. Haar bewonderaars vergeleken haar, in overtreffende trap, met Semiramis, Judith, Lucretia, Dido, Artemis en Penelope. Spanje zou in eeuwigheid naar haar omzien. Geen enkele koningin zou ooit nog haar historische status benaderen. Ze was met niets begonnen en werd van alle kanten bedreigd, maar ze groeide in twee decennia uit tot de machtigste vorstin van Europa.

CORTES, WETTEN EN HERVORMINGEN

Philippe de Commynes, raadgever van achtereenvolgens Karel de Stoute van Bourgondië en Lodewijk XI van Frankrijk (aartsvijanden van elkaar), vatte zijn ervaringen aan verschillende hoven samen in onder andere de volgende maximen: 'Vorsten komen zelden in aanraking met wijze adviseurs, maar bijna altijd met strebers die uit zijn op hun eigen belang', en: 'Vele machtige heren bewaren nooit lang de vrede, tenzij boven hen een supermacht staat.' Lodewijk XI, vervolgde hij, trok steeds meer macht naar zich toe en beperkte de zeggenschap van het parlement. Fernando en Isabel van Spanje deden het omgekeerde. Zij gebruikten het parlement, de Cortes, om de machtige heren in te tomen en trokken mannen van grote bekwaamheden aan, zonder zich om hun afkomst te bekommeren. Dat verklaart voor een groot deel het succes van de Spaanse monarchie. De katholieke vorsten wekten zoveel vertrouwen dat Navarra al in 1477 Fernando verzocht om ook daar koning te worden, maar dat wees hij wijselijk van de hand, want hij wilde Frankrijk niet onnodig prikkelen.

Toen in 1480 de Cortes in Toledo bijeenkwamen, sloot het koninklijk paar een pact met het volk tegen de adel. De prijs die ze daarvoor betaalden was hoog, en dat zou in de toekomst blijken. Want een deel van de adel nam revanche door in te spelen op plaatselijke sentimenten. Dat leverde Spanje het voortdurende probleem van het regionalisme op. De eerste tekenen daarvan manifesteerden zich in de periode tussen de dood van Isabel in 1504 en die van Fernando in 1516. Vóór die tijd verliep alles ordelijk. De Cortes, waarin loyale vertegenwoordigers van de hoge adel en de clerus zaten (*corregidores*), alsook vertegenwoordigers van de provincies en de steden (*regidores*), voerden zonder veel tegenstand de ene belastingmaatregel na de andere door. Vanaf 1492 regende het nationale wetten: tegen gedwongen levering van graan en brood door boeren aan heren, tegen het invoeren van goederen uit het buitenland zonder opgaaf, tegen de omgang met concubines door geestelijken, tegen het fokken van paarden met behulp van ezelshengsten, tegen de corruptie op universiteiten, tegen vloeken. In 1494 volgden de vaststelling van ambtelijke salarissen, voorschriften met betrekking tot de detailhandel, normen voor examens van advocaten, de verplichting voor de hogere burgerij om wapens te dragen. In 1495 werd een verbod afgekondigd op handel in slaven, die Portugal vanuit Afrikaans Guinee Andalusië had binnengevoerd. In datzelfde jaar werd de primaat van Spanje, Mendoza, opgevolgd door de franciscaan Francisco Jiménez de Cisneros. Cisneros, die een harde leerschool achter de rug had en niets voor hoge politiek voelde, was door Isabel met veel aandringen bewogen om haar biechtvader te worden. Na zeer lang aarzelen gaf hij toe aan haar wens om op nationaal niveau invloed te gaan uitoefenen, en dat zou de ambtenarij voelen.

Onder de nieuwe kardinaal van Spanje begonnen de hervormingen van de kloosterorden: in de geest van Torquemada en Savonarola, tegen de verwekelijking en de laksheid van paus Alexander VI en de Romeinse curie. Cisneros combineerde ascese met een militaire mentaliteit en humanistische idealen. Hij hief belasting ten behoeve van de oorlog tegen de moren en voerde in 1499 een grondige, maar riskante zuivering door in Granada. Hij dwong de 'mudejaren' tot het christendom en verbrandde publiekelijk de koran. Dat leidde tot een opstand van de Albaycin, de moorse wijk van Granada. Een jaar later rebelleerden de 'mudejaren' van de Alpujarras, het krijgshaftige district van het voormalige koninkrijk waar men Allah trouw was gebleven. Vele duizenden lieten zich echter door de wijwaterkwasten van de kardinaal besprenkelen, want wie geen christen wilde worden moest het land uit. De Egyptische sultan dreigde met represailles tegen de christenen in het Midden-Oosten, maar het hof stuurde de gewiekste Italiaanse humanist Pietro Martyr de Angleria als ambassadeur naar Kaïro om het optreden van de katholieke vorsten uit te leggen. De 'mudejaren' die zich lieten dopen, werd vanaf nu wel meer in de weg gelegd dan de bekeerlingen uit het jodendom. Zij mochten voorlopig geen hoge posten bekleden.

HET TWEEDE HUWELIJK VAN FERNANDO EN HET MACHTSVACUÜM

In 1498, het jaar van de troonsbestijging in Frankrijk van de hertog van Orléans als Lodewijk XII, zakten aartshertog Filips de Schone en prinses Juana vanuit Vlaanderen af naar Spanje. Filips was zoon van Maria van Bourgondië – die in 1482 een fatale val met haar paard maakte – en kleinzoon van Karel de Stoute. Zijn vader was Maximiliaan van Oostenrijk, keizer der Duitsers. Omdat kroonprins Juan en de oudste prinses, Isabel, waren gestorven, moest de opvolging ten deel vallen aan de tweede prinses, en dus aan de Vlaams-Duitse prins, ofwel het huis van Habsburg. Juana was dodelijk verliefd op haar gemaal, maar die had duidelijk te kennen gegeven aan één vrouw niet genoeg te hebben. Haar vader, Fernando, was evenmin een toonbeeld van huwelijkstrouw, maar Isabel kneep een oog dicht. Ze had belangrijkere zaken aan haar hoofd. Haar dochter Juana werd juist gekweld door vreselijke jaloezie. De dood van Isabel creëerde een gevaarlijke situatie. Fernando vond Filips nog te jong en onervaren om op te volgen. Frankrijk lag op de loer, en Fernando voorzag catastrofale gevolgen voor zijn Italiaanse politiek wanneer Filips, die hij weerloos achtte tegen de geraffineerde Franse diplomatie, het schip van staat ging besturen. Daarom besloot hij tot een compromis door met Germaine de Foix, een familielid van de Franse koning, te huwen. Kregen Fernando en Germaine een zoon, dan zou die koning van Napels kunnen worden. Daarmee zou de oorlogsdreiging wegvallen.

Maar het huwelijk met Germaine, zo vlak na de dood van de grote Isabel, viel minder goed bij de Castiliaanse adel. Die zag in Fernando plotseling alleen de Aragonees. Filips voelde zich gekleineerd door zijn schoonvader en probeerde van dat onbehagen gebruik te maken, maar zonder resultaat. Want Filips was met een entourage van Vlaamse hovelingen naar Spanje gekomen, die zich daar hoopten te verrijken. Bovendien liet hij zich leiden door raadgevers die ieder contact tussen hem en zijn schoonvader verhinderden. Toen Filips en Juana ingezworen werden tot koning en koningin van Spanje, besloot Fernando om met Germaine naar Napels te trekken. Cisneros, zijn ervaren vertrouwensman, zou ondertussen een oog in het zeil houden. Maar Filips stierf in hetzelfde jaar waarin hij koning werd. Zijn zoon Karel, die zes jaar was, bleef voorlopig in Gent.

Fernando keerde direct terug naar Spanje om het heft weer in handen te nemen. Juana was, ten gevolge van de dood van haar echtgenoot, ontroostbaar en niet in staat om te regeren. Maar het land schreeuwde om orde, want als gevolg van het machtsvacuüm dreigden de regionale verschillen naar boven te komen. Op plaatselijk niveau deden zich allerlei vormen van willekeur voor, zoals een wilde verbranding van 'nieuwe christenen' in Córdoba door een ontaarde inquisiteur en het tot slaaf maken van indios door Spaanse kolonisten op La Española. Cisneros ging de uitwassen te lijf door de inquisiteur te arresteren en nieuwe wetten voor de Indiën af te kondigen. Koningin Juana stelde hij op non-actief in het kasteel van Tordesillas, precies op het moment dat haar jongere zuster Catalina, na de dood van haar gemaal Arthur, in het huwelijk trad met Hendrik VIII van Engeland. En Fernando had dat land juist hard nodig tegen Frankrijk, want hij was niet in staat gebleken om bij Germaine het kind te verwekken dat de ruzie om Napels en de Roussillon had kunnen temperen.

HET HUMANISME EN DE KRUISTOCHT VAN KARDINAAL CISNEROS

In 1510 vielen de Fransen voor de derde maal Italië binnen. Paus Julius II, een man van dezelfde inborst als Cisneros, deed een beroep op Spanje, op de keizer en op de hertog van Milaan. De belegering van Bologna werd toevallig gadegeslagen door de Nederlandse humanist Erasmus, die op weg was naar Rome. Deze reageerde verontwaardigd op de krijgersmentaliteit van de opvolger van Petrus, maar de Franse koning had twaalf kardinalen tegen Julius opgehitst, en het lag niet in diens aard daarin te berusten. De Spaanse primaat Cisneros ging nog een stap verder in militarisme door over te steken naar Afrika en aan het hoofd van een leger de stad Oran, een mohammedaans kapersnest, te veroveren en in te lijven bij zijn bisdom Toledo. Terug in Spanje, stichtte hij een nieuwe universiteit, Alcalá de Henares. Hij trok alle grote geleerden aan voor het samenstellen van de polyglotbijbel, waarin de Hebreeuwse, Griekse en Latijnse teksten naast elkaar stonden afgedrukt. Erasmus kreeg een invitatie om mee te werken, maar hij vond Spanje te maraans: 'Hispania non placet', luidde het commentaar van deze puritein, die zich nog nooit op het slagveld had bewezen. Voor de Spaanse geleerden van die tijd gold het devies van 'armas y letras': de pen is mooi, maar niet ten koste van het zwaard. Voor pacifistische dromen en erudiet escapisme was de Spanjaard, door ervaring gehard, veel te realistisch.

De Afrikaanse kruistocht van Spanje, die vooral ondernomen werd om de piraten uit te schakelen en de Turken af te schrikken, liep dood in de Lybische woestijn. Maar in hetzelfde jaar liet Fernando het koninkrijk Navarra inlijven door de hertog van Alva. De Fransen zouden zich daar niet bij neerleggen, evenmin als ze van zins waren om Italië aan Spanje over te laten. In Napels was de Gran Capitán als eerste onderkoning geïnstalleerd, maar met de jaren was er tussen hem en Fernando een sfeer van achterdocht gegroeid. Don Gonzalo de Córdoba was zo populair onder de Italianen dat de Spaanse koning niet langer in zijn loyaliteit wilde geloven. Het lot bracht hen beiden vlak achter elkaar naar het graf. Op 23 januari 1516 blies Fernando de laatste adem uit. Hij werd naast Isabel en zijn schoonzoon Filips de Schone bijgezet in de kathedraal van Granada. Machiavelli prees zijn bestuurlijke bekwaamheden. En Juan de Mariana noemde hem 'een spiegel van grote deugden'.

Juana was nu officieel koningin van Spanje, maar ze stond onder voogdij van kardinaal Cisneros. Karel, de zoon van Juana en Filips, was inmiddels naar het zuiden afgedaald in gezelschap van een eigen kardinaal, die de enige Nederlandse paus ooit zou worden: Adriaan van Utrecht. Met Cisneros wilde de jonge Vlaamse vorst niets te maken hebben. Maar God, die volgens Philippe de Commynes oorlogen gebruikt om door te voeren wat Hij wil, om macht te geven en macht te nemen, verhinderde een confrontatie door de militante primaat vrijwel daags na de komst van de Vlamingen tot zich te nemen. En daarmee kwam er aan het Spanje van de katholieke vorsten Isabel en Fernando een einde. Het land werd vanaf 1516 de basis van een nieuw Europees en Amerikaans imperium onder leiding van Karel I voor Spanje, Karel V voor de rest van de wereld. In Frankrijk, de horzel aan de huid van dat imperium, trad Karels opponent aan: Frans I.

Alle geschiedschrijvers, van toen en later, zijn het erover eens dat met Isabel en Fernando de 'gouden tijd' van Spanje aanbrak, het begin van zijn leidende rol in de wereld. In alle toonaarden is het politieke genie van het koningspaar bezongen. De katholieke vorsten, schreef Julián Marías, oefenden 'gezag' uit, wat iets anders is dan 'alleen maar macht'. Nooit eerder en nooit weer werd het zoveel kundige mannen vergund om hoofdrollen te spelen. Columbus, de Gran Capitán en Cisneros waren de meest illusteren onder hen, maar zeker niet de enigen.

De handel nam toe, en daardoor de welvaart. William Prescott zag in de periode van de katholieke vorsten een 'lente van ondernemingslust'. De schulden die onder Enrique IV waren opgelopen, werden gedelgd. Bruggen en wegen werden gebouwd; de jaarmarkten, vooral die van Medina del Campo in het centrum van Castilië, bloeiden op; de schapenteelt en de landbouw kregen koninklijke bescherming en eigen organisaties; het bankwezen kwam van de grond, maar belandde in handen van de Genovezen, die de plaatsen van de uitgewezen joden innamen. Het feodalisme, dat in Spanje nooit zo pregnant was geweest als in het noorden van Europa, week weliswaar voor het pact van koning en burgerij, maar op het land bleven de hoge heren voldoende macht behouden om in geval van te grote aanmatiging van de kroon met regionalistische aspiraties te dreigen. De hogere clerus, die in principe gehoorzaam was aan Isabel en Fernando, kon te allen tijde een beroep blijven doen op Rome als bepaalde maatregelen hem niet zinden.

In hoeverre het Spanje van de katholieke vorsten deel had aan de renaissance – een begrip dat overigens pas van de achttiende eeuw dateert –, houdt sinds de negentiende eeuw de 'cultuurhistorici' bezig. De aanhangers van de zogeheten zwarte legende spiegelen Spanje bij voorkeur aan het Italië van de veertiende en vijftiende eeuw. Zo komen ze tot de conclusie dat er op het Iberisch schiereiland geen geestelijke vernieuwing van betekenis heeft plaatsgevonden. Dat er voor heterodoxe denkbeelden geen ruimte was, lijkt met het oog op de inquisitie, die sinds 1502 nauwlettend op boeken toezag, buiten kijf. Een speculatief humanist als Pico della Mirandola, die Italië moest ontvluchten, hoefde in Spanje, waarheen hij even dacht te kunnen uitwijken, niet op bescherming te rekenen. Maar tegen het humanisme in de zin van filologie en herijking van de klassieken, was geen enkel bezwaar. Isabel trok Italiaanse humanisten aan, onder wie Lucio Marineo Siculo en Pietro Martyr de Angleria, om ook in Spanje de belangstelling voor de oudheid aan te moedigen. Naast de universiteiten van Salamanca en Alcalá, verrezen er hogere scholen in Sevilla, Toledo en Granada. De nadruk lag er op de theologie en op de rechtenstudie. Kennis van het Latijn werd er verondersteld. De humanist Antonio de Nebrija schreef de eerste Spaanse grammatica, waarmee Columbus naar de Nieuwe Wereld uitzeilde. De grootste bibliotheek van die tijd, van de graaf van Benavente, bevatte nog maar honderdtachtig boeken en ging mettertijd op in de collectie van het Escorial, het toekomstige klooster-paleis van Filips II. Onder Isabel en Fernando werd er intensief uit het Latijn en het Italiaans vertaald. Maar de polyglotbijbel was het kroonjuweel van de humanistische geleerdheid van toen.

Op volks niveau bloeiden de romances, het toneel en het verhalend proza. De *Amadís de Gaula* en de Catalaanse, Byzantijns getinte *Tirant lo Blanc* zijn de bekendste ridderromans. Het zijn de prototypen van de *Don Quichot* van een eeuw later. Een aparte vermelding verdient de *Celestina* van de vermeende bekeerling Fernando de Rojas, een eerste aanzet tot een soort realisme dat pas veel later populair zal worden. Op het gebied van de bouwkunst manifesteren zich de 'platereske' (ornamentale) en gotische stijlen. De schilderkunst vertoont een duidelijk Vlaamse en Italiaanse invloed.

De vijftiende eeuw betekende ook de introductie van de post, het kompas, de ambassades, de diplomatie. De politiek evolueerde van rauw wapengeweld tot een verfijnd spel van veinzen. Met de dood van de katholieke vorsten verdween de 'ridder'; met de komst van Karel V daagde de 'hoveling'. Het leven werd meer en meer aan regels gebonden. Spanje had zich ontwikkeld tot de eerste moderne staat van Europa.

6 Spanje onder de grote Habsburgers

DE MYSTIEK VAN HET IMPERIUM

In de zestiende eeuw werd Spanje moederland en uitvalsbasis van de 'universele monarchie'. De komst van Karel v – voor Spanje was hij Karel I – ging gepaard met hoop. De jonge koning, die in het bezit was van Vlaanderen, Bourgondië, Napels en Sicilië, Oostenrijk en de Nieuwe Wereld, en weldra keizer van het Heilige Roomse Rijk zou zijn, leek geroepen om de verspreide christenen bijeen te drijven. Met name in Italië klonk de roep om regeneratie en gerechtigheid, te verpersoonlijken door een sterke leider. Het verwereldlijkte hof van Rome stelde de oprechte gelovigen en de jonge humanisten teleur. De onderling naijverige stadstaten dreigden een prooi van de Turken te worden als er geen wonder gebeurde. Het ideaal van een verenigd Europa – waarborg tegen een Ottomaanse invasie – leefde vooral bij dromers en dichters. Ludovico Ariosto (1474-1553) bijvoorbeeld kondigde in zijn renaissancistische epos *Orlando Furioso* een nieuwe 'gouden eeuw' aan die sinds Petrarca was gekoesterd en waarin de rechtvaardigheid naar de wereld zou terugkeren. De drager daarvan moest spruiten uit het bloed van Oostenrijk en Aragon (canto xv, vers 24-25) en beloofde een waardig opvolger te worden van keizer Augustus en keizer Karel de Grote. Zoals Karel de Grote acht eeuwen tevoren de moren had getemd, zo moest zijn heldhaftige naamgenoot, 'herder van één christelijke schaapskooi', de onderlinge geschillen slechten en het continent behoeden voor de ongelovige barbaren. Karel v liet zich de rol van redder aanmeten door zijn equipe van Vlaamse en Italiaanse hovelingen. Mercurino Gattinara, de nieuwe kanselier, ontwierp een imperialistische mystiek, een pax hispana. De Spaanse dichter Hernando de Acuña noemde Karel, evenals Ariosto, 'één herder van één kudde'. Dat was de rol die eens Alfons de Wijze voor zich meende weggelegd. Karel belichaamde de *universalitas*, de mozaïek van verschillende volkeren onder één religie en één zwaard. 'Plus ultra', luidde zijn devies. 'Nog verder', want zijn rijk was het grootste dat het mensdom ooit had gekend. Aangezien dat rijk bij

Filips II (links) en Karel V (rechts) door de gebroeders Leoni

de 'gratie Gods' bestond, rustte op de schouders van zijn drager een zware morele last. Karel moest bewijzen dat de vorst meer kon zijn dan de cynische heerser van Machiavelli, die op grond van het dictum dat de meeste mensen niet deugen, had betoogd dat de wereld geen deugdzame bestuurders gedoogt. De verwachtingen waren dus zeer hooggespannen.

Maar de onvermijdelijke afgunst, die inherent is aan de menselijke natuur, gooide roet in het eten. De nieuwe Franse koning, Frans I, kon Karels aanmatiging niet verkroppen. Zijn land dreigde door het imperium omsingeld te worden, zodat de Franse politiek de herder van de gouden eeuw moest weerstreven waar ze maar kon, desnoods met verholen steun aan Turken, protestanten en zeerovers. Ook de paus van Rome vreesde te veel macht in één hand, wat tot overheersing van het geloof door het zwaard kon leiden. Rome voerde dus de politiek van 'divide et impera', op gevaar haar eigen glazen in te gooien, want als iemand de Turken en de protestanten kon bedwingen was het Karel. Wilde Karel zijn opdracht gestand doen, dan had hij bondgenoten nodig, en die vond hij in Portugal en Engeland, namelijk door een huwelijk met een prinses uit het eerste land en door bemiddeling van zijn tante Catherina – echtgenote van Hendrik VIII – in het tweede. Daarmee zijn de kaarten voor Karels buitenlandse politiek geschud.

DE NIET ZO BLIJDE INKOMST

In 1517 ging de in Gent geboren Karel, pril als de eeuw, scheep in Vlissingen, op weg naar zijn koninkrijk. Direct na landing in Asturië, wieg van de mythische stichter van Spanje don Pelayo, bezocht hij zijn moeder, doña Juana, in Tordesillas. Deze had zich na de dood van haar geliefde echtgenoot Filips teruggetrokken in het kasteel van die stad. Hoewel zij regeringszaken schuwde – volgens de legende was ze ontoerekeningsvatbaar vanwege het verdriet om haar gestorven man – gold ze officieel als koningin van Spanje. Karel kon alleen regeren wanneer zij haar bevoegdheden aan hem overdroeg.

Ondertussen keek de Castiliaanse adel gespannen toe. Want de nieuwe koning werd vergezeld door honderden Vlaamse en Bourgondische hovelingen die rekenden op prebenden, posities en onroerend goed. En de lokale heren herinnerden zich de inhalige kliek rond zijn vader Filips, waardoor de Castiliaanse gelederen in twee kampen waren verdeeld. Een paar weken na zijn landing deed Karel zijn intrede te Valladolid, opgewacht door de grandes en zijn broer Ferdinand, die in Spanje was opgevoed. Karels voornaamste raadgever, de heer van Chièvres, kreeg de functie van koninklijk opperschatmeester. Zijn favoriet, de zestienjarige Willem van Croy, ontving het primaatschap van Spanje en werd daarmee opvolger van de alom gerespecteerde kardinaal en regent Jiménez de Cisneros. Jean Sauvage, zijn tweede favoriet, werd tot grootkanselier verheven en een jaar later, na zijn dood, vervangen door de Italiaan Mercurino Gattinara. En zo vielen de invloedrijkste en bestbetaalde posten in handen van 'vreemdelingen'. De zojuist tot kardinaal benoemde Adriaan van Utrecht, Karels biechtvader, promoveerde korte tijd later tot paus van Rome.

De Spaanse heren mochten zich tijdens de blijde inkomst vergapen aan de blonde hofdames en de Bourgondische tournooien, het zat ze niet lekker dat zij, die zo lang en zo hard strijd hadden gevoerd tegen de moren, plotseling de overheersing moesten dulden van jonge ridders die in hun ogen nog niets hadden gepresteerd. En niet alleen de adel, ook de afgevaardigden van de steden, de *procuradores*, zagen de komst van Karel met wantrouwen tegemoet. Want de nieuwe koning gaf onomwonden te kennen dat hij veel geld nodig had, tweehonderd miljoen duiten, te betalen binnen drie jaar. Karel had behalve voor Spanje ook voor zijn andere domeinen te zorgen, en omdat hij bovendien naar het keizerschap dong, moest hij de keurvorsten omkopen. Wilde Castilië voor de glorie van een keizer in de buidel tasten? Met tegenzin gaven de Cortes van Valladolid, die bijeen waren in januari 1518, toe, maar op voorwaarde dat Karel de plaatselijke wetten en gewoonten zou respecteren, dat alle officiële stukken óók de handtekening van doña Juana zouden dragen, dat er minstens even veel Castiliaanse als Vlaamse hovelingen functies kregen, dat er geen goud werd weggesluisd naar het noorden, dat de eigen bisschoppen rechters van de inquisitie bleven en dat de verovering van Navarra zou worden voortgezet. Verder moest Karel zijn broer Ferdinand het land uit sturen, want de Spaanse geschiedenis leerde dat als koninklijke broers om tronen twisten de staatshuishouding en de handel kwijnen. Tot slot kreeg hij de raad om zo snel mogelijk te trouwen.

Een paar maanden later deed de koning zijn plechtige intrede te Zaragoza om door de Cortes van Aragon te worden ingezworen. Ook hier stuitte hij op terughoudendheid. Ook hier voerde hij nieuwe belastingen door en liet hij zich aan vergelijkbare voorwaarden binden. Vooral de nuchtere, op handel gerichte Catalanen betoonden zich beducht voor de hemelhoge aspiraties van degene die in 1519, met instemming van de Duitse vorsten en paus Leo x, tot keizer werd gekozen van het Heilige Roomse Rijk. Frans I van Frankrijk, eveneens kandidaat voor het keizerschap, viste ernaast. Dat kon niet anders dan tot een dure confrontatie leiden.

Karel v, de kleinzoon van Fernando van Aragon en Maximiliaan van Oostenrijk, huwde in 1526 Isabel van Portugal, dochter van de schatrijke koning Manuel en zijn tante Maria. Datzelfde jaar kreeg hij het hertogdom Milaan in handen, nadat hij korte tijd tevoren Navarra definitief had ingelijfd. Met Vlaanderen, Bourgondië, de Franche-Comté, Milaan en Navarra was de ring rond Frankrijk compleet. Met Portugal en Engeland als bondgenoten, met zijn broer Ferdinand in Oostenrijk-Hongarije en met zijn schoonbroer als koning van Denemarken was Karel de machtigste man van Europa. Was de keizer in staat zijn mozaïek bijeen te houden? Een Aragonees voor Aragon te zijn, een Castiliaan voor Castilië, een Italiaan voor Italië, een Vlaming voor Vlaanderen en een Duitser voor de Duitse staten? En was Spanje bereid om op te draaien voor het imperium, dat gevolgen moest hebben voor de eigen aard en de eigen financiën? Op hoog niveau was het ideaal makkelijker te verwezenlijken dan op het vlak van lage adel en burgerij, die van nature de regionale belangen behartigen. Het kon haast niet anders of er moest wrijving ontstaan tussen 'universalisten' en 'regionalisten' – een toestand die vergelijkbaar is met die van het twintigste-eeuwse 'verenigde Europa'.

DE INLIJVING VAN NAVARRA EN DE OPSTAND DER COMUNEROS

De vuurproef kwam op het moment dat Karel verwikkeld was in zijn verkiezing tot keizer en de verovering van Navarra. Er waren ook meevallers. De Cortes van Barcelona stelden namelijk een fors bedrag voor de koning beschikbaar, en uit de verre Nieuwe Wereld bereikte hem de eerste brief van Hernán Cortés, die zojuist Mexico had ingenomen en enorme schatten aankondigde. Maar de afgevaardigden van de Castiliaanse steden waren boos over het feit dat Karel te lang in Aragon bleef hangen. En Valencia voelde zich afgescheept met Adriaan van Utrecht, die uitgezonden was om namens zijn heer de plaatselijke bevolking kond te doen van de troonsopvolging. Van Valladolid, het administratieve centrum van

Castilië, kreeg Karel geen verlof om buiten zijn koninkrijk achter de kostbare hersenschim van het keizerschap aan te jagen. Omdat hij zijn reis naar Duitsland niet wilde uitstellen, greep een aantal Castiliaanse gemeenten de gelegenheid aan om in opstand te komen tegen hun nieuwe heer. Hetzelfde voltrok zich in Valencia, waar burgers en handwerkslieden een republiek wilden uitroepen naar Italiaans model. De grote hoeveelheid 'morisken' (gedoopte moren) aan de Levantijnse kust maakte die situatie, met het oog op de Turken, extra gevaarlijk.

Het succes van de Spaanse monarchie berustte dankzij Fernando en Isabel op een bond van kroon met burgerij. Onder Karel sluiten kroon en hoge adel een verbond tegen de burgerij. De steden willen voor de Europese politiek van de koning veel minder inleveren dan deze had bedongen. De rebellie slaat over op Toledo, Avila, Segovia, Salamanca, Toro, Medina del Campo en zelfs het Andalusische Jaén. De opstandelingen zoeken soelaas bij doña Juana in Tordesillas, in wie zij hun ware koningin zien. Maar de moeder laat zich niet tegen haar zoon opzetten. Karel werkt rustig zijn zaken in Vlaanderen af en verjaagt de Fransen uit Navarra. Tijdens de belegering van Pamplona, in 1521, raakt de Baskische ridder Ignatius van Loyola gewond. Op zijn ziekbed komt hij tot inkeer. Hij trekt naar het klooster van Montserrat in Catalonië, mediteert in een grot te Manresa, legt zijn wapens af, gaat naar Parijs en Rome, en sticht met geestverwanten de Sociëteit van Jezus, die een paar decennia later door de katholieke kerk wordt ingezet voor de missionering in de Nieuwe Wereld en tegen de protestantse ketterijen.

Vlak na de inlijving van Navarra lijdt het leger van de rebelse steden de nederlaag te Villalar, nabij Toro. Vijfhonderd opstandelingen sterven aan de galg. Ook Valencia moet zich overgeven aan Karel, die inmiddels te Aken tot keizer is gekroond. Met die wapenfeiten heeft het huis van Habsburg zich definitief in Spanje gevestigd. Het neerslaan van deze opstand der *comuneros* (in Castilië) en *germanías* (in Valencia) hebben geschiedschrijvers in de negentiende en twintigste eeuw vaak geïnterpreteerd als een onderdrukking van vroege democratische tendensen, van een eerste uiting van de volkswil naar idee van Rousseau en Marx. In werkelijkheid vertegenwoordigden de rebellen niet zozeer het volk, als wel de opkomende kapitalistische klasse, de vrije handel, de ongebonden economie, het laissez-faire. De Castiliaanse en Valenciaanse steden wilden hun eigen belangen niet opofferen aan de supranationale orde van de keizer, aan het 'plus ultra' van het universele Roomse Rijk. Karel stond voor de gigantische taak zijn verspreide gebieden onder één vaandel te houden. Wat Spanje hem aan geld opleverde was niet genoeg; wat uit de Nieuwe Wereld toevloeide was nog te weinig. Om zijn ideaal te verwezenlijken moest hij leningen sluiten bij Vlaamse, Duitse en Genovese banken. Om zijn geldschieters gunstig te stemmen wees hij op het toekomstige overzeese goud. En om de heren en de humanisten aan zich te binden profileerde hij zich als de geroepen aanvoerder tegen het Ottomaanse gevaar en de beschermer van de christelijke beschaving. De geletterden bezongen zijn glorie; Erasmus en volgelingen omringden hem met ontzag. De steden gaven zich aan de keizer over, maar ondergronds bleven de regionalisten tegensputteren. Karel deed zijn best om een Spanjaard te zijn voor Spanje, maar van de veertig jaar die hij regeerde verbleef hij het merendeel buiten zijn koninkrijk. Keizerin Isabel bleef achter als regentes, bijgestaan door een bureaucratie die ervoor zorgde dat het in elk geval in Spanje rustig bleef. Op de organisatie van het koninkrijk komen we later terug.

DE EUROPESE POLITIEK VAN DE KEIZER

Tussen 1525 en 1530 rekende Karel af met zijn rivaal Frans en deed hij de paus een toontje lager zingen. Van Adrianus VI, zijn eigen protégé, kreeg hij het recht om bisschoppen te benoemen, maar diens opvolger Clemens VII lonkte naar Frankrijk, dat zich van het hertogdom Milaan meester had gemaakt. Bij Pavia nam Karel de Franse koning gevangen om hem op te sluiten in het Alcázar van Madrid. 'Alles,' schreef Frans aan zijn moeder in Parijs, 'is verloren, behalve de eer.' Karel nam geen wraak, maar eiste dat Frankrijk hem Milaan liet en afzag van Bourgondië. Die overwinning maakte hem in één klap tot held van Spanje, en de vreugde nam nog toe toen de keizerin in 1527 het licht schonk aan een troonopvolger, de toekomstige Filips II. De Cortes van Castilië verstrekten nu alle subsidies waar de keizer om vroeg, zeven miljoen duiten om oorlog te voeren tegen de Fransen, de Turken, de protestanten en... de paus. Want in hetzelfde jaar dat de kroonprins werd geboren, riep Karel Rome tot de orde met een leger van Duitsers, Vlamingen en Spanjaarden. Die zogeheten Sacco di Roma – de plundering van de Eeuwige Stad door de Teutoonse troepen – sloeg een deuk in het imago van de hersteller van de 'gouden eeuw'. De Spaanse humanisten, adepten van Erasmus, wrongen zich in alle retorische bochten om hun Italiaanse collega's ervan te overtuigen dat Karel terecht had gehandeld en dat de paus de plundering door eigen schuld over zich had afgeroepen. Dan had hij maar niet met Frankrijk in zee moeten gaan. Maar voor de Italiaanse humanisten viel de droom in duigen. Men was weer terug bij het recht van de sterkste. Koning Frans moest de vrede van Cambrai tekenen, en paus Clemens kroonde Karel tot keizer in Bologna.

Vanaf 1530 kon Karel zijn aandacht eindelijk concentreren op de vijanden van het geloof: de protestanten, de Turken en de zeerovers. Sinds hun bezetting van Kaïro, in hetzelfde jaar als dat waarin Luther te Wittenberg zijn stellingen aanspijkerde, controleerden de Turken grote delen van de Middellandse Zee. Ze hadden Rodos ingenomen, bedreigden Malta en Sicilië, en ontvingen hulp van Barbarijse kapers die vanaf de Noord-Afrikaanse kust de handel van Spanjaarden en Italianen blokkeerden. Bovendien rukten ze via de Balkan op naar Hongarije, namen Boedapest in en belegerden Wenen. De keizer van het Heilige Roomse Rijk moest de catastrofe keren. Op de paus, Spanje en de Italiaanse staten kon hij bouwen; maar Frankrijk en sommige Duitse deelstaten lachten in hun vuistje. Zij wilden de macht van de keizer breken en hoopten dat zijn 'kruistocht' zou mislukken.

Voor Frederik van Saksen, een tegenstander van Karel, kwam het protest van Luther als geroepen. Dat de gedreven augustijn zich druk maakte over de schandelijke verkoop van aflaten door Rome en dat hij de Duitsers afried mee te betalen aan de bouw van de Sint-Pietersbasiliek, dat hij meende God te dienen met zijn oproep de kerkelijke Augiasstal te reinigen en dat hij op de rijksdag van Worms durfde te zeggen: 'Hier sta ik, ik kan niet anders', was wellicht moedig, maar luidde onherroepelijk het einde in van de christelijke eenheid. De paus en de keizer deden de monnik in de ban. De vorst van Saksen bood hem bescherming met het oogmerk zijn deelstaat zelfstandig te maken en vestigde daarmee het principe dat religie afhankelijk is van wie regeert.

Met Luther daagt het fenomeen van het nationalisme, met als gevolg de godsdienstoorlogen waaronder Europa de komende eeuwen zal lijden. Terwijl Karel alles in het werk stelt om de eenheid in zijn Duitse gewesten te handhaven, maakt koning Hendrik VIII zichzelf hoofd van de Engelse kerk om met een courtisane te kunnen trouwen voor wie hij 's keizers tante, Catherina, had verstoten. Voor dat huwelijk had hij van de paus geen toestemming gekregen. Een nieuwe klap voor Karel, een nieuwe teleurstelling voor de supranationale humanisten. Thomas More wordt onthoofd omdat hij zich niet met de Engelse afscheiding kan verenigen. Erasmus dooft teleurgesteld uit in het neutrale Bazel. Duitsland raakt in de greep van het lutheranisme. In Worms (1537), Regensburg (1541-1546) en Augsburg (1546-1555) winnen de nationalistische protestanten de ene slag na de andere en boet het universele christendom geleidelijk aan kracht in. Als Rome in 1543 met het concilie van Trente de tegenaanval inzet, en met hulp van de nieuwe orde der jezuïeten het 'katholicisme' propageert, met de Contrareformatie de Reformatie te lijf gaat, is Karel een gebroken man. Zijn overwinning te Mühlberg in 1547, die Titiaan heeft geschilderd, laat daarover geen twijfel bestaan. Die overwinning is niet meer dan symbolisch, zoals ook de kortstondige bezetting van Tunis in 1535 en die van Algiers in 1541 geen afbreuk deden aan de opmars der Turken. In 1552 wordt de keizer op een haartje na gevangengenomen door Maurits van Saksen, opvolger van Frederik, als hij met zijn broer Ferdinand, koning van Oostenrijk-Hongarije, vergadert in Innsbrück. Zijn Duitse politiek is als een kaartenhuis in elkaar gestort. De ketterij kan geen halt meer worden toegeroepen. De Turken bestoken Sicilië en Wenen, en de Franse koning maakt van de gelegenheid gebruik om Turijn te bezetten. Alleen in Spanje blijft het, met de inquisitie op de achtergrond, rustig. Daar valt van protestantisme nagenoeg geen spoor te bekennen, en aangezien de joden die sinds 1492 in Spanje zijn gebleven, zich hebben geassimileerd, is er voor het Heilig Officie nauwelijks werk. Die functioneert nu op volle toeren in Portugal, waar de joden die uit Spanje zijn gekomen tot bekering worden gedwongen. Ook Rome voert een inquisitie in, die geleid wordt door de jezuïeten, teneinde iedere vorm van protestantisme de kop in te drukken.

Vanaf 1540 was het eigenlijk al bergafwaarts gegaan. De financiële schulden, als gevolg van de kostbare legers die overal nodig waren, liepen zo hoog op dat de keizer zijn Duitse bankiers in privileges moest uitbetalen en ten slotte niet eens meer over zijn overzeese inkomsten mocht beschikken. De Vlaamse stad Gent weigerde oorlogsschatting te betalen en moest met harde hand worden gestraft. Tot overmaat van ramp hervatte Frankrijk de vijandelijkheden door het hertogdom Milaan in te pikken en de Roussillon aan te vallen. Om kosten en mensenlevens te sparen daagde de keizer de Franse koning tot een persoonlijk duel uit, maar de belangen die op het spel stonden waren te groot voor zo'n ridderlijke oplossing. De vrede van Crépy, in 1544, bracht een korte adempauze in het lange Spaans-Franse conflict. Maar een paar jaar later, toen Hendrik II Frans I opvolgde, brak de oorlog opnieuw uit. Hendrik II gooide het op een akkoordje met de protestanten en begon Vlaanderen te belagen. Karel moest overal tegelijk zijn. De Duitse deelstaten wilden van het absolutisme af. Zelfstandigheid leek verlossing van belasting en toename van welvaart te beloven. Het protestantisme bleek daartoe de aangewezen weg.

KROONPRINS FILIPS

Vanaf 1542 was Karel begonnen zijn zoon, kroonprins Filips, bij regeringszaken te betrekken. Niet lang daarvoor was keizerin Isabel gestorven, en nu vond hij het tijd om Filips tot gouverneur van Spanje te benoemen. Hij huwelijkte hem uit aan de Portugese prinses Maria; zijn dochter Juana verbond hij met de Portugese koning João III. Zijn andere dochter, Maria, koppelde hij aan kroonprins Maximiliaan II van Oostenrijk, de zoon van zijn broer Ferdinand. Zo was de eenheid der katholieke monarchieën in elk geval verzekerd, en bestreek het huis van Habsburg nog het hele Middellandse-Zeegebied, met de sterke en gezagsgetrouwe hertog van Alva als onderkoning te Napels. In Engeland leken de zaken voor Karel een gunstige wending te nemen toen onder Mary, dochter van Hendrik VIII en Catherina, het katholicisme werd hersteld, maar de bloedige onderdrukking van de protestanten die zij ontketende, zou een averechtse uitwerking hebben en Engeland tot een gezworen vijand van Spanje maken. Even leek het dat kroonprins Filips koning van Engeland zou worden, toen hij na het overlijden van de Portugese Maria op het punt stond om in het huwelijk te treden met 'Bloody Mary', maar haar uiterlijk stootte hem zo af dat hij zijn biezen pakte en afreisde naar Brussel.

Filips was in 1551 door de hertog van Alva naar Vlaanderen gebracht om hem aan zijn toekomstige koninkrijk te laten wennen. De Vlamingen vonden hem te veel een Spanjaard, en de Duitse staten lieten merken in geen geval een Spaanse keizer meer te willen. Toen Karel in 1555 te Brussel afstand deed van de troon, voorzag hij dat zijn zoon niet meer de rol kon spelen die hijzelf had vervuld. Hij gaf hem de raad om nooit op één adellijke factie te vertrouwen, en altijd alle edelen op gelijke afstand te houden. Hij maande Filips tot terughoudendheid met vrouwen en verzocht hem zijn bastaard, die hij als weduwnaar bij een Duitse vrouw had verwekt, als broer te erkennen. Dat was de toekomstige don Juan de Austria (Johan van Oostenrijk). Verder had Karel nog een buitenechtelijke dochter uit de periode vóór zijn huwelijk met Isabel van Portugal, Margarethe. Bij deze gelegenheid werd zij benoemd tot landvoogdes van Vlaanderen. In 1556 stapte Karel aan boord van het schip dat hem van Vlissingen, nu voor het laatst, naar Spanje zou brengen. 'Ik heb mij soms vergist,' zei hij, 'maar mijn bedoelingen waren goed.' De laatste paar jaar van zijn leven bereidde de keizer zich in het klooster van Yuste voor op zijn dood, in het verre en dorre Extremadura. Hij volgde daarmee de raad van zijn hofpredikant Antonio de Guevara, wiens humanistische geschriften vol stoïcijnse wereldverachting en waarschuwingen tegen het hofleven een grote invloed zouden hebben op Michel de Montaigne. Met het vertrek van Karel kwam er een eind aan veertig jaar Europees Spanje, aan een periode waarin de door Isabel en Fernando gestichte monarchie het draagvlak vormde van een universeel christelijk keizerrijk.

DE ORGANISATIE VAN SPANJE

Onder Karel kreeg Spanje als eerste land in Europa iets wat men een bureaucratie zou kunnen noemen. Hoewel de koning, net als zijn grootouders, voortdurend van hofstad veranderde, namen de instituties in aantal toe. Behalve de al bestaande Raad van Castilië kwam er een Raad voor de Financiën van de grond, alsmede een Raad van de Indiën en een Raad voor Italiaanse Zaken. De voornaamste institutie was de Staatsraad, waarin de naaste adviseurs van de koning, onder wie zijn biechtvader, zitting hadden. Die Staatsraad stelde na discussie over rapporten uit de verschillende rijksdelen de documenten op die de koning ter ondertekening kreeg voorgelegd. De breedvoerige raadplegingen die daarmee gepaard gingen, verraden een voor die tijd uitzonderlijk intensieve vorm van beheer. Een leger van koninklijke secretarissen, ambtenaren, klerken, reizende inspecteurs en belastingophalers overbrugde exceptionele afstanden. De hoogste ambten vervulden aristocraten, wie het om invloed ging en wier salaris symbolisch was. Ze gedroegen zich ostentatief en maakten hoge onkosten. Onder de Staatsraad ressorteerden de negen onderkoningen van Aragon, Catalonië, Valencia, Navarra, Sardinië, Sicilië, Napels, Nieuw-Spanje en Peru. De belangrijkste bureaucraat was de rijkskanselier; sinds de dood van Gattinara was dat Francisco de los Cobos, die bij verstek van de monarch Spanje bestuurde.

De hoge adel bestond uit zo'n vijfentwintig grandes, onder wie roemruchte namen als Alva, Béjar, Frías, Infantado, Medinaceli, Medina Sidonia. Ze bezaten uitgestrekte landerijen, die ze verpachtten. De middenadel woonde meestal in de steden. De *hidalgos*, die de lagere adel uitmaakten en de nazaten waren van degenen die hadden meegedaan aan de Reconquista, vormden ongeveer een vierde deel van de totale bevolking. Castilië liep vanaf de Cantabrische kust tot aan Gibraltar, en telde rond 1540 ongeveer zes miljoen inwoners. De steden werden bestuurd door gemeenteraden waarin de midden- en lage adel, de clerus en de burgerij vertegenwoordigd waren. Iedere stad had een afvaardiging in de Cortes. Deze werden op ongeregelde tijden door de koning bijeengeroepen, vaak om nieuwe belastingmaatregelen door te voeren. Sevilla was met honderdduizend inwoners in 1535 de grootste en welvarendste stad van het land. Hier was sinds 1503 het Casa de Contratación gevestigd, de instituutie die het monopolie bezat op de verbinding en de handel met de Nieuwe Wereld. Iedereen die daarheen wilde, moest zich hier aanmelden. Sevilla wemelde van de conversos, Vlamingen, Napolitanen, Genovezen, Venetianen, die zich met vervoer, handel en bankwezen bezighielden. Vooral Castilië profiteerde van de welvaart. Aragon en Catalonië hadden veel minder baat van de koloniën en kregen zelfs geen consulaten in Sevilla.

De landbouw verviel. Als gevolg van een gebrekkige irrigatie en de hoge vraag naar wijn, olie, graan, olijven – want ook de overzeese markt moest, in de begintijd, daarvan worden voorzien – raakte het land in korte tijd uitgeput. Tegenvallende oogsten konden tot rampen leiden. Ten slotte moest er graan worden ingevoerd. De veeteelt bloeide. Spanje telde zo'n drieënhalf miljoen schapen. De woluitvoer was buitenmatig, vooral naar Vlaanderen, waar de wol tot producten werd verwerkt die dan weer in Spanje werden ingevoerd. De schaarse Spaanse industrie concentreerde zich op luxeartikelen als keramiek, leer, zilver, zijde. In 1548 klaagde men in de Cortes te Valladolid over de hoge prijzen van kleding. De invoer werd aan banden gelegd en de uitvoer van industrieproducten verboden. Een paar jaar later sloeg de eerste economische crisis toe. De toevloed van goud en zilver uit de Nieuwe Wereld had nieuwe behoeften gecreëerd die het leven duurder maakten. De eigen industrie kon niet aan de toegenomen vraag voldoen. En aan de onderkant van de samenleving krioelde het van de vagebonden en bedelaars, die men tegen lage lonen aan het werk wilde dwingen.

De Raad voor de Financiën bleek niet bij machte om met behulp van het Indische edelmetaal de nationale welvaart duurzaam op te vijzelen. De honderdduizenden dukaten die de koloniën omstreeks het midden van de eeuw begonnen op te leveren, stroomden weg naar de geldverslindende legers die de keizer overal moest inzetten. Spanje moest het hele Europese rijk van de keizer financieren. Karel sloot op den duur leningen tegen zilver en goud dat nog niet was aangevoerd. Om uit de impasse te geraken verkocht de staat obligaties tegen zeven procent interest per jaar. Banken konden aandelen kopen in de zilvermijnen. De inkomsten wogen algauw niet meer op tegen de uitgaven, en de schuld liep zo ver op dat iedere zilvervloot die aankwam onmiddellijk doorvoer naar 's keizers Genovese en Duitse geldschieters. Castilië, dat Vlaanderen was opgevolgd als Karels trouwste subsidieverschaffer, kon de last nauwelijks dragen. Catalonië en Aragon stonden met tegenzin geld af omdat ze veel minder bij overzeese zaken waren betrokken. Tegen de tijd dat de koning afstand deed van de troon, klaagden zowel adel als burgerij over de hoge belasting. De kroon probeerde de klachten te neutraliseren door lageren in rang te laten stijgen, zodat er ten tijde van Karel talloze hidalgos (letterlijk: 'zonen van iets') bij kwamen. Maar die keken neer op werken en droomden van heldendaden of snel rijk worden in de Nieuwe Wereld. Buitenlandse reizigers en waarnemers, met name Italianen, zoals de Florentijnse ambassadeur Guicciardini, viel het op dat de Spanjaarden zich over het algemeen genomen weinig interesseerden voor handwerk en handel, en dat er van industrie, bankwezen en commerciële vakkennis nauwelijks sprake was. Castilië viel hun op als dunbevolkt en arbeidsschuw.

DE ORGANISATIE VAN DE NIEUWE WERELD

Castilië was dunbevolkt als gevolg van de emigratie. Sinds Columbus de Caraïbische eilanden had ontdekt, trokken er jaarlijks steeds meer Spanjaarden weg om in de Westelijke Indiën een nieuw bestaan op te bouwen. Die uittocht werd door de staat gestimuleerd, aangezien de nieuwe gebieden om mankracht zaten te springen. Tot aan 1517 was La Española, het grootste eiland, het administratieve centrum, maar in dat jaar ontdekte Hernán Cortés het vasteland met zijn onbegrensde mogelijkheden. Met vijfhonderd soldaten overmeesterde hij in luttele tijd het azteekse imperium, waarvan de hoofdstad, Tenochtitlan-Mexico, de grootste metropool ter aarde was (en nog steeds is). Vijftien jaar later overweldigden een paar honderd andere Spanjaarden, onder leiding van Francisco Pizarro, het imperium van de inca's, in het zuidelijk deel van de Nieuwe Wereld.

De kolonisatie van het noordelijke Nieuw-Spanje verliep ordelijker dan die van het zuidelijke Peru, waar onenigheden tussen de veroveraars lange burgeroorlogen tot gevolg hadden. Zowel in Nieuw-Spanje als in Peru speelden de Spanjaarden de onderling vijandige indios tegen elkaar uit. Zonder die omstandigheid hadden de honderden Spanjaarden nooit de miljoenen inboorlingen in zo korte tijd kunnen bedwingen. Het gemak waarmee het christendom onder de bewoners van de Westelijke Indiën ingang vond, verwonderde de missionarissen. In het Verre Oosten stuitten diezelfde missionarissen op zoveel verzet van plaatselijke bonzen dat het christendom er niet noemenswaardig aardde.

Omstreeks 1550 bereikte de inname van de Nieuwe Wereld haar voltooiing. Natuurlijk was verreweg het merendeel nog onbevolkt en onontgonnen, maar vanuit de hoofdsteden van de twee zojuist gestichte onderkoninkrijken, Nieuw-Spanje en Peru, voltrok zich in snel tempo wat men de overplanting van Spanje zou kunnen noemen. Men stichtte hier geen wingewesten, maar koloniën naar het voorbeeld van Grieken en Romeinen. De Spanjaarden gingen om te blijven. Ze vermengden zich met de plaatselijke bevolking, waardoor er een ras van halfbloeden ontsprong, die katholiek gedoopt waren en Spaanse namen droegen. Ook de indianen die zich niet met de Spanjaarden vermengden, lieten zich op grote schaal dopen, kregen Spaanse namen en werden officiële onderdanen van de kroon. Vrijwel daags na de verovering verschenen er kathedralen, kerken en universiteiten in de grootste steden, die allemaal naar hetzelfde schaakbordpatroon waren gebouwd. Ze hadden een vierkant plein in het midden, waaraan de hoofdgebouwen stonden, en de straten kruisten elkaar loodrecht. De Spanjaarden vestigden zich niet naast, maar boven op de voormalige indiaanse centra. Het Spaanse katholicisme nam hier en daar indiaanse trekken aan, en nadat in 1531 de Maagd Maria aan de indiaan Juan Diego was verschenen, nabij Mexico-Stad, kreeg de grote massa van Amerika een religieus symbool dat van blijvende betekenis zou blijken.

De Spaanse soldaten die zich verdienstelijk hadden gemaakt voor de verovering, ontvingen als beloning een *encomienda*, een stuk land met bijbehorende indianen, dat ze namens de kroon dienden te beheren en te ontginnen. Uitbuiting van indianen kwam natuurlijk overal voor, maar werd bestraft. Officieel mochten 'gedoopten' niet tot slaaf worden gemaakt, maar omdat het zware werk, vooral in de mijnen, vele handen vereiste, kwam men algauw niet meer toe met de daartoe bestemde strafgevangenen en kannibalen. Men begon zwarte slaven in te voeren uit Afrika. Ook dit was officieel verboden. Vooral de vele monniken – franciscanen, augustijnen, dominicanen en later jezuïeten – waakten tegen onrecht, wat voortdurende wrijvingen veroorzaakte tussen seculiere en reguliere opvattingen. Aan de universiteit van Salamanca bijvoorbeeld werd gepolemiseerd over de vraag óf en in hoeverre de 'nieuwe christenen' van Amerika tot slavendienst mochten worden verplicht. De hoge idealen op dit punt van de dominicaan Bartolomé de las Casas – die in de lijn van Cisneros en koningin Isabel lagen – kregen rond 1540 de overhand. Dat bracht Karel ertoe nieuwe wetten uit te vaardigen, die in de Nieuwe Wereld tot spanningen en burgeroorlogen leidden. Hoe men de Spaanse manier van koloniseren ook bekijkt, in tegenstelling tot de Portugezen, en later de Hollanders en Engelsen, moet worden geconcludeerd dat de ideële motieven de materiële domineerden. Bovendien gaf de Spaanse overheid er voortdurend blijk van de eigen gebreken te onderkennen. Er was in elk geval kritiek mogelijk, en dat is een groot verschil met andere Europese landen, die in het Verre Oosten en Verre Westen hun slag sloegen ten behoeve van de eigen welvaart zonder dat er protesten klonken. Pas in de negentiende eeuw, toen het te laat was, werd het opportuun om, onder invloed van nieuwe humanitaire idealen, aanklachten te ventileren. Spanje was op dat punt ieder ander land ver vooruit.

De organisatie van Amerika was een kopie van die van het schiereiland. De onderkoningen van Mexico-Stad en Lima werden, net als die van bijvoorbeeld Aragon of Napels, om de zoveel jaar benoemd door de Raad van State. Ze werden geassisteerd door *audiencias*, groepen van hoge ambtenaren die de rechterlijke macht uitoefenden. Ieder onderkoninkrijk was verdeeld in gouverneurschappen, waaronder de gemeenteraden vielen. Nieuw-Spanje besloeg het gebied tussen de landengte van Panama en Californië, Florida en de Caraïbische eilanden. Peru bestreek het hele zuiden van Amerika, vanaf het huidige Colombia (Nieuw-Granada) tot en met Chili en de Río de la Plata. Mettertijd bleek dat de afstanden van de periferie tot Mexico-Stad en Lima te groot waren. Dat zou leiden tot de creatie van nieuwe, kleinere onderkoninkrijken. Antonio de Mendoza en Francisco de Toledo waren de eerste onderkoningen van respectievelijk Nieuw-Spanje en Peru. De hoge ambtenaren werden rechtstreeks door Spanje benoemd. Voor de lagere functies rekruteerde men mensen uit de eigen contreien. Naar Amerika emigreren kon alleen via Sevilla. Er werd zoals gezegd streng toegezien op de katholieke status van de immigranten, vooral bij Duitsers en Vlamingen. Vreemdelingen die niet tot het keizerrijk behoorden, kregen geen toestemming om naar Amerika te gaan. Het merendeel der immigranten bestond uit Castilianen en Andalusiërs.

De voornaamste bron van inkomsten vormden de zilvermijnen van het in 1547 ontdekte Potosí, in Hoog-Peru. Miljoenen kilo's zilver kwamen op vloten naar het moederland. Deze werden streng bewaakt door galjoenen, omdat Franse kapers van Parijs oogluikend verlof kregen om hun geluk op de oceaan te beproeven. Een vijfde van het edelmetaal ging linea recta naar de koning; de rest verkocht de Spaanse kroon aan privé-exploitanten. Dat Spanje nooit rijk is geworden van die reusachtige voorraden, vindt zoals gezegd zijn oorzaak in het feit dat het onafzienbare rijk van de Habsburgers door zijn omvang alleen al een bodemloze put was. Het verkeerde in een heel andere situatie dan een stadstaat als voorheen Venetië of later Holland, en op dat moment Portugal – Lissabon hoefde alleen voor zichzelf te zorgen en werd zodoende van het Verre Oosten in korte tijd puissant rijk. Er is al gewezen op de dure oorlogen die Karel her en der in Europa moest voeren, over zijn expedities naar Noord-Afrika, over zijn strijd tegen de Turken. Daar moet nog aan worden toegevoegd dat de onderkoninkrijken weldra veel geld vasthielden voor de eigen opbouw. Spanje was geen eindpunt, maar doorgeefluik van de Amerikaanse schatten.

In 1528 legde Hernán Cortés vanuit Nieuw-Spanje de verbinding met de specerijeneilanden in het Verre Oosten, de Molukken en de Filippijnen. Hierdoor laaide de controverse met Portugal, die bestond sinds Magelhães via de zuidpunt van Amerika het oosten had ontdekt, weer op. De scheidslijn die paus Alexander VI in 1493 door de Atlantische Oceaan had getrokken en die was bedoeld om de wereld tussen Spanjaarden en Portugezen te verdelen, bleek door de omvang van de aarde verouderd. Portugal gunde Spanje geen voet in het rijke Achter-Indië, en dat leidde tot langdurig ruziën tussen Karel en João III. De keizer werd evenwel te veel door Europa in beslag genomen om de zaak op de spits te drijven, en gaf zijn schoonzoon zijn zin.

De tijd van Karel I betekende voor Spanje de doorbraak van wat later de renaissance is genoemd. Op het gebied van letteren en schilderkunst raakte de Italiaanse gevoeligheid in zwang. Titiaan was hofschilder van Karel. De stijl van Petrarca en de herderspoëzie beheersten de grootste dichter van die tijd, tevens hoveling van Karel, Garcilaso de la Vega (1503-1536). Garcilaso schreef ecloges in elflettergrepige verzen, waarin als herder verklede hovelingen over onbereikbare geliefden zingen. Behalve dichter, was Garcilaso – conform het Spaanse ideaal van 'armas y letras' – krijger. Tijdens de belegering van een stad in Zuid-Frankrijk door het keizerlijke leger beknotte een vijandelijk projectiel zijn leven. Zijn poëzie maakte school tot diep achter in de eeuw en keerde op gezette tijd in de Spaanse literatuur terug als normgevend. Juan Boscán (1472-1542), voogd van de hertog van Alva, geldt als Garcilaso's evenknie. Beiden legden de grondslag voor een Spaans dat het klassieke Latijn en het Italiaans wilde evenaren.

De gebroeders Alfonso en Juan de Valdés, Juan de Vergara en Luis Vives, eveneens hovelingen van de keizer, werden in Spanje de pleitbezorgers van Erasmus, wiens *Enchiridion, Moria, Adagia* en *Querela Pacis* grote populariteit genoten in de jaren twintig en dertig onder de belezen adellijke minderheid. Het erasmisme behelsde niet alleen filologie, maar ook een herbezinning op het christendom door nadruk op een innerlijker beleving van de godsdienst met sterk pacifistische en utopische tendensen. Veel sceptischer was het werk van Karels hofpredikant, Antonio de Guevara (1480-1545), die waarschuwde tegen te hoge verwachtingen van staatkunde en culturele verfijning zoals gepropageerd door de Italiaan Baldassare Castiglione. Met zijn oproep om de politiek te relativeren en het memento mori in acht te nemen, greep Guevara terug op Thomas à Kempis en liep hij vooruit op Montaigne.

De belangrijkste volkse noot in het literaire concert van Karels tijd is de *Lazarillo de Tormes* (1554), het prototype van de latere schelmenroman. Dit anonieme werkje geeft een idee van de verpauperde onderklasse van het keizerlijke Spanje, zonder de bijtende spot van een tijdgenoot als Rabelais of de ironie van Erasmus' *Lof der zotheid*.

De bijzondere omstandigheid van de ontdekking van Amerika bracht sommigen ertoe de pen ter hand te nemen. Allereerst zijn daar de *Brieven* (1519-1526) van Hernán Cortés, een eerste ooggetuigenverslag van het azteekse imperium en het optreden van de Spanjaarden. Gonzalo Fernández de Oviedo vertelde de keizer in zijn *Samenvatting van de natuurlijke geschiedenis van de Indiën* (1525) hoe zijn nieuwe gebied eruitzag, maar werd later bestreden door Bartolomé de las Casas (1474-1566). Deze stelde in zijn *Zeer kort relaas van de vernietiging van de Indiën* (1552) de Spaanse handelwijze jegens de indianen aan de kaak als beestachtig. Dit invectief maakte furore in het kader van de oorlog tegen het Spaanse imperium, werd in vele talen overgezet en haalde met name in de Nederlanden oplaag na oplaag om uitentreuren door iedere betweter te worden aangehaald. De weerlegging van Las Casas door ooggetuigen als de franciscaan Toribio Benavente (1485-1569) en de soldaat Bernal Díaz del Castillo (1492-1584) heeft deze 'zwarte legende' nooit kunnen ontkrachten. Zij en andere chroniqueurs werden alleen binnen Spanje zelf geloofd en gelezen, een enkele uitzondering als Montaigne daargelaten. *Het relaas van een schipbreuk* (1527-1537) van Nuñez Cabeza de Vaca vormt een van de literaire hoogtepunten van de verslaggeving over de Nieuwe Wereld. Het gaat over een paar Spanjaarden die maandenlang hongerend door het zuiden zwierven van wat tegenwoordig de Verenigde Staten heet. Pedro Cieza de León (1508-1560) beschreef het incarijk van noord tot zuid. Maar dit zijn slechts een paar namen van de velen die daags na de verovering Amerika met de pen in kaart brachten.

DE 'VOORZICHTIGE' KONING (1556-1598)

Kroonprins Filips, die in het Alhambra was verwekt, kwam te Valladolid ter wereld in 1527, het jaar van de gewraakte brandschatting van Rome door Karels onderbetaalde huurlingen. Terwijl vader kriskras door het roerige Europa reisde en thuis was in alle talen en gewoonten, groeide zoonlief op in de monotonie van het vertrouwde Spanje. Op zijn twaalfde verloor hij zijn moeder, wier stoffelijk overschot hij vergezelde naar Granada. Het werd daar in de kathedraal bijgezet naast zijn legendarische overgrootouders en zijn grootvader Filips I. De zeer jonge prins had toen al een eigen hofhouding, met jezuïeten en Italiaanse humanisten als opvoeders. Latijn en Portugees gingen hem het gemakkelijkst af. Frans en Italiaans bleken onoverkomelijk. Vanaf zijn dertiende las hij de bijbel, klassieken als Ovidius en Josephus, eigentijdse auteurs als Erasmus, Pico della Mirandola, Reuchlin, Copernicus. Ridderromans versmaadde hij niet. Orgelmuziek en schilderkunst behoorden tot zijn voorliefdes. Spreken viel hem zwaar. In 1543 verbond zijn vader hem zoals gezegd met zijn nicht Maria, dochter van koning João III van Portugal. Zij bracht een reusachtige bruidsschat in. Als getuigen figureerden onder meer de bisschoppen van Cartagena en Lissabon, en de hertogen van Medina Sidonia en Alva. Filips hield niet van het slagveld, maar des te meer van het huwelijksbed. Dat genoegen was van korte duur, want de jonge Maria stierf bij de bevalling van don Carlos. Op zijn twintigste bereisde de weduwnaar, die zojuist tot plaatsvervangend bewindvoerder van Spanje was benoemd, voor het eerst de verschillende delen van het keizerrijk. Toen hij begin jaren vijftig in Vlaanderen arriveerde, bleek hij het gouvernement te Brussel niet in het Frans of Nederlands te kunnen toespreken. Dat liet hij aan kardinaal Granvelle over.

In 1555 deed keizer Karel afstand van de Spaanse troon ten gunste van zijn zoon. Willem van Oranje, een van de leenmannen van de keizer, die bij de ceremonie aanwezig was, voelde zich tekortgedaan, nu niet híj maar Filips gouverneur van de Lage Landen werd. Deze erfde van zijn vader een gebroken rijk, dat bestond uit drie delen: de Lage Landen, Spanje-Italië en Amerika. Op grond van het huwelijk van zijn zuster Maria met Maximiliaan II mocht hij rekenen op bijval van Oostenrijk. Ook Portugal, waar zijn andere zuster Juana huwde met João III, zou hem niet in de steek laten. Het wegvallen van het Britse bondgenootschap kwam ongelukkig uit, want daardoor kreeg Frankrijk meer ruimte om te manoeuvreren. Karel voorzag dat zijn zoon zou worden geconfronteerd met Frans gestook in Vlaanderen. Twee omstandigheden bevoordeelden de Parijse politiek: de ontevreden, ambitieuze prins van Oranje en de opkomende ketterij van het calvinisme.

DE PALADIJN VAN HET KATHOLICISME

Een paar jaar na zijn troonsbestijging versloeg Filips de calvinisten bij Saint Quentin en Grevelingen. Die successen liet hij breed uitschilderen op de wanden van het toekomstige Escorial, het strakke kloosterpaleis dat als geen ander monument het Spanje van Filips II symboliseert. Frankrijk liet zich overhalen tot de vrede van Câteau-Cambrésis, en om dat feit te bezegelen omarmde de drieëndertigjarige weduwnaar het prinsesje Isabelle de Valois. Isabelle was een dochter van de Franse koningin Catherine de Medici, die de katholieke partij van de hertog van Guise steunde tegen de calvinistische hugenoten, die door het huis Bourbon werden beschermd. Na Duitsland – waar lutheranen en katholieken elkaar bestreden – en na Engeland – waar de komst van Elizabeth Tudor de onderdrukking van de katholieken inluidde – was ook Frankrijk afgegleden in godsdiensttwisten. Filips zal de katholieke partijen van Frankrijk en Engeland helpen. Maximiliaan II van Oostenrijk zal hetzelfde doen in de Duitse staten. Zo ontstond de as Wenen-Madrid. Tegen deze as, het baken van het supranationale roomse ideaal, ageerden alle 'nationalisten' van Europa. Deze nieuwlichters koppelden het ideaal van 'eigen welvaart eerst' aan een of andere vorm van 'protestantisme'. 'Liever Turks dan paaps' luidde hun parool.

Voor de protestantse nationalisten waren de Turken ver weg, maar niet voor Filips. Ze hadden Cyprus bezet, Majorca geplunderd en stuurden aan op Malta en Sicilië. Even leek het of de paus de knoet van Spanje meer duchtte dan de Turken. Hij vond dat Napels recht had op zelfstandigheid, maar Filips liet Rome toen weten dat het lot van het geloof afhing van zijn zwaard. Die nuchtere constatering creëerde een noodgedwongen huwelijk tussen Spanje en de rooms-katholieke kerk, dat bij tijd en wijle uitliep op touwtrekken om zaken als bisschopsbenoemingen en inquisitieverordeningen. Waar het hoofdzaken betrof, trokken Rome en Spanje één lijn. Dat had als gevolg dat de protestantse naties 'rooms' en 'Spaans' gingen vereenzelvigen. Binnen Spanje ontwikkelde zich in theologische kringen van de universiteit wat men de 'katholieke orthodoxie' noemt, de rechtzinnige denkwijze met betrekking tot het geloof. Het in 1562 heropende concilie van Trente, de Sociëteit van Jezus en de inquisitie waakten over de zuiverheid van de leer. Een van de maatregelen van het Heilig Officie was de uitvaardiging van een index, in 1559, waarbij tal van boeken, waaronder die van Erasmus, in ongenade vielen. In hetzelfde jaar werden er in Sevilla en Valladolid enige tientallen protestanten gearresteerd, verhoord en verbrand. Veel meer valt er over de inquisitie ten tijde van Filips niet te melden.

De vrede met Frankrijk gaf Filips ruimte om het bestuur te reorganiseren. Het hof, dat onder zijn ouders en grootouders mobiel was, kreeg onder de 'voorzichtige koning' een vaste standplaats in het tot dan toe tamelijk onbetekenende Madrid. In 1563 legde hij de eerste steen voor het Escorial, veertig kilometer ten noordwesten van de hoofdstad, in de uitlopers van het Guadarrama-gebergte. Dit gigantische vierkante kloosterpaleis werd mettertijd het depot van al zijn schatten en voorzaten, kwintessens van een Spanje dat van God de heilige opdracht had gekregen overal het onkruid te wieden en van de wereld een voorportaal van de hemel te maken. Hier sloot Filips zich op. Van hieruit regeerde hij het rijk waar de zon niet onderging, want twintig jaar later mocht hij zich ook koning noemen van Portugal en het Verre Oosten. Hier ontving hij de graaf van Egmond en de baron van Montigny, die namens de ontevreden edelen van de Lage Landen op grotere vrijheden aandrongen. Maar Filips hoorde hen uit en kwam er via zijn tante Margarethe van Parma, landvoogdes te Brussel, achter dat zijn leenheren hem ontrouw waren geworden en gemene zaak maakten met de calvinisten. Hij dacht er niet over toe te geven aan ketters en maakte zich veel bezorgder over de Turken in de Middellandse Zee en zijn zoon Carlos. Die laatste had zo'n labiel karakter dat Filips voor een nieuwe troonopvolger moest zorgen. Om de Turken het hoofd te bieden benoemde hij zijn halfbroer, Johan van Oostenrijk, tot opperbevelhebber van de Middellandse-Zeevloot. Zijn derde vrouw, die hem twee dochters had geschonken, overleed bij de bevalling van haar derde kind, wat hem in diepe droefheid dompelde. 'Na een onvoorziene reis verhuisde 's werelds schoonste bloem naar 't paradijs,' schreef Miguel de Cervantes. Filips' vijanden betoogden dat Isabel aan de mateloze teeldrift van de koning was bezweken. Of hij zou haar vermoord hebben vanwege overspel met Carlos, die hij vlak daarop had terechtgesteld omdat deze zich, afgezien van overspel, schuldig gemaakt had aan hoogverraad door heimelijke contacten met de Hollandse rebellen. In werkelijkheid was Carlos waanzinnig of ontoerekeningsvatbaar. Hij was jaloers op de hertog van Alva, die met een eervolle opdracht naar de Lage Landen werd gestuurd. Hij haatte zijn vader, omdat deze hem geen post kon geven. De haat, de afgunst en de waanzin maakten dat Filips niets anders restte dan zijn zoon op te sluiten, onder andere om te verhinderen dat zijn politieke vijanden misbruik van hem zouden maken. Carlos hield van zijn stiefmoeder Isabel, maar overspel is nooit bewezen. Maar het unieke van de 'mythe', die door het Franse hof in omloop is gebracht, is de hardnekkigheid waarmee de eeuwen er geloof aan hebben gehecht, ondanks tientallen weerleggingen van ter zake kundige historici. Schiller en Verdi, de bekendste verspreiders van de mythe van don Carlos, ontbrak het op dit punt aan originaliteit. Ze konden bogen op een lange traditie.

Die traditie van de mythe van don Carlos gaat terug op de Nederlanden. In het kader van de vrijheidsstrijd die daar sinds 1566 gaande is, worden alle middelen aangewend, dus ook het bekladden van de koning. Om zijn land onafhankelijk te maken, kiest Oranje voor het calvinisme. Het lutheranisme is minder geschikt vanwege eventuele Duitse bemoeienis. De beeldenstorm vormt de aanleiding voor Filips om zijn naaste adviseur, de hertog van Alva, naar het noorden te zenden. In Brussel vallen de hoofden van de graven van Egmond en Hoorne – heel gewoon volgens het oorlogsrecht, merkt een onafhankelijk waarnemer als Montaigne op. Oranje wijkt uit naar Duitsland. Zijn broer Lodewijk valt Friesland binnen. De geest is uit de fles. De Hollanders willen geen belasting betalen om een wereldrijk in stand te houden waar zij weinig baat bij hebben. Ze gruwen van de inquisitie, die Filips dreigt in te voeren om het calvinisme te smoren. Ze claimen een eigen of nationale aard. Aan Karel hadden ze nog gehoorzaamd omdat hij als Vlaming een van de hunnen was. Voor die verre Spanjaard voelen ze niets. Ze vertrouwen op assistentie van de Duitse lutheranen, de Franse hugenoten en de Britse anglicanen bij het bedingen van hun zelfstandige status. Filips schilderen ze af als een tiran, Alva als een bloedhond, de inquisitie als een gesel van de satan, en Rome – zoals Calvijn had geleerd – als de broedplaats van de antichrist. Zo ontstaat de 'zwarte legende', aangevuld met veel pamfletten en zelfs een heel boek als *De Byencorf der H. Roomsche Kercke* (1569) van Marnix van St. Aldegonde. Ook circuleerden er een schotschrift over de inquisitie van de Spaans-protestantse deserteur Montanus, het relaas van de secretaris van Filips, Antonio Pérez, die weldra zou vluchten, en de Nederlandse vertaling van de aanklacht van Bartolomé de las Casas tegen het Spaanse optreden in de Indiën. De zwarte legende zou een blijvende betovering uitoefenen op alle geschiedschrijving met betrekking tot Spanje. Vanaf nu sluiten feiten en fictie een duurzaam verbond. Filips wordt de personificatie van een middeleeuwse, achterlijke, duistere, demonische tirannie. Zijn bestrijders worden herauten van Renaissance, Verlichting, vooruitgang. Spanje belandt in de verdomhoek. De Tachtigjarige Oorlog, die op zichzelf al een mythe is – alsof er tachtig jaar lang continu bloed vloeide, alsof daarvoor en daarna alles pais en vree was – wordt een verplicht en eenzijdig belicht onderdeel van de Nederlandse kijk op het eigen verleden. De Nederlandse hispanist S. A. Vosters merkte recentelijk in *Het beleg en de overgave van Breda* (1993) op dat de 'Tachtigjarige Oorlog niet zozeer een oorlog van vrijheidslievende mensen tegen vreemde onderdrukkers was, als wel een burgeroorlog; zelfs onder de leden van het Huis van Oranje-Nassau streden twee aan Spaanse zijde en drie aan Staatse zijde'.

LEPANTO EN JOHAN VAN OOSTENRIJK

Ondertussen had Filips andere zorgen. Holland was niet zijn enige probleem. Om te beginnen waren daar de Engelse kapers, zoals Hawkins, Drake en Raleigh, die van hun koningin Elizabeth permissie kregen om de Spaanse vloten te beroven, die met zilver beladen terugvoeren van Amerika naar het moederland. Een gevaarlijke, maar lucratieve en bovendien opportune handelwijze, want de jaarlijks groeiende ladingen edelmetaal die de koloniën opleverden, werden grotendeels aangewend om de oorlog tegen de protestanten te bekostigen. Verder diende Filips iets te ondernemen tegen de Turken, die de Italiaanse wateren gevaarlijk dicht naderden. Na de bezetting van Cyprus hadden ze honderden Venetiaanse kooplieden de keel afgesneden, terwijl Noord-Afrikaanse zeerovers zich aan jezuïeten hadden vergrepen. Alvorens de Turk rechtstreeks aan te vatten, kreeg kapitein-generaal Johan van Oostenrijk opdracht honderdduizend morisken uit de Alpujarras, in de provincie Granada, naar het Spaanse binnenland te evacueren, want de Staatsraad meende dat zich onder hen Turkse spionnen bevonden. Deze tweede 'zuivering' van Granada in 1570 – de eerste vond plaats onder Cisneros in 1499 – had duidelijk meer een politiek dan een godsdienstig karakter.

Van 7 oktober 1571 dateert het grootste wapenfeit onder Filips II: de overwinning op de Turkse zeemacht bij Lepanto, bij de landengte van Korinthe in Griekenland. Samen met Venetië en paus Pius V, die speciaal het rozenkransgebed had afgekondigd om de onderneming aan de supervisie van de Maagd Maria toe te vertrouwen, versloeg een vloot van tweehonderd galjoenen, honderd kleinere schepen, vierduizend paarden en vijfhonderd kanonnen de marine van de halve maan. De schrijver Cervantes was een van de soldaten. Onderweg terug werd hij door moorse piraten gegijzeld en als slaaf verkocht in Algiers. Vijf jaar later kochten trinitariërs hem los, maar in Spanje wachtte hem geen compensatie voor het doorstane leed. Zijn ontgoocheling viel samen met de triomf van Johan van Oostenrijk, die ongeveer in dezelfde tijd als Cervantes in Spanje terugkeerde, nadat hij Tunis van kapers had gezuiverd. Beladen met buit en roem steeg de ster van don Juan hoger dan de koning zelf. Hij kreeg direct een nieuwe missie. Hij werd gouverneur van Vlaanderen, opvolger van de zojuist overleden Requesens, die na de harde Alva te mild was gebleken. De geuzen hadden Den Briel ingenomen en een aantal roomskatholieke geestelijken opgehangen.

Don Juan pacificeerde Gent en Antwerpen, maar de Spaanse Furie verhinderde niet dat hij populair werd onder de vele Vlamingen die niets met het calvinistische noorden te maken willen hebben. Don Juans wervende innemendheid stak de prins van Oranje, wiens berekenende tactiek allerminst was gebaat bij verzoening. De onverhoedse dood van de held van Lepanto in 1578 was een raadsel. In hetzelfde jaar was zijn rechterhand, Juan de Escobedo, al op even raadselachtige wijze in Madrid aan zijn eind gekomen. Don Juan had Escobedo naar Spanje gestuurd om de koning te polsen over een eventuele invasie van Engeland, met als aanleiding de arrestatie van de katholieke Mary Stuart door de protestantse Elizabeth. Don Juan speelde met het plan haar te bevrijden en Engeland bij het Spaanse rijk in te lijven. De voorzichtige Filips moet hebben geaarzeld en zou onder invloed van zijn secretaris Antonio Pérez gekant zijn geweest tegen een Engels avontuur. Dat Pérez achter de moord op Escobedo zat, kwam later vast te staan. Of hij met medeweten van de koning heeft gehandeld, is nooit gebleken. Wél dat de koning hem de hand boven het hoofd hield zolang zijn schuld niet was bewezen. In geen geval had Filips belang bij de dood van don Juan. Engeland en Holland allebei wel. Na de dood van don Juan werd Alexander Farnese, hertog van Parma, de vierde gouverneur van de Lage Landen.

DE SOMBERE WEDUWNAAR

Ondertussen was Filips, tweeënvijftig jaar oud en driemaal weduwnaar, voor de vierde maal in het huwelijk getreden. Dit keer met zijn veertienjarige nichtje Anna van Oostenrijk, dochter van zijn zuster Maria en van Maximiliaan II. Van de vijf kinderen die zij hem schonk, bleef er slechts één in leven, de toekomstige Filips III. De continue begrafenissen maakten de koning somber. Hij kleedde zich alleen nog in het zwart en vertoonde zich zelden buiten het Escorial, dat bouwmeester Juan de Herrera in 1585 voltooide. Toen Anna in 1586 stierf, wilde hij nog voor de vijfde keer trouwen, maar Margarethe van Oostenrijk bedankte voor de eer en trad in het klooster. Vanuit zijn eigen klooster beheerde de koning persoonlijk zijn rijk. Hij delegeerde zo min mogelijk en werd slechts bijgestaan door een raad van secretarissen, onder wie de grootinquisiteur. Hoewel de zilvervloten, als ze niet door kapers werden onderschept, grote schatten aanvoerden, bleken de inkomsten niet op te wegen tegen de uitgaven, voornamelijk door de oorlog in Vlaanderen. Het lenen bij banken ging gewoon door, maar om het aflossen bekommerde de koning zich niet meer. Hij was al lang blij dat hij dankzij het binnenkomende geld de Cortes van de verschillende rijksdelen niet om extra belasting hoefde te vragen. Vanuit het Escorial spon hij een web waarvan de draden tot in alle Europese landen reikten. In Frankrijk subsidieerde hij de katholieke liga onder leiding van koning Karel IX. Deze was met een dochter van Maximiliaan II van Oostenrijk getrouwd en bestreed de hugenoten – die massaal werden afgeslacht in de Bartholomeusnacht van 1572. Ook de Ieren en de Engelse katholieken gaf hij regelmatig financiële steun. Rome was met handen en voeten aan Filips gebonden en beknibbelde alleen op details. In het geval van de Toledaanse aartsbisschop Carranza bijvoorbeeld, die bij de inquisitie was aangeklaagd vanwege heterodoxe ideeën. De prelaat werd in 1567 naar Rome gestuurd en opgesloten in het Castel Sant'Angelo. De Spaanse inquisitie eiste een veroordeling, maar de Romeinse inquisitie sprak hem in 1576 vrij. Hij stierf kort na zijn ontslag uit de gevangenis. Terzelfder tijd werd de grootste schrijver van die periode, de augustijn Luis de León, na zes jaar uit de inquisitiegevangenis van Valladolid ontslagen: bij gebrek aan bewijs. Zijn 'joodse bloed' had geen rol gespeeld bij het proces. De zogenaamde statuten van bloedzuiverheid – die zouden zijn ingevoerd om christenen van joodse en moorse afkomst uit leidinggevende functies te weren – berustten op de gebruikelijke sociale vooroordelen, niet op geschreven wetten. Alleen al de grootschalige menging van Spanjaarden en indianen in Amerika bewijst dat Spanje niet bepaald als voorbeeld van racisme kan worden gebrandmerkt. Spanjaarden waren geloofsfanatici, geen aanhangers van het bloed-en-bodemdenken. Gedurende de periode 1570-1580 zijn slechts acht processen tegen 'judaïseerders' gevoerd, wat weinig is.

Na 1580 veranderde de situatie onder invloed van de annexatie van Portugal. In dat land woonden nog vele cryptojoden. De meesten namen de wijk naar Antwerpen en Amsterdam, waar ze om hun kapitaal welkom waren.

De inname van Portugal is Filips' tweede grote wapenfeit, hoewel hij er ook ditmaal, als bureaucraat, zijn leven niet voor in de waagschaal stelde. De troon was sinds 1578 vacant omdat Sebasitião, zoon van Filips' zuster Juana, bij een roekeloos avontuur in de Noord-Afrikaanse woestijn – een soort kruistocht tegen de moren – was gesneuveld. Zijn oom, kardinaal Henrique, nam de regering waar, maar stierf twee jaar later. Hoewel Engeland de aanspraak van bastaard Antonio, prior van Crato, ondersteunde, zwoeren de Cortes van Tomar, waarin de invloed van clerus en adel groot was, Filips als troonopvolger in. Onder de troepen van Alva die het land bezetten, was ook Cervantes, een groot bewonderaar van de zojuist gestorven dichter Luís de Camões, schepper van Portugals nationale epos. Lissabon was te veel aan mercantilisme verknocht om oog te hebben voor de kunsten. En dat kwam Filips, hoewel een erkend mecenas, goed van pas, want met de totstandkoming van de Iberische eenheid viel hem het opulente Oosten ten deel, zodat hij nu kon zeggen dat de zon in zijn rijk niet onderging. De nodige financiële opluchting bracht de uitbreiding niet, aangezien Spanje op voet van oorlog stond met de protestantse nationalisten, en die konden in het vervolg ook hun slag slaan op de route rond de Kaap van en naar Achter-Indië. Van die mogelijkheid zouden de Hollanders dankbaar gebruikmaken.

Tot 1588 torende Filips op het toppunt van zijn macht. De enige keer dat hij het Escorial verliet was in 1582, om in Lissabon het rijksdeel van zijn moeder in ogenschouw te nemen. Zijn ontrouwe vazal Willem van Oranje deed hij in de ban. Willem reageerde met een *Apologie*, waarin hij zijn heer van moord op zijn eerste en derde vrouw en zijn oudste zoon beschuldigde, alsmede van bloedschande en uitbuiting van zijn koloniën. Het jaar daarop overleefde de vogelvrije nog een aanslag, maar in 1584 maakte Baltasar Gerards' kogel een eind aan zijn leven. 'Geen vorst werd onder de zon vuriger bemind,' schreef de Nederlandse historicus P. C. Hooft een eeuw later. 'Aldus stierf degene die zoveel rampen had veroorzaakt,' betoogde de Spaanse jezuïet Juan de Mariana, die het uit de weg ruimen van 'tirannen' een God welgevallige zaak noemde.

Ondertussen laaide in Frankrijk de strijd op tussen katholieken en hugenoten, waarbij de voormannen van beide partijen door elkaar werden geveld. De dood van de katholieke Hendrik III was voor Filips aanleiding om zijn dochter uit Isabelle de Valois, Isabel Clara Eugenia, naar voren te schuiven als koningin van Frankrijk, maar dan moest Hendrik IV zijn steun aan de protestanten opgeven. Parijs voelde niets voor Spaanse inmenging, maar eiste anderzijds dat Hendrik om de kroon katholiek werd, wat hem – naar zijn eigen zeggen – 'een mis waard was'.

In Madrid volgde de ontknoping van de zaak-Pérez. De familie van de vermoorde Escobedo had bewijzen op tafel gelegd waaruit bleek dat Pérez, secretaris en vertrouwensman van Filips, staatsgeheimen had verkocht aan Frankrijk en Engeland. Pérez behoorde tot een factie aan het hof die de koning had afgeraden om Engeland binnen te vallen. Tegenover die factie van 'duiven' stonden 'haviken', zoals de hertog van Alva, die een harde aanpak van Engeland en Holland bepleitten. Toen uitlekte dat Pérez te kwader trouw was geweest, moest Filips hem opsluiten. In afwachting van zijn proces vluchtte de secretaris – hoe dat kon, is een andere vraag – naar Zaragoza. Daar zette hij de Aragonezen aan tot opstand tegen het 'centralistische bewind' van de koning. De opstandelingen weigerden Pérez uit te leveren en brachten, met beroep op hun provinciale privileges, een leger op de been. Filips onderdrukte deze rebellie van 1591, maar Pérez week uit naar Frankrijk en Engeland, waar men met betrekking tot de koning van Spanje graag het ergste geloofde. En daarom publiceerde hij zijn *Relaciones*, die samen met Oranjes *Apologie* (1581) de harde kern vormden van de taaie lastercampagne. Filips heeft nooit iets op schrift laten stellen om een en ander op te helderen. Uit een kwaad geweten of uit hoogmoed, volgens zijn vijanden. Uit vroomheid en berusting, zeggen zijn bewonderaars, volgens wie hij zichzelf niet wilde rechtvaardigen en evenmin toestond dat anderen dat voor hem deden.

Dat Filips zijn broer don Juan heeft gewantrouwd, mag waar zijn, maar dat deed hij niet uit afgunst. Dat deed hij uit voorzichtigheid of onzekerheid of slapte. Hij wilde Engeland niet of nog niet rechtstreeks aanvallen. Dat hij in zijn weifelende houding door Pérez is beïnvloed, staat vast. Wat hij niet wist, was dat zijn secretaris zich door buitenlandse belanghebbenden liet betalen. Escobedo wist dat wél, en daarom had Pérez hem uit de weg laten ruimen. Dat vergoelijkte hij door Filips wijs te maken dat Escobedo een gevaarlijke invloed op de in Filips' ogen mogelijk onbezonnen don Juan had. Hoe vervolgens don Juan aan zijn einde kwam, blijft onopgelost.

Don Juan mag een charmante durfal zijn geweest, zijn plan om Engeland aan te pakken werd ten uitvoer gebracht – alleen later, te laat wellicht. De paus had het afvallige eiland al vijftien jaar tevoren in de ban gedaan. Nu Filips in het bezit was van Portugal, en daarmee van een vloot die verreweg de grootste ter wereld was, meer dan viermaal zoveel schepen als Engeland en Holland tezamen, leek de onderneming van een goede afloop verzekerd. De hertog van Parma zou vanuit Vlaanderen met troepen oversteken om de vloot, die van Lissabon en La Coruña uitzeilde, te seconderen. De directe aanleiding om de invasie uit te voeren – ook dat had don Juan voorzien – was de onthoofding van Mary Stuart door Elizabeth in 1587. Met honderddertig schepen en twintigduizend manschappen voer de onoverwinnelijke Armada richting Engeland. Helaas was de bekwame markies van Santa Cruz, de admiraal, aan de vooravond gestorven en vervangen door de hertog van Medina Sidonia, die onbekend was met zeezaken. De logge Spaanse schepen, veeleer op handel dan op oorlog ingesteld, werden een speelbal van de veel wendbaardere vaartuigen van de Engelsen en de Hollanders. Maar de elementen gaven de doorslag. De Armada verging in het Kanaal. En Parma was tegen de verwachting niet komen opdagen. Toen Filips het slechte nieuws in het Escorial ter ore kwam, heeft hij gezegd: 'Ik ben uitgevaren om tegen mensen te vechten, niet tegen de elementen. God heeft het zo gewild, geprezen zij Zijn Naam.' Mariana voegde daar later aan toe: 'De bloem van Spanjes strijdmacht sneuvelde bij dit avontuur. Met die ramp strafte God vele, zeer grote zonden van ons volk.'

Met de ondergang van de Armada was Spanjes suprematie ter zee gebroken. De Britse kapers roken goud. Francis Drake had in 1584 reeds aanvallen gedaan op de Amerikaanse koloniën, in Santo Domingo en Cartagena de las Indias (Colombia). Tien jaar later pakten de Engelsen Spanje zelf aan, in Cádiz en La Coruña. De Hollanders, voor wie de havens van Lissabon en Sevilla gesloten waren door de oorlog, zagen zich van hun winstgevende vervoerbedrijf verstoken en volgden het Engelse voorbeeld. Dat deden ze enerzijds door rechtstreeks hun handelswaar uit Portugees Achter-Indië op te halen en anderzijds door in het Caraïbisch gebied een aantal Spaanse eilanden in te pikken. Zolang de oorlog met Spanje voortduurde, werkten de twee naties aan de Noordzee nauw samen. Later, toen de Spaanse dreiging wegviel, vlogen ze elkaar in de haren.

De laatste tien jaar van zijn bewind werd Filips steeds introverter en vromer. Hoewel hij nog altijd de machtigste man ter wereld was, interesseerde de buitenlandse politiek hem nu minder dan het binnenland, waar hij zich sterk maakte voor de hervorming van de kloosterorden. Deze was ingezet met het twintigste concilie van Toledo in 1582. Het zilver dat bleef toestromen uit Amerika, vloeide weg naar Italië en Vlaanderen. En ten gevolge van de emigratie bloedde Castilië leeg, in Amerika. In 1595 benoemde Filips zijn schoonzoon, aartshertog Albert van Oostenrijk, die gehuwd was met Isabel Clara Eugenia, tot gouverneur van de Lage Landen. Een jaar later diende zich het nationale bankroet aan. Vlak voor zijn dood sloot hij met Frankrijk de vrede van Vervins. Op 13 september 1598, om vijf uur in de ochtend, stierf Filips II in het Escorial, tweeënzeventig jaar oud, na een regering van tweeënveertig jaar. 'Zijn leven was zo verheven dat hij enkel leefde van zijn ziel, want op de dag dat hij stierf had hij nog altijd geen lichaam,' schreef het vruchtbaarste literaire genie van Spanje, Lope de Vega. Zijn vijanden – Willem van Oranje, Elizabeth Tudor en Hendrik IV – noemden hem de 'demon van het middaguur' of de 'duivel van het zuiden'. De Spaanse filosoof Miguel de Unamuno kenschetste hem, begin twintigste eeuw, als een 'don Quichot van de schrijftafel, begaan met het redden van zielen'. 'De traditionalisten,' voegde hij eraan toe, 'hemelen hem op, de progressieven verdoemen hem, maar onze domme Spaanse liberalen huilen met de wolven in het bos.'

Filips was verzot op bossen en vooral op tuinen. Behalve het Escorial stichtte hij dichter bij Madrid de buitenplaatsen van het Casa de Campo, waar het oude Alcázar stond, en het Pardo, het toekomstige jachtpaleis. Vogelkooien en bloembedden sierden deze lustoorden. Toch bleef hij het liefst in het strenge Escorial, waar hij de omvangrijkste bibliotheek van zijn tijd inrichtte: veertienduizend banden, waaronder Griekse, Arabische en Hebreeuwse manuscripten. Naast boeken verzamelde hij kunstvoorwerpen en schilderijen; Jeroen Bosch, Breughel, Titiaan, Sánchez Coello, Antonio Moro, Pantoja de la Cruz en Rogier van der Weyden behoorden tot zijn favorieten. Om El Greco gaf hij niet veel. Naast schilderkunst bevorderde hij de muziek: Tomás Luis de Victoria, Philippe Rogier en Antonio Cabezón genoten zijn protectie. Intellectuelen bewonderde hij, mits ze nederig waren: Justus Lipsius, Jerónimo de Zurita, Arias Montano, Alonso de Santa Cruz, Christoffel Plantijn, Abraham Ortelius. Godsdienst kwam voor hem op de eerste plaats. Tijdens zijn leven ontmoette hij de grootsten op dat gebied: Ignatius van Loyola, Teresa de Avila, Luis de León. Verder was er in zijn paleis plaats voor kinderen, dwergen en narren. De stoffelijke resten van zijn vader Karel en van zijn overige familieleden liet hij naar het Escorial overbrengen, waar ze in de grafkelder van het paleis werden gedeponeerd.

DE EERSTE BUREAUCRATIE VAN EUROPA

Onder Filips II nam het bestuur van Spanje definitief een bureaucratisch karakter aan. Waar ooit de voorzaten van de koning van slagveld naar slagveld zwalkten, omgeven door een hofhouding van degenen die zowel het zwaard als de pen hanteerden, scheidden nu de wegen van krijgers en klerken. De koning zat vast achter zijn schrijftafel en liet zich adviseren door vertrouwelingen, vaak geestelijken. Onder zijn haast anonieme Staatsraad diende een elite van aristocraten wier klinkende namen teruggingen op de legendarische Reconquista. Adel, eens een prerogatief van wie zich had bewezen in de strijd, betekende thans een bestuursfunctie plus invloed. Wie geld had maar geen illustere naam, trouwde met adel en kocht een ambt. Castilië, vroeger gelijk aan Aragon, werkte als een magneet op de macht en werd centrum van het immense rijk. Vanuit het Escorial beheerden de verschillende raden de Europese en Amerikaanse rijksdelen. Van hieruit werden de gouverneurs, de legeraanvoerders, de admiralen en de onderkoningen benoemd, bekrachtigd met de handtekening van een koning die zich tot in details met alles bemoeide.

Tussen 1560 en 1590 daalde de bevolking van Spanje van ongeveer tien tot zes miljoen zielen. Sevilla was verreweg de grootste stad van het land, na Napels en Parijs de derde van Europa. Madrid, Barcelona en Valencia hadden elk nog niet de helft van het inwoneraantal van de Andalusische hoofdstad, die door haar monopoliepositie als uit- en invoerhaven van Amerika's handelswaar het puikje van de welvaart herbergde. Er waren in Spanje zo'n honderd- tot honderdvijftigduizend religieuzen die meer dan vijftig procent van 's lands inkomsten opstreken, met als gevolg dat het leeuwendeel van het nationale bezit, aldus latere economen, in 'dode handen' verkeerde. Het geld circuleerde niet. De koning zelf was met handen en voeten gebonden aan zijn bankiers en zat constant in geldnood. Slechts een vijfde van de opbrengsten uit de Amerikaanse mijnen viel de kroon toe. De rest belandde in de zakken van particulieren, of werd hoe langer hoe meer aan de inrichting van de koloniën zelf besteed. Dat Spanje nooit rijk is geworden van Amerika, kwam door de kostbare interventiepolitiek en het instandhouden van de vele verspreide domeinen. Van industrie was nog nauwelijks sprake. De Italianen viel het op dat de Spanjaarden veel meer Mars dan Mercurius waren toegedaan. Madrid stond aanvoer uit het buitenland alleen toe als de eigen voorraad op was. Export mocht pas als de lokale markt was voorzien. Die logica werkte op den duur niet meer. Te laat onderkende Madrid het kapitalistische profijtbeginsel, dat al geruime tijd met succes door de noordelijke protestanten was toegepast. Maar dat Spanje achterop raakte, was een besef dat nog tientallen jaren op zich liet wachten.

Enige honderdduizenden fortuinzoekers verlieten Spanje om zich met al hun have en goed in de overzeese gebiedsdelen te vestigen. Ondertussen waren vanuit Acapulco via de Stille Oceaan de – naar Filips genoemde – Filippijnen in bezit genomen, waar de veel gevraagde specerijen vandaan kwamen. Maar Nieuw-Spanje en Peru bleven de voornaamste trekpleisters. Die onderkoninkrijken werden verdeeld in provincies (*capitanías*), omdat ze vanuit Lima en Mexico-Stad niet meer te overzien waren. De kerstening vorderde snel doordat de Spanjaarden zich op grote schaal met de indianen vermengden. De in Amerika geboren Spaanse onderdanen, de 'creolen', namen vanaf het eind van de eeuw een zelfstandigere houding aan. Ze bezaten inmiddels een eigen landbouw en een eigen nijverheid, waardoor ze voor de noodzakelijke producten niet meer op het moederland waren aangewezen. Anderzijds vonden hun luxeartikelen minder aftrek op de Spaanse markt, aangezien die nu ook vanuit het Verre Oosten werden aangeleverd.

HET GEESTELIJK KLIMAAT ONDER FILIPS II

Het geestelijk klimaat ten tijde van Filips II stond in het teken van de Contrareformatie. De index van 1559 bakende de grenzen af van de orthodoxie. Wat daarbuiten viel werd met argwaan bejegend. Alles wat maar enigszins naar protestantisme zweemde was strafbaar. De religieuze verinnerlijking, die mede door de geschriften van Erasmus op gang was gebracht, leidde in de tweede helft van de zestiende eeuw tot wat later zou doorgaan voor de grote Spaanse mystieke literatuur. Maar Teresa de Avila

(1515-1582), Juan de la Cruz (1542-1591) en Luis de León (1527-1591) stonden in hun eigen tijd bloot aan heftige kritiek, de eerste twee vanwege hun inzet voor de hervorming van de orde der karmelieten en de daarmee samenhangende naijver, de laatste om zijn intellectuele arbeid – waaronder vertalingen uit het Hebreeuws van het Hooglied, wat hem vijf jaar gevangenis opleverde. Teresa's autobiografie, de gedichten van Juan de la Cruz en *Over de namen van Christus* van Luis de León vormen de onbetwiste hoogtepunten van de letteren onder Filips II. Naast deze grote drie waren er nog vele andere geestelijke schrijvers, onder wie pseudo-mystici en quiëtisten die scherp in de gaten werden gehouden door de inquisitie. De sierpoëzie (Francisco de Herrera), de herdersroman (Jorge de Montemayor), het volkstoneel (Juan de la Cueva, Juan de Timoneda) en de historische epiek (Alonso de Ercilla, Guillén de Castro) konden zich onbelemmerd manifesteren. Ook de pure wetenschap, aan de universiteiten van Salamanca en Alcalá de Henares, werd geen strobreed in de weg gelegd. Integendeel, het nieuwe wereldbeeld van Copernicus vond in Spanje eerder ingang dan elders. De theologie, die neoscholastisch was gericht en was geënt op Trente, verloor in de zestiende eeuw terrein ten gunste van de studies rechten en medicijnen, maar indrukwekkende namen als Domingo de Soto, Francisco de Vitoria, Francisco Suárez en Arías Montano bezorgden Spanje op het gebied van godgeleerdheid en filosofie een voorhoedepositie.

De Amerikaanse koloniën deelden in de geestelijke bloei. In 1535 en 1583 traden in Mexico en Lima de drukpersen in werking, en aan het eind van de eeuw vonden de werken van de populairste Spaanse schrijvers volop aftrek in de Nieuwe Wereld, met uitzondering van de schelmen- en ridderromans. Die vonden de kerkelijke autoriteiten te lichtzinnig om de recente dopelingen eraan bloot te stellen. De eerste pennenvruchten van de creolen betroffen voortzettingen van de kronieken, religieuze poëzie en mysteriespelen.

Op het gebied van de architectuur (Juan de Herrera), de beeldhouwkunst (Pedro Berruguete) en de schilderkunst (El Greco) bleven Vlaamse en Italiaanse invloeden van kracht, maar het eigen Spaanse karakter trad nu onmiskenbaar op de voorgrond. Alleen al het Escorial maakt duidelijk dat Spanje een geheel eigen vorm had uitgedacht, waarbij het religieuze overheerste. De Renaissance betekende voor Spanje minder een 'breuk' met het verleden dan in Italië. Onder nieuwe vormen bleef het ingetogene en wereldafzwerende van de monastieke Middeleeuwen gewoon voortbestaan. Keizer Karel, de machtigste man ter wereld, trok zich terug om zich voor te bereiden op de dood. Zijn zoon Filips II mocht de wereld aan zijn voeten hebben, hij gedroeg zich als de prior van een immense kloostergemeenschap. Spanje was een land van monniken en soldaten, maar ook van morisken en conversos, die als overlevenden van de Middeleeuwen het 'christelijke Spanje' een kleur gaven die het onderscheidde van de overige christelijke landen.

DE ZWARTE LEGENDE

Het Spanje van Filips II was een theocratie met mondiale aspiraties die de buitenwacht onafgebroken heeft geobsedeerd. In de zestiende eeuw waren het vooral de Italianen die zich over de verschillen tussen de Spanjaarden en henzelf druk maakten. Wat zij misten bij de Spanjaarden waren industrie, handel, inventiviteit. Wat opviel waren trots en berusting, eergevoel en loyaliteit. Het omgaan met de wapenen stond in hoog aanzien bij de Spanjaarden. Op de letteren en de kunsten hadden ze het minder begrepen. Op het punt van de godsdienst vonden de Italianen de Spanjaarden zelfs enigszins verdacht. Was hun christendom niet besmet met joods-moorse gedragingen en denkbeelden?

De Engelsen en de Hollanders van de zeventiende eeuw waren harder in hun oordeel. Een aantal hardnekkige clichés, die meestal waren overgenomen uit St. Aldegondes *Byencorf*, vindt men bijvoorbeeld in Robert Burtons *The Anatomy of Melancholy* (1621): Filips is een melancholicus (dus ongezond), Spanje is moors (dus onzuiver), monniken zijn lui en geil (dus onproductief) en in de koloniën worden tienduizenden tot slaaf gemaakt om in de zilvermijnen te werken (uit hebzucht). Samuel Butler (1612-1680) beschuldigt de jezuïeten van onlesbare gouddorst. P.C. Hooft neemt in zijn *Historiën* (1645) kritiekloos alle laster van Willem van Oranje en Antonio Pérez over.

De achttiende-eeuwse Verlichting oordeelde overwegend negatief over het Spanje van Filips II. Montesquieu betoogde in de *Lettres Persanes* (1721) dat Spanje alle inboorlingen van Amerika heeft uitgeroeid. Voltaire herhaalde in *Essai sur les moeurs et l'esprit des nations* (1759) Montesquieus aanklacht en noemde Filips II een hitsige kwezel, erger dan keizer Tiberius, die een somber genoegen schepte in het verschroeien van ketters. Daniel Defoe verweet Spanje, in *Robinson Crusoe* (1719), geen kaas te hebben gegeten van handel, vandaar de achterstand. Niet iedereen was het met die 'verlichte' kritiek eens. Samuel Johnson en Jonathan Swift meenden dat Engelsen beter hun eigen vuile was onder ogen konden zien. De eerste achtte de inquisitie minder erg dan de moderne sceptische geest, en de tweede laakte de slavenhandel en de blasfemie, waaraan Spanje zich veel minder bezondigde dan de Hollanders en Engelsen.

Onder Spanjes eerste advocaten in het Frankrijk van de negentiende eeuw waren Joseph de Maistre en François de Chateaubriand. Beiden waren uitgesproken reactionairen en werden daarom weinig geloofd. De Duitse romantici overtuigden meer. Schopenhauer, Schlegel, Tieck en Heine ontdekten in Spanje een 'gouden eeuw', met grote schrijvers en schilders, die alleszins de moeite waard waren om te vertalen en te leren kennen. Maar Burckhardt draaide in 1860, in zijn studie over het renaissancistische Italië, Spanje weer de nek om door te beweren dat de *Kultur* – een tot dan toe nauwelijks bekend begrip, tegenwoordig een substituut voor religie – haar wortels had in de Italiaanse stadstaat van weleer en dat Karel V daaraan in 1527 bruut een einde had gemaakt. Het Spanje van Filips II zou vervolgens de *Kultur* om zeep hebben gebracht.

Vanaf het eind van de negentiende eeuw tot aan onze dagen bestaan er met betrekking tot Spanje – volgens Julián Marías in *La España Inteligible* van 1985 – drie elementaire houdingen: 1) men bevestigt de zwarte legende, 2) men bestrijdt de zwarte legende of 3) men ontkent haar. Die laatste houding is typerend voor de modernste geschiedschrijving, ongeacht of ze van Spaanse of van buitenlandse herkomst is. De tweede houding is typerend voor Spaanse nationalisten en buitenlandse katholieken, de eerste voor de Spaanse zelfhaat en de buitenlandse liberalen. Als de Spaanse dichter Manuel José Quintana (1772-1855) Filips II een 'bloeddorstig monster' noemt, dan is dat een eerste uiting van zelfhaat. Kritiek was er al in de achttiende eeuw, en zelfs in de zeventiende eeuw bij dichters als Quevedo en Saavedra Fajardo. Maar wat Quintana zegt is nieuw. Het verraadt de invloed van de Franse Verlichting en Romantiek. Quintana conformeert zich aan de liberale tijdgeest. De bezorgdheid over Spanje in de zeventiende eeuw leidde, via concessies aan de Verlichting door sommige achttiende-eeuwse Spanjaarden (Cadalso, Jovellanos), in de negentiende eeuw tot capitulatie voor de buitenlandse kijk op het eigene.

Tegen de achtergrond van de ontwikkeling van de Spaanse zelfhaat daagde het begrip van de 'twee Spanjes', dat dominant is in de geschiedschrijving van de laatste eeuw. De 'twee Spanjes'-theorie bood de Spaanse liberalen de mogelijkheid om kritiek te hebben en zich tegelijkertijd in te dekken tegen de beschuldiging dat ze verraad zouden plegen. Het begon met Marcelino Menéndez y Pelayo, wiens *Historia de los heterodoxos españoles* uit 1880 een 'wetenschappelijke' benadering bepleitte van het 'probleem' Spanje. Volgens deze officieel katholieke historicus werd het tijd om alle niet-katholieke Spaanse 'cultuurdragers' die ooit op Spaanse bodem hadden gewoond, aan de vergetelheid te ontrukken of van blaam te zuiveren en een eervolle plaats te geven in de nationale nagedachtenis. Dit idee steunde op de veronderstelling dat er 'iets' was verdrongen. Dat denken maakte school. De Franse hispanist Marcel Bataillon betoogde in zijn omvangrijke en erudiete studie *Erasme et l'Espagne* uit 1936 dat onder Karel v orthodoxe en heterodoxe denkbeelden nog ongemoeid konden coëxisteren en dat pas vanaf Filips II Spanje 'zich sloot'. Dit 'zich-sluiten van Spanje' onder Filips II bracht Américo Castro in *La realidad histórica de España* uit 1954 ertoe de 'ware identiteit' van Spanje te zoeken in de Middeleeuwen, vóór 1492, toen christendom, islam en jodendom elkaar nog verdroegen. Dat 'bonte Spanje' zou sinds 1492 zijn weggedrukt door het katholieke Habsburgse Spanje, maar ondergronds hebben doorgesudderd in het zestiende-eeuwse erasmisme en in de mystiek van Teresa de Avila en Luis de León, beiden gedeeltelijk van joods bloed. Marías betoogt, mijns inziens terecht, dat niemand in het Spanje van de zestiende en zeventiende eeuw 'naar zijn identiteit zocht', laat staan belangstelling had voor 'bloed'. Wie niet van adel was, hield zijn mond over zijn afkomst. Vaststaat dat tijdens het proces tegen Luis de León veel tegen hem is aangevoerd, maar niet dat hij joods bloed had. Daar zweeg men toen over. Het interesseerde niemand. Het interesseert ons nu. Maar dat is iets anders en heeft zijn eigen redenen.

Met Menéndez y Pelayo, Bataillon en Castro kreeg evenwel de theorie van de twee Spanjes vaste voet. De socioloog José Ortega y Gasset sprak in de jaren twintig van een 'tibetisatie' van Spanje, die toe te schrijven was aan Habsburg en aan het gemis van modern Frankisch bloed, waardoor Spanje niet was meegegaan in de 'vaart der volkeren'. Spanje, vond Ortega, moest zo snel mogelijk op één lijn komen met de andere beschaafde naties van Europa. De cultuurhistoricus Ramón Menéndez Pidal constateerde rond 1947 dat de voorstanders van het 'open Spanje' in Habsburg een onheilspellend voorspel zien op de door hen gelaakte Spaanse achterstand van later. Met Filips II, concludeert hij, verspaanste het imperium ten nadele van de wenselijke 'universele sfeer' die met Karel was begonnen. De gematigd liberale historicus Salvador de Madariaga, die naar het buitenland was uitgeweken voor het Franco-bewind, laakte Filips' kerksheid en gebrek aan oog voor het materiële, maar prees de afwezigheid van racisme en roemde de belangstelling van de Spaanse missionarissen in Amerika voor de indianen. De Franse historicus Pierre Vilar stelde droog vast dat het Spanje van Filips II zich uit religieus puritanisme niet had aangepast aan het profijtbeginsel, geen slavernij tolereerde en te weinig winst aan haar koloniën onttrok – vandaar de achterstand. De Nederlandse hispanist Johan Brouwer is een uitzondering. Tussen 1930 en 1941 evolueerde hij van katholiek tot socialistisch-humanistisch. Zijn beeld van het zestiende-eeuwse Spanje verandert totaal in de loop van zijn boeken. Zo evolueerde Filips van een gedrevene tot een illusionist, en de inquisitie van een instrument Gods tot een fanatieke staatspolitie. De Britse historicus J. H. Elliott moffelt in *Imperial Spain* uit 1963 de zwarte legende weg en sluit de gelederen van wie Spanje sinds 1560 een 'gesloten karakter' toedenken. De Spaanse historicus Antonio Domínguez Ortíz doet in zijn *Historia de España* uit 1991 alsof de zwarte legende niet bestaat. Voor hem is Filips 'introvert, statisch, afstandelijk, wantrouwig'. Het opsommen van een aantal neutrale eigenschappen die het grote zwart-witpatroon van meer dan vier eeuwen negeren, typeert de jongste historiografie, die eigenlijk geen boodschap heeft aan feiten, gebeurtenissen, personen en politiek, maar haar heil zoekt in structuren, sociale en economische verhoudingen, geografische kenmerken, mentaliteiten van massa's. Dat alles staat los van hoe de wereld ooit door de toenmalige waarnemers is gezien. Het wordt bekeken vanuit een bovenmenselijke toren. *La Méditerranée et le monde méditerranéen à l'époque de Philippe* II van Fernand Braudel uit 1949-1966 is het boegbeeld van die stroming.

JULIÁN JUDERÍAS

Het hoeft dus geen verbazing te wekken dat in de 'wetenschappelijke historiografie' de zwarte legende wordt verzwegen. Maar de naam van de man die die term heeft gemunt, mag niet ontbreken in een geschiedenis van Spanje. Julián Juderías (1877-1918). Juderías beheerste in zijn korte leven veertien talen, en wel in een land waar de meeste intellectuelen alleen wat Frans kenden. Hij studeerde in verschillende Europese steden en raakte gebiologeerd door de vele buitenlandse geschiedenissen die er sinds de zeventiende eeuw in omloop zijn over Spanje. Hij las ze allemaal in de oorspronkelijke taal en vulde ze aan met honderden pamfletten en artikelen uit vier eeuwen. Hij wilde weten 'wat er met Spanje aan de hand was'. Zijn bevindingen publiceerde hij in 1913 en 1917: *La Leyenda Negra* (De zwarte legende). Alle laster die er sinds Oranje, Montanus en Pérez over Spanje is verspreid, traceerde hij. Alle herhalers en alle napraters in alle talen lichtte hij door. Zijn conclusie luidt dat er met Spanje iets unieks aan de hand is, dat geen enkel ander land zo consequent is beklad. Waarom? Vaststaat dat Filips II de kern van die bekladding vormt. Hij fungeert als de drager van het kwaad waar Spanje kennelijk symbool voor stond, en nog steeds staat, zoals bleek tijdens de viering van '1492' in 1992. Juderías zegt dat het niet zijn bedoeling is om Spanje wit te wassen, maar om de dingen in hun perspectief te zien. Dat kan alleen als de historicus bereid is eigentijdse gevoelens en oordelen zoveel mogelijk buiten beschouwing te laten. Slechts heel weinig historici is dit gegeven. Onder de buitenlandse geschiedschrijvers zijn er een paar die hij prijst: de Deen Bratli, die een boek over Filips II schreef, en de Brit Martin Hume, die over het hof van Filips IV schreef. Beide werken dateren van het begin van de twintigste eeuw en worden eveneens geprezen door Miguel de Unamuno. Vergeefs zoekt men ze in de modernste geschiedschrijving. *De zwarte legende* van Juderías blijft een boek waar geen historicus omheen kan.

7 Spanje onder de kleine Habsburgers

HET BESEF VAN VERVAL

Verval of ondergang is iets wat achteraf pas onderkend wordt. Op het moment zelf, tijdens de periode waarin het proces zich voltrekt, leeft het besef ervan slechts bij enkele profetische geesten, nog afgezien van de moed die het vereist om uiting te geven aan sombere voorgevoelens. Als Cervantes begin zeventiende eeuw de 'gouden tijd' van het ridderdom in herinnering roept om zijn eigen 'ijzeren tijd' aan te klagen, doen de meesten dat af als zo'n typische gemeenplaats van de literaire fantasie. Maar al vóór Cervantes getuigden sommigen van de intuïtie dat het bouwwerk van de katholieke vorsten barsten begon te vertonen. Luis de León is een van de eersten. Aan de vooravond van het fiasco met de Armada in 1588 hield hij de tijd van Filips II een spiegel voor door die te vergelijken met die van van Isabel van Castilië. Door toedoen van het Amerikaanse goud, zei hij, had men zijn respect verloren voor het eerlijke zweet des aanschijns op een eigen lapje grond. Men hoopte overzee snel rijk te worden met een minimum aan inspanning. Luis de León en Miguel de Cervantes, die door tegenslagen en teleurstelling waren gelouterd (beiden hadden onrechtmatig gevangen gezeten), verloren ondanks hun hooggestemde idealisme niet de sociale werkelijkheid uit het oog.

De derde grote auteur die zich het verval van Spanje aantrok – en gevangen gezeten had – is de dichter, satiricus en essayist Francisco de Quevedo. Hij was dertig jaar jonger dan Cervantes en hij was tien jaar oud toen Luis de León stierf. Naast Quevedo toonde ook de diplomaat en filosoof Diego de Saavedra Fajardo, die vaak buiten Spanje verbleef en die in het sleuteljaar 1648 overleed, zijn bezorgdheid voor het onvermijdelijke. De meeste andere genieën van de periode die later de 'gouden eeuw' is genoemd, vluchtten in de kunst. Dat is althans de mening van de negentiende-eeuwse Spaanse historicus en staatsman Antonio Cánovas del Castillo, die in de 'gouden eeuw' maatschappijkritiek miste. De volprezen jezuïet Baltasar Gracián bijvoorbeeld, wiens vernuft en eruditie in hoge kringen

Diego Velázquez de Silva, ruiterschilderij van de graaf-hertog van Olivares

bewondering wekten en navolging vonden in Frankrijk, valt niet op door inzicht in de politieke verhoudingen van het moment. Luis de Góngora – volgens de Argentijnse dichter Jorge Luis Borges 'het enige literaire schandaal dat Spanje heeft gekend' – was voor Cánovas de kwintessens van de decadentie: 'In plaats van in eenvoudige zinnen sublieme ideeën te vervatten, stopt hij vulgaire ideeën in pompeuze, gezwollen frasen.' Die afkeuring deelden de achttiende en de negentiende eeuw. Pas in de twintigste eeuw werd Góngora, het summum van barokke sierkunst, door de Spaanse avant-garde onder het stof vandaan gehaald als voorloper van haar eigen literaire experimenten.

Degene die het verval aan den lijve ondervond, was de 'sterke man' van de Spaanse zeventiende eeuw: de graaf-hertog van Olivares, die van 1621 tot 1643 de dienst uitmaakte. Als een Quichot, als een anachronisme uit de tijd van Filips II, vocht hij tegen alle windmolens die in zijn ogen afbreuk deden aan de supranationale monarchie. Zijn grootste vijand was de Franse kardinaal Richelieu. Het steekspel tussen die twee 'eerste ministers' kreeg zijn ontknoping na beider dood, in 1648, op de vredesconferentie van Westfalen. Daar zegevierde het principe dat met Luther in Worms was opgedoemd, namelijk 'cuius regio, eius religio' ofwel 'de godsdienst is de dienstmaagd van de staat'. Richelieu had zijn handelwijze met de raison d'état gerechtvaardigd, uitgaande van Frankrijks nationale belang. Olivares, die het woord 'staat' nooit in de mond nam, was de laatste vertegenwoordiger van een orde die op de 'universele religie' stoelde en die vanaf 1648 langzaam verdween. Van 'hispanisme' was nooit sprake geweest. Het Frankrijk van de Zonnekoning introduceerde het 'gallicanisme', een katholicisme ten behoeve van de eigen glorie. Geen enkele Spaanse koning had kunnen zeggen wat Lodewijk zei: 'L'état c'est moi.' De koning van Spanje beschouwde zich, net als de keizer van Oostenrijk, als 'agent' *namens* God. Wat in 1648 triomfeerde, was een combinatie van nationalisme en absolutisme: de koning *is* God, ofwel: met het belang van het rijk is het belang van God gebaat. Frankrijk en Pruisen komen op; Spanje en Oostenrijk gaan af. Het calvinistisch-mercantilistische Holland en het anglicaanse Engeland – waar scheiding van kerk en staat was doorgevoerd en het absolutisme geen kans kreeg door de invloed van het parlement en de vele sekten – beconcurreerden elkaar te zeer om de hegemonie van Habsburg over te nemen. Na 1648 verviel Holland, terwijl Engeland zijn tijd nog moest krijgen.

Quevedo's *Política de Dios y gobierno de Cristo* (1617-1635) en Saavedra

Fajardo's antimachiavellistische blauwdruk van het christelijk bestuur in de *Empresas políticas* (1640) stellen de monarch voor als een aan God verantwoording verschuldigd symbool met het evangelie als leidraad. Hobbes' *Leviathan* (1651) en Spinoza's *Tractatus politicus* (1676) stellen daarentegen de soeverein voor als een 'dompteur' of de 'belichaamde rede' boven onderdanen van zeer diverse religieuze en sociale pluimage. De soeverein neemt de kleur aan van de meerderheid. Er is geen 'ware godsdienst', en iedereen mag belijden wat hij wil zolang hij het gezag maar eerbiedigt. Aan zoveel 'vrijheid' was Spanje nog lang niet toe. De koninklijke autoriteit bleef er 'heilig'. Figuren als King Lear of Richard III zijn ondenkbaar in de Spaanse koningsdrama's van de zeventiende eeuw. De vorst personifieert altijd de rechtvaardigheid, die op het einde de ontstane wanorde herstelt, het onrecht en de geschonden eer goedmaakt. Dat de vorsten uit de tijd waarin die drama's opgevoerd werden steeds minder aan hun hoge roeping beantwoordden zal in het komende blijken. Dat de Spaanse dramaturgen hun stukken vaak in de tijd van de katholieke vorsten situeerden, geeft indirect aan dat zij zich in elk geval bewust waren van een toenemende scheiding tussen ideaal en werkelijkheid.

FILIPS III ONDER DE HERTOG VAN LERMA

De eenentwintigjarige Filips III, die in 1598 zijn vader opvolgde, had geen bestuurlijke ervaring doordat hij in strenge afzondering was opgegroeid, onder tutors die hem kort hielden. Onder gewone omstandigheden had hij voor het klooster gekozen. Hij was schuchter en vroom, en staatszaken lieten hem koud. Uit zijn huwelijk met Margarethe van Oostenrijk werden acht kinderen geboren, van wie er drie stierven. De oudste twee moesten dienen om de band met Frankrijk – de grootste vijand van Spanje – aan te halen.

De zwakke koning betekende de comeback van een figuur die sinds anderhalve eeuw in Spanje niet meer was voorgekomen: de gunsteling. Don Francisco Sandoval de Rojas, markies van Denia, was tutor van de kroonprins geweest. Diens troonsbestijging betekende de verheffing van deze Valenciaanse aristocraat tot hertog van Lerma. Na zijn promotie maakte de hertog zich volledig meester van de koning. Om de koning onder controle te houden, verplaatste Lerma het hof van Madrid naar Valladolid, waar hij een imposant buiten bezat. Hier mocht de Vlaamse schilder Rubens hem in 1603 vereeuwigen: trots, te paard, als was hij de alleenheerser van het Spaanse imperium. Rubens' grote voorbeeld Titiaan zou een eeuw eerder nooit een 'minister' zo hebben kunnen afbeelden. Een voorstelling als Rubens hier gaf, had toen alleen de koning zelf kunnen gelden. De terugkeer van de *valido*, of 'sterke man', op het Spaanse politieke toneel is onherroepelijk. Tot en met het einde van de dynastie in 1700 zal hij een vanzelfsprekende en geaccepteerde verschijning blijven.

Lerma verving alle hoge ambtenaren door familieleden en stromannen. De ingetogen, priesterlijke anonimi die onder Filips II hadden gediend, moesten wijken voor kersverse grandes, van wie velen op geen andere prestatie konden bogen dan hun bloed. De raden van de vorige koning werden uitgebreid en gedeeltelijk aangevuld met ad hoc commissies, wat decentralisatie aan de top in de hand werkte. De president van de Staatsraad, de grootinquisiteur, de koninklijke biechtvader waren allemaal loyalisten van Lerma, die op hun beurt loyalistische onderkoningen, gouverneurs en lagere functionarissen benoemden. Zichzelf omringde Lerma met een geheime raad, die de werkelijke macht bezat en waarvan Rodrigo Calderón, die de eerste minister tot markies had bevorderd, de spil vormde. Dertien hertogelijke families met duizenden vazallen en honderden personeelsleden beheerden het land. Hun inkomens liepen op tot meer dan honderdduizend dukaten per jaar. Daaronder schiep de kroon een dertigtal nieuwe markizaten en evenveel nieuwe graafschappen. De edelen stroomden naar het hof om baantjes, die te koop werden aangeboden teneinde de uitgeputte schatkist te spekken.

En dat was nodig omdat de hoeveelheid zilver uit de koloniën vanaf 1600 was gedaald. Lerma voerde in alle rijksdelen nieuwe belastingmaatregelen door, probeerde de verschillen binnen Castilië terug te dringen en ging over tot het slaan van *vellones*. Dat waren met koper geallieerde zilverstukken die ervoor moesten zorgen dat het leven betaalbaar bleef, maar die inflatie in de hand werkten en de staatsschuld vergrootten. De rijken werden steeds rijker, de armen steeds armer. Adel en clerus bezaten het merendeel van het land, waar ze bij gebrek aan mankracht als gevolg van de emigratie niets mee deden. De verarmde hidalgos keken op handwerk neer, de militairen gedroegen zich als bazen van de burgers, de hondderdduizenden geestelijken vormden een overal zichtbare, aparte kaste. Snel fortuin maken in Amerika, zo luidde het devies. En wie de oversteek niet aandurfde, huldigde het motto van 'eten zonder werken'. Terwijl het hof werd overspoeld met lieden die plannen aanboden om de malaise te verhelpen, terwijl de edelen op jacht gingen, feestvierden en kunstenaars tot hun glorie inhuurden, zocht een bonte stoet verarmde hidalgos, parasieten en avonturiers stad en land af om aan de kost te komen of te overleven, zoals te lezen is in de schelmenromans van Mateo Alemán en Francisco de Quevedo, die heel wat bijtender waren dan de rustige, brave *Lazarillo de Tormes* van een halve eeuw tevoren. 'Rijken,' heette het nu sarcastisch, 'noemt men fatsoenlijk omdat ze te eten hebben.'

DE HOLLANDSE HORZEL

Ondertussen ging de geldverslindende oorlog met Holland voort. In 1600 zonken de Spaanse infanteristen in het zand bij Nieuwpoort, vanaf de duintoppen bestookt door Franse en Hollandse kogels. Aartshertog Albert, gouverneur van Vlaanderen, kon het alleen niet meer bolwerken en kreeg versterking van de in Genua geboren veldheer Ambrosio Spínola. Deze herstelde de Spaanse eer door de herovering van Oostende in 1604. Toen Spínola terugreisde naar het hof, dat van Valladolid weer naar Madrid was verplaatst, verscheen het eerste deel van Cervantes' idealistische *Don Quijote*. In hetzelfde jaar verscheen in Holland Hugo de Groots realistische *De iure praedae*, dat Den Haag het recht verschafte om op zee de buit binnen te halen, een welkome 'rechtvaardiging' voor de zich snel verrijkende koopmansrepubliek, die zich de profijtelijke vrachtvaart van en naar Oost-Indië, ooit voorrecht van de Portugezen, had toegeëigend. Portugal was inmiddels een deel van het Spaanse imperium, waarmee Den Haag op voet van oorlog stond, dus was kaapvaart legaal. Die Hollandse geste stak de concurrerende Engelsen overigens meer dan de Spanjaarden, die sinds 1588 niet meer in het bezit waren van een vloot die machtig genoeg was om hun handel met de overzeese rijksdelen te beveiligen. De Hollanders slaagden erin de laatste schepen van Spanje bij Gibraltar uit te schakelen en daarmee de vrije vaart van hun Verenigde Oost-Indische Compagnie via Kaap de Goede Hoop te garanderen.

Met een groot leger trok Spínola noordwaarts. De soldij bekostigde hij uit eigen zak, want Madrid had schulden aan haar bankiers in te lossen en moest de katholieke krachten in Frankrijk en Engeland financieren tegen het vijandige regime van Hendrik IV. Deze Franse koning had de oude anti-Habsburg-politiek van Frans I weer opgenomen en probeerde nu in de Italiaanse Alpen de Spanjaarden de voet dwars te zetten. Reden voor Madrid om de bekwame graaf van Fuentes tot gouverneur van Milaan te benoemen. Deze moest verhinderen dat Frankrijk de pas in het gebied van Valtellina of Veltlin afsneed, die de Spaanse troepen in Italië nodig hadden om via Beieren en het Rijnland naar Vlaanderen op te stomen. Een lastige tocht overigens, aangezien sommige lutherse Rijnsteden prins Maurits hielpen. Daarom had Spínola nu, bij zijn terugkeer naar Vlaanderen, opdracht gekregen om de doortocht van Spaanse troepen via Duitsland veilig te stellen, waarin hij met wisselend succes slaagde.

Maar de slechte economische situatie dwong Spanje tot een bestand met Holland. De hoge schulden en de inflatie ten gevolge van het slaan van *vellones* bracht de regering van Lerma ertoe de 'heilige oorlog' tegen de 'ketters' op een lage pit te zetten. Daar was lang niet iedereen het mee eens. De 'haviken' vonden het Twaalfjarig Bestand met de protestantse opstandelingen een klap in het gezicht van het prestige van Spanje. Maar voorlopig kregen de 'duiven' hun zin. Dezelfde controverse tekende zich af in Holland, waar de vrijzinnige Haagse handelskliek en het welvarende Amsterdam rond Johan van Oldenbarnevelt het aan de stok kregen met het calvinistische achterland onder de martiale prins Maurits. Maar ook hier verloor Mars voorlopig van Mercurius. Meevaller voor Spanje was de onverwachte dood van Hendrik IV. Hij werd vermoord zoals Hendrik III was vermoord. Er werd gefluisterd dat Madrid hierachter zat, maar het is nooit bewezen. Filips III was veel scrupuleuzer dan zijn vader, en zou zo'n daad niet voor zijn verantwoording nemen. Een andere meevaller was de komst van de Stuarts op de Engelse troon nadat de gehate Elizabeth in 1603 was gestorven. Jakobus I wilde zijn zoon graag uithuwelijken aan een Spaanse *infanta*.

MORISKEN EN CRYPTOJODEN, BUREAUCRATIE EN BAROK

Het Twaalfjarig Bestand was nog niet gesloten of het landsbestuur ging over tot de derde 'schoonmaak' van Spanje. Na Cisneros in 1499 en Johan van Oostenrijk in 1570 besloot Lerma in 1609 de morisken uit te wijzen. De paus was ertegen omdat de officieel gedoopte christenen van moorse afkomst niet als vijanden van het geloof konden worden aangemerkt. Maar de koninklijke administratie rechtvaardigde haar besluit met het argument dat de morisken zich onvoldoende hadden geassimileerd en bovendien contact onderhielden met de Turken en de Noord-Afrikaanse zeerovers. In totaal verlieten zo'n driehonderdduizend mensen het schiereiland, van wie bijna de helft afkomstig was uit Valencia. De zware financiële klap die dat voor de Valenciaanse baronnen betekende – ze waren ineens van al hun werkkrachten verstoken – compenseerde Lerma met belastingverlaging. In Afrika werden de morisken niet als mohammedanen beschouwd, want ze waren christen en spraken Spaans. De menselijke tragedies rond de derde zuivering – die duidelijk een veel politieker karakter had dan de twee voorafgaande, overeenkomstig de toegenomen secularisatie – vonden hun echo in de *Don Quijote* van de humane Cervantes. Die liet zich schamper uit over de vermeende superioriteit van wie zich 'oude christenen' noemden, en gaf het begrip 'nieuwe christen', ironisch, een positieve lading. Het hof luisterde helaas liever naar Jaime Bleda, die in zijn *Kroniek van de moren in Spanje* (vanaf Mohammed tot aan de uitwijzing van 1609) de morisken als staatsgevaarlijk bestempelde met onder andere het argument dat Torquemada in 1492 de moren niet eens had willen bekeren, maar gewoon verbannen. Dat strookte niet met de geest van de vijftiende eeuw, toen men vóór alles moren en joden van de ware godsdienst wilde overtuigen. De 'Torquemada' van 1609 klopt dus niet met de 'Torquemada' van 1492.

De cryptojoden, die zich sinds de annexatie van Portugal vrij in Spanje konden vestigen, werden met rust gelaten omdat velen van hen als financiële experts de regering van dienst waren en omdat ze zich uiterlijk als christenen gedroegen. Ze vielen aan het hof nauwelijks op tussen de adellijke heren, de *arbitristas* of plannenmakers, de hidalgos, de baantjesjagers, invloedzoekers en parasieten. Madrid werkte als een magneet, Lerma's politiek om de adel zoveel mogelijk te spreiden ten spijt. De bureaucratie nam toe, en daarmee de corruptie, het omkopen, de verkoop van ambten. Er kwamen nieuwe universiteiten en hogescholen om in de groeiende behoefte aan opgeleide beambten te voorzien. Mede door het bestand met Holland steeg de jaarlijkse invoer van Amerikaans zilver, dat onmiddellijk werd omgezet in juwelen, gobelins, schilderijen, onroerend goed. Er ontstond een gunstig klimaat voor schilders en schrijvers, want het wemelde van de adellijke mecenassen die hun stamboom opgesierd wilden zien. Het verzamelen van kunstwerken en boeken gold als een prestigieuze passie, en dat verklaart mede de 'gouden eeuw' die de Spaanse letteren tijdens Filips III beleefden. Maar achter de schitteringen sluimerde de ontnuchtering. Het optimisme sloeg om in pessimisme. De verheerlijking van het vlees wisselde met de nadruk op de geest. De barok gedijde op de tegenstelling tussen de Nieuwe Tijd en de Middeleeuwen, op het spanningsveld tussen het menselijk vermogen en het besef dat ons aardse bestaan een vergankelijke tragikomedie is.

DE TOENEMENDE OPPOSITIE TEGEN LERMA

Lerma leefde op geleende tijd. De nationale schuld deed het aanstromende zilver verdwijnen als sneeuw voor de zon. Zichzelf verrijkte hij, maar de kroon benadeelde hij door de verkoop van aandelen. Een jaar na het overlijden van de koningin, in 1611, vond het dubbelhuwelijk plaats met Frankrijk. Filips' oudste dochter, Ana, trouwde met de toekomstige Lodewijk XIII, zoon van Marie de Medici en de vermoorde Hendrik IV; Filips' oudste zoon, de kroonprins en toekomstige Filips IV, trouwde met Hendriks dochter, Isabelle de Bourbon. Voor even leefde Spanje in vrede met al zijn Europese vijanden. Alleen in Italië borrelde het, omdat de hertog van Savoye aanspraak maakte op Milaan en omdat de hertog van Osuna – onderkoning van Napels – Venetië tegen zich in het harnas had gejaagd. Osuna had bij de herovering van Oostende zijn kwaliteiten bewezen en was puissant rijk geworden door zijn succesvolle campagnes tegen de Turken. Dat had zijn populariteit in Spanje hemelhoog opgestuwd. Als een trotse haan paradeerde hij door Madrid, maar boze tongen fluisterden dat hij Napels voor zichzelf wilde en dat hij koning Filips III minachtend een 'tamboer-majoor' had genoemd. Die indirecte kritiek op Lerma én de afgunst veroorzaakten Osuna's val, en daarin werd zijn secretaris Quevedo meegesleurd.

Maar de oppositie tegen Lerma, onder anderen van zijn eigen zoon, was niet meer te stuiten. Het hof veranderde vanaf 1617 in een schaakbord waarop verschillende facties om de macht streden. De koning en de kroonprins werden in dat spel gemanipuleerd door geestelijke en adellijke topambtenaren met botsende ambities. Het volk begon zich te roeren, ontevreden over de schatrijke eerste minister. Lerma voelde nattigheid, schoof zijn factotum Rodrigo Calderón – de eveneens schatrijke markies van Siete-Iglesias – naar voren en bedong voor zichzelf in Rome een kardinaalshoed om zich daarmee voor berechting te vrijwaren. De druk op de koning nam toe. Lerma werd verbannen en Rodrigo Calderón kreeg van alles de schuld. Hij zou zelfs de koningin hebben vergiftigd. Ter vervanging van Lerma kwam uit Brussel de 'havik' en doorknede diplomaat Baltasar de Zúñiga, oom van de graaf-hertog van Olivares. Deze stuurde de koning naar Portugal teneinde de banden met dat rijksdeel aan te halen, maar Filips keerde ziek terug. Op 31 maart 1621 gaf hij de geest, gesterkt door het gebeente van de zojuist gecanoniseerde en tot patroon van Madrid uitgeroepen middeleeuwse landbouwer Isidoor.

HET BEGIN VAN DE DERTIGJARIGE OORLOG EN HET EINDE VAN HET TWAALFJARIG BESTAND

De dood van de koning viel samen met de hervatting van de vijandelijkheden door het uitbreken van de Dertigjarige Oorlog en de verbreking van het Twaalfjarig Bestand. In 1618 was de calvinistische keurvorst van de Pfalz, Frederik v, in Praag in opstand gekomen tegen de katholieke keizer Ferdinand II. Hij werd daarbij gesteund door zijn neef, de Hollandse prins Maurits, en Engelands koning Jakobus I, alsook de lutherse keurvorsten van Brandenburg en Saksen. Beieren bleef de keizer trouw. De opstand werd snel de kop ingedrukt, maar Wenen vroeg Madrid om assistentie. Spínola kwam uit Vlaanderen de katholieke Duitse Rijnsteden te hulp, en uit Milaan trokken Spaanse en Italiaanse troepen naar het noorden, waar de katholieke bewoners van de Valtellina in strijd waren verwikkeld met het protestantse Zwitserse kanton Graubünden. Het openhouden van de pas die de doortocht naar het noorden waarborgde, was voor Madrid de directe aanleiding om zich met de Dertigjarige Oorlog te bemoeien, temeer daar er in 1621 een einde kwam aan de wapenstilstand met Holland. Zonder de Valtellina konden de legers Vlaanderen niet bereiken.

De opheffing van het Twaalfjarig Bestand tussen Holland en Spanje gaf aan beide zijden de overwinning van Mars op Mercurius te zien. Amsterdam was tijdens de vrede uitgegroeid tot de welvarendste stad van Europa, met een inwonertal van honderdduizend mensen. Het was daarmee groter dan Madrid. De vrachtvaart op Oost-Indië had zich tijdens de vrede vrij kunnen ontwikkelen. Jan Pieterszoon Coen had Batavia gesticht en bestreed met succes de Engelse concurrenten, die de inlandse vorsten tegen het Hollandse bestuur probeerden op te zetten. Voorts was er een kaapvaartcompagnie voor de handel met Westelijk Indië opgericht, de bank van lening bloeide, het mercantilisme heerste onbetwist. Oldenbarnevelt was de held van het economische wonder. Maar de welvaart kwam hoofdzakelijk het westen van de Republiek ten goede, en dat irriteerde het streng calvinistische achterland. Van die irritatie maakte de tweede machtige man van Holland, prins Maurits, gebruik. Door de zijde van de dominees te kiezen, voor wie scheiding van staat en kerk een gruwel was, kon hij Oldenbarnevelt executeren in 1619, ondanks een verzoek om clementie van de Franse koning. Oldenbarnevelt 'verdiende' zijn onthoofding omdat hij met Spanje zou hebben geheuld, en daarmee kon hij als landverrader worden afgeschilderd. Na de val van de vrijzinnigen vluchtte het genie Hugo de Groot naar het buitenland. Hollands nationale dichter Vondel noemde Oldenbarnevelt rechtvaardig en prins Maurits een dwingeland.

In hetzelfde jaar was aartshertog Albert van Vlaanderen kinderloos gestorven. Daardoor kwamen de Zuidelijke Nederlanden weer rechtstreeks onder Madrileens bestuur, met Alberts weduwe Isabel Clara Eugenia, dochter van Filips II, als landvoogdes. De inmiddels tot eerste minister benoemde Baltasar de Zúñiga voerde in Madrid de haviken aan, die Lerma ervan beschuldigden het Spaanse prestige op het spel te hebben gezet met het Twaalfjarig Bestand. Spanje had veel minder geprofiteerd van de vrede dan Holland. Bovendien – betoogden de haviken – had Den Haag zich niet aan de beloften gehouden. De katholieke minderheid was gedurende de afgelopen twaalf jaar niet ontzien en de blokkade van de Antwerpse haven was, op verzoek van Amsterdam, niet opgeheven. Lerma had ten behoeve van zijn eigen welvaart, en die van zijn kliek, de taak van de katholieke monarchie om namens God overal de ketterij te bekampen, verwaarloosd. Spanje was slap geworden en had behoefte aan hernieuwde nationale trots. 1621 bracht Madrid in een stemming van euforie. Alle ogen waren gericht op de nieuwe koning, Filips IV.

DE BLOEI VAN DE KUNST

De vrede mocht Spanje dan minder hebben gebaat dan Holland, de literaire kunst bloeide tijdens Filips III als nooit tevoren, hoewel niet altijd van kritiek verschoond. Miguel de Cervantes' *Don Quijote* (1605-1615) is daarvan het illustere voorbeeld. De ronddolende ridder die de idealen van weleer wil handhaven, stuit overal op hypocrisie. De oprecht vrome koning Filips III was omringd door een hofhouding die vroomheid speelde.

Uitgediende soldaten die Spanjes glorie hoog hadden gehouden op het slagveld, werden harteloos afgedankt. Priesters volgden Christus niet meer, maar amuseerden zich aan de tafels van de adel. Cervantes' meesterwerk ademt de geest van *desengaño* (ontnuchtering), die de grote kunstenaars van de zeventiende eeuw zal kenmerken. Feller is de kritiek in schelmenromans als *Guzmán de Alfarache* (1598-1602) van Mateo Alemán en *Buscón* (1604) van Francisco de Quevedo, waarin de criminele onderkant van de samenleving wordt belicht en bitter wordt vastgesteld hoe succes in het leven afhangt van slimheid en relaties. Quevedo toont in zijn *Sueños* (Dromen) uit 1606-1612 aan de hand van een gevarieerde reeks helse karikaturen hoe alle beroepen in hun tegendeel zijn omgeslagen. Niemand is wie hij lijkt. Maar tegelijkertijd trok deze meest sarcastische der Spaanse schrijvers zich oprecht het lot van zijn land aan. In *España defendida* (1609) laakt hij de onbekendheid van de Spanjaarden met hun eigen verleden, alsmede de hypocrisie en de naijver van het buitenland. Diego de Saavedra Fajardo waarschuwde in zijn *República Literaria* (1612) tegen 'te veel lezen' in plaats van denken en tegen de 'sceptische filosofen' en de 'wetenschap', die de mensen niet gelukkig of wijs maken. Luchtiger is de populaire toneelschrijver Lope de Vega, die behalve honderden stukken een nieuwe *Kunst voor het schrijven van komedies* (1606) introduceert. Daarin pleit hij er net als Shakespeare voor het volk (of het 'volkse gevoel' in de adellijke mens) te geven wat het wil: actie, intrige, poëzie en fantasie, zonder de aristotelische waarschijnlijkheid (eenheid van plaats, tijd, handeling) in acht te nemen. De meeste van zijn stukken spelen in de goede oude tijd. De barokpoëzie zegeviert met Luis de Góngora, wiens dichtwerken *Polifemo* en *Soledades* (1613) een minimum aan handeling en een maximum aan glitter vertonen. Góngora poogde van het Spaans Latijn te maken. De wijze waarop hij daartoe de taal veranderde – of forceerde, volgens zijn vijanden – leverde hem zowel enthousiaste bewondering en navolging op als ergernis en afwijzing.

Ondertussen begonnen ook de eerste Spaans-Amerikaanse schrijvers van zich te doen spreken. Bernardo de Balbuena roemde in *La grandeza mexicana* (1605) de kwaliteiten van Nieuw-Spanje in terzinen van elflettergrepige verzen. Pedro de Oña schreef in navolging van Alonso de Ercilla een vervolg op de oorlog van de Spanjaarden tegen de Chileense Araucanen, *El arauca domado* (1598), alsook een dichtwerk over een aardbeving te Lima (1605). In zijn *Espejo de paciencia* (1608) bezong Silvestre de Balboa de strijd van Cubaanse Spanjaarden tegen Franse piraten, en met *La*

Cristiada (1609) huldigde Diego de Ojeda de Zoon van God. Het belangrijkste literaire werk uit deze periode zijn de *Comentarios Reales* (1609) van de inca Garcilaso de la Vega, zoon van een Spaanse kapitein en een inlandse prinses, die in een prachtig gestileerde taal de geschiedenis van het incarijk verhaalt, gemodelleerd naar Livius' *Ab urbe condita*. In 1617 kreeg Spaans Amerika zijn eerste officiële heilige: Santa Rosa van Lima, die behoorde tot de derde orde der dominicanen.

Tot zover een bescheiden greep uit de literaire kunst van de eerste twee decennia van de zeventiende eeuw – van 'goud' voor het nageslacht, maar in werkelijkheid een periode van beginnend verval.

FILIPS IV ONDER DE KNOET VAN OLIVARES

De zestienjarige Filips IV miste, evenals zijn voorganger, een roeping tot regeren. Waar de vader opviel als devoot, ontpopte de zoon zich als frivool. De verantwoording voor het koninklijke karakter berustte bij don Gaspar de Guzmán, graaf van Olivares. Deze had zich in 1615 – tot woede van de hertog van Lerma – als kamerheer aan de prins weten op te dringen. Heerszucht, hoewel niet van idealisme verstoken, was de voornaamste drijfveer van Olivares – volgens zijn twintigste-eeuwse biograaf Gregorio Marañón, die hem met Caesar vergeleek en hem voorloper van Napoleon noemde. Don Gaspar moest en zou zijn vader – die tekort was gedaan om zijn verdiensten als respectievelijk onderkoning van Napels, ambassadeur te Rome en minister van Financiën – genoegdoening verschaffen door een grande te worden en daarmee zijn voorgeslacht roemrijk te maken. Hij keek diep neer op degenen die zonder duidelijke prestaties aan het hof gedijden. Hij verachtte de hertog van Lerma en stimuleerde de rivaliteit onder diens ambtenaren. Door een enorme bruidsschat neer te tellen voor een hofdame, doña Inés de Zúñiga, kreeg hij vaste voet in het Alcázar te Madrid, waar de beslissingen werden genomen. De bleke tienjarige prins had behoefte aan een vader, en die kreeg hij in deze dertigjarige, zwaarlijvige, zwartbesnorde en bruisende Andalusiër, die Velázquez met zijn barokke ruiterportret voor het nageslacht neerzette, zoals Rubens met Lerma had gedaan. Maar in tegenstelling tot de vorige favoriet had Olivares hart voor Spanje. Hij combineerde, aldus de Britse historicus J. H. Elliott, het donquichotteske imperialisme dat de gouden eeuw van Karel V en Filips II had gekenmerkt, met de praktische benadering van degenen die Spanje wilden moderniseren. Om zijn ambitie te verwezenlijken had hij de prins tot dienaar gemaakt van zijn wil. Ofschoon Filips al getrouwd was met Isabel van Bourbon, nam Olivares hem mee naar de vrouwen om hem in te wijden in, en te verslaven aan, de geneugten des vlezes. Toen de vader van de prins zijn laatste adem uitblies, heeft Olivares gezegd: 'Alles is nu van mij.'

Samen met zijn ervaren oom, don Baltasar de Zúñiga, haalde hij de bezem door de administratie van Lerma. Alle ministers moesten hun beleid verantwoorden. De kopstukken werden van openbare immoraliteit of van malversatie beschuldigd. Lerma zelf redde zich door zijn kardinaalshoed, en kwam er met verbanning af. Rodrigo Calderón werd op de Plaza Mayor van Madrid onthoofd om het publiek te behagen. Quevedo, die werd meegesleurd in de val van zijn broodheer Osuna, mocht de gevangenis uit. Degenen die onder het vorige regime in ongenade waren gevallen, keerden terug naar het hof. Santiago, de militante patroon van Spanje die onder Filips III door de zachte Teresa de Avila was verdrongen, kwam de verbrekers van het Twaalfjarig Bestand goed van pas. Spanje moest weer in zichzelf gaan geloven. Het volk zag met hoge verwachtingen de toekomst tegemoet.

CASTILIË TREKT MEER MACHT NAAR ZICH TOE

Olivares verstevigde de positie van Castilië als centrum van de verspreide monarchie. Naast de al bestaande raden voerde hij nieuwe commissies in die werden verplicht hun besluitvorming in schriftelijke stukken te overleggen, waardoor hij, zoals eens Filips II, controle had over alles wat er omging. Tegelijkertijd lag het in zijn bedoeling het ambtenarenapparaat te kortwieken en het Spaanse volk tot harder werken aan te zetten. De emigratie werd aan banden gelegd teneinde mankracht voor de landarbeid te behouden. Om de schulden van de kroon te delgen en de afhankelijkheid van buitenlandse bankiers te doorbreken liet hij zich voorlichten door financiële deskundigen van onder andere Portugees-joodse afkomst. De inquisitie kneep een oog dicht, ondanks protesten van Genovese geldschieters. Er werden voorlopig geen vellones meer geslagen en de bestaande daalden tot de helft in waarde. Betalingen aan buitenlandse leveranciers werden opgeschort, de uitvoer van zilver werd verboden, de import van buitenlandse goederen beperkt. De koning mocht wel lintjes uitdelen, maar zonder daaraan hoogbetaalde posten te verbinden. Olivares vond dat het hof het goede voorbeeld moest geven en kondigde een soberheidsbeleid af, waarbij vertoon met dure kanten kragen en andere luxeattributen strafbaar werd gesteld. Maar die maatregelen lokten, evenals de verordeningen tegen de toegenomen onzedelijkheid, alleen maar spot uit. De prachtlievende graaf, die in 1625 tot hertog werd verheven, was niet erg geloofwaardig als moreel voorbeeld, zomin als de koning zelf, die een ware orgie van feesten, jachtpartijen en theater ontketende en die in de loop van zijn leven enige tientallen bastaarden verwekte. Het bestand met de ketters mocht verbroken zijn en de heilige krijg hervat, dat nam niet weg dat na de tijd van ingetogenheid onder de vorige koning een periode van potverteren was aangebroken en dat na de onthouding de uitspatting voor de deur stond.

Het oplaaien van de oorlog maakte belastingverhoging urgent. De steden werden gesommeerd mee te betalen aan de strijdkrachten. De rijksdelen moesten behalve geld meer rekruten afleveren voor een nieuw nationaal leger, dat op alle slagvelden van Europa werd ingezet. Om tegemoet te komen aan de protesten van met name Aragon en Catalonië, verzocht de graaf-hertog de koning op de regionale Cortes acte de présence te geven. Om Barcelona en Valencia te compenseren richtte Olivares ter bevordering van de handel een Levant-compagnie op naar voorbeeld van Hollands succesvolle Oost-Indische Compagnie. Bovendien liet hij een nieuwe oorlogsvloot bouwen, zodat Spanje op zee zijn tanden weer kon laten zien. Het moment was gunstig. In Duitsland was het Habsburgse huis aan de winnende hand. Frankrijks nieuwe sterke man, kardinaal Richelieu, had zijn handen vol aan de hugenoten en de adel. En Engeland zocht toenadering tot Spanje door in 1623 kroonprins Karel, de zoon van koning Jakobus I, naar Madrid te sturen om Filips' zuster Maria het hof te maken. Dat laatste gaf aanleiding tot maandenlange feesten, terwijl de Engelse gezanten het huis van Olivares platliepen om de alliantie door te drukken. Omwille van Spaans staatsbelang bleek de paus te elfder ure geen bezwaar te hebben tegen een huwelijk met een protestantse prins, maar Olivares wilde het katholieke fundament van de universele monarchie niet ondermijnen en zond Karel terug naar Londen. Die daad is hem later zeer kwalijk genomen, aangezien Frankrijk, de ware vijand van Spanje, daardoor alle aandacht op Vlaanderen en Italië kon concentreren. Een verbond met Engeland zou gezien de hernieuwde vijandelijkheden van Holland zeer welkom zijn geweest. Maar Olivares was geen

Richelieu. De 'Realpolitik' van de kardinaal was in de ogen van de graaf-hertog verraad aan de ware godsdienst. Olivares bood de kardinaal zelfs hulp aan bij het bestrijden van de hugenoten in La Rochelle, in 1626. Maar de kardinaal hoopte slechts dat dat donquichotteske gebaar door de Hollanders en Engelsen zou worden afgestraft. Tot grote verontwaardiging overigens van Quevedo, die Richelieu met Judas vergeleek.

OLIVARES CONTRA RICHELIEU

De hervatting van de oorlog werkte in het voordeel van de Hollandse Republiek, die al dertig jaar door Engeland en Frankrijk was erkend en door Vondel om zijn zeevaart was bezongen. Het rijke Oost-Indië was nog niet genoeg, ook de Westelijke Indiën trokken Hollandse kapers aan. Ze voelden zich nu vrij om Guayaquil en Callao, havensteden van het Spaanse onderkoninkrijk Peru, te plunderen en Bahía, de haven van Portugees Brazilië, te bezetten. Engeland, dat door Olivares als bondgenoot was afgewezen, nam wraak door de haven van Cádiz in Spanje zelf aan te vallen. Maar de werkelijke vijand van Spanje bleef Frankrijk, waar kardinaal Richelieu sinds 1624 als eerste minister van Lodewijk XIII de politiek bepaalde. De aloude haat tegen Habsburg, die terugging op Frans I en na een lange onderbreking weer was ontvlamd met Hendrik IV, bereikte met de kardinaal een climax die voor Spanje zou neerkomen op een dieptepunt. Zonder zich veel van de dynastieke verbintenis met Spanje aan te trekken zocht Parijs het nationale voordeel. Dat zulks tot resultaten leidde, hadden Holland en Engeland aangetoond. De 'ware godsdienst' interesseerde de kardinaal minder. Habsburgs beroep op het katholieke christendom was voor hem niets dan een voorwendsel voor pure machtspolitiek. Richelieu neigde naar Machiavelli.

De Dertigjarige Oorlog greep hij aan om de keizer te dwarsbomen door de Duitse protestanten te steunen, zij het voorlopig van achter de schermen. Geen makkelijk te verkopen zaak, aangezien hij in eigen land de hugenoten bestreed en zich daarbij door Spanje, dat onvoorwaardelijk de keizer steunde, liet helpen. In 1625 behaalde Spanje enige successen, die Olivares als propaganda voor zijn politiek gebruikte en die aanleiding gaven tot literaire manifestaties en uitbundige feesten. Ambrosio Spínola heroverde Breda op de staatse troepen van Maurits. Fadrique de Toledo bevrijdde Bahía van de Hollanders, die bovendien Puerto Rico moesten ontruimen. De Engelsen zagen zich genoodzaakt af te zien van Cádiz. Dat al die 'heldendaden' de onvermijdelijke ondergang slechts even uitstelden, wilden de Madrileense feestvierders nog niet horen. Olivares liet 1627 uitroepen tot 'triomfjaar', ondanks het vierde staatsbankroet sinds het begin van de Tachtigjarige Oorlog. Bedenkelijker waren de schermutselingen in datzelfde jaar rond het Italiaanse hertogdom Mantua, dat sinds de dood van de hertog door Frankrijk werd opgeëist. Ook probeerden de Fransen de Valtellina van Spanje los te maken, terwijl het protestantse Graubünden hulp kreeg van de Hollandse stadhouder Frederik Hendrik, opvolger van Maurits. Piet Hein kaapte in 1628 een zilvervloot die onderweg was van Nieuw-Spanje naar het moederland. Daarmee bekostigde Frederik Hendrik de verovering van Den Bosch. Heel Europa had zich tegen Spanje gekeerd, dat zich desondanks geroepen voelde de Habsburgse keizer bij te staan.

Want de keizer had zijn veldheer Wallenstein naar het noorden van Duitsland gestuurd en daarmee de interventie uitgelokt van Zweden. Koning Gustaaf-Adolf kwam het protestantse Saksen en Brandenburg recht verschaffen, dus Spaanse assistentie was dringend geboden. Richelieu zag zijn kans schoon. Hij bood de hugenoten een compromis aan bij het edict van Nantes, onthoofdde de lastige adel in de persoon van Montmorency en verbande de ongehoorzame, Spaansgezinde koningin-moeder Marie de Medici, teneinde al zijn aandacht te kunnen wijden aan Duitsland en daar de val van Habsburg te bewerkstelligen. Terwijl Gustaaf-Adolf Maagdenburg innam, nam Frederik Hendrik Maastricht in. Beiden werden toegejuicht door Vondel en Hugo de Groot. De laatste was Zweeds gezant te Hamburg met als speciale opdracht de Franse politiek in de gaten te houden. Met de dood van Spínola bij het Italiaanse Mantua verloor Spanje zijn laatste generaal van betekenis, terwijl het op drie fronten tegelijk moest aantreden: in Italië, in Vlaanderen en in Duitsland. De Hollanders kregen dus weer vrij spel in de Westelijke Indiën en nestelden zich ongemoeid in het Braziliaanse Pernambuco. De enige en laatste overwinning die Spanje op zijn naam kon schrijven was Nördlingen, in Duitsland, waar de broer van de koning, de kardinaal-infant Fernando, in 1634 de troepen van Gustaaf-Adolf versloeg.

Het jaar daarop vielen de Hollanders en de Fransen gezamenlijk de Spaanse Nederlanden aan. De kardinaal-infant viel Frankrijk binnen, maar stootte om de een of andere reden niet door naar Parijs. In 1637 werd Breda heroverd door Frederik Hendrik, in 1638 trokken Franse legers op naar de Spaanse grens in het Baskenland en in 1639 ging de Spaanse vloot bij Duins te gronde door toedoen van Maarten Tromp. De ondergang van die 'tweede Armada' brak het moreel van Madrid. Olivares mobiliseerde zijn propagandamachine om de nederlaag zo gunstig mogelijk te vertalen. De gebruikelijke spektakels in het Buen Retiro-paleis, dat speciaal door Olivares voor de koning was gebouwd om hem van het naargeestige Alcázar te verlossen, gingen onverminderd door, zoals in 1636 ter gelegenheid van een nieuwe keizer in Wenen – feesten die veertig dagen duurden en twaalf miljoen dukaten kostten, terwijl drie jaar oorlog negen miljoen had gekost. Maar degenen met het grootste verantwoordelijkheidsbesef lieten zich niet meer om de tuin leiden. Quevedo leverde ongezouten kritiek. Dat bracht de graaf-hertog ertoe hem voorlopig achter slot en grendel te zetten. Een defaitistische stemming moest hoe dan ook vermeden worden. Maar de dagen van Olivares waren geteld. Niemand had meer zin in belastingverhogingen die de grootsheid van Spanje moesten ophouden. Het geloof in de universele monarchie wankelde. Het rampjaar 1640 stond voor de deur.

DE ONDERGANG VAN DE UNIVERSELE MONARCHIE

De opeenvolgende nederlagen lieten Olivares geen andere keus dan de rijksdelen om nieuwe bijdragen voor het nationale leger te vragen. Op zee kon Spanje, bij gemis van een oorlogsvloot, nauwelijks verhinderen dat Hollandse en Engelse kapers zijn koloniën aanvielen. Te land was alle mankracht vereist om Vlaanderen te behouden, de rust in Italië te handhaven en de keizer tegen de Duitse protestanten te helpen. Meer geld en meer soldaten, zo luidde het verzoek. Maar de Catalanen, de Portugezen en zelfs de Andalusiërs lieten de centrale regering van Castilië in de steek. Ze ventileerden openlijk hun scepsis ten aanzien van de universele monarchie. Barcelona, Lissabon en Sevilla – waar de handel ten gevolge van de oorlog kwijnde – zagen hoe kleine compacte naties als Holland en Engeland floreerden. Waarom daaraan geen voorbeeld nemen? Hun wensdromen kwamen Richelieu van pas. Door regionale aspiraties aan te moedigen werkte hij de gewenste desintegratie van Spanje in de hand.

In 1635 had Madrid Parijs officieel de oorlog verklaard. Daarop hadden de Fransen hun legers samengetrokken in het grensgebied met Catalonië. Het nationale Spaanse leger verdedigde de steden van de Roussillon, maar de Catalaanse soldaten begonnen te deserteren. De provinciale raad van Barcelona viel de onderkoning, de Catalaan Santa Coloma, af en weigerde nog langer te gehoorzamen aan Madrid. Op Sacramentsdag van het jaar 1640 brak er een volksopstand uit, waarbij de onderkoning werd vermoord. Dat er geen afscheiding volgde, kwam doordat de Catalanen niets voor Franse overheersing voelden en als onafhankelijke staat geen levenskracht zouden hebben binnen een Middellandse-Zeegebied dat geheel door Madrid werd gedomineerd. Anders lag dat met Portugal, waar een halfjaar later de bom barstte. Ook hier zaten de Fransen – alsmede Hollandse en Engelse avonturiers – achter de opstand. Portugal was boos op Madrid omdat het door de lange oorlog met Holland het specerijenrijk van Oost-Indië en het suikerrijk van Brazilië had verloren. De Portugese adel en clerus waren overwegend Spaansgezind, maar het volk en de kooplieden van Lissabon droomden van onafhankelijkheid. Eind 1640 vond er een paleisrevolutie plaats, waarbij de landvoogdes, de hertogin van Mantua, werd afgezet. Een paar van Olivares' vertrouwelingen eindigden op het schavot en de hertog van Bragança riep zich uit tot koning João IV. Bragança was getrouwd met een zuster van de hertog van Medina Sidonia, die Andalusië van Madrid wilde losmaken, maar dat wist Olivares, zelf een Andalusiër en familie van de nieuwe Portugese koningin, te voorkomen.

Ondertussen zaten de Fransen diep in Catalonië. Dit kon Olivares niet over zijn kant laten gaan, en omdat de Catalanen uiteindelijk liever Spaans waren dan Frans, wist het koninklijke leger de vijand te verdrijven. Die 'overwinning' luidde de val in van Olivares. Onder druk van koningin Isabel en vele ontevredenen had koning Filips de stoute schoenen aangetrokken. In plaats van, zoals gewoonlijk, op jacht te gaan of de Don Juan uit te hangen was hij met heel zijn hofhouding in de richting van het oorlogsgeweld afgereisd. Zijn aanwezigheid moest de soldaten inspireren, maar in plaats van het front op te zoeken sloeg hij zijn tenten op in Zaragoza, onder het toeziend oog van Olivares. In de tussentijd keerde het volk van Madrid zich tegen de favoriet. De koningin was in de hoofdstad achtergebleven en beloofde publiekelijk dat ze de koning zou overhalen om voortaan zelf de macht uit te oefenen. Ze haatte Olivares, en kreeg daarin bijval van drie andere vrouwen: de hertogin van Mantua, de oude voedster van de koning, Ana de Guevara, en Sor María de Jesús de Agreda. De eerste voelde zich miskend als landvoogdes van Portugal; de tweede was destijds ruw van de prins verwijderd; de derde, een mystiek aangelegde abdis met een heilige reputatie, die de koning tijdens zijn verblijf in Aragon ontmoette en met wie hij tot aan zijn dood bleef corresponderen, beweerde dat de hemel wilde dat de koning afstand deed van zijn 'stok', zoals de vox populi Olivares noemde. Het werd tijd dat Filips zelf regeerde.

Die waarschuwing was geen verrassing, want naast de verontwaardigde vrouwen drong vrijwel de hele adel aan op het afstoten van de valido. De graaf-hertog had alleen nog maar vijanden. De heren waren boos dat hij hun had verweten niets voor Spanje te doen en dat ze liever aan het hof zaten dan zich verdienstelijk te maken op de slagvelden. Maar de koning wist zich zonder zijn 'sterke man' geen raad. Maanden liet hij lusteloos passeren. Het onbehagen groeide, en er circuleerden pamfletten waarin Olivares de meest uiteenlopende ondeugden kreeg aangewreven. In 1643 leden de laatste Spaanse vendels een verpletterende nederlaag bij het Noord-Franse Rocroi. Daarmee ging na de zeemacht ook de landmacht van Spanje ter ziele. De trotse Spaanse soldaten die tachtig jaar lang hun leven hadden gegeven voor God en vaderland – zo anders dan de Bourgondische, Italiaanse, Duitse en Waalse huurlingen, die het merendeel van de Spaanse legers uitmaakten, maar die alleen voor geld vochten – waren niet meer. De Spaanse glorie was voorbij. Richelieu – die in 1643 stierf, kort voor Lodewijk XIII – had Habsburg ten slotte op de knieën gekregen. Het Spaanse volk schreeuwde om een zondebok. En de koning liet zijn stok vallen. Datzelfde jaar vluchtte de dikke, jichtige favoriet met een wagen uit Madrid, door kogels nagefloten. Men vond zijn buitenverblijf Loeches, op vijftien mijl van de hoofdstad, niet ver genoeg en men verbande hem naar Toro, bij de grens met Portugal, het land dat door zijn toedoen verloren was gegaan. Er kwam een officiële aanklacht tegen Olivares, waarin hij praktisch van de hele ondergang van Spanje werd beschuldigd. Hiertegen verdedigde hij zich, vlak voor zijn dood in 1645, met een uitvoerig geschrift waarin hij zijn verlies weet aan de machiavellistische politiek van Richelieu, die de 'ware godsdienst' had verraden voor Frankrijks raison d'état. 'Met Olivares,' schreef J. H. Elliott, 'verdween de laatste bestuurder van het Habsburgse Spanje die de ruimheid van visie had om grootschalige plannen te ontwerpen voor de toekomst van een wereldwijde monarchie.'

De graaf van Haro, een neef van Olivares, volgde zijn oom op. Hij gedroeg zich veeleer als raadgever en diplomaat dan als sterke man. De vele commissies die onder zijn voorganger waren ingesteld, werden ontbonden. De oude raden kregen hun zeggenschap terug. De koning liet zich leiden door Sor María de Jesús, die hem bezwoer zijn leven te beteren en niet langer op vrouwen te jagen. Toen de koningin enige jaren later stierf, hertrouwde hij met zijn veertienjarige nichtje Mariana van Oostenrijk. Die moest voor een troonopvolger zorgen, aangezien kroonprins Baltasar Carlos jeugdig was verongelukt. Er brak een donkere tijd aan. Het florissante theaterleven van de afgelopen decennia bloedde dood. Puriteinse maatregelen moesten de zedenverwildering in Madrid aan banden leggen. Het krioelde er van de valsemunters, hoeren, schandknapen en loslopende soldaten. De Portugese financiers die onder Olivares niet voor economisch soelaas hadden weten te zorgen, kregen de inquisitie op hun dak omdat ze joden zouden zijn. Tijdens de ongeveer honderdvijftig processen, waarin de vermeende 'judaïseerders' elkaar verrieden, hielden ze vol dat ze christenen waren. 1647 bracht een nieuw staatsbankroet. In Napels stond een demagoog op tegen de onderkoning, in Sicilië klonk de roep om vrijheid, Frankrijk aasde op Milaan. Catalonië keerde terug onder de Spaanse kroon en aartshertog Leopold werd benoemd tot nieuwe gouverneur van Vlaanderen.

Dat de hegemonie van Spanje definitief tot het verleden behoorde, bleek op de vredesconferentie van Westfalen in 1648. De Spaanse diplomaten werden niet meer serieus genomen in Münster. Net zomin als de Oostenrijkse onderhandelaars. Frankrijk nam de fakkel van Spanje over. Lodewijk XIV – voorlopig nog onder regentschap van zijn moeder Anne, de zuster van Filips IV, en bijgestaan door Mazarin, de opvolger van Richelieu – zou zich de les van Spanje ter harte nemen door zelf te regeren. Niet Filips IV, maar Filips II was op dat punt zijn voorbeeld. Mazarin muilkorfde de macht van adel en parlement, en verhoogde daarmee de macht van de koning. Door van de godsdienst de dienares van de staat te maken verschilde Lodewijk XIV van Filips II, voor wie de godsdienst de meesteres van de staat was. Van Filips IV, de 'planetenkoning', nam hij het idee van 'Zonnekoning' over. Op Olivares' lichtzinnige Buen Retiro – en niet op het ingetogen Escorial van Filips II – inspireerde hij zijn Versailles. Wat hij ook overnam van Olivares – een erkend mecenas en net als

Filips II een verzamelaar van boeken en schilderijen die vrijwel alle literatoren van de gouden eeuw subsidieerde – was de kunstpolitiek, ofwel het mobiliseren van artistieke genieën voor de nationale glorie. Maar ook hier met een accentverschil. Waar namelijk de Spaanse kunstenaars in de eerste plaats God dienden, dienden de Franse in de eerste plaats de koning.

En zoals de rol van Spanje door Frankrijk werd overgenomen, zo nam Pruisen-Brandenburg die van Oostenrijk over. Waar de keizer in Wenen God vertegenwoordigde, introduceerde Frederik Wilhelm de suppprematie van de staat, gebaseerd op een ethiek die aan het protestantisme was ontleend. De Hollandse Republiek werd in 1648 eindelijk door Spanje erkend, maar ging doodgemoedereerd door met het beroven van de Spaans-Amerikaanse koloniën. De vrede bracht het voordeel dat de handelswaar uit Indië in Cádiz opgehaald mocht worden. Limburg en Brabant, die in werkelijkheid al waren veroverd, kwamen in 1648 officieel onder de Republiek. De Schelde werd afgesloten, waardoor Antwerpen verviel. Amsterdam bloeide. Omdat Holland geen grens wilde met het sterke Frankrijk, mocht het zwakke Spanje in Vlaanderen blijven. Om Portugal ter wille te zijn gaf Holland Brazilië terug. Over Oost-Indië viel niet te onderhandelen. Dat was voorgoed een Hollands wingewest geworden. In Engeland kreeg koning Karel I, die ooit bestemd was voor de Spaanse troon, het aan de stok met het parlement. De burgeroorlog brak uit, Cromwell greep de macht, de koning werd onthoofd en de Engelse politiek richtte zich tegen Spanje.

DE DIEPERE OORZAKEN VAN HET VERVAL

Over de ondergang van Spanje is in de laatste twee eeuwen veel gespeculeerd. Cánovas del Castillo, de aanvankelijk liberale maar later conservatieve staatsman die in de negentiende eeuw een *Historia de la decadencia española* schreef en die zichzelf als opvolger van de zeventiende-eeuwse historicus Juan de Mariana zag – alles wat in de tussentijd over Spanje was geschreven, voornamelijk door Venetiaanse ambassadeurs en Franse reizigers, droeg een vijandig karakter – weet de oorzaak van de ondergang aan de Franse afgunst, het 'verspreide' karakter van het imperium (de verschillende rijksdelen lagen te ver uit elkaar), het regionalisme (de Spaanse monarchie was veel minder 'absoluut' dan de Franse), de verwaarlozing van de economie, de verdwijning van de oude soldatenmentaliteit en de ontvolking ten gevolge van de emigratie naar de koloniën. Miguel de Unamuno betoogde dat Spanje eenvoudigweg was uitgeput, zoals een plant die opgroeit en bloeit om te verwelken. Dat koninkrijken komen en gaan, lag geheel binnen de natuur der dingen. Menéndez Pidal signaleerde dat in de zeventiende eeuw alle Spaanse deugden van voorheen omsloegen in hun tegendeel. Wat eens terechte trots was, werd holle verwatenheid. Vroomheid ontaardde in bijgeloof, heiligheid in schijnheiligheid, strijdbaarheid in snoeverij, soberheid in praalzucht. Hij signaleerde bovendien dat veel buitenlandse historici de fout begingen de 'ondergang' terug te voeren op de 'breuk' sinds 1492. Het regionalisme 'van daarna' zou volgens hen te verklaren zijn als een overblijfsel van de rassenvermenging en het bestaan van verschillende geloven op één territorium 'van daarvóór'. Als ware oorzaak van de crisis van 1640 wees Menéndez Pidal op de buitenlandse inmenging. Schrijnender is het toeschrijven van de ondergang aan de zwarte legende, in de trant van 'zie je wel' of 'eigen schuld'. Die tendens werd bestreden door Julián Marías, die in zijn *España Inteligible* (Begrijpelijk Spanje) van 1984 – mede geschreven tegen Claudio Sánchez Albornoz, die Spanje in de jaren vijftig een 'raadsel' noemde – liet zien hoe al in de zeventiende eeuw zelf sommige schrijvers zich niet alleen van het interne verval, maar ook van de jaloezie van het buitenland bewust waren.

Quevedo zag niet alleen 'de muren van zijn vaderland instorten', maar klaagde al in 1630 tegen zekere Italiaanse geschriften waarin Spanje wreedheden in de Indiën werden verweten. Dat verwijt herleidde hij tot afgunst. Net als Saavedra Fajardo, die in een van zijn *Empresas políticas* (1640) nuchter vaststelt dat de Spanjaarden in de Indiën weliswaar wreedheden begingen, maar niet meer of erger dan andere Europese landen in hun wingewesten. Dat Spanje een apart geval zou zijn, schrijft hij toe aan de jaloezie die een groot imperium nu eenmaal wekt. Het kleine Portugal bijvoorbeeld bleef buitenlandse kritiek bespaard. Van Holland – dat in diezelfde jaren van P. C. Hooft een nationale geschiedenis kreeg, waarin de geijkte vooroordelen tegen Spanje voor rekening komen van tachtig jaar vijandschap – zegt Saavedra Fajardo dat het de tirannie van buitenaf vreest, maar door onderlinge twisten wordt verteerd. Dat is dan de hoge prijs van de vrijheid, die in werkelijkheid een fictie is. Treffender nog is zijn typering van het economische verval. 'Wij wisselden onze snuisterijen in tegen het goud van de indianen; niet minder onnozel dan de indianen zijn wij, die ons goud aan de buitenlanders kwijtraken. Vroeger leefden wij van de landbouw, nu wachten we passief op de rijkdom uit de koloniën. Filips III verdubbelde de waarde van de vellones, die tot dan toe dienden voor de aanschaf van onze dagelijkse benodigdheden. De buitenlandse volken doorzagen de valse waarde van die munten, dreven er handel mee, brachten koper naar de Spaanse kusten en haalden het zilver en het goud en de andere waren weg. Het handelsverkeer vertroebelde door dat lelijke, lage metaal. De prijzen schoten omhoog en de goederen verdwenen. De uitgaven overtroffen inmiddels de opbrengsten, de afhankelijkheid van edelmetaal van overzee nam toe, en dat alles door de ontdekking van Amerika, waardoor wij onze landbouw begonnen te verwaarlozen.' Luis de León had het al een halve eeuw eerder begrepen.

Zo ver als Quevedo – die in zijn satires de plagen van advocaten, dokters, ambtenaren en andere profiteurs aan de kaak stelde – en Saavedra Fajardo in zijn koele, ontnuchterende essays gingen de meeste literaire genieën van de 'gouden eeuw' niet. Desondanks schemeren in de personages uit sommige drama's van Lope de Vega, Tirso de Molina, Ruiz de Alarcón en Calderón de la Barca trekken die het verval bevestigen, zoals de verlammende twijfel tussen de lichtzinnige liefde en de plicht in de strijd, het veroveren van vrouwen in plaats van land, het je mooier voordoen dan je bent en een overdreven eergevoel dat ontaardt in doodslag. Allemaal eigenschappen die in de tijd van Filips II en Karel V ondenkbaar waren, of althans nooit op de planken zouden zijn gebracht. De enige echt moderne literator van de Spaanse zeventiende eeuw was Baltasar Gracián, die niet voor niets door Richelieu werd gelezen en bewonderd. Deze jezuïet prees in zijn aforistische handleidingen de slimme, scherpzinnige, erudiete wereldwijsheid en liep daarmee vooruit op het achttiende-eeuwse savoir-faire en de cultus van 'praktisch inzicht'.

1648 betekende niet alleen het einde van de Spaanse wapenen, maar ook dat van de letteren. Alle groten waren gestorven. Alleen Gracián en Calderón leefden nog, maar voegden niets wezenlijks meer aan hun werk toe, met uitzondering wellicht van de *Criticón* (1651), waarin bij de jezuïet Gracián een terugkeer te bespeuren valt naar de voor die tijd kenmerkenden 'ontnuchteringsfilosofie'. De schilderkunst bloeide met Velázquez, Zurbarán, Alonso Cano, Sánchez Coello, Murillo, Carreño de Miranda, Valdés Leal. Aan de andere kant van de oceaan begonnen vooral Góngora en Quevedo school te maken. De periode van de kronieken was voorbij, de ingewikkelde poëzie – op tijden van geleerd onderzoek volgen altijd barokke tijden – stond in het zenit, met de Mexicaan Francisco Bramón en de Colombiaan Hernando Domínguez Camargo als voornaamste vertegenwoordigers. Over het algemeen mag worden geconcludeerd dat de Spaanse letteren binnen de grenzen van de katholieke orthodoxie bleven. Voor het speculatieve denken dat de filosofie vanaf Descartes (1596-1650) gaat kenmerken, was geen plaats – reden voor latere beschouwers om Spanje behalve op economisch ook op wijsgerig gebied een achterstand toe te dichten. Die kritiek is door Unamuno onderuit gehaald met de tegenkritiek dat Spanjaarden als Cervantes, Teresa de Avila en Calderón metafysisch gezien 'niet minder diep dachten dan Descartes, Spinoza of Kant'. En wat de pure wetenschap betreft, vervolgt Unamuno, moet worden vastgesteld dat die de mensen niet gelukkiger of wijzer heeft gemaakt. Unamuno was een tegenstander van inquisitie, maar dat het Heilig Officie het 'denken' zou hebben gedoofd, acht hij gelogenstraft door de geestrijkheid van de 'gouden eeuw'. De Spaanse filosofie van de gouden eeuw – in de trant van Montaigne en Justus Lipsius (met wie Quevedo correspondeerde) – wortelde in het oude besef dat het leven een kortstondige droom is, waarna ons het ontwaken in de eeuwigheid wacht. Dat rechtvaardigt de conclusie dat de zestiende en zeventiende eeuw in Spanje niet, zoals elders, een onoverkomelijke breuk met de Middeleeuwen betekenden. Het is typerend voor de Spaanse volksaard om het vooruitgangsgeloof met een korrel zout te nemen. Men werd te veel door het hiernamaals in beslag genomen om het sterfelijk bestaan serieus te nemen, klaagden de negentiende-eeuwse liberaal Cánovas del Castillo en de twintigste-eeuwse socioloog Domínguez Ortíz, een geluid dat representatief is voor de Spanjaarden van de laatste tweehonderd jaar die hun land graag mee opgenomen hadden willen zien in 'vooruitgang'.

DE EEN ZIJN DOOD IS DE ANDER ZIJN BROOD

Na 1648 was de rol van Spanje uitgespeeld. De Fransen drongen Vlaanderen en Italië binnen, maar Madrid had het te druk met opstanden in Aragon en Catalonië. De koning vaardigde zijn bastaardzoon Juan José van Oostenrijk met een leger naar Barcelona af om de orde in de stad te herstellen. In 1653, het jaar van het zoveelste staatsbankroet, ontnamen de Engelsen Spanje het eiland Jamaica. Pogingen om ook La Española (Santo Domingo) en de Canarische eilanden in te nemen, mislukten door toedoen van de plaatselijke bevolking. Omdat er geen zilvervloten meer in het moederland aankwamen, moest de kroon haar bankiers in kredietbrieven uitbetalen.

Tegen 1660 zat er voor Spanje niets anders meer op dan vrede te sluiten met Frankrijk. Bij het pact van de Pyreneeën verzwagerden beide koningshuizen zich met elkaar. Lodewijk XIV kreeg María Teresa, de dochter van Filips IV, tot vrouw, en daarmee uitzicht op de Spaanse troon. Spanje moest delen van Vlaanderen, alsook de Roussillon opgeven. Van zijn kant wilde de Zonnekoning de handen vrij hebben om Engeland en Holland aan te pakken. Dat was niet zonder perspectief, aangezien de twee zeevarende naties elkaar driftig bekampten en bovendien inwendig verdeeld waren. De sluwe handelsdieren van Holland, zoals Vondel ze noemde, hadden via Kaap de Goede Hoop hun greep op voormalig Portugees Oost-Indië verstevigd, maar schuwden intern iedere vorm van absoluut gezag. In Engeland was koning Karel I in 1648 door Cromwell onthoofd, maar in het buitenland, zowel in Den Haag als in Madrid, voerden de aanhangers van zijn zoon Karel II heftig oppositie tegen het puriteinse bewind van Londen. Cromwell had de katholieke monarchieën de oorlog verklaard, maar probeerde Frankrijk en Spanje tegen elkaar uit te spelen. Parijs wilde Vlaanderen, maar Holland wilde geen sterke zuiderbuur. Om zijn ambitie te verwezenlijken lag het dus voor de hand dat Lodewijk vrede sloot met Filips.

Filips mocht van Lodewijk proberen Portugal terug te winnen, maar daar voelde Holland niets voor. Om Lissabon ter wille te zijn, stond Den Haag Brazilië af voor acht miljoen gulden. Madrids poging om Portugal weer in te lijven liep op een vernederend debacle uit. Generaal Juan José van Oostenrijk, de held van Barcelona, werd in 1663 kansloos door het kleine land verslagen. Spanje had domweg geen soldaten meer. In datzelfde jaar vond er een moordaanslag op koning Filips IV plaats. Die mislukte weliswaar, maar alleen al het feit dat zoiets gebeurde wees op de treurige staat van de monarchie en van degene die ooit door Olivares 'de grote' was geheten, de koning die de 'zon' moest voorstellen waaromheen de 'planeten' van het machtigste rijk ter wereld zich wentelden. 'Als de koning niet sterft, sterft het rijk,' luidde een volksgezegde uit die jaren. In 1665 gaf hij de laatste snik, na tientallen oorlogen en vele territoria te hebben verloren. De Britse historicus Martin Hume omschreef het hof van Filips IV in 1907 als 'het vrolijkste en verdorvenste sedert Heliogabalus'. De koning zelf, heen en weer geslingerd tussen lichtzinnigheid en wroeging, werd door zijn volk op handen gedragen omdat het in hem de eigen feilen zag gepersonifieerd. Salvador de Madariaga, Spaans historicus van liberale signatuur, noemde de koning in 1930 'een zelfzuchtige man van de wereld'. De Franse marxist Pierre Vilar noemde hem in 1947 simpelweg een 'dwaas'. In de Spaanse geschiedenis staat de periode van Filips IV bekend als een tijd van spektakel en de bloemetjes buitenzetten. De kunst van het vleien, die de meeste literaire coryfeeën van de zeventiende eeuw niet vreemd was, steeg tot ongehoorde perfectie. Dat er van een 'gouden eeuw' sprake was, werd door niemand gevoeld of beweerd. De 'gouden eeuw' is een ontdekking van later, van de Duitse Romantiek, toen men de kunst los kon zien van de politieke situatie.

Olivares, de enige staatsman van betekenis die de Spaanse zeventiende eeuw heeft gekend, is in zijn eigen tijd, vlak voor zijn dood, verweten dat hij de kans om met Engeland een bondgenootschap te sluiten voorbij liet gaan. Met steun van Londen zou Madrid Holland hebben kunnen behouden en had Frankrijk niet de gelegenheid gekregen Habsburg te breken. Maar Olivares zou dan in zijn eigen ogen niet beter zijn geweest dan Richelieu. Het idee om met protestanten samen te werken kon er bij hem niet in. Pas na 1648, toen het te laat was, vonden de Spaanse diplomaten het niet meer gênant om samen met de Hollanders, de protestantse vijanden van weleer, het 'katholieke' Frankrijk in de wielen te rijden, ondanks het familiepact. Maar toen was Spanje geen gerespecteerd en geloofwaardig land meer.

DE TREURIGE TIJD VAN KAREL II

Als Filips IV op 17 september 1665 sterft, telt troonopvolger Karel II vier jaar. Zijn moeder, Mariana van Oostenrijk (de dochter van keizer Ferdinand III), neemt het regentschap waar, bijgestaan door haar biechtvader, de Oostenrijkse jezuïet Everardus Nithard. Nithard wordt benoemd tot grootinquisiteur en lid van de Staatsraad onder leiding van de graaf van Castrillo (opvolger van Haro) en de graaf van Peñaranda. Ieder rijksdeel is in die raad evenredig vertegenwoordigd, dit ter voorkoming van de desintegratie van Spanje. Castilië is niet langer overheersend. De decentralisatie komt tegemoet aan de verlangens van de verschillende provincies, maar spiegelt tevens de onmacht van Madrid om zich nog langer buiten het schiereiland te laten gelden. Lodewijk XIV maakt zich meester van de Franche-Comté (het laatste stuk Bourgondië) en trekt Vlaanderen binnen in de mening daarop recht te hebben krachtens zijn huwelijk met de Spaanse infanta María Teresa, zuster van Karel II. Terzelfdertijd moet Madrid de onafhankelijkheid van Portugal slikken.

De beledigingen van de kant van Frankrijk, ondanks het familiepact van 1660, en de regering van pater Nithard, die als 'buitenlander' werd gedoodverfd, doen het volk uitzien naar een Messias, en die denkt het te vinden in Juan José van Oostenrijk. Zijn naam roept de held van Lepanto in herinnering. Juan José is evenals zijn illustere voorbeeld een bastaard, vrucht van een van de vele avonturen van zijn vader Filips IV. Zijn moeder, een gevierde actrice uit de tijd dat Madrid één groot theater was, moet van de koning diens zonde in een klooster uitboeten, maar Juan José krijgt gedaan dat zijn koninklijke vader hem erkent en zelfs met loffelijke opdrachten belast. In Napels mag hij een opstand onderdrukken, maar tegen Portugal lijdt hij een schandelijke nederlaag. Om die blamage uit te wissen wil hij de eer van Spanje herstellen. Dat mag van het hof, mits hij bereid is zijn daadkracht in Vlaanderen te bewijzen door daar heldhaftig tegen de Zonnekoning aan te treden. Hij houdt het daar na nog geen jaar voor gezien.

In 1668 vertoont Juan José zich in Madrid, tot ongenoegen van zijn hekelaar Nithard, die een arrestatiebevel tegen hem uitvaardigt. Juan José vlucht naar Catalonië, wordt met open armen ontvangen en rukt van daaruit met een leger op naar de hoofdstad. Het volk staat achter hem. Nithard neemt de benen naar Rome. Regentes Mariana stelt haar hoop op een nieuwe gunsteling, de stalmeester en minstreel Fernando de Valenzuela, die algauw wordt gepromoveerd tot ridder in de orde van Santiago en tot markies van Villasierra. Deze kleurrijke figuur houdt het volk zoet met brood en spelen. Volgens sommigen was Valenzuela minnaar van de koningin. Vaststaat dat de veertienjarige en daarmee meerderjarige Karel hem in 1674 van zijn moeder als steun en toeverlaat kreeg opgedrongen.

Maar een deel van de adel voelt niets voor de nieuwe favoriet en probeert de ziekelijke Karel warm te maken voor zijn populistische bastaardbroer. Karel lijkt overstag te gaan, maar zijn moeder zet hem onder druk en dwingt hem Valenzuela tot grande te benoemen. De regeringsraad protesteert, de koning moet zijn parvenu laten vallen, maar roept vervolgens de hulp in van Juan José. Heel Madrid loopt uit om de redder binnen te halen. Deze verbant Valenzuela naar de Filippijnen en sluit koningin-moeder Mariana op in het Alcázar van Toledo. Als eerste minister belooft Juan José Spanje te hervormen, maar het ambtelijk apparaat is zo log en corrupt, de buitenlandse verliezen zijn zo desastreus, de financiële krapte is zo nijpend, misoogsten en pestepidemieën ondermijnen het moreel dusdanig dat er niets terechtkomt van nationale regeneratie. De korte 'dictatuur' van Juan José loopt uit op zijn dood en op de vrede van Nijmegen van 1678-1679, waarbij Spanje afziet van vele Vlaamse steden en de Franche-Comté. Bovendien moet Karel II trouwen met een familielid van Lodewijk XIV, Marie-Louise van Orléans. Ondertussen bezat de Franse koning al een uitgebreid netwerk van spionnen en gezanten in Madrid. Hij weet precies wat er omgaat. Parijs kent Spanje beter dan dat Spanje zichzelf kent.

Wat Lodewijk van Vlaanderen afhoudt is niet Madrid maar Holland, dat onder geen beding aan Frankrijk wil grenzen. Holland is evenwel continu in oorlogen met Engeland verwikkeld en het is intern verdeeld. De derde oorlog met Engeland leidt tot de moord op raadpensionaris Johan de Witt en tot de Franse invasie van 1672-1674. Net als in Spanje klinkt ook in Holland de roep om een sterke man, die in staat is Lodewijk op een afstand te houden. Omdat Engeland evenmin een machtig Frankrijk wil, blijft Vlaanderen nog even voor Spanje behouden. Dat ook Spaans Amerika, waar Hollandse en Engelse piraten vrij hun gang gaan, behouden blijft, ligt niet aan de regering van Karel II, maar aan de overzeese onderkoninkrijken zelf, die voldoende georganiseerd zijn om aanvallen op hun kusten af te slaan. Dat Catalonië behouden blijft, ligt niet aan Madrid, maar aan de angst van de Catalanen voor inlijving door Frankrijk.

Tussen 1680 en 1685 verkeert Spanje in een diep dal. De koning is totaal vervreemd van de politieke situatie. Hij is niet vroom, zoals zijn grootvader, of frivool, zoals zijn vader, maar bijgelovig en bloedeloos. Zonder de koningin, die hem als een patiënt verzorgt, kan hij niet leven. Tot het verwekken van een troonopvolger is hij niet in staat. De Franse diplomatie in Madrid houdt Lodewijk op de hoogte. De uit vierentwintig ambtenaren bestaande Staatsraad lijkt maar van één ideaal bezeten, aldus de marquis de Villars in *Mémoires de la Cour d'Espagne* uit 1679-1680: hoe geld binnen te halen. Daartoe wemelt het van de belastingtribunalen. In de plaats van het eens zo slagvaardige Spanje moet in 1683 de Poolse koning Jan Sobieski de Oostenrijkse keizer te hulp schieten bij het afslaan van de Turken voor Wenen. De overwinning wordt door paus Innocentius XI toegeschreven aan de Maagd Maria, zoals in 1571 paus Pius V de overwinning van Johan van Oostenrijk op diezelfde Turken aan Maria toeschreef. Maar de strijd tegen de Turken laat Lodewijk XIV onberoerd. Die maakt liever gebruik van de vierde Hollands-Engelse oorlog om zijn greep op Vlaanderen te verstevigen.

De verlamde administratie van het Spaanse imperium heeft geen geld. Er is niets om te exporteren omdat er geen industrie is. Twee derde van de uit Amerika binnenkomende zilverstroom verdwijnt meteen naar het buitenland. De vellones dalen in waarde, de bankroeten volgen elkaar op, in Toledo en Madrid komt de bevolking in opstand vanwege de honger, en zelfs de koninklijke familie heeft niet voldoende geld om zich van het ene paleis naar het andere te verplaatsen, zoals gebruikelijk was met het wisselen der seizoenen. Een poging van de graaf van Oropesa, vanaf 1685 eerste minister, om 'met behulp van joden het kapitalisme in te voeren' liep na vijf jaar op niets uit omdat de koningin stierf en de koning moest hertrouwen, wat een geheel nieuwe ploeg van belanghebbende hovelingen op de planken bracht, ditmaal van Oostenrijkse origine. Want in 1690 verbond Karel II zich met Mariana van Neuburg, de zuster van de keizer. Ze arriveerde in Madrid in gezelschap van Weense edelen, die van het volk groteske bijnamen kregen om hun incompetentie en hun intriges. Spanje werd opgesplitst in drie delen, elk met een eigen bureaucratie. Raden en tribunalen raakten in kluwens verwikkeld. Oropesa kon zijn belastinghervormingen niet doorvoeren. De kerk verloor haar laatste rest vitaliteit. De 'barok' werd topzwaar, om het minste geringste klonk alom het Te-Deum, religieuze festiviteiten sleepten zich maandenlang voort. Het intellect doofde. De haven en de universiteit van Sevilla, ooit de machtigste stad van Spanje, stierven. Het kleine Cádiz ging de plaats van Sevilla innemen.

Het tweede huwelijk van Karel II was tegen de zin van Lodewijk XIV, die daarom gewoon doorging met het beoorlogen van Spanje. Maar in 1697 kwam er met de vrede van Rijswijk een definitief einde aan meer dan tweehonderd jaar rivaliteit tussen beide landen. Frankrijk domineerde nu het Europese schaakbord, en omdat de Zonnekoning niets meer te vrezen had van Spanje – integendeel, hij voorzag dat het hem zou toevallen – besloot hij genereus te zijn door niet nog méér Spaans territorium op te eisen. De Franse politiek, die een eeuw lang gericht was geweest op het bevorderen van het Spaanse regionalisme, had er nu belang bij dat het land een hechte eenheid bleef. Spanje moest een zustermonarchie van Frankrijk worden, zodat Parijs de strijd kon aanbinden tegen Engeland, dat Holland had uitgeschakeld en waar sinds 1688 Willem III de macht van het protestantisme had hersteld. Lodewijk had bij de herroeping van het edict van Nantes de laatste protestanten uit zijn land verwijderd en pretendeerde de rol van Habsburg over te nemen, ofwel uit naam van het katholicisme de wereld te beheersen, maar dan wel met een kerk die volledig onderworpen was aan de staat. Evenals trouwens de adel. Van zo'n soort absolutisme was in Spanje nooit sprake geweest. Maar het Franse absolutisme zou in de achttiende eeuw tot een Spaans absolutisme leiden. Waren in de eerste helft van de zeventiende eeuw de Spaanse taal en gewoonten mode in Frankrijk, in de tweede helft van de eeuw werden het Frans en de Franse gewoonten mode in Spanje. Voordat Spanje echter de zuster van Frankrijk werd, verliepen er nog drie bizarre en pathetische jaren.

Na de vrede van Rijswijk voelde Karel II zijn einde naderen. Hij had geen troonopvolger kunnen verwekken, dus moest hij in zijn testament bepalen wat er met zijn land diende te gebeuren. Voor de troon waren drie kandidaten: de kroonprins van Beieren, de kleinzoon van Filips IV; aartshertog Karel, de tweede zoon van keizer Leopold van Oostenrijk; en Philippe van Anjou, de kleinzoon van Lodewijk XIV van Frankrijk. Karel II koos voor Beieren en verontrustte daarmee de Franse diplomatie in Madrid. Maar Lodewijks ambassadeur monsieur Harcourt wist op meesterlijke wijze de door Herr Harrach aangevoerde Oostenrijkse diplomatie in een hoek te drijven. De Oostenrijkers werden vanzelfsprekend gesteund door koningin Mariana, maar Harcourt slaagde erin de ene na de andere Spaanse grande om te kopen ten gunste van Philippe. De invloedrijke kardinaal Portocarrero voelde steeds meer voor Frankrijk. De koningin, die de zieke koning vanaf het begin van hun huwelijk overheerste, bleef de Oostenrijkse aanspraken behartigen. Karel II leed zo erg onder de strijd rond zijn troon dat hij spoken begon te zien. Hij voelde zich behekst, en zou ook de geschiedenis ingaan als 'de Behekste'. Het onvermogen om nageslacht te verwekken was wellicht het gevolg van hofintriges waarin buitenlandse belanghebbenden gemengd waren. De inquisitie begon zich met hem te bemoeien, zijn biechtvaders werden doorgelicht, een duiveluitdrijving vond plaats, maar achter al dat waanzinnige gedoe zat de strijd tussen de Oostenrijkse en de Franse facties. Op zijn sterfbed wist kardinaal Portocarrero de koning zover te krijgen dat hij zich uitsprak voor Frankrijk op grond van het argument dat dat land in elk geval wilde verhinderen dat Spanje uit elkaar viel. Oostenrijk werd gesteund door Holland en Engeland, die wilden verhinderen dat Frankrijk te sterk werd.

Op 1 november 1700 stierf de uitgeputte Karel II in het Escorial. Unamuno noemde hem een 'bleke bloem die neerwaarts nijgt'. Vergelijk de Karel I (V) van Titiaan met de Karel II van Juan Carreño de Miranda, en je ziet 'het verval gepersonifieerd'. 'Het is altijd tragisch de stompzinnigheid gezeten te zien op de troon,' schreef hij. Ortega y Gasset definieerde het Spanje van de zeventiende eeuw als 'een westelijk Tibet'. 'De nabijheid van de dood deed de levensdrift opvlammen en schiep een lugubere sfeer,' merkte Domínguez Ortíz op, als illustratie bij het 'finis gloria mundis' van de schilder Valdés Leal.

Het zeventiende-eeuwse Spanje gaf een gestage ontvolking van de steden te zien, met name van Sevilla en Burgos. De Cortes werden nauwelijks nog bijeengeroepen. Het centrale gezag bemoeide zich met alles. Naarmate het land aan internationaal prestige inboette, groeide de behoefte om een grande te worden. Men betaalde hoge sommen voor een functie, eerder om de 'eer' dan om het 'geld'. Wie geen geluk had in Spanje, trok naar de koloniën. Hier nam de bevolkingsaanwas toe. Landbouw, mijnbouw en veeteelt vormden er de basis van de economie. Ongeveer twintig procent van Spaans Amerika was blank. De overige tachtig procent bestond uit mestiezen, indianen, negers. De rassenvermenging maakte Spaans Amerika essentieel anders dan de wingewesten van Holland en Engeland, waar de blanken zich afzijdig hielden en enkel om de handel kwamen. De onderkoninkrijken van Nieuw-Spanje en Peru waren tamelijk autonome dochtermonarchieën van het moederland, met eigen aristocratie, hofsteden, kathedralen, universiteiten. Mexico-Stad was de grootste urbanisatie – rond 1700 telde het zo'n honderdduizend inwoners, van wie twintigduizend creolen of blanken en tachtigduizend indios –, gevolgd door Lima en Havana. De band van de godsdienst, de taal en de gewoonten hield de mensen bij elkaar. De orden van de franciscanen en de dominicanen leverden de missionarissen van het eerste uur, maar in de zeventiende eeuw waren het vooral de jezuïeten die hun stempel op het continent drukten. Meer dan de andere orden was die der jezuïeten geneigd de indiaanse elementen een plaats te geven binnen het christendom. Net als in Spanje bepaalden de jezuïeten ook hier het intellectuele en sociale klimaat, vanaf hun 'indiaanse utopie' in Paraguay via het onderwijs tot en met de hoogste literaire uitingen.

Tot de literaire lichten van Spaans Amerika behoren voor wat de tweede helft van de eeuw betreft: Francisco Núñez de Pineda y Bascuñán, die schreef over zijn gevangenschap onder de Chileense Araucanen en die de opvatting bestreed dat dezen ketters waren; de mesties Juan Espinosa Medrano, de aartsdiaken van de kathedraal te Cuzco, die Góngora verdedigde, zich in Thomas van Aquino verdiepte en een drama in het Quechua schreef; Juan del Valle y Caviedes, bijgenaamd de Peruaanse Quevedo maar bewonderaar van Góngora; de Mexicaan Carlos Sigüenza y Góngora, astronoom, schrijver van een schelmenroman en volgeling van Góngora, die de mening huldigde dat Spaans Amerika op het punt van 'geleerden' niet onderdeed voor Europa; en de non Sor Juana Inés de la Cruz, bijgenaamd de Tiende Muze, een wonderlijke vrouw van grote geleerdheid die in de beste traditie van de 'gouden eeuw' met haar gedichten en toneelstukken het Mexicaanse hof versteld liet staan, maar door een conflict met de kerkelijke autoriteiten moest afzien van haar literaire carrière. In zijn uitgebreide studie over Sor Juana, probeert de Mexicaanse auteur Octavio Paz aan te tonen dat zij, de laatste exponent van de 'gouden eeuw', afstand neemt van haar model Góngora en – hoewel nog ver van Descartes en Spinoza – niet meer honderd procent in het katholiek-orthodoxe kamp past, maar op modernere tijden vooruitloopt. Die zienswijze is waarschijnlijk niet vrij van eigentijdse projectie. Want met de inquisitie, die in Spaans Amerika minder te doen had dan in Spanje, kwam noch zij noch enige schrijver van betekenis in aanraking, hoewel moet worden toegegeven dat het Heilig Officie in de zeventiende eeuw nog maar een schaduw was van wat het onder Torquemada en Filips II was geweest.

8 Spanje onder de Bourbons

DE SUCCESSIEOORLOG

Eind zeventiende eeuw was het Spaanse volk uitgekeken op Habsburg. Het verre Oostenrijk werd verweten de schatkist mede te hebben uitgeput. Dat kwam door de kostbare legers in de Duitse contreien die constant paraat moesten staan voor 's keizers glorie. Men richtte de blik voortaan liever op het nabije Frankrijk en slikte het feit dat het nu juist de strategie van Parijs was geweest die het Spaanse imperium de nekslag had gegeven. Het imperium, zo klaagde José Cadalso (1741-1782) in zijn *Marokkaanse brieven*, die waren geïnspireerd op Montesquieus *Perzische brieven*, maar dan zonder revolutionare inhoud, was in 1700 'het skelet van een reus'. Zin om te rouwen had rond de eeuwwisseling nog niemand. Er moest gered worden wat er te redden viel, want de door Isabel en Fernando gesmede monarchie dreigde uit elkaar te spatten. En alleen Frankrijk – o ironie! – kon, en wilde, die ramp verhinderen.

In 1701 hield de hertog van Anjou, de zeventienjarige kleinzoon van Lodewijk XIV, zijn plechtige intrede in Madrid om te worden uitgeroepen tot koning Filips V. Zijn grootvader had hem de raad gegeven 'een goede Spanjaard te zijn, maar nooit te vergeten dat hij in Frankrijk was geboren'. De Spaanse ambassadeur in Parijs juichte 'dat er voortaan geen Pyreneeën meer zouden zijn'. Filips V moest Madrid beloven dat hij zou afzien van de Franse kroon, maar Lodewijk XIV wilde de mogelijkheid van opvolging door zijn kleinzoon openhouden. Die mogelijkheid vormde de directe aanleiding tot de zogeheten Successieoorlog, die de trekken vertoonde van een burgeroorlog. Engeland en Holland peinsden er niet over om een Frans-Spaans blok te tolereren, en Oostenrijk eiste Spanje op voor de keizerskroon. Om zijn binnenlandse positie veilig te stellen verzekerde de nieuwe koning Catalonië en Aragon dat hij hun privileges zou respecteren; Barcelona mocht zelfs rekenen op een aandeel in de handel met de Amerikaanse koloniën, van oudsher een Castiliaans monopolie.

Een jaar na zijn kroning moest Filips V aantreden tegen Engeland, Hol-

Karel III door Francisco Goya

land en Oostenrijk. De twee zeemachten – verenigd onder de protestantse *king Billy*, de uit Holland overgekomen Willem III – vielen de havens van Vigo en Cádiz aan teneinde Spanjes vaart op zijn deel van Amerika te blokkeren en hun greep op de Middellandse Zee te verstevigen. Terzelfdertijd liet aartshertog Karel, zoon van de Oostenrijkse keizer, zich in Wenen alvast tot koning Karel III van Spanje kronen, om kort daarop naar Lissabon te trekken en van daaruit met Britse steun een invasie voor te bereiden. Karel bleef Spanje tot aan 1711 infiltreren, met openlijke aanmoediging van Catalanen, Aragonezen en Valencianen. Even leek het land uiteen te vallen en opgedeeld te worden door Engeland, Oostenrijk en zelfs Portugal. Maar Frankrijk wierp zich met zijn volle gewicht in de strijd, zowel te land als ter zee. Voor die diensten bedong de Zonnekoning overigens een derde deel van het binnenkomende zilver, alsmede het lucratieve recht op slavenhandel met de koloniën. Desondanks verhinderde de Franse vloot niet dat Engeland Gibraltar inpikte, een verlies dat Spanje eeuwenlang zal irriteren.

Gedurende het 'rampjaar' 1706 marcheerden de 'geallieerden' de Spaanse Levant en Portugal binnen. Onder Engels toezicht maakte aartshertog Karel zijn entree in Madrid. Het volk van de hoofdstad bleek tegen zijn verwachting als één man achter Filips V te staan. Alleen in kringen van de hoge adel en clerus vond de Habsburgse pretendent wat schuchtere erkenning. Geen reden om de moed te verliezen, want Catalonië en Aragon hadden zich al uitgesproken ten gunste van Wenen, waarvan ze meer vrijheid verwachtten dan van de Bourbons. Lodewijk XIV zag zich door heel Europa in het nauw gedreven, wenste vrede tot iedere prijs en overwoog zijn kleinzoon terug te roepen. Maar Filips V bespeurde in de adhesie van Castilië een bevestiging van zijn roeping en hield stand. Die standvastigheid werd beloond.

In 1707 keert het getij. In dat jaar behalen de vijfentwintigduizend man sterke troepen van Spanje en Frankrijk onder leiding van de hertog van Berwick een overwinning op de vijftienduizend man tellende geallieerde strijdkrachten onder lord Galway bij Almansa. Filips V voelt zich hierdoor zo gesterkt dat hij de privileges van Aragon, Catalonië en Valencia intrekt en er de wetten van Castilië doorvoert. Maar de uiteindelijke beslissing valt vier jaar later. Het overlijden in 1711 van de Oostenrijkse keizer Jozef I noopt aartshertog Karel tot terugkeer naar Wenen om zijn vader daar als keizer Karel VI op te volgen. Engeland en Holland – nooit voorstanders van een hernieuwd Spaans-Oostenrijks imperium – blijken bij gemis van hun Habsburgse stroman plotseling bereid om Filips V als koning van Spanje te erkennen, mits de mogelijkheid op een toekomstige vereniging van Spanje en Frankrijk wordt uitgesloten. Lodewijk XIV en Filips V gaan overstag. De droom van een groot Latijns Bourbon-rijk is van de baan, maar Parijs en Madrid zullen voorlopig hun buitenlandse politiek op elkaar afstemmen tegen de andere grootmachten op het Europese schaakbord. Dankzij Frankrijk bleef Spanje voor desintegratie behoed, maar de prijs was hoog.

Want bij de vrede van Utrecht, in 1713, vervallen Gibraltar en Minorca aan Engeland. De Spaanse Nederlanden en de Spaanse bezittingen in Italië (Napels, Sicilië, Sardinië en Savoye) gaan over op Oostenrijk, waardoor Holland zijn buffer behoudt tegen de sterke zuiderbuur Frankrijk. Engeland verkrijgt het monopolie op slavenhandel met Spaans Amerika. Doordat Spanje een grensgebied met Brazilië moet afstaan aan Portugal – dat sinds 1640 een economische kolonie van Engeland is – wint Londen bovendien een vaste stapelplaats voor de koopvaardij op het zuidelijk halfrond. Het Spaanse imperium verliest dus al zijn Europese rijksdelen en wordt daardoor teruggeworpen op het schiereiland. Anderzijds is het voortaan verlost van de zware financiële lasten en de impopulaire lichtingen die het 'verspreide' karakter van de monarchie met zich meebracht.

'In 1700 begon de eeuw die veel zou verbranden van wat Spanje had vereerd en die veel zou vereren van wat Spanje had verbrand,' concludeerde Salvador de Madariaga. 'Vanaf Filips V werden we satellieten van Frankrijk,' treurde Julián Juderías. '1713 betekende het eindpunt van Spanjes macht en het begin van de eigentijdse geschiedenis,' opperde Pierre Vilar. Constateringen achteraf weliswaar, maar het lijdt geen twijfel dat in de achttiende eeuw voor het eerst het onbehagen aan het daglicht treedt dat tot het fenomeen van 'de twee Spanjes' zou leiden.

FILIPS V

De 'flinke koning' – zoals Filips door het volk werd genoemd, kennelijk vanwege zijn standvastigheid tijdens de Successieoorlog – was naar Spanje afgezakt met een Franse entourage van adviseurs onder aanvoering van de financiële expert Jean Orry. Het lag in de bedoeling van de jonge vorst om Spanje in te richten naar voorbeeld van Frankrijk, en dat hield het absolutisme in. De vroegere Habsburgse raden kregen de vorm van Franse ministeries. Aragon en Catalonië werden volkomen onderworpen aan Castilië. Orry voerde belastinghervormingen door, waarbij clerus en adel hun fiscale voorrechten kwijtraakten. De soldij ging omlaag; het aantal paleisfuncties daalde; wat restte van de 'Oostenrijkse factie' kreeg haar congé; de Salische wet werd van kracht (die vrouwen uitsloot van troonopvolging). Daags na de vrede van Utrecht hertrouwde Filips v. Zijn eerste vrouw, María Luisa van Savoye, had voor twee prinsjes gezorgd. Zijn tweede vrouw, Isabel van Farnese, zou hem nog zeven telgen schenken. Zij was de dochter van de hertog van Parma en als koningin van Spanje meende ze, met het oog op de toekomst van háár kinderen, Italië wederom te moeten veroveren. Ze domineerde de 'flinke koning' voldoende om zelf de politieke koers van Madrid te bepalen. Het huwelijk met Isabel van Farnese leidde tot het ontslag van de Franse raadgevers aan het hof, zoals Orry, Amelot en de prinses des Ursins, die de Zonnekoning naast zijn kleinzoon had gestationeerd. Madrid ging na de vrede van Utrecht op de 'Italiaanse toer'.

Wat het buitenland betreft verried de Madrileense gedragslijn de treurnis van een gewond prestige. De koninklijke diplomatie liet zich in het sluiten en breken van verdragen leiden door 'Gibraltar'. Die rotspunt moest hoe dan ook worden herwonnen. De korte vrede met Engeland (1720), de toenaderingen tot Oostenrijk (1725 en 1735) en de twee zogeheten 'familiepacten' met Frankrijk (1734 en 1743) leidden niet tot het gewenste resultaat. Pas in 1725, schromelijk laat, ontdekt de Spaanse buitenlandse dienst dat de gefixeerdheid op de kale steenklomp ten onrechte de aandacht had afgeleid van de Amerikaanse koloniën. Want juist daar sloeg Engeland continu zijn slag. De tussentijdse veronachtzaming kwam voor rekening van de koningin, die verstrikt was geraakt in haar Italiaanse ambities, waardoor Spanje nodeloos in conflict kwam met Oostenrijk. De bedillerige Isabel meende zelfs de Habsburgse kroon voor haar oudste zoon in de wacht te kunnen slepen. Eerst probeerde ze via haar favoriet, de tot kardinaal verheven eerste minister Julio Alberoni, beslag te leggen op Sicilië en Sardinië. Toen dat verkeerd uitpakte en ze blij mocht zijn dat ze Parma kon behouden, besloot de koning uit 'vrome overwegingen' af te zien van de troon ten behoeve van kroonprins Luis, de oudste zoon uit zijn eerste huwelijk. Maar de ministerraad vond de kroonprins te jong en de drieënveertigjarige koning nog niet oud genoeg. Toen de prins kort daarop stierf – volgens sommigen zou hij zijn vergiftigd door zijn stiefmoeder – floot een vergadering van theologen Filips terug naar de troon.

Een jaar later, in 1725, nam het koningspaar een Hollandse diplomaat-avonturier in de armen, baron Jan Willem van Ripperda. Ripperda beloofde in Spanje de textielindustrie tot ontwikkeling te brengen, maar spiegelde de koningin ook een groots project voor ten gunste van haar oudste zoon Carlos. Voor hem zou de baron in Wenen de keizerskroon bemachtigen en bovendien de Oostenrijkse diplomatie bewegen om bij Engeland op restitutie van Gibraltar aan te dringen. Dat initiatief, dat werd toegejuicht omwille van de gekwetste pointe d'honneur, bezorgde Ripperda de bevordering tot hertog, plus de functie van staatssecretaris van Spanje (wat het beheer van verscheidene ministeries inhield). Dat zijn geheime missie in Wenen mislukte, kwam doordat geen van de Europese grootmachten iets voelde voor herleving van de universele monarchie. En dat Ripperda uit de gratie viel, kwam door de impopulaire belastingmaatregelen die hij binnenslands afkondigde. Het volk eiste zijn aftreden. De koning liet hem arresteren en in het Alcázar van Segovia opsluiten. Door een list wist hij te ontkomen naar Marokko, waar hij zich tot de islam bekeerde.

Het nare gevoel zich door een oplichter te hebben laten beetnemen, schokte het hof wakker. De benoeming van Pepe Patiño tot eerste minister – eindelijk een echte Spanjaard! – luidde een tijd in van realistischer politiek, die gericht was op verbetering van het binnenland en de Amerikaanse koloniën. Met Patiño traden de eerste, zogenaamd 'verlichte' ministers aan: José del Campillo en de markies van Ensenada. Onder dit drietal begon Spanje met de organisatie van een nieuw leger en een nieuwe vloot, en met de wijziging van het financiële stelsel. Gibraltar bleef weliswaar hoog op de agenda staan, maar Spaans Amerika kreeg voorrang. Want in Europa viel nergens meer eer te behalen. Alle zeilen moesten worden bijgezet om de buitenlanders, met name de Engelsen, uit de overzeese rijksdelen te weren. Maar Londen prakkiseerde er niet over om de winstgevende vaart op Spaans Amerika zelfs maar te onderbreken. Het greep het feit dat de Spaanse autoriteiten de zeeschuimer Jenkins beide oren hadden afgesneden aan om Madrid de oorlog te verklaren. De nieuwe Spaanse vloot durfde geen directe confrontatie met de vijand aan en beperkte zich tot speldenprikken. Die konden niet voorkomen dat de Engelse invloed in de koloniën toenam, en daarom sloot Filips v in 1743 zijn tweede familiepact met Lodewijk xv, waarbij hij bleef hopen op Gibraltar en, onder invloed van zijn vrouw, op Italië. Dat laatste betekende weer ruzie met Oostenrijk, waar inmiddels Maria Theresia als keizerin was geïnstalleerd. Zodra Pruisen haar met rust liet, bij de vrede van Wenen van 1746, rukte ze met een leger op naar Milaan om de Spanjaarden te verjagen. Koningin Isabel had ondertussen wél bereikt dat haar zoon, de toekomstige Karel III van Spanje, het beheer kreeg over Napels en Sicilië. En daarmee was in elk geval een deel van de voormalige Italiaanse kroondomeinen terug onder de supervisie van Madrid.

In 1746 stierf Filips V, door sommigen beweend, door anderen onverschillig uitgewuifd. Van de 'flinke koning' wordt gezegd dat hij labiel en melancholiek was, een slaaf van zijn vrouw en zijn biechtvader. Op de Franse ambassadeur, Saint-Simon, maakte hij een vroegtijdig uitgebluste indruk ten gevolge van overmatige geslachtsgemeenschap. Hij introduceerde het ballet en de Italiaanse opera aan het steeds van standplaats veranderende Madrileense hof. Het aloude Alcázar met zijn vele kunstschatten was in 1734 afgebrand, maar rond de hoofdstad bevond zich nu een ring van buitenverblijven. Daar koos het koninklijk gezelschap er ieder jaargetijde één van. De Bourbons waren prachtlievender dan de Habsburgers en kostten de staat meer dan hun voorgangers.

HET CENTRALISME

Het bewind van de eerste Bourbon bracht een wijziging van het nationale bestuur met zich mee. Filips V had van zijn grootvader het advies gekregen om de macht van de grandes te reduceren, de clerus en de monastieke orden aan besluiten van de kroon te binden en alle provinciale voorrechten af te schaffen. Spanje moest even 'centralistisch' worden als Frankrijk. Dat kwam neer op verwezenlijking van de politiek die ooit Olivares voor ogen had gestaan. Maar Castilië, het centrum, was in de tijd van Olivares het welvarendste deel van Spanje. Nu, een eeuw later, bleek de periferie rijker. Dat moest tot spanningen leiden, die overigens pas in de negentiende eeuw echt aan het daglicht zouden treden. De hele achttiende eeuw bleef het, wat regionale aanspraken betreft, opvallend rustig. De voormalige ministeries van de Habsburgers werden tijdens de Bourbons 'secretarieën' onder direct mandaat van de rechterhand van de koning, ook wel staatssecretaris of 'eerste magistraat'. Onder hem ressorteerde een soort ministerraad met een geleidelijk groeiend aantal leden. De onderkoningen van Aragon, Valencia en Catalonië heetten voortaan kapiteins-generaal. De grote steden moesten genoegen nemen met rechtstreeks door de kroon benoemde bestuursambtenaren. De provincies kregen militaire intendanten, die waren belast met rechtspraak, industrie, wegen- en bruggenbouw, publieke gezondheid, enzovoort.

Madrid legde zowel civiele als militaire macht op aan de provincies. De centralistische politiek was erop gericht om zoveel mogelijk gelijkheid te scheppen. Dat kwam neer op voortdurende aanvaring met adellijke prerogatieven en klerikale ambities. Voor interne ruzie voelde de koning niets. Daarom bleven de meeste 'verlichte' maatregelen beperkt tot het papier. Veel meer dan de zeventiende was de achttiende eeuw een periode van plannen en compromissen. De roemruchte Cortes verdwenen. Het 'regalisme' vierde hoogtij, wat de onderwerping van kerkelijke zaken aan de kroon inhield, een logische consequentie van het 'cuius regio, eius religio'-principe sinds 1648. Met andere woorden: de staat seculariseerde. En daarbij speelden de jezuïeten – ofschoon ze voorvechters van Rome waren – de hoofdrol. Hoewel Spanje minder radicaliseerde dan Frankrijk, raakte ook in het oerkatholieke zuiden van Europa het 'geestelijke' steeds meer verslingerd aan 'het koninkrijk van deze wereld'. Priesters veranderden in ambtenaren en verloren met hun fiscale voorrechten ook het spirituele gezag dat ze onder de Habsburgers hadden genoten. Het Heilig Officie bijvoorbeeld verwaterde tot staatsinstituut onder een koninklijke regering die de religieuze beginselen waarop het ooit was gegrondvest, niet meer serieus nam.

De bevolking nam tijdens het bewind van Filips v toe van acht tot negen miljoen. Vijftien procent daarvan was van adel, vijftien procent behoorde tot de clerus. In het kader van de sociale gelijkschakeling probeerde de regering de situatie van te veel onproductieve en te veel werkloze landarbeiders tegen te gaan. Zonder succes, volgens sommige latere historici, maar over het algemeen waren de maatschappelijke verhoudingen in Spanje toentertijd minder schrijnend dan die in Pruisen en Oostenrijk, waar nog horigen of lijfeigenen voorkwamen. Overigens vertoonde het 'welvarende Engeland' een beginnend industrieproletariaat, waarvan de morele ellende nog niet te overzien was. In vergelijking met een renteniersrepubliek als Holland met zijn verpauperende onderlaag, een Frankrijk waar de adel zich weinig van het volk aantrok, of een middeleeuws Rusland is Spanje geenszins uitzonderlijk beklagenswaardig te noemen. Wat industrie betreft liep Spanje achter bij Engeland, Frankrijk en Holland. Men kon zichzelf net bedruipen. Van uitvoer was nauwelijks sprake.

Vanaf 1725 zag Madrid haar koloniën niet meer alleen als bron van edelmetaal – dat trouwens hoe langer hoe meer ter plekke opging aan de eigen inrichting – maar ook als leverancier van grondstoffen die men in in het moederland tot industrieproducten verwerkte. Kwamen in de zeventiende eeuw vooral goud en zilver van overzee, in de achttiende eeuw nam de aanvoer van cacao, koffie, suiker en katoen toe. Maar daartegenover stond dat ook het aandeel in die handel van het buitenland toenam. Vlaanderen, Engeland, Frankrijk, Holland, Hamburg en Genua pikten een aanzienlijk graantje mee, ondanks de poging van Madrid om het monopolie op het vervoer te behouden. De hoeveelheid Spaans-Amerikaans kapitaal dat de kroon bereikte slonk, zowel door het groeiende aantal 'tussenpersonen', als door het feit dat vloten zeer klein werden gehouden om Engelse kapers te omzeilen. Daniel Defoe beweerde in *Robinson Crusoe* (1719) dat de Spanjaarden armer zijn dan de Engelsen en de Hollanders 'omdat ze helaas veel minder verstand hebben van de slavenhandel dan hun concurrenten'.

Dat de Bourbons in Spanje de Franse tijd inluidden, is bekend. Hoe Frans, is een onderwerp van de polemiek. Over het algemeen nam in die tijd heel Europa deel aan de Franse mode. Zelfs in Engeland, waar het hof vanwege de 'Declaration of Rights', die vooruitliep op de constitutionele monarchie, minder absoluut was dan elders in Europa (met uitzondering van Holland), nam de gewoonte om schrijvers en kunstenaars te subsidieren institutionele proporties aan, naar voorbeeld van het hof van de Zonnekoning. In Spanje bestond die traditie al in de tijd van de Habsburgers. Maar Filips v gaf er een Franse wending aan. Onder zijn auspiciën kwamen er een Nationale Bibliotheek, een Academie van de Geschiedenis en een Koninklijke Taalacademie van de grond. De laatste was uitgeefster van het gezaghebbende *Diccionario de Autoridades*, die de volledige taalschat herbergde van wat de 'gouden eeuw' zou worden genoemd. Van de tijd van Filips v dateren eveneens de eerste schouwburgen, herbergen en cafés, alsook een opleidingsinstituut voor adellijke heren. Alles naar Frans model, maar voorzien van een lichtvoetige Italiaanse noot door toedoen van de koningin. Madrid kreeg een nieuwe brug over het riviertje de Manzanares, Barcelona zag de handel met Andalusië – het dichtst bevolkte deel van Spanje en marktplaats van de overzeese handel – opbloeien, Cádiz nam de rol van Sevilla als voornaamste uit- en aanvoerhaven over, Cartagena en Galicië kregen scheepswerven. Het belang van het kapitaal begon te wijken voor dat van land en werk. In het leger werden de roemruchte vendels van weleer vervangen door regimenten. Het aantal bedevaarten groeide en het stierengevecht, eens een adellijke sport, kreeg het karakter van volks vermaak.

HET MONOPOLIESTELSEL

Naar buiten toe moest Spanje al zijn krachten aanwenden om zijn nationale belangen te verdedigen tegen voornamelijk Engeland. Het monopoliesysteem hield in dat uitsluitend vanuit Spaanse havens gehandeld mocht worden met de Amerikaanse koloniën en de Filippijnen. Alleen Frankrijk verwierf een paar lokale concessies in ruil voor het escorteren van Spaanse vloten. De staat liet geen ruimte voor privé-ondernemers. De bureaucratie werkte traag en kon niet beletten dat de sluikhandel welig tierde. Buitenlandse kooplieden wisten in toenemende mate mazen te vinden in het monopolienetwerk. Ze werden gestimuleerd door creolen die graag met Engelsen en Hollanders handel dreven. Om piraterij te bestrijden werden de kusten van Spaans Amerika beschermd met wachtposten. Het onderkoninkrijk van Peru bleek te uitgestrekt om alle kusten efficiënt te bewaken – reden waarom er onder Filips v een derde onderkoninkrijk werd gecreëerd, Nieuw-Granada. Dat bestond uit het latere Colombia, Ecuador en Venezuela. Het eigen bestuur van dat nieuwe gebied maakte dat men niet meer op orders uit het verre Lima hoefde te wachten als de kapers aan de Caraïbische kust verschenen. Ook het onderkoninkrijk van Nieuw-Spanje, dat met Florida was verbonden via het door de Fransen afgestane Louisiana, kreeg een nieuwe indeling. Daardoor werd Guatemala als *capitanía general* onafhankelijker van Mexico-Stad. Hetzelfde gebeurde met *capitanía* Chili ten opzichte van Lima. De grens met Brazilië vormde een bron van twist met Portugal. De jezuïeten (niet alleen Spaanse, maar ook Vlaamse, Oostenrijkse en Italiaanse) hadden in Paraguay een indiaanse modelstaat gesticht, die regelmatig door op slaven beluste Portugese avonturiers werd afgestroopt. Madrid gaf daarom de gouverneur van Buenos Aires opdracht het grensgebied te versterken. Dat veroorzaakte dan weer problemen met de jezuïeten, die de status ambieerden van een 'staat binnen een staat'. Maar ondanks al die plaatselijke perikelen zijn de historici het erover eens dat het in de achttiende eeuw in Spaans Amerika tamelijk rustig bleef. Dat is vooral toe te schrijven aan de religieuze eenheid en de betrekkelijke zelfstandigheid van de koloniale autoriteiten ten opzichte van Madrid. De onderkoninkrijken gedroegen zich als satellieten van de metropolis, met hun eigen hofhouding, gerechtelijke instanties, kathedralen, universiteiten, theaters en beginnende industrieën. In 1714 verrezen er universiteiten in Havana en Caracas.

Evenals het moederland gaven ook de koloniën een aanwas van de bevolking te zien. Van de elf miljoen inwoners die Spaans Amerika omstreeks 1700 telde, was twintig procent blank. Verreweg het kleinste deel van die blanken waren de zogenaamde *peninsulares* of hogere ambtenaren, die rechtstreeks uit Spanje kwamen om de voornaamste administratieve posten te bekleden. De lagere ambten waren voor de *criollos* of creolen, blanken die in de koloniën waren geboren. De overgrote meerderheid van de bevolking bestond uit mestiezen, indianen, mulatten en negers. Die laatsten werden uit Afrika ingevoerd door de Engelsen en de Portugezen om op het land te werken. Het Braziliaanse Bahía was de voornaamste stapelplaats van de slavenhandel. Het Spaanse aandeel in die handel was beduidend geringer dan dat van Engeland, Holland en Portugal. Gezien de zwakte van Spanje moet gezegd dat de vrijwaring van de koloniën tegen buitenlandse inmenging over het algemeen slaagde. Maar dat succes kwam vooral voor rekening van de koloniale autoriteiten.

SPANJE IN 'VERLICHT' PERSPECTIEF

Het intellecuele klimaat van Spanje was tijdens de regering van de eerste Bourbon ronduit behoudend. Van echte kritiek – zoals van Swift, Hume en Berkeley in Engeland, en van Montesquieu, Voltaire en Diderot in Frankrijk – was geen sprake. De enige vermeldenswaardige auteur is Diego Torres Villarroel, wiens autobiografische schelmenroman uit 1743 een zeventiende-eeuwse traditie verraadt, aangevuld met wat eigentijdse folklore. Dat de macht van Spanje definitief was gebroken, betekende niet het einde van de zwarte legende. De voornaamste bijdragen daaraan komen uit Holland, uit de kring van de Franse hugenoot Pierre Bayle en de Amsterdamse predikant Philippus van Limborch, die in het kader van de tolerantie de Spaanse inquisitie aan de kaak stelden. De Franse abt Vayrac viel het op dat de meeste 'verlichte' reizigers Spanje karikaturaal afschilderden. Saint-Simon noemde de inquisitie 'misdadig'. Casanova typeerde de Spanjaarden als bevooroordeeld, xenofobisch, jaloers en lelijk. De Britse reiziger Smollett herhaalde dat Spaanse monniken geil en bijgelovig zijn. Maar Montesquieu spande in 1720 met zijn anoniem in Amsterdam gepubliceerde *Perzische brieven* de kroon. Daarin wordt Spanje verweten intolerant te zijn geweest jegens de joden, de inboorlingen van Amerika te hebben uitgeroeid, ketters te hebben verbrand en een klimaat te hebben geschapen dat vijandig is aan de menselijke rede. Montesquieu kon dit geschrift niet in Frankrijk publiceren vanwege het 'familiepact', maar zijn invloed op de achttiende-eeuwse beeldvorming van Spanje in het buitenland, en ook binnen Spanje, was groot. Handel, industrie, Holland, Engeland en Zwitserland golden voor Montesquieu als lichtbakens van de mensheid. Spanje fungeerde als symbool voor de achterlijke Middeleeuwen. Waren er in de zeventiende eeuw auteurs als Quevedo en Saavedra Fajardo, die het voor hun land opnamen, hun achttiende-eeuwse nazaten lieten het afweten. Ze beijverden zich veeleer om de opgelopen achterstand in te halen en zetten een streep onder het verleden. Die verloochening van de eigen traditie lokte weldra een reactie van patriottische signatuur uit.

FERDINAND VI

De drieëndertigjarige Fernando, de enige nog levende zoon uit het eerste huwelijk van Filips v, was al zeventien jaar gehuwd met de Portugese Barbara van Braganza. Het eerste wat hij na zijn troonsbestijging deed, was zijn stiefmoeder Isabel verwijderen. Dat betekende het einde van 'haar' Italiaanse politiek. De koers die de nieuwe koning uitstippelde, was bovendien minder exclusief op Frankrijk gericht dan voorheen. Ferdinand meende rechtstreeks te kunnen onderhandelen met Engeland en hoopte door een neutrale opstelling in buitenlandse aangelegenheden de binnenlandse achterstand te kunnen inlopen. Ter bevordering van een zo evenwichtig mogelijk beleid liet hij twee ministers met elkaar wedijveren. José de Carvajal moest Engeland paaien, en de markies van Ensenada moest Frankrijk tevreden houden, terwijl een derde minister, Melchor de Macanaz, de Spaans-Amerikaanse zaken in de gaten hield. Maar die inbreuk op het tweede familiepact wierp geen vrucht af. Tijdens de vergaderingen rond de vrede van Aken in 1748, waarbij Frankrijk moest afzien van de delen van de Oostenrijkse Nederlanden die het in de voorafgaande jaren had veroverd, stond 'Gibraltar' niet eens op de agenda. Engeland onderhandelde met Frankrijk, niet met Spanje. Ferdinand mocht alleen het Italiaanse Parma behouden. Het kort daarop gesloten handelsverdrag met

Engeland loonde evenmin. Integendeel, Engeland versterkte zijn greep op Portugal, dat geen ander middel van bestaan had dan het Braziliaanse goud, zilver en diamant, waardoor er een mercantilistische klasse van de grond kwam onder koning José I en diens machtige eerste minister, de markies van Pombal. Doordat het lot van Lissabon geheel in handen van Londen lag, kregen de Britten vaste voet in Brazilië. Vandaar konden ze via Portugese agenten de Spaanse koloniën binnendringen. Toen in 1756 de Zevenjarige Oorlog uitbrak, steunde Spanje Frankrijk en Oostenrijk tegen Engeland en Pruisen – reden om aan te nemen dat Madrid niet meer serieus op teruggave van Gibraltar rekende. De ministers Carvajal en Ensenada waren ondertussen van het toneel verdwenen.

Binnenslands veranderde er desondanks weinig. Vloot en leger werden vernieuwd. Om aan revenuen te komen voerde de kroon inkomstenbelasting door, waaraan zelfs de kerk niet ontkwam, dankzij toestemming van Rome. Het wegennet breidde zich uit, bruggen verrezen, de landbouw verscheen op de agenda. In tegenstelling tot Portugal, dat van puur kapitaal leefde, begon in Spanje het besef door te dringen dat de ware rijkdom van een land niet afhangt van zijn goudvoorraad, maar van ontginning van zijn bodem. Irrigatiewerken waren niet voldoende. De adellijke en kerkelijke grondbezitters dienden initiatieven te ontplooien en werkloze arbeiders een middel van bestaan te geven. Helaas misten ze daartoe de mentaliteit. De alomtegenwoordige schapenteelt vereiste minder inspanning, en het zou nog even duren voordat de bodem productief gemaakt werd. De nieuwe fysiocratische ideeën bleven voorlopig liggen op de schrijftafels van de ministers. Dat het monopoliesysteem met betrekking tot de handel op de koloniën onvoldoende werkte, besefte Madrid terdege, maar men dacht er niet aan om het buitenland concessies te verlenen. Amerika was alles wat er van het eens roemruchte imperium restte, en daar moest Engeland van afblijven. Hoewel Portugal vanwege de koningin als bevriende natie werd beschouwd – Madrid aarzelde niet om voor de aardbeving van Lissabon in 1755 in de buidel te tasten – ging de concurrentiestrijd in het Plata-gebied onverminderd voort. De jezuïeten hadden in hun missiegebied zo'n dertigduizend Guaraní-indianen bewapend om het hoofd te kunnen bieden aan Braziliaanse slavenjagers. Maar de jezuïeten waren Madrid een doorn in het oog, omdat ze zich niets wilden aantrekken van de koloniale autoriteiten. De kroon kon weinig uitrichten. De Sociëteit van Jezus, de ooit idealistische creatie van de gedreven Ignatius van Loyola, was halverwege de achttiende eeuw uitgegroeid tot de grootste macht van katholiek Europa. De strijd om de suprematie tussen de monarchie en de Sociëteit zou eerst tot een uitbarsting komen na de dood van Ferdinand, die in 1759 kinderloos stierf. De geschiedenis vermeldt dat hij hield van jacht en theater. In zijn plezierpaleis te Aranjuez liet hij complete zeeslagen naspelen. De Italiaanse opera vierde tijdens zijn bewind hoogtijdagen, met inbreng van de beroemde zanger Farinelli en de pianist Scarlatti.

Op literair gebied rukte de verfransing op. Ignacio Luzán deed in 1757 een *Poética* verschijnen die was geënt op Boileau: kunst diende leerzaam en opvoedend te zijn, het toneel moest de aristotelische waarschijnlijkheid in acht nemen, en de zeventiende-eeuwse barokliteratuur gold als verwerpelijk. Pater José Francisco de Isla (1703-1781) nam in zijn schelmenroman *Fray Gerundio* de pseudo-heiligheid van geestelijken op de hak en stelde voor om de godsdienst van haar franje te ontdoen. Maar de belangrijkste auteur uit deze periode is zonder twijfel Benito Feijóo (1676-1764), die nimmer zijn geboortestreek Galicië verliet, ondanks een uitnodiging van de koning om naar het hof te komen. Feijóo schreef meer dan honderd redevoeringen (*Teatro Crítico*) en een serie erudiete brieven (*Cartas eruditas y curiosas*), waarin hij alle kanten van de samenleving en de openbare meningsvorming onder de loep legde. Geen wetenschappelijk gebied liet hij onaangeroerd. Onverstoorbaar bestormde hij de 'valse opinies' van de massa, het bijgeloof, het fanatisme, de onwetendheid. In tegenstelling tot Engeland en Frankrijk – waar scepticisme en atheïsme het intellectuele klimaat beheersten en waar ook over de religie werd nagedacht – was Spanje officieel geheel godsdienstig, maar ontdaan van de religieuze diepgang van twee eeuwen geleden. Men vindt er dus enerzijds geen Bolingbroke, Voltaire, Diderot of Hume, en anderzijds evenmin een Berkeley of Samuel Johnson. Feijóo verdiept zich niet in metafysische problemen, maar des te meer in sociale. Hij betoont zich een voorstander van het fysiocratisme, de natuurkunde, de geschiedschrijving, mits gebaseerd op feiten. Hij is tegen overdreven nationalisme, roemzucht, neologismen in de taal en de cultus van het buitenland. Feijóo neemt afstand van zowel Franse nieuwlichters als bekrompen traditionalisten. Hij belichaamt de 'verlichting op zijn Spaans': laat de Spanjaard alles wat bruikbaar en nuttig is van het buitenland overnemen, maar laat hij zich hoeden voor de deïstische filosofie van Hobbes, Locke en volgelingen. Wat Feijóo bepleit, is de bezonnen middenpositie in de intellectuele debatten en de opinievorming van zijn tijd. Extremisten van beide kanten bestreden Feijóo. Dat blijkt uit het feit dat koning Ferdinand, die zeer met diens werk was ingenomen, hem onder officiële bescherming moest stellen. Die extremisten – behoudenden en traditionalisten aan de ene kant, verfransten en aanhangers van de Encyclopédie aan de andere kant – vertegenwoordigen het beginstadium van de 'twee Spanjes'. De 'middenpositie', nu nog door Feijóo ingenomen, zal moeilijker worden met het voortschrijden van de tijd. Hier ligt de diepste oorzaak van de vele burgeroorlogen die Spanje in de komende eeuwen te wachten staan. De invloed van het buitenland is daarbij onmiskenbaar, vooral – in deze periode – het vernietigende oordeel over Spanje van de alom gelezen Voltaire, die in zijn zogenaamd wetenschappelijke *Essai sur les moeurs et l'esprit des nations* (1740-1759) weer eens de zwarte legende voedsel geeft met de bekende ingrediënten en Spanje voorstelt als een achterlijk land. Dit bracht de meeste nadenkende Spanjaarden ofwel aan het twijfelen, ofwel tot verzet. Men moest ofwel snel de verloren tijd inhalen, ofwel zich afsluiten. Slechts enkelingen bleek het gegeven om én de Encyclopédie plus de daarmee samenhangende wetenschapsfilosofie te relativeren, én een verstandig oordeel te hebben over het eigen verleden. De meesten sloten zich bij het ene of het andere kamp aan. De indrukwekkende religieuze diepgang die het Spanje van de zestiende eeuw had gevormd en die het wezen van zijn identiteit bepaalde, bestond niet meer. De schrijvers van nu waren oppervlakkige opiniemakers die kritiekloos buitenlandse modellen volgden.

KAREL III

Karel III was drieënveertig jaar oud en hij was al sinds 1734 koning van Napels. Zijn vrouw, een Saksische prinses, had hem dertien kinderen geschonken, dus hoefde hij na haar dood, daags na zijn troonsbestijging, niet te hertrouwen. Hij ging de geschiedenis in als de gepersonifieerde gelijkmoedigheid en de bonhomie zelve. Met hem culmineerde het 'verlichte despotisme', waarvan elders in Europa keizer Jozef II van Oostenrijk en koning Frederik II van Pruisen de saillantste toonbeelden waren. Adel en volk droegen hem op handen. Het zou dan ook niet, zoals in het Frankrijk van Lodewijk XVI, tot een revolutie komen. Schilderkunst en jagen waren zijn voornaamste liefhebberijen. Die laatste, die werd opgevrolijkt door de uitvinding van het geweer, leefde hij uit rond de paleizen van het Pardo, de Granja (Segovia), Aranjuez en het Escorial. Het frivole Buen Retiro, dat eens door Olivares was gesticht om de koninklijke familie van het sombere Alcázar te verlossen, reserveerde hij voor de opvoering van Italiaanse opera's en de fabricage van porselein. Madrid kreeg onder zijn bestuur bestrating en lantaarns. Hij bouwde de Puerta de Alcalá en het Prado, dat met zijn boomrijke wandelalleeën in de achttiende eeuw bij uitstek het rendez-vous werd. De Plaza Mayor, trefpunt tijdens de Habsburgers, verloor zijn portee. Madrid groeide in die tijd naar de tweehonderdduizend inwoners, op een nationale bevolking van elf miljoen. Het was vergeleken bij de zeshonderddduizend van Parijs en de negenhonderdduizend van Londen een kleine hoofdstad. Van de andere Spaanse steden haalde alleen Barcelona de honderdduizend. Sevilla, eens de grootste en welvarendste metropool, reikte niet verder dan veertigduizend. Rond datzelfde aantal schommelden de andere belangrijkste steden: Valencia, Zaragoza, Málaga, Murcia en Granada.

Uit Napels bracht de koning een paar Italiaanse ministers met zich mee, de markiezen van Squillace en Grimaldi, alsmede zijn hofschilder Antonio Rafael Mengs. Hoewel hij aanvankelijk nog, net als zijn voorgangers, de regering aan één enkele secretaris overliet, nam tijdens zijn bewind het aantal ministeries toe tot zeven: Staat, Justitie, Kerkelijke Zaken, Financiën, Marine, Oorlog en Indiën. Het verkeer tussen de koning en de ambassades werd aan een officieel ritueel gebonden, waarbij de gezanten van Frankrijk en Napels voorrang genoten. Centralisatie en uniformering waren de uitgangspunten van de nieuwe koning. Interne grenzen en douane moesten verdwijnen ter bevordering van de vrije circulatie; provinciale en gemeentelijke autoriteiten moesten wijken voor de Madrileense regering. De Cortes waren eigenlijk al opgeheven. 'Hervorming' was in die jaren het wachtwoord. Instituties, bureaucraten, wetten, documenten waren het resultaat. Belastingen werden niet zozeer verhoogd als wel uitgebreid, onder andere door heffing van accijns op artikelen als tabak en zout. Een aparte vondst van de koning was de loterij, die werd opgericht om de inkomsten van de kroon te vergroten.

Voornaamste steunpilaar van de koninklijke macht was de adel. Die bestond uit zo'n honderdtwintig grandes: hertogen, markiezen, graven, waaronder oude namen als Béjar, Frías, Infantado, Alva, Medina de Río-seco. Net als in Frankrijk gedroeg de adel zich gehoorzaam jegens de kroon. Men zat bij voorkeur aan het hof, waar de tijd opging aan laat opstaan, tafelen, vormelijke bezoeken, het bijwonen van de mis, zo men zich niet in bestuurlijke functies verdienstelijk maakte. Adellijke kinderen leerden op school rekenen, aardrijkskunde, geschiedenis, godsdienst, gepopulariseerde filosofie. Daarna gingen ze naar de universiteit, maar vergeleken bij vroeger vertoonde het geestelijk klimaat duidelijke sporen van vervlakking. Salamanca, dat in de zestiende eeuw de vergelijking kon doorstaan met de grootste geleerde centra van Europa, was provinciaal geworden. Van de tweeëntwintig universiteiten gold Alcalá als de gewichtigste, met maar liefst twaalf leerstoelen voor theologie. Maar de polemische discussies rond de filosoof Francisco Suárez en de controverse over vrije wil en voorbeschikking tussen jezuïeten en ietwat jansenistisch getinte dominicanen, beroerde niemand meer. Het Latijn daalde in prestige. Praktische kennis en proefondervindelijk onderzoek deden opgeld. Men leerde wat Frans, men danste en schermde. Leger en marine, voorheen toevlucht voor ieder die zich voor de eer van het imperium wilde onderscheiden, waren vervallen tot louter façades, ondanks de Pruisische tucht die er heerste. Omdat de meeste hidalgos (verpauperde lage adel) weinig voor het leger voelden, moest de kroon de dienstplicht invoeren en bij gebrek aan nationale manschappen ook Italianen, Vlamingen en Zwitsers rekruteren. Wie ondanks de forse salarissen geen hoge rang in het militaire leven ambieerde, probeerde via de kerkelijke hiërarchie op te klimmen. Spanje telde onder Karel III acht aartsbisdommen en achtenvijftig bisdommen, met een totaal van rond honderdzestigduizend geestelijken. Dat hoge aantal celibataire mannen, en in mindere mate vrouwen, was de verlichte regering een doorn in het oog. Het land – redeneerde men – had mankracht nodig en de bevolking diende te stijgen. De inquisitie, die was gedevalueerd tot een binnenlandse veiligheidsdienst, kende nog altijd elf provincietribunalen en een aantal eigen gevangenissen, maar van de circa vierduizend zaken die het Heilig Officie in de achttiende eeuw aanspande, had nog geen tien procent te maken met judaïsme, protestantisme of echte ketterij. Men vervolgde nu gesjeesde of onzedelijke priesters, pseudo-mystici, vloekers, tovenaars, sodomieten en bigamisten, afgezien van een paar verdwaalde vrijmetselaars en encyclopedisten.

Tweederde van de grond werd beheerd door adel en clerus. Die diende hoofdzakelijk voor het fokken van schapen in verband met de verwerking van wol. Tijdens de regering van Karel III klonk de roep om akkerbouw, want daarin lag, volgens de nieuwe filosofie der fysiocraten, de ware bron van rijkdom. Bovendien zouden daardoor de vele bezitloze dagloners aan een nuttige bestemming worden geholpen. De verlichte ministers wilden het land verlossen uit 'dode handen', maar de heren werkten niet mee en de oppermachtige veehoudersbond traineerde alle plannen voor invoering van een intensievere bebouwing. Vergeleken bij Frankrijk, waar in elk geval kleine boeren voorkwamen, bood de Spaanse provincie met zijn werkloze landarbeiders een armoedige aanblik. Wie niet tot de geestelijke of de adellijke stand behoorde, was ambtenaar, soldaat, student, handwerksman, koopman of bediende. Wie hogerop wilde werd advocaat of dokter, fabrikant of 'tussenpersoon'. Maar de scheiding tussen edelman en burger bleek onoverbrugbaar en de verdeling van de welvaart bleef zeer ongelijk. Van een derde stand viel nog niets te merken, in tegenstelling tot Frankrijk, waar de filosofen een grote invloed hadden op de publieke opinie en men een voorbeeld nam aan Engeland, waar kroon en burgerij dankzij de constitutionele monarchie de welvaart leken te hebben uitgevonden. Het Britse 'succes' was een gevolg van ongeremde ondernemingslust. Wie zichzelf verrijkte, verrijkte zijn land, zo luidde het parool. Dat de wingewesten werden leeggezogen, de slavenhandel schaamteloze proporties aannam, de landbouw werd opgeofferd aan het productieproces – wat een niet alleen bezitloos, maar bovendien ontheemd proletariaat veroorzaakte – drong niet door tot de Franse anglofielen, laat staan tot de Spaanse elite. Men zag alleen de buitenkant.

En die buitenkant was de economie. Als je die stimuleerde – zo leerden Britse utilitaire filosofen als Jeremy Bentham – dan werd de mens vanzelf gelukkig. Zo kwamen er in Spanje 'economische verenigingen van vrienden van het land' van de grond, naar Zwitsers model. Fabrieken verrezen ten behoeve van de eerste industrie, namelijk ijzer, zijde, glas, porselein, textiel. De vrije handel nam een aanvang, en dat betekende een inbreuk op het traditionele staatsmonopolie. Dat zou weer van aanzienlijke invloed zijn op de onafhankelijkheid van de Spaans-Amerikaanse koloniën, in het begin negentiende eeuw. Tot voor kort kon alleen vanuit bepaalde havens en door vaste gilden van kooplieden met de transatlantische gebiedsdelen gehandeld worden. Vanaf 1780, kort na de onafhankelijkheid van de Verenigde Staten van Noord-Amerika, kregen vrije exploitanten meer kansen. De nationale schatkist kon het exclusieve beheer niet langer aan. Men stelde zijn hoop op de nieuwe filosofie van Adam Smith, die poneerde dat de welvaart vanzelf toeneemt als men privé-initiatieven op hun natuurlijk beloop laat. De staat moest zo min mogelijk interveniëren. Dat die zienswijze het recht van de sterkste in de hand werkte, zowel wat individuen als wat volken betreft, ontging de verlichte plannenmakers niet. En daarom bleven er protectionistische maatregelen volgen, die de invoer van buitenlandse producten sterk beperkten en de afzet van nationale artikelen op de eigen, hoewel onvoldoende ontwikkelde markt garandeerden. Van export was, met uitzondering van Catalaanse textiel, hoegenaamd geen sprake. De staat hield het economisch verkeer onder controle en deed er alles aan om buitenlandse zakenlieden die op de Spaanse en Spaans-Amerikaanse markten hun slag wilden slaan, tegen te werken. Het enige verschil met vroeger was dat nu heel Spanje met Amerika handel mocht drijven, en niet alleen Castilië en Andalusië. Over het algemeen genomen bleef de monarchie een sterk autarkisch karakter houden. De oppositie tussen Madrid en de in welvaart toenemende periferie zou pas in de negentiende eeuw tot een conflict leiden.

DE OPHEFFING VAN DE SOCIËTEIT VAN JEZUS

Twee jaar na zijn aantreden sloot Karel III het derde familiepact met Frankrijk, dat vooral gericht was tegen Engeland. Daardoor werd Spanje meegesleurd in de oorlogen van het zusterland in zulke verre gebieden als Canada en India. Reden voor Engeland om de Spaanse kolonie Florida te overweldigen en via Portugees Brazilië zijn invloed over het Plata-gebied uit te breiden. In 1766 bracht een paleisrevolutie de Italiaanse ministers van de koning ten val. De aanleidingen vormden de belastingverhoging en een verbod op het dragen van lange capas en breedgerande hoeden, naar goed Spaanse traditie. De oorzaak was de strijd tussen de Italiaanse factie en een aantal talentvolle Spaanse edelen die zelf graag minister werden. Achter die rivaliteit ging een nog neteliger probleem schuil, namelijk de macht van de jezuïeten. Degenen die overal het koninkrijk van deze wereld dienden, werden nu door datzelfde koninkrijk geveld. Al in 1759 waren de jezuïeten Portugal uitgezet door de markies van Pombal. Frankrijk deed vijf jaar later hetzelfde. In Napels, Beieren en andere Duitse deelstaten moesten de jezuïeten eveneens hun biezen pakken. In 1767 was het de beurt aan Spanje. De koning, die bijval kreeg van de andere religieuze orden (en uit de verte wellicht aangemoedigd door de vrijmetselarij), had schoon genoeg van hun bemoeizucht, vond ze te pausgezind en kondigde een uitwijzingsedict af dat ook voor de koloniën gold, met als gevolg dat her en der het onderwijs in elkaar stortte en er een eind kwam aan de missies in Paraguay en andere Spaans-Amerikaanse gebieden.

Van de drieduizend Spaanse jezuïeten zochten de meesten een heenkomen in Italië, maar in 1773 ontbond paus Clemens XIV de Sociëteit van Jezus. De Spaanse staat nam haar bezittingen over en maakte van de gelegenheid gebruik om de kerk aan hogere belastingen te onderwerpen, tot ergernis van kardinaal Lorenzana, primaat van Toledo en algemeen-inquisiteur, die de kroon van ketterij beschuldigde. De nieuwe ministers die Karel III benoemde – de graven van Floridablanca en Aranda, fervente tegenstanders van de jezuïeten – voerden in het vervolg een politiek die was gericht op de inperking van de kerkelijke macht. Het al bestaande 'regalisme' werd nu ronduit 'hispanisme', naar voorbeeld van het Franse 'gallicanisme'. Daartegen verzetten zich de zogenaamde ultramontanen, die de rol van de kerk in de staat terug wilden. Maar Aranda, een vriend van de Franse filosofen, bleef tot 1773 president van de Raad van Castilië, terwijl Floridablanca, eveneens voorstander van verlichte ideeën, tot 1792 aanbleef. De andere ministers – zoals Arriaga, Campomanes, Roda, Urquijo – stonden niet minder vijandig tegenover de kerkelijke macht, zodat de ultramontanen het voorlopig bij protesten lieten. De nieuwe ministers mochten dan adepten van de verlichting zijn, vrijmetselaars vond je niet onder hen. Ze hielden zich uiterlijk aan de gevestigde religie. In de inquisitie geloofden ze niet meer, en allerlei vormen van volkse vroomheid legden ze aan banden, zoals boeteprocessies, heiligenverering en mysteriespelen. Ook het stierengevecht werd tijdelijk verboden. Als er in Spanje in de achttiende eeuw van een 'revolutie' kan worden gesproken, kwam die van bovenaf. Zoals in het Oostenrijk van Jozef II, die de kerk in Vlaanderen muilkorfde. Maar openlijk toegeven dat de koning niet meer in zijn goddelijke roeping geloofde, zoals in het Pruisen van Frederik II, ging Spanje te ver. Daar was het volk nog niet aan toe.

DE ANTI-ENGELSE POLITIEK

In 1775 ondernam Spanje, met als aanleiding de bedreiging van Napels door de Turken, een expeditie naar Noord-Afrika, die op een fiasco uitliep. De vloot was weliswaar sterk, maar de zeelieden bleken te slecht opgeleid. Toen de Verenigde Staten zich in 1776 zelfstandig verklaarden, haastte Spanje zich om samen met Frankrijk het gehate Engeland te beoorlogen en Washington te erkennen. Dat met die actie het lot van de eigen koloniën op het spel werd gezet, besefte de regering nog niet. Die was er nog steeds opuit om Gibraltar te heroveren. Doch tevergeefs. Alleen Minorca en Florida keerden terug onder de kroon. Om Portugal en Engeland weg te houden uit Zuid-Amerika creëerde Madrid een vierde onderkoninkrijk, dat van de Río de la Plata, met een van Lima onafhankelijk bestuur te Buenos Aires. Die achttiende-eeuwse administratieve herindeling van het oorspronkelijk uit twee onderkoninkrijken bestaande Spaans Amerika bevorderde dat het gebied na de onafhankelijkheid in vele republieken uiteenviel.

Twee jaar nadat hij Spanje een nationale vlag had gegeven, stierf koning Karel III. Twintigduizend requiemmissen werden opgedragen voor zijn zielenrust. De theaters bleven gesloten. Omdat zijn oudste zoon dement was, volgde zijn tweede zoon hem op als Karel IV.

VERFRANSTEN EN SPANJOLISTEN

De adellijke top van Spanje mocht verlicht zijn, antikerks en pro-vooruitgang, het volk bleef pausgezind en hield vast aan de oude gewoonten. In hoge kringen heerste de koude casuïstiek van jezuïtische herkomst, aan de onderkant bloeiden de processies, de bedevaartstochten, de lekenbroederschappen, de verering van het Heilig Hart en bovenal die van Maria, die in haar hoedanigheid van Onbevlekte Ontvangenis in 1780 tot patrones van Spanje werd uitgeroepen. De kennis van de godsdienst was zeer gering en de meeste priesters hadden de bijbel nog nooit gelezen. De religie was volledig met de volksaard vergroeid. Maar het volk minachtte de intellectuele bovenlaag en besefte dat de heren op het punt van de godsdienst alleen nog de schijn ophielden. Wie wat geleerd en gelezen had, nam Franse gewoonten aan of ging zich juist in protest daartegen Spaans gedragen. Zo doemden er in de steden allerlei nieuwe 'typen' op: verfranste petit-maîtres (in Nederland, waar je ze ook had, noemden Betje Wolff en Aagje Deken hen 'gouden torren' of 'zomerkapelletjes'), fatjes, snobs; anderzijds *manolos* en *manolas*, Spaanser dan Spaans uitgedost, trots op de eigen buurt, met name het Madrileense Lavapies. Ook onder de lagere adel waren er die zich, uit verzet tegen de verfransing, Spaans voordeden en zich opdoften als *majos* en *majas*. Vooral in de theaters leefden die typen zich uit, niet alleen als acteurs, maar vooral als publiek. Of men zich nu als verfranst aanstelde, of als een Spanjool gedroeg, onnatuurlijk bleef het. Gekunsteldheid was troef. Behalve het theaterleven, raakten ook het caféleven en de *tertulia* in zwang, een gemoedelijkere variant van de pretentieuze Parijse salon.

De best opgeleiden hielden zich bezig met sociaal-economische thema's, de opvoeding en de vertaling van Franse klassieken als Molière, Boileau, Buffon, Bossuet en geleidelijk aan ook encyclopedisten als Montesquieu en Voltaire, hoewel die laatsten zeer tegen de zin van de inquisitie. De barok week voor het neoclassicisme. Poëzie en toneel moesten 'nuttig' zijn en zich aan de aristotelische principes houden. Het theater van de zeventiende eeuw gold in Franse ogen als barbaars. Tot die conclusie kwamen ook Nederlandse verfransten zoals de schrijfsters van *Sara Burgerhart*, die 'Lopos de Vega' verward noemden. Een figuur als Lessing, die in Duitsland tegen de Franse mode in Shakespeare en Calderón durfde te prijzen, kwam in Spanje niet voor. Het enige 'dramatische' antwoord dat de Spanjaarden vooralsnog op hun doodse neoklassieke theater hadden, waren de farce en de klucht. Van Ramón de la Cruz bijvoorbeeld, die het straatleven op de planken bracht en het volk weergaf zoals het was in plaats van het op te voeden.

In Engeland en Frankrijk was de achttiende eeuw de tijd van het nieuwe denken, mede als gevolg van de ruimtelijke uitbreiding, de verlegging van het collectieve verleden naar achteren, de feitencultus, de wetenschapsvertakking. Maar empirisme, deïsme, scepticisme en atheïsme vonden in Spanje geen ingang. Ook het nieuwe sociale besef à la Rousseau, alsmede de nieuwe rassentheorie, die ervan uitging dat niet alle mensen van Adam afstamden, maar verschillende ontstaansgeschiedenissen hadden, drong niet in Spanje door. Alleen de praktische kanten van de Verlichting – de bevordering van handel en industrie, de natuurwetenschappen, de uitvindingen op het gebied van de geneeskunst, technische verbeteringen – werden nagevolgd. De achterstand in die sector inspireerde de vooruitstrevendste geesten tot kritiek en satire. José Cadalso bijvoorbeeld trok in zijn *Cartas marruecas* van leer tegen de pseudo-erudieten en de luie adel. Spilzucht achtte hij de grootste ondeugd van zijn landgenoten, gevolgd door de loze heldenverering, de partijdige geschiedschrijving, de fabelliteratuur, de cultus van het vulgus, de stierengevechten. Hij pleitte voor wetenschap en vooruitgang, en biechtte dat de Spanjaarden zich in het verleden misdragen hadden, vooral bij de verovering van Amerika. Voor de slavenhandel stelde hij de verlichte landen verantwoordelijk. Dat 'mea-culpisme' of die beginnende zelfverloochening van Cadalso, ondersteund door andere verlichte geesten als Félix María Samaniego en José

Quintana, viel in slechte aarde bij de spanjolisten, die hun land tegen de buitenlandse kritiek in hoog hielden. Juan Pablo Forner was hun voornaamste spreekbuis. Er verscheen een eerste biografie over Cervantes, die nu werd voorgesteld als 'typisch Spaans'. Men ging de oorsprong van de eigen taal opdelven, het 'heilige Spanje' terugzoeken. Nog verder gingen de ultramontanen, die de verdediging van de inquisitie op zich namen, zoals voormalig minister Melchor de Macanaz, of fray Diego de Cádiz, die zich zo vurig voor de orthodoxie beijverde dat de inquisitie hem veroordeelde. Aan het andere uiterste van het spectrum bevonden zich de uitdragers van de Franse filosofen, zoals de abt Marchena, die de voor Spanje compromitterende brieven van Montesquieu vertaalde, waartegen de officieel nog bestaande index niet meer in het geweer kwam. De buitenlandse kritiek op Spanje vond onverminderd voortgang, nu extra gestimuleerd door het schandaal rond de jezuïeten, dat men inlijfde bij de zwarte legende. Robertsons *Geschiedenis van Karel* v, Watsons *Geschiedenis van Filips II*, Schillers *Geschiedenis van de Nederlandse vrijheidsstrijd tegen Spanje* rakelden de oude vooroordelen op. Voltaire en Gibbon – die Filips II als een monster afschilderden, en daarentegen handel, industrie en rede vergoddelijkten – uitten zich bijzonder negatief over Spanjes verleden. Meer op populair niveau vonden de *gothic novels* van Britse makelij en de journalistieke reisverslagen die in de achttiende eeuw een ware rage werden, gretig aftrek. Spanje ging door voor een halfmoors, griezelig land met onderaardse kerkers waar slachtoffers van het sinistere Officie wegkwijnden en satanische inquisiteurs zich te buiten gingen aan seksuele uitspattingen. Op zijn best was het een pittoresk land, dat interessant was vanwege zijn folklore en zijn oude ruïnes. Positieve boeken over Spanje – Abbé Mignot bijvoorbeeld met zijn *Geschiedenis van de katholieke vorsten*, of Rupert Becker met zijn *Geschiedenis van de regering van Fernando de Katholieke* – gingen aan de publieke opinie voorbij.

De enige kunstenaar van Spanjes achttiende eeuw die genade vond in de ogen van het verlichte publiek, was Francisco de Goya. Deze was geboren in Zaragoza en trok in 1766 naar Madrid, waar inmiddels een Academie voor Schone Kunsten was opgericht. Het schildersmilieu in de hoofdstad stond onder invloed van Antonio Mengs, die door de koning was aangetrokken uit Napels. De kunst van Francisco Bayeu en Giambattista Tiépolo gaf aan het hof de toon aan. Na een kort verblijf in Madrid bezocht Goya Italië. Terug in zijn geboortestad schilderde hij in de beroemde kathedraal van de Pilar. Mengs nodigde hem uit naar Madrid om te werken in de koninklijke fabrieken, waar wandtapijten werden ontworpen en kartons werden beschilderd. Hij huwde een zuster van Bayeu en kreeg in 1780 een uitnodiging van de academie. Na een periode waarin hij volkstaferelen had geschilderd, werd hij nu uitgenodigd om hoge heren uit te beelden. Koning Karel III liet zich twee jaar voor zijn dood door Goya portretteren.

Latere humanistische beschouwers, zoals Ortega y Gasset, meenden dat Spanje in de achttiende eeuw de boot naar de vooruitgang had gemist. Anderen, zoals Eugenio d'Ors, geloofden het omgekeerde, terwijl Gregorio Marañón betoogde dat de waarheid op dit punt in het midden lag.

HET ONTWAKEN VAN SPAANS AMERIKA

In Spaans Amerika bleef het gedurende de hele achttiende eeuw tamelijk rustig, met uitzondering van de korte opstand van Tupac Amaru in 1780, naar aanleiding van belastingverhogingen en de uitwijzing van de jezuïeten. Dat laatste had dramatische gevolgen voor de duizenden Guaraní-indianen, die als modelchristenen waren opgevoed en na sluiting van de zogeheten *reducciones* aan het zwerven sloegen.

Maar de kiemen voor de naderende onafhankelijkheid waren al aanwezig: het onhoudbare monopoliestelsel, de onafhankelijkheid van de Verenigde Staten van Amerika, de opdeling van de onderkoninkrijken in kleinere eenheden en, last but not least, de toenemende spanning tussen blanke peninsulares (in Spanje geborenen) en blanke criollos. Om een hoge post in de administratie te bekleden, moest men in Spanje hebben gestudeerd. De meeste creolen kregen niet de gelegenheid om naar het moederland te reizen en konden bijgevolg niet doorstromen naar de hogere functies. Die obstructie vormde begin negentiende eeuw de directe aanleiding tot de roep om zelfstandigheid. Dat die roep gehoor vond, kwam door de politieke situatie waarin Spanje zich toen, tijdens de bezetting door Napoleon, bevond.

Gedurende het bewind van Karel III verliep alles nog naar de wensen van Madrid. Onderkoningen en gouverneurs wisselden elkaar om de zoveel jaar af. Mijnen, plantages en boerenbedrijven zorgden voor voldoende economische armslag. Nieuw-Spanje leverde het meeste zilver op, terwijl het zilver van Potosí in Peru afnam, zoals ook de indiaanse bevolking aldaar, die tussen 1547 en 1770 daalde van vijftienduizend naar tweeduizend. Spaans Amerika telde in die tijd zo'n zeventien miljoen inwoners, van wie drie miljoen blank en de overgrote meerderheid mesties. Op Cuba bloeide de planterscultuur. In het hoge noorden werd de buitenpost San Francisco gesticht. De eerste kranten verschenen, en in de voornaamste steden verrezen theaters. Buenos Aires, tot voor kort een onbeduidende haven, werd met zijn twintigduizend inwoners de vierde stad van het onderkoninkrijk Peru, na Lima, Cuzco en Santiago. In 1776 kreeg de stad een eigen, van Lima onafhankelijke gouverneur. Hollandse, Engelse en Portugese handelaren probeerden de monopolieverordeningen te omzeilen en er hun waar af te zetten. Dat lukte bij tijd en wijle omdat de creolen gewillig bleken. De verdwijning van de jezuïeten zette een domper op de Spaans-Amerikaanse literatuur, waarvan de voornaamste exponenten hetzij tot de Sociëteit behoorden, hetzij erdoor waren opgeleid, zoals Juan Bautista Aguirre en Eugenio Santa Cruz y Espejo, beiden uit Quito, en Rafael Landivar uit Guatemala. In hun werk vindt men een mengeling van zeventiende-eeuwse barok en het nieuwe neoclassicisme. De eerste Spaans-Amerikaanse encyclopedist was de Peruaan Pablo Olávide y Jauregui, die naar Spanje en Frankrijk reisde, daar Diderot, Voltaire en d'Alembert leerde kennen en in Madrid een literaire salon opende. In 1790 vluchtte hij naar Frankrijk voor de inquisitie, maar op het eind van zijn leven keerde hij, mede onder invloed van Rousseau, terug tot de religie. Bijzondere vermelding verdient Carrió de la Vandera, alias Concolorcorvo, die in 1771 een literair-informatief verslag schreef van zijn reis van Buenos Aires naar Lima, *El lazarillo de ciegos caminantes*. Daarin kan de lezer zich een aardig idee vormen over het dagelijkse leven in de kolonie en de aard van steden als Montevideo, Buenos Aires, Córdoba, Tucumán, Potosí, La Paz, Cuzco en Lima.

KAREL IV

Op de rouw om Karel III volgde een uitbundig kroningsfeest voor Karel IV. Zijn regeringsperiode werd wel overschaduwd door het schandaal dat zijn vrouw María Luisa, prinses van Parma, al voor hun installatie had ontketend. Hij liet toe dat zij openlijk flirtte met paleisofficieren en daarbij haar keuze liet vallen op een eerzuchtige parvenu, Manuel Godoy. Omdat Godoy ook de koning behaagde, viel hem een bliksemcarrière ten deel. Het vorstelijk paar bleek geen fiducie te hebben in de eigen spruit, kroonprins Ferdinand, en behandelde Godoy als aangenomen zoon. Na honderd jaar kreeg Spanje weer te maken met een favoriet die tevens minnaar van de koningin was. Het volk noemde het koninklijke trio spottend 'de Drie-eenheid van de Aarde' en stelde zijn hoop op een kroonprins die zich, zo lang hij achter de coulissen bleef, in de loop van twee decennia alle denkbare kwaliteiten liet toeschrijven. Dat die haast Messiaanse verwachtingen op een teleurstelling moesten uitlopen, lag niet alleen aan Ferdinand, maar vooral aan de politieke ontwikkelingen in Frankrijk.

In 1789 bestormt het Parijse volk de Bastille. De revolutie begint. Lodewijk XVI, sinds 1774 aan de macht, was volledig van de sociale werkelijkheid vervreemd geraakt en wordt nu door een nationale vergadering gedwongen om met de revolutionaire driekleur te zwaaien. Spanjes eerste minister, de graaf van Floridablanca, sluit de Pyreneeën en spreekt, ofschoon een vriend van de Verlichting, de gedenkwaardige woorden: 'Hier hebben wij niet zoveel licht nodig.' Om repercussies van hetgeen in Frankrijk gebeurt te voorkomen, schakelt hij het Heilig Officie in. Maar de geest is uit de fles en hij krijgt er hard van langs in de pers. In Spanje stoken verfranste Spanjaarden als Samaniego en Pablo de Olávide, en Franse agenten als Chantreau. In Parijs bevinden zich Spanjaarden die sympathiseren met de omwenteling, zoals abt José Marchena, vriend van Marat en redacteur van de revolutionaire krant *l'Ami du Peuple*, en de graaf van Aranda, de door Floridablanca weggepromoveerde eerste minister, nu ambassadeur in de Franse hoofdstad. Floridablanca moet wijken omdat hij zich te anti-Frans betoont. Aranda, ver in de zeventig en een verklaard meeloper met de filosofen, neemt zijn taak over en staat voor de keus om ofwel de Franse republiek te erkennen, ofwel deze de oorlog te verklaren. Hij kan niet beslissen, dus moet ook híj wijken. Godoy werpt zich als eerste minister op. Hij wordt door de Franse citoyens uitgelachen als hij de Pyreneeën sluit om te protesteren tegen de onthoofding van Lodewijk XVI in 1793. Koning Karel IV had te elfder ure nog geprobeerd de Franse rechters met een forse som gelds om te kopen. Godoy rest niets anders dan te doen wat alle Europese landen doen: de republiek de oorlog verklaren.

De omsingelde republiek reageert door op al haar vijanden legers af te sturen die met het evangelie van gelijkheid, vrijheid, broederschap en de rechten van de mens de volkeren van hun ketens zullen verlossen. Holland en Spanje zijn de eerste uitverkorenen. Godoy krijgt van zijn koning de titel 'Prins van de Vrede' alvorens ten strijde te trekken tegen de aanstormende troepen van de vrijheid. Maar het zuiden van Frankrijk gruwt van de koningsmoord en houdt de revolutionaire troepen van Parijs tegen. Engeland werpt zich in de strijd, en de republiek moet terug naar af. Bij de vrede van Bazel in 1795 en het verdrag van San Ildefonso in 1796, verliest Spanje Trinidad en Luisiana (dat het in 1765 van Frankrijk had gekregen) aan Engeland, terwijl het een deel van Hispaniola of Santo Domingo, Haïti, moet afstaan aan Frankrijk. Oran en een paar andere Noord-Afrikaanse steunpunten waren al een paar jaar eerder verloren gegaan.

Ondertussen heeft de rode terreur van de guillotine plaatsgemaakt voor de gematigde thermidor. De ster van Napoleon is gerezen. Hij heeft Italië veroverd en als Cisalpijnse Republiek ingelijfd bij Frankrijk. Holland volgt als Bataafse Republiek. Om Engeland op de knieën te krijgen heeft Napoleon Portugal nodig. Daarmee zou het continentaal stelsel, dat was bedoeld om Engeland van Europa af te snijden, volledig zijn. Met een schouderklop van Napoleon mag Godoy Portugal innemen. Na voltooiing van die walk-over stuurt hij koningin María Luisa een sinaasappeltak, ten teken van zijn heldendaad. Kardinaal-inquisiteur Lorenzana geeft geërgerd lucht aan de vox populi tegen de onzedelijke Prins van de Vrede. Maar de tijd dat de kerk staatsdienaren tot de orde kan roepen is voorbij. Godoy heeft andere zorgen. Spanje heeft een bank nodig. Daartoe benoemt hij de Franse Spanjaard Francisco Cabarrús, die op zijn beurt de grootste Spaanse schrijver van het moment aantrekt voor de post van minister van Financiën: Melchor Gaspar de Jovellanos. Jovellanos is de eerste fysiocraat. Hij wil de hervorming van de landbouw radicaal ter hand nemen, maar noch Napoleon noch de Britse agenten in Madrid zien iets in Godoy. De koning moet hem laten vallen, en daarmee verdwijnen al diens satellieten van het toneel. Jovellanos wordt naar Majorca verbannen en opgevolgd door zijn vijand José Antonio Caballero, die deel uitmaakt van de radicaalste ministeriële ploeg in Spanje tot dan. Godoy legt zich niet bij zijn ontslag neer en krijgt van de koningin gedaan dat deze hem tot *generalísimo* benoemt. Het helpt niet, want bij de vrede van Amiens in 1802 verliest Spanje Parma aan Napels.

Maar nog is de rol van de vredesprins en generalísimo niet uitgespeeld. De nu tot hoogheid, groot-admiraal en president van de Staatsraad verheven gunsteling moet het land redden. De politiek die hij daartoe ontwerpt, houdt samenwerking met Engeland tegen Frankrijk in. Maar de Engelse politiek is: laat Spanje en Frankrijk elkaar vernietigen. Kroonprins Ferdinand steekt zijn afkeer van Godoy niet onder stoelen of banken, tot grote vreugde van het Spaanse volk. Talleyrand, de sluwe Franse diplomaat, neemt de favoriet met een korrel zout. Lucien Bonaparte stelt Karel IV voor om diens dochter uit te huwelijken aan zijn broer, hoewel deze al getrouwd is met Josephine de Beauharnais. Tot overmaat van ramp verbreekt Engeland de vrede van Amiens, de oorlog laait weer op, Britse kapers pakken een Spaanse zilvervloot, en de rest van de Spaanse vloot, die is gekoppeld aan de Franse, gaat ter ziele bij Trafalgar tegen Nelson. Het is 1805. De Engelse hegemonie ter zee begint, en dat houdt een hernieuwde aanval in op Hollandse en Spaanse koloniën. In Venezuela en het Plata-gebied proberen de Engelsen de creolen tot opstand aan te zetten tegen de Spaanse kroon. De Portugese koninklijke familie vlucht naar Brazilië. Godoy hoopt, en verwacht, dat Napoleon stuk zal lopen in Duitsland. Maar de inmiddels door de paus tot keizer gekroonde consul behaalt de ene overwinning na de andere: Austerlitz, Jena, Auerstedt, Berlijn. De koning van Pruisen vlucht naar Rusland en de tsaar moet de vrede van Tilsit sluiten met degene die nu door heel Europa wordt gezien als een nieuwe Alexander, Hannibal of Caesar.

DE FRANSE BEZETTING

Ondertussen treft de keizer voorbereidingen voor de bezetting van Spanje. Het koninklijke gezin is, tot verbazing van iedereen en in tegenstelling tot alle andere monarchen, niet gevlucht. Napoleon is op de hoogte van de ruzie, en maakt gebruik daarvan. Hij paait kroonprins Ferdinand en bereikt daarmee dat diens ouders hem van hoogverraad beschuldigen. Maar het volk houdt van de kroonprins, omdat het de favoriet haat. In Aranjuez dwingt een meute de koning om zijn zoon vergiffenis te schenken en te zijnen gunste van de troon af te zien. De keizer stelt het gezin voor om de ruzie elders, op een rustige plek, bij te leggen. Het gezelschap, inclusief Godoy, laat zich uitnodigen naar Bayonne. Daar ontdekken de gasten dat ze gevangen zijn. De koning en de koningin mogen in Rome sterven. Godoy sterft later in Parijs. Prins Ferdinand, de Messias naar wie heel Spanje uitziet, wordt opgesloten in een kasteel, zoals prins Segismundo uit Calderóns *Het leven, een droom*. Maar de tijd tikt voor de keizer.

Het Madrileense volk begrijpt dat het geen koning meer heeft en komt op de tweede mei 1808 – de Dos de Mayo – in opstand tegen de Fransen die het land hebben bezet. Goya's penseel registreert de onderdrukking van de Madrilenen door Napoleons uit Egypte meegetroonde mamelukken, alsook de executies van de opstandelingenleiders. Even moet Joseph Bonaparte, benoemd tot koning José I, de hoofdstad verlaten. Maar eind 1808 capituleert Madrid. Heel Spanje is inmiddels onder de voet gelopen door de Franse troepen, waarin vele soldaten en officieren uit andere landen dienstdoen, landen die door Napoleon zijn veroverd, zoals Hollanders en Polen. Op vele plaatsen worden kerken en kloosters afgebroken of ingericht als kazernes en paardenstallen. Honderden bibliotheken worden geplunderd. Archiefstukken en historische documenten verdwijnen. Het stof van de beruchte inquisiteur Torquemada wordt uit zijn sarcofaag in Avila gehaald en aan de wind prijsgegeven. Bij een van die acties vindt de Poolse edelman Jan Potocki, officier in een van de Franse legers, te Zaragoza een manuscript dat Spanje van een wonderlijk 'gotische' kant laat zien. José I rekruteert ministers en secretarissen onder de verfranste Spanjaarden, die in de droom verkeren dat ze met hun collaboratie Spanje 'verlichten'. De ex-inquisiteur Juan Antonio Llorente bijvoorbeeld laat zich inhuren om belastend materiaal tegen de inquisitie te verzamelen en daarmee de afschaffing van dat instituut te rechtvaardigen. Hij mag archieven in die tot dan toe nimmer betreden waren. Wat uit zijn pen vloeit is een *Kritische geschiedenis van de Spaanse inquisitie*, die tot in onze tijd de verbeelding blijft fascineren. Ook andere bekende verfransten, onder wie de toneelschrijver Leandro Fernández Moratín, de dichter Juan Meléndez Valdés en de financiële expert Cabarrús collaboreren met het nieuwe regime. De verstandigsten – Goya en Jovellanos – kiezen voor de centrale junta in Cádiz, de enige plek van het schiereiland die niet door de Fransen is bezet. In Cádiz onwikkelt zich een nieuwe politieke filosofie, geïnspireerd op het Britse liberalisme. Hier groepeert zich, onder het toeziend oog van Engeland, een deel van de oude 'verlichte elite', die Spanje wil moderniseren met een grondwet die voor het eerst de rechten van de burgerij erkent, eventueel in de vorm van een constitutionele monarchie. Jovellanos, die Rousseaus *Contrat social* had vertaald, wil geen volkssoevereiniteit en stelt zich op een middenpositie, tussen extreem liberaal en conservatief.

Maar terwijl liberalen, conservatieven en absolutisten bekvechten in het vrije Cádiz, is het 'volk' bezig de Franse bezetter te belagen met een ongekende methode: de *guerrilla*. En dat volk is helemaal niet geïnteresseerd in de theoretische discussies van de regering in ballingschap. Het is traditionalistisch, rooms-katholiek en koningsgezind. Vele *guerrilleros* zijn priesters en monniken, die hun verzet als een gewijde taak zien. De afschaffing van de inquisitie is voor hen heiligschennis, een aanslag op het hart van hun land. Ze verachten de Franse koningsmoordenaars en de valse adel van Napoleon evenzeer als de met Engeland heulende nieuwlichters. Zij zijn degenen die – volgens hun eigen zeggen – hun bloed voor het vaderland geven, niet die kletsmajoors in Cádiz. Die laatsten hebben die eersten te hard nodig om zich openlijk te ergeren, maar dat hier de kiem ligt voor grote conflicten in de toekomst, is duidelijk. Vijf jaar lang had Spanje een dubbele regering: de officiële onder koning José I, bijgenaamd Jopie de Drinker, en de junta van Cádiz, die was verdeeld over verschillende 'partijen', maar verenigd in een ontwerp-grondwet. Deze was bedoeld om ooit te worden aangeboden aan Ferdinand VII.

DE DAGERAAD VAN HET LIBERALISME

Karel III had Spanje iets van zijn verloren grootsheid teruggegeven met culturele glitter en een verlicht aanzien. Onder zijn zwakke, onstabiele opvolger breidde het eigentijdse fineer zich uit. Er kwamen meer handelslieden, fabrikanten, nijvere huisvrouwen. Het streven van de regering was om zo weinig mogelijk uit het buitenland te importeren. Anderzijds begonnen meer Spanjaarden naar het buitenland te reizen, meestal met politieke doeleinden. De tendens van de periferie om het centrum als brandpunt te overschaduwen, zette door. Barcelona en Cádiz kregen monumentale allure. Het eens zo trotse Casa de Contratación te Sevilla, met zijn monopoliepositie ten opzichte van de Nieuwe Wereld, werd opgeheven. De Verenigde Staten van Amerika dreven nu openlijk handel met de Spaanse koloniën, terwijl de spanning tussen peninsulares en criollos groeide. Die laatsten voelden zich aangesproken door de idealen van de junta te Cádiz en maakten van de bezetting van het moederland gebruik om het recht op zelfbestuur te bedingen. Daarbij keken ze naar de grondwet van Washington en de idealen van de Franse Revolutie, nog niet beseffend dat zulke oogmerken te irreëel waren voor een continent dat drie eeuwen van ancien régime achter de rug had. En niet zonder verdiensten, zoals Alexander von Humboldt, een van de eerste 'verlichte' reizigers van Spaans Amerika, aantoonde. Humboldt prees de ordelijkheid van de onderkoninkrijken, maar daarin zal spoedig verandering komen.

Behalve de handel neemt ook ook de wetenschap een hogere vlucht. Chirurgie, veeartsenij, natuurkunde, botanie, chemie, zeevaartkunde worden geïnstitutionaliseerd. De nieuwe onderwijsmethoden van Pestalozzi vinden ingang, culturele en militaire academies verrijzen. Het theaterleven van Madrid bruist door toedoen van hartstochtelijke, elkaar beconcurrerende clubs van toeschouwers. Het stierengevecht is weer toegestaan en schept volkshelden. Maar die vrolijke uiterlijkheden verhullen niet het onbehagen van een intern verdeeld land. Het verschil tussen adel en platteland is groter dan waar ook in West-Europa. De burgerij stelt minder voor dan elders. De publieke opinie, een van de nieuwe goden, staat in het teken van de strijd tussen neoclassicisme en eigen traditie. Verfranste intellectuelen staan tegenover populistische spanjolisten. De politieke variant van de discussie spitst zich toe op de beschouwing van het eigen verleden. De ideeën van de Verlichting brengen sommige radicalen tot zelfverloochening. De dichter Manuel José Quintana echoot, zoals eerder gezegd, het zwarte oordeel van Voltaire en Gibbon over Filips II. Samaniego en Marchena sluiten de gelederen van de buitenlandse kritiek. Juan Pablo Forner en fray Diego de Cádiz voeren de tegenpartij aan. Jovellanos beweegt zich naar de middenpositie. Als adept van Adam Smith propageert hij het laissez-faire en de onteigening van kerk en adel. Het land moet in cultuur gebracht worden, de edelen moeten het algemene nut gaan dienen, de kloosterlingen moeten voor bevolkingsaanwas zorgen. Spanje heeft maar tien miljoen inwoners, terwijl het even groot is als Frankrijk, dat vijfentwintig miljoen inwoners telt. Jovellanos wil de invoering van het proefondervindelijk onderzoek, de afschaffing van lijfstraffen en erfrecht, maar houdt vast aan de christelijke waarden en spreekt zijn bewondering uit voor de Spaanse klassieken. Hij is de enige die de plannen van Napoleon doorziet. Hij probeert de verfransten uit de droom te helpen dat zij door medewerking met Napoleon hun land verlichten. Hij begrijpt dat hulp van Engeland noodzakelijk is om het gevaar van een Franse bezetting te keren. Daarom wordt hij door Parijs opzijgeschoven. In Cádiz doet hij zijn best om te verhinderen dat de junta uiteenvalt in partijen. Maar tevergeefs. Als de Fransen in 1811 Gijón, zijn geboortestad, binnenkomen, vlucht Jovellanos. Hij sterft kort daarop.

Een jaar later roept Simón Bolívar, een in Caracas geboren creool, de Spaans-Amerikanen op zich onafhankelijk te verklaren van de door een vreemde mogendheid bezette metropolis. Spanje, zo galmde Bolívar, had de wereld eeuwenlang in duisternis gehouden. Het Franse licht en het Noord-Amerikaanse voorbeeld beloofden een toekomstig geluk dat nu meer dan ooit voor het grijpen lag. Bolívar had Rousseau gelezen, kennisgemaakt met Benjamin Constant, de vader van zowel het liberalisme als het literaire egotisme, van gedachten gewisseld met Humboldt. Hij ontleende moed aan de liberalen van Cádiz. Hij speculeerde op de creolen in de administratieve centra, die graag de baantjes wilden van de peninsulares. Maar voor die eerzuchtige positiejagers waren de provinciale opperhoofden, de *caudillos*, beducht. De grote massa van mestiezen, indianen en negers werd liever bestuurd door een verre koning dan door dichtbije bureaucraten met Franse ideeën. Die oppositie zou Spaans Amerika de komende eeuw in een eindeloze reeks burgeroorlogen dompelen. En Spaans Amerika was al geen eenheid meer, ondanks de droom van Bolívar. Bovendien huldigden Engeland en Noord Amerika het idee van 'divide et impera'. Bolívar en de andere onafhankelijkheidshelden hadden nog niet in de gaten dat ze met hun verafgoding van de Verenigde Staten het paard van Troje binnenhaalden.

Onderhand zijn het Spaanse volk en de junta van Cádiz bezig om het napoleontische juk af te werpen. Een paradoxale situatie, waarin een democratische beweging en een reactionaire zaak elkaar in evenwicht houden. Engeland claimt 'parlementaire menselijkheid' uit te dragen en weet daarmee de junta te bespelen. Het absolutistische kamp laat zich spannen voor de kar van de Franse reactionairen, die het herstel van de Bourbons aankondigen. In 1812 loopt de keizer stuk in het oneindige Rusland. Bij de Borodino vindt de grootste slag aller tijden plaats. Vijfenveertigduizend Russen en dertigduizend Fransen blijven op het slagveld achter. De gedemoraliseerde troepen van Napoleon worden door de geallieerden opgewacht bij Leipzig. Napoleon moet afnokken naar Elba en het congres van Wenen vangt aan. Nog één keer beproeft de keizer zijn geluk bij Waterloo, maar in 1815 valt het doek. Europa is vrij. Rusland, Pruisen, Oostenrijk en Engeland beheersen het congres. Spanje maakt met Portugal, Zweden en Holland deel uit van de kleine mogendheden. Publieke opinie, nationaal zelfbehoud, diplomatie, internationaal evenwicht, uitbanning van oorlog en opvoering van handel zijn de nieuwe factoren die Europa gaan bepalen. Met andere woorden: het geld gaat voor het eerst een hoofdrol spelen. Europa wordt een papiermolen.

In Frankrijk keren de Bourbons terug in de persoon van Lodewijk XVIII, bijgenaamd le Désiré; in Spanje maken de Bourbons hun entree in de persoon van Ferdinand VII, bijgenaamd el Deseado. Beiden zijn gewenst door de Heilige Alliantie, waarvan Rusland, Oostenrijk en Pruisen de kern vormen. De bedoeling is om de monarchie opnieuw onder de supervisie van God te plaatsen, ofwel terug te keren naar de situatie van vóór 1648. Engeland, waar de constitutionele monarchie een traditie is en de nuchtere burgerij aan mammon haar glorie dankt, keert zich als enige tegen de Heilige Alliantie met beproefde idealen zoals vrije handel en democratie, en met als nieuw lokaas de afschaffing van de slavernij. Die filosofie zal in de negentiende eeuw zegevieren, maar het duurt nog even voordat de andere landen de onvermijdelijkheid ervan onderkennen.

Sinds 1812, schrijft Unamuno begin twintigste eeuw, heeft niemand héél Spanje vertegenwoordigd. Het was steeds de ene partij die met uitsluiting van de andere regeerde. Die terugblik blijkt een profetie die tot op de dag van vandaag geldt. Spanje blijkt geen 'midden' toe te laten en raakt daardoor verslingerd aan een continue keten van 'actie' en 'reactie'. Maar in beide gevallen gaat het steeds om namaak. Spanje had geen Voltaire, maar ook geen De Maistre; geen Rousseau, maar ook geen Chateaubriand; geen Blake of Byron, maar ook geen Johnson of Burke. Ofwel geen originele revolutionairen, geen originele reactionairen, geen originele conservatieven. En geen originele liberalen. Spanje had een imitatie-Verlichting en wat daarop volgt is een imitatie-Romantiek. Een vertaalcultuur. Net als het Holland van de achttiende en de negentiende eeuw. Ook in Holland, dat ooit heer en meester ter zee was, hadden twee partijen tegenover elkaar gestaan: de Brits georiënteerde oranjemannen (terwijl Engeland Hollands koloniën bezette) en de verfranste patriotten (terwijl Frankrijk Holland inlijfde). Maar 1813 bezorgde de ingeslapen renteniersrepubliek, die door Engeland aan België was gekoppeld, een dof compromis, dat uitliep op een constitutionele monarchie. In Spanje daarentegen, dat zich actief tegen Frankrijk had verzet en mede de val van Napoleon had veroorzaakt, bleek een compromis onmogelijk. Daarvoor waren de sociale verschillen te groot en was de nostalgie te levend. Die nostalgie uitte zich in een folkloristisch en bij tijd en wijle bekrompen patriottisme. De Duitsers, die na de val van Napoleon hun nationale ziel ontdekten, keken vooruit. De Spanjaarden keken terug, naar de Habsburgse tijd, toen men het zwaard nog hanteerde tot glorie van God en koning. Tegenover die terugkijkers profileerde zich een minderheid van vooruitstrevenden. Maar bij hen manifesteerden zich nu, volgens Menéndez Pidal, de 'ongunstige kanten' van het eens roemruchte Spaanse 'individualisme'. In 1812, zo schrijft Pierre Vilar, begint de 'tragikomische eeuw van pronunciamiento's', van ofwel aanpassing ofwel anachronisme.

Laatste tijd

9 Spanje in de negentiende eeuw

TIJD VAN VERWARRING

Tomás de Iriarte, een gevierd schrijver van fabels, vond het Spanje van zijn tijd, de achttiende eeuw, 'het beste land ter wereld'. Over smaak viel toen nog te twisten. Achtergebleven mocht Spanje zijn, maar het was er rustiger dan elders in Europa. De negentiende eeuw laat geen ruimte voor twijfel. Met zo'n veertig regeringen, zes grondwetten en drie burgeroorlogen beleefde het land de woeligste periode uit zijn geschiedenis. Wat voorheen latent was, kwam nu in alle heftigheid naar buiten: de onontkoombare en op den duur slopende dichotomie van de twee Spanjes. Het ene schokte van liberaal via republikeins en federalistisch naar socialistisch, en het andere van reactionair via conservatief en centralistisch naar liberaal. Onverzoenlijk stonden vooruitstrevenden en behoudenden tegenover elkaar, vertroebeld door een dynastieke ruzie, het wanhopig zoeken naar een passende bestuursvorm en de klassenstrijd. Nooit eerder vocht Spanje zo openlijk tegen zichzelf. Nooit eerder drukte het buitenland zo duidelijk zijn stempel op het binnenlandse lot. Op het eind van de turbulente eeuw schrokken de Spanjaarden wakker naar aanleiding van het verlies van hun laatste koloniën. Het land dat ooit de wereld had geregeerd, was nu een schim. En voor het eerst ervoeren de Spanjaarden hun nationaliteit als een 'probleem'.

Toen Spanje tijdens de Verlichting volgde wat er in Frankrijk omging, gold dat land nog als toonaangevend voor heel Europa. Na de nederlaag van Napoleon en met de aanvang van de politiek van 'internationaal evenwicht' keek Spanje op naar een Frankrijk dat op zijn beurt leentjebuur speelde. Spanje werd aldus een imitatie van een imitatie, zowel op staatkundig als op cultureel gebied. In 1830 kreeg de Franse monarchie een constitutioneel karakter, dat was geïnspireerd op het succesvolle Engelse model. Spanje moest nog een hele generatie wachten voor het zover kwam. Omstreeks datzelfde jaar 1830 triomfeerde in Parijs de 'Romantiek', die in Duitsland en Engeland al een halve eeuw het geestelijk kli-

Espartero als koning Baldomero, die de kroon weigerde ondanks vele smeekbeden

maat had vernieuwd. Madrid volgde de Parijse namaak-Romantiek. Een generatie later namen de Spanjaarden het realisme en het naturalisme van hun noorderburen over. Ook het hoger onderwijs onderging een inhaalmanoeuvre. Niet meer tevreden met het traditionele katholicisme, introduceerden vooruitstrevende intellectuelen in het laatste kwartaal van de negentiende eeuw een vervangende filosofie, die was geënt op een obscure Duitse volgeling van Immanuel Kant. De Spaanse schrijvers raakten daardoor nog meer dan voorheen in twee kampen verdeeld, waarbij de middenpositie – die in de vorige eeuw was gepersonifieerd door Feijóo en Jovellanos – haast onmogelijk werd. De reddende of authentieke trekken die Spanje restten, moet men zoeken in de 'zielenadel' en in sommige eigenschappen van de plattelander. Het 'intellectuele' Spanje ging mank aan zelfvertrouwen en oorspronkelijkheid. Het 'militaristische' Spanje vertoonde een doelloze dadendrang, die voortkwam uit de noodzaak om de binnenlandse orde te handhaven. Het land dat ooit bewondering wekte met zijn ideaal van 'armas y letras', werd in de negentiende eeuw een karikatuur van zichzelf.

Spanje bleek eerder een romantisch decor voor buitenlandse schrijvers dan kweekbodem voor eigen romantici. Nadat de Verlichting de zwarte legende nog eens had overgedaan, vatte in het begin van de negentiende eeuw het tegenovergestelde denkbeeld post, namelijk dat Spanje een 'gouden eeuw' had gehad. Men wilde het land met nieuwe ogen zien. Joseph de Maistre, fervent tegenstander van de Franse Revolutie en apologeet van de katholieke monarchie, verdedigde de Spaanse inquisitie tegen Voltaire, de Britse sceptici en de Spaanse liberalen van 1812. Chateaubriand, discipel van Rousseau en auteur van *Het genie van het christendom*, ontdekte rond 1807 het 'pittoreske' en de 'historische betekenis' van Spanje. Terzelfdertijd uitten in Duitsland Tieck, August Schlegel en Schopenhauer hun achting voor de Spaanse klassieken. Zij vertaalden Cervantes, Calderón, Gracián. Zelfs uit Angelsaksische hoek klonken instemmende geluiden. Lord Byron vond Spanje een verademing na zijn vlucht uit het 'valse' Engeland. Thomas Carlyle roemde de conquistadores en prees de ethische moed van Cervantes en Camões. De Amerikaan Washington Irving wijdde een kleurrijke verhalencyclus aan de bouwval van het eens fiere Alhambra. Lord Macaulay wees op de kwaliteit van de kunst van de 'gouden eeuw' en schreef de ondergang van het Spaanse imperium vergoelijkend toe aan het 'kinderlijk' gemis van de haaiachtige handelsmentaliteit die Engeland in de zeventiende eeuw zoveel stoffelijke overvloed had gebracht. Spanje diende de Europese critici tot spiegel. Het was een land waar de goede oude tijd nog leefde, waar de mens nog niet aan de waanzinnige vooruitgang was opgeofferd en waar het steriele rationalisme geen kwaad had gesticht. Spanje was een droom en een vlucht. De Romantiek creëerde de hispanistiek, een aan de boom der letteren ontspruitende tak van belangstelling die zich richtte op het specifiek 'Spaanse' en die in de tweede helft van de negentiende eeuw, nadat in Spanje de archieven waren opengegaan, uitmondde in 'wetenschappelijk onderzoek' en onderkenning van Spaanse bijdragen aan de westerse cultuur.

De uitheemse lof wijzigde allengs de kijk van smaakmakende Spanjaarden op hun eigen verleden. Tegen 1830 doorbraken Agustín Durán en Bretón de los Herreros de 'neoklassieke' vooroordelen tegen het theater van de 'gouden eeuw', maar de drama's die de eigen romantische trend het komende decennium opleverde, verbleken terstond naast die van Lope, Calderón of Tirso en leven alleen nog voort in de opera's van Guiseppe Verdi. De romantische poëzie van Spanje is pure navolging van Hugo, Vigny, Lamartine en Musset, die op hun beurt Coleridge, Byron, Novalis en Heine navolgden. Voor wat de geschiedschrijving betreft, klaagde Antonio Cánovas del Castillo erover dat men zich tot het vertalen van vreemde historici beperkte. Spanje kende zichzelf niet, en de inlandse intellectuelen sloten zich aan bij het beeld dat verfransten als Juan Antonio Llorente – wiens *Kritische geschiedenis van de Spaanse inquisitie* pas in 1832 in het Spaans werd vertaald, nadat de Franse versie al door De Maistre was weerlegd – en andere radicale liberalen van het verleden gaven. Die liberalen waren een minderheid die opziend naar Europa de nog middeleeuwse aard van hun vaderland betreurden. Zij waren de makers van de grondwet van Cádiz, waarmee zij in 1814 koning Ferdinand VII confronteerden.

FERDINAND VII

Het congres van Wenen had een nieuwe wereldorde in het leven geroepen, die was gefundeerd op mercantilisme, economie en laissez-faire. Met die filosofie zegevierde het Engelse imperialisme in de negentiende eeuw. Maar datzelfde congres zette ook de toon voor de reactie in de vorm van de Heilige Alliantie onder aanvoering van Oostenrijk, Rusland en Pruisen. Die landen wilden terug naar de absolute monarchie van vóór de Revolutie, en zo kon Lodewijk XVIII zich als god in Frankrijk gedragen.

Ferdinand VII gedroeg zich niet anders. Categorisch verwierp hij, na zijn terugkeer uit Franse ballingschap, de op Brits-liberale leest geschoeide grondwet van 1812. Die grondwet, een product van de regering in ballingschap tijdens de Franse bezetting, bepleitte een bestuursvorm waarbij kroon en Cortes als gelijkwaardige partners de macht deelden. De liberalen eisten de onteigening van het land dat in handen was van adel en kerk, alsmede de verkoop daarvan aan privé-ondernemers. Verder bedongen zij de afschaffing van de slavernij en de invoering van vrije handel. Maar het Spaanse volk, dat voor negentig procent analfabeet was, was niet toe aan zo'n verandering. De guerrilleros die tegen de Franse bezetter hadden gevochten, onder wie vele priesters, wensten een koning die de traditionele waarden symboliseerde. Dat hield in dat Ferdinand diende op te treden als had 1789 nooit plaatsgegrepen. De verfransten – deels collaborateurs, deels discipelen van de verlichte filosofie – weken uit naar het buitenland. Goya, die nog tot voor kort met zijn felle oorlogstaferelen van vurig patriottisme had getuigd, zag donkere wolken samenpakken toen hij op straat het 'Leve de inquisitie!' hoorde. Hij begon aan zijn zwartste schilderijen en maakte aanstalten zijn reactionaire vaderland te verruilen voor een verlichter Frankrijk. De Amerikaanse creolen, die waren beïnvloed door de ideeën van Rousseau en Constant, achtten de tijd rijp om hun eigen lot in handen te nemen. In 1817 verklaarde Chili zich onafhankelijk. In 1819 sprak de Venezolaan Simón Bolívar een rede uit waarin hij Spaans Amerika het model van de Verenigde Staten voorhield. Het nieuwe continent had volgens hem een grondwet, een congres, een parlement en een president nodig om de Spaans-Amerikanen – die geen Europeanen en ook geen indianen waren, maar een nieuw type mensen – het geluk te verschaffen waarop zij recht hadden. Maar hij had zijn rede nog niet uitgesproken, of de gigantische utopie viel uiteen in pseudo-republieken waar een onophoudelijke strijd zou woeden tussen de ambtenaren van de oude bestuurscentra en provinciale volksmenners. Dat stortte het continent in honderd jaar anarchie.

In 1820 rebelleerde de liberale minderheid van Spanje met Britse aanmoediging tegen de koning, gebruikmakend van het feit dat de regering legers naar Zuid-Amerika moest sturen om de onafhankelijkheidsstrijders te elimineren. Generaal Rafael de Riego verklaarde zich bereid de rebellen aan te voeren, en daarmee stond – wat nog nooit was gebeurd – een vazal op tegen zijn heer. De steden Barcelona, Zaragoza en Pamplona sloten zich bij hem aan. Kloosters en kerken gingen in vlammen op, monniken en nonnen werden vermoord. Koning Ferdinand was woedend, maar zag geen andere uitweg dan een compromis. Hij beloofde zich voortaan als constitutioneel monarch te gedragen, maar speelde ondertussen de liberalen, die na hun overwinning waren verdeeld in 'gematigden' en 'radicalen', tegen elkaar uit. De radicalen begonnen met de onteigening en verkoop van het land, de opheffing van de kloosters, de creatie van een vrijemarkteconomie. De traditionalistische 'absolutisten' reageerden verontwaardigd en klopten aan bij de Heilige Alliantie, die in 1822 in Verona vergaderde om de Spaanse situatie te bespreken. Het jaar daarop marcheert de hertog van Angoulême met 'honderdduizend zonen van de Heilige Lodewijk' de Pyreneeën over om koning Ferdinand VII in zijn volmacht van koning bij de gratie Gods te herstellen. Riego werd aan een ezel door de straten gesleurd en gevierendeeld. Een paar honderd opstandelingen eindigden aan de galg. De liberale wetten vervielen, militaire comités gingen de sociale orde bewaken en de inquisitie keerde terug. Die ommezwaai noopte de voornaamste kopstukken van de eerste 'romantische generatie' van Spanje tot vluchten, liefst naar Engeland, want in Frankrijk heerste een reactionair klimaat.

In 1824 vonden er in Spaans Amerika de beslissende, doch zeer kortstondige en nagenoeg geweldloze slagen van Ayacucho en Junín plaats, die het einde inluidden van meer dan driehonderd jaar koloniaal bestuur. Maar ook aan de droom van Bolívar, wie een Verenigde Staten van Spaans Amerika voor ogen had gestaan, kwam een einde. Het onderkoninkrijk van Nieuw-Granada, dat was omgedoopt tot Groot-Colombia, desintegreerde in drie afzonderlijke staten: Venezuela, Colombia en Ecuador. Paraguay had zich al aan Buenos Aires ontworsteld door toedoen van doctor Francia. De Banda Oriental maakte zich als Uruguay los van Buenos Aires. Bolivia, dat Bolívar tot modelstaat had uitgeroepen, kreeg de oorlog aangezegd van Chili en Peru. In Argentinië en Mexico ontbrandden burgeroorlogen tussen centralisten en federalisten. Florida werd ingelijfd door Washington. Bolívar en andere onafhankelijkheidshelden, zoals maarschalk Antonio José de Sucre en generaal José San Martín, eindigden als gedesillusioneerden en voorzagen dat de nieuwe landen onherroepelijk in handen moesten vallen van militaire dictators. De Verenigde Staten beloofde die landen beschutting tegen eventuele acties van het oude moederland onder de paraplu van de Monroe-leer, maar begon weldra aan de verovering van het Westen. Dat leidde enige tientallen jaren later tot annexatie van meer dan de helft van het Mexicaanse grondgebied.

Alleen Cuba, Puerto Rico en de Aziatische Filippijnen bleven voorlopig in Spaanse handen.

In 1829 trouwde Ferdinand VII voor de vierde maal, omdat zijn eerdere verbintenissen geen nageslacht hadden opgeleverd. Reden waarom sommigen de ogen al hadden gericht op zijn jongere broer, don Carlos. De nieuwe koningin, María Cristina van Bourbon uit Napels, baarde een jaar later prinses Isabel. Bij de Salische wet, die dateerde van begin achttiende eeuw, mochten alleen mannelijke telgen de troon bestijgen. Don Carlos had zich al ten gunste van het absolutisme uitgesproken, en dat betekende dat de liberalen hun hoop stelden op het prinsesje. Om haar opvolging te verzekeren beriepen die laatsten zich op de zogenaamde Pragmatieke Sanctie, die ooit was opgeworpen door Karel IV voor het geval dat hij geen zoon zou krijgen. Aangezien hij toch een zoon kreeg, was die noodmaatregel weggemoffeld. Maar nu wilden zowel het koninklijk paar als de liberalen de weg voor Isabel vrijmaken. De hoop van die laatsten vlamde op toen in het jaar van Isabels geboorte Louis-Philippe op de troon kwam, de eerste burgerman-koning van Frankrijk. De gevluchte Spaanse liberalen verlieten Londen en trokken naar Parijs om daar de dood van Ferdinand af te wachten. In 1833 was het zover. Zijn weduwe, María Cristina, nam het regentschap waar voor haar driejarige dochter, de prinses van Asturië. De aanhangers van don Carlos, voortaan 'carlisten' genoemd, legden zich niet bij de Pragmatieke Sanctie neer en pleegden verzet tegen de regentes. Omdat don Carlos de regionalisten had toegezegd hun privileges te herstellen, kreeg hij een deel van het land, met name Navarra en de Basken, achter zich. De liberalen omhelsden de zaak van María Cristina, en daardoor barstte de eerste burgeroorlog uit, die zeven jaar zou duren.

Spanje telde omstreeks deze tijd ongeveer veertien miljoen inwoners. Tegelijk met de eerste tekenen van 'technische vooruitgang', zoals de stoomketel, daagde de romantische literatuur. De Middeleeuwen, het decoratieve en het leven op de provinciale geboortegrond vormden de nieuwe thematiek. De contradictie was dat dezelfden die hun pen voor die gevoeligheden leenden, tevens de liberale vooruitgangsfilosofie aanhingen. De kans dat het tot een vruchtbare synthese zou komen, was – mede gezien het toenemende politieke antagonisme – vrijwel nihil.

Zowel de vooruitstrevenden als de behoudenden bleken onderling verdeeld. Maar de eersten voeren wel bij het feit dat Frankrijk sinds 1830 in liberaal vaarwater was terechtgekomen en dat de invloed van de Heilige Alliantie verminderde. Onder pressie van Londen trad er in Madrid een equipe aan die het programma van 1812 doorvoerde: onteigening van land uit 'dode handen', oprichting van een vrij banksysteem, toelating van buitenlandse ondernemers (onder wie de Rothschilds), liquidatie van kloosterorden, het muilbanden van de inmiddels teruggekeerde jezuïeten, het ontbinden van de traditionele gilden en broederschappen. De 'liberale heren' evolueerden tot de nieuwe bezittende klasse, en dat beduidde voor Spanje de morgenstond van het kapitalisme. De verkoop van de grond, die via adel en kerk in feite bezit van de gemeenschap was, en het felle antiklerikalisme speelden de carlisten in de kaart en zetten de regering van María Cristina onder druk. Toen Madrid de dreiging voelde van de legers van don Carlos, dwongen vooruitstrevende ministers de regentes te zweren op de grondwet van 1812. Uit de bus rolde een compromis: de grondwet van 1837. Hierbij kwam de wetgevende macht aan de Cortes – nu verdeeld in een Eerste en een Tweede Kamer – én de kroon, die vetorecht kreeg. Don Carlos, gesteund door paus Gregorius XVI, mobiliseerde het platteland onder de strijdkreet 'God, vaderland, koning en privileges'. Engeland bood don Carlos een pensioen van dertigduizend pond per jaar in ruil voor erkenning van Isabel. Hij weigerde en trok ten strijde tegen de liberalen.

Maar de eerste burgeroorlog liep in 1839 uit op een nieuw compromis, waarbij liberalen en carlisten regentes María Cristina met haar minnaar het land uitstuurden. Het schip van staat kwam onder beheer van generaal Espartero, het 'liberale zwaard' dat de regentes tegen de carlisten had gebruikt en die om zijn verdiensten tot 'duque de la Victoria' was gepromoveerd. De adellijke dictator kon na zijn overwinning de carlisten negeren, maar stond nu voor de moeilijke taak om de progressieve en de gematigde liberalen onder één juk te houden, alsmede de rechten te verdedigen van Isabel II, de legale troonopvolgster, die met haar moeder in Frankrijk betere tijden afwachtte. De stad Barcelona, het handelscentrum van het schiereiland, verhief zich uit naam van de progressieve liberalen tegen de dictator in de persoon van generaal Prim, maar met steun van

Londen mocht Espartero drie jaar in het zadel blijven, tot de intrede van Isabel II.

Het decennium 1833-1843 betekende voor Spanje de doorbraak van zowel de Romantiek als de vooruitgang. Terwijl geld, handel en markt de nieuwe goden werden en een liberale oligarchie de productiemiddelen in handen kreeg, terwijl de stoom van de eerste treinen de lucht vulde en Barcelona een ring van industriesteden rond zich zag verrijzen, terwijl de Baskische havenstad Bilbao met een splinternieuw plein haar mercantilistische toekomst tegemoetzag en de publieke opinie via de pers de nationale debatten aanwakkerde – hoewel de plattelandsbevolking nog net zo leefde als een eeuw geleden, met de ploeg en de wan, alleen nu als slaven van heren die zich veel minder om hun lot bekommerden dan de adel en de clerus van voorheen – gonsden de Madrileense theaters van applaus voor drama's die zich in donkere verledens afspeelden en over ongelukkige liefdes gingen. De literatoren wilden de werkelijkheid niet zien, met uitzondering van Mariano José de Larra, die het Spanje van María Cristina in zijn satirische artikelen voorstelde als één grote schijnvertoning en Madrid cynisch afdeed als een monsterlijke begraafplaats van dode zielen. Larra beschuldigde de liberale romantici van opportunisme, stelde zijn hoop op een Spanje dat Frankrijk benaderde, maar pleegde op zevenentwintigjarige leeftijd zelfmoord. Daarmee had Spanje zijn eerste Werther, zijn eerste slachtoffer van weltschmerz.

HET ROERIGE TIJDVAK VAN ISABEL II

Baldomero Espartero, de eerste dictator van Spanje, was volgens de twintigste-eeuwse historicus Manuel Tuñón de Lara 'een ambitieus en weinig talentvol man die het van persoonsverheerlijking en vriendjespolitiek moest hebben'. Ideeën interesseerden hem minder dan wapengekletter. Salvador de Madariaga zag in Espartero het toonbeeld van de generaals die de regeringsperiode van Isabel II overschaduwden met een reactionair temperament en het air van een oosters despoot, hyperindividualistisch, aan nationale sentimenten appellerend, maar niet zonder rechtvaardiging en praktisch belang aangezien alleen sterke mannen de chaos kunnen bezweren. Espartero beantwoordt aan het archetype van de dictator. Deze is niet bijzonder religieus, maar gebruikt de godsdienst als fundament voor sociale stabiliteit. Het uiteindelijke model van de dictator is Napoleon, met voor Spanje zekere trekken van Manuel Godoy, de favoriet van koning Karel IV. De natuurlijke opponenten van de dictator zijn de 'vooruitstrevende intellectuelen', die uit naam van beschaving en cultuur protesteren tegen de censuur en de inperking van vrijheden die autoritaire bewindvoerders met zich meebrengen. Uit legalistisch oogpunt onderscheiden de Spaanse dictators zich van hun Latijns-Amerikaanse tijdgenoten doordat ze in naam van de monarchie opereren, dus eigenlijk geen echte dictators zijn. Veeleer zijn ze heerszuchtige officieren die de zwakke monarch helpen bij het handhaven van de orde. En dat was hard nodig, want Isabel II werd volgens Madariaga 'hoewel een grootmoeder, nooit volwassen'.

De incompetentie van de koningin, in de volksmond 'de Onfortuinlijke' geheten, dompelde Spanje in een reeks dictaturen die uitliepen op complete chaos. De *pronunciamientos* volgden elkaar op en gaven Spanje het aanzien van een willekeurige Zuid-Amerikaanse republiek. 'Het recept van een pronunciamiento,' schreef de Brit Peter de Polnay in zijn *A Queen of Spain, Isabel II*, 'is erg eenvoudig. Koop drie of vier officieren en een dozijn regimentssergeanten om. Geef elke officier twintig dollar, en een vierdollarstuk aan elke sergeant. Geef een peseta aan een krantenjongen en er komt een prachtig verhaal met de grootste onzin voor de dag. Deel een stapel roestige geweren en pistolen uit onder zoveel mogelijk ontevredenen, bepaal een uur voor de uitbarsting en verjaag de zittende regering.' En zo moest generaal Espartero in 1843 de wijk nemen. In Engeland werd hij eervol ontvangen als 'baken van constitutionele beginselen' door lord Palmerston, die tien jaar later de voortvluchtige en bloeddorstige Argentijnse dictator Juan Manuel de Rosas even eervol aan de Britse society voorstelde. Maar generaal Juan Prim, die Espartero had gewipt, moest nog in hetzelfde jaar waarin de dertienjarige Isabel de troon beklom, het veld ruimen voor generaal Narváez. Ramón María Narváez had zich in 1822 voor de absolutisten uitgesproken en nam het nu op voor de gematigde liberalen. Dat kwam neer op toenemende landonteigening onder supervisie van een militaire kliek. De guardia civil werd opgericht om struikroverij tegen te gaan. Dokters, advocaten en andere beoefenaren van vrije beroepen stegen op de sociale ladder. De patroons van de opkomende industrieën konden met hun arbeiders doen wat ze wilden. Buitenlandse ondernemers kregen niet alleen de vrije hand, maar bovendien adellijke titels. De derde grondwet, van 1845, stelde de radicale liberalen teleur. De corruptie in de regering dwong de koningin om Narváez' voortvarendheid te temperen, maar missen kon ze hem niet, aangezien de neef met wie ze in het huwelijk was getreden – een vermeende kleinzoon van Manuel Godoy die de bijzondere naam van Franciscus van Assisi droeg – voor zijn vrouw noch voor het landsbestuur gevoel kon opbrengen. Onder invloed van een franciscanes die stigmata en visioenen claimde, stuurde Narváez in 1847 een leger naar Rome om de paus bij te staan tegen degenen die van Italië een politieke eenheid wilden maken.

Het jaar 1848 bracht in Frankrijk een omwenteling die leidde tot de Tweede Republiek. Hoewel Spanje nog vijfentwintig jaar op zijn eerste republiek moest wachten, klonken in Madrid wat verdwaalde kreten ten behoeve van volkssoevereiniteit, juist nu op de plaats van het oude Alcázar een nieuw koninklijk paleis de poorten opende. Maar de militairen zorgden ervoor dat het proletariaat voorlopig bleef zwijgen. Drie jaar later leidde de staatsgreep van Lodewijk Napoleon in Parijs in Madrid tot de pronunciamiento van een verse militaire club. Gesterkt door ontevreden reactionaire krachten en door het voorbeeld van de nieuwe Franse keizer, riepen opstandige generaals de liberalisatie een halt toe. De landonteigening stopte, en een concordaat met de Heilige Stoel stipuleerde dat het katholicisme de nationale godsdienst moest blijven, maar de opmars van het 'volk' was niet meer te stuiten. In Andalusië en Extremadura, de armste delen van Spanje, begonnen anarchistische groeperingen zich tegen de grootgrondbezitters te keren. Pogingen om de grondwet van 1845 te torpederen, liepen spaak. De militairen die zich rond de koningin verdrongen bleken van te verscheiden politieke signatuur om tot een daadkrachtig beleid te komen. Sommigen waren liberaal, anderen conservatief, weer anderen stonden welwillend tegenover het regionalisme. 'Bewegingen' kregen de overhand. Aan 'persoonlijkheden' als Espartero en Narváez had men geen behoefte meer. 'Partijen' begonnen zich te manifesteren, die de verschillende nuances van het sociale spectrum vertegenwoordigden.

De opkomst van bewegingen en partijen liep parallel aan nieuwe ontwikkelingen op sociaal-cultureel gebied. Maar de tijd van lyrische ontboezeming en historische dramatiek was nog niet voorbij. Het type van de liberaal-individualistische kunstenaar had weliswaar terrein verloren aan de meer sociaal-bewogen schrijver, het realisme – in Frankrijk al twintig jaar van kracht door Balzac en in Engeland niets bijzonders meer sinds Jane Austen – liet in Spanje op zich wachten. De Spaanse schrijvers hielden zich voorlopig aan onschuldige opwaardering van provinciale tradities. De Romantiek bleef, maar trok een burgerlijk jasje aan. José Zorrilla's aangepaste *Don Juan* behaagde alle lagen van de bevolking. 'We zijn met twaalf miljoen Spanjaarden,' zei de populaire dichter, 'die niet kunnen lezen.' Dat viel zo goed bij de Mexicaanse dictator Santa Anna, die een hekel had aan geletterden, dat hij Zorrilla uitnodigde om zijn successen overzee te prolongeren. Serieuzer dan de burgerlijke romantici en de literaire regionalisten waren de filosofen Jaime Balmes en Juan Donoso Cortés. Die laatste was privé-secretaris van de koningin. Zij probeerden het traditioneel Spaanse katholicisme te verzoenen met de noden van de nieuwe tijd, waarbij ze het heersende liberalisme en het dagende socialisme tot gevaarlijke ketterijen bestempelden. Maar de meesten die lezen konden, gaven zich liever over aan de feuilletons, een uit Frankrijk overgewaaide mode. Ondertussen was het communistisch manifest van Marx en Engels verschenen.

Tegen de achtergrond van deze ontwikkelingen streden verschillende soorten liberalen en conservatieven om de macht. Tussen 1851 en 1855 wisselden militaire regeringen elkaar af, waarin de generaals O'Donnell, Narváez en Espartero groeperingen van 'gematigde', 'conservatieve' en 'radicale' kleur aanvoerden. In de gelederen van de eerste maakte de jonge en nog progressieve Cánovas del Castillo furore, die in 1854 zijn *Geschiedenis van het verval van Spanje* (in de zeventiende eeuw) deed verschijnen, die hij later – als conservatief staatsman – met een veel evenwichtiger analyse zou aanvullen. Maar dat neemt niet weg dat deze geschiedenis de eerste ernstige poging sinds eeuwen was om bij het verleden aan te sluiten. Nu eens geen romantische fictie, maar feiten en visie. Dat Olivares, de enige Spaanse staatsman van internationale allure, er bij de progressieve journalist die Cánovas toen nog was, niet zo best afkwam, is onbelangrijk vergeleken bij de 'sterke mannen' die thans stonden te trappelen om hun vaderland te dienen, maar die in feite marionetten van de Engelse en de Franse politiek waren. Espartero had in 1854 naar aanleiding van een financiële crisis de macht gegrepen namens de progressieven en voerde met Frans kapitaal zulke radicale maatregelen door dat hij een jaar later opnieuw moest wijken. De verkoop van gemeenschappelijke grond viel dit keer niet alleen slecht bij de kerk, maar ook bij de socialisten. De nieuwe 'liberale grandes' die de landerijen in handen kregen, zaten liever aan het hof, waar ze de soirees platliepen rond een koningin die geen andere passies kende dan dansen en minnaars. Het volk van Madrid eiste het vertrek van de hofkliek, de revolutionaire 'hymne van Riego' weerklonk, O'Donnell probeerde een pronunciamiento 'namens de koningin' met de leuze 'Gerechtigheid, vrijheid en fatsoen', in Barcelona brak de eerste algemene staking uit en de krant *Diario español* vroeg het publiek of het door wilde gaan met de Bourbons, of liever door Portugals koning Pedro V geregeerd werd, zo men zijn hoop niet op de carlisten stelde of zelfs een republiek verlangde. Isabel bleek een gevangene van de opinie. In nog geen halfjaar werden er in 1854 negentig nieuwe wetten door de Cortes gejaagd. In Parijs, Londen en Brussel riepen de ballingen almaar luider dat ze genoeg hadden van de generaals en het kwezelachtige danshof. Maar het zou nog meer dan tien jaar duren voordat er aan de karikaturale operette een einde kwam.

Generaal Leopoldo O'Donnell nam in 1856 de regering over, vaardigde een nieuwe grondwet (de vierde sinds 1812) uit en verbood de verkoop van kerkelijk bezit. Gesecondeerd door generaal Prim en andere militairen slaagde hij erin een opstand van Spanjes Marokkaanse koloniën te onderdrukken en de stad Tetuan te veroveren. Dat leverde hem de titel van hertog van Tetuan op. Datzelfde jaar, 1860, brak de tweede burgeroorlog uit. De carlisten hadden een nieuw vaandel gevonden in de graaf van Montemolín, maar deze werd vrijwel onmiddellijk door zijn eigen troepen verraden en gefusilleerd. Ondertussen zwoeren fanatieke progressieven binnen en buiten Spanje samen om Isabel ten val te brengen. Espartero schakelde O'Donnell uit en stuurde, nu de Verenigde Staten in een burgeroorlog was verwikkeld, een vloot naar de oude Amerikaanse koloniën. Dat leidde tot een zinloos treffen voor de Peruaans-Chileense kust. Het ligt voor de hand dat die laatste actie mede was ondernomen ten behoeve van keizer Napoleon III. De Fransen waren overal ter wereld in een hevige concurrentiestrijd met de Engelsen verwikkeld en probeerden met behulp van Spanjaarden hun invloed in de voormalige Spaans-Amerikaanse gebieden te vergroten. Die koloniale ambities vielen slecht bij de Spaanse progressieven, die hun land een eigentijds aanzien wilden geven. En daartoe moest Isabel II vertrekken. De militairen bleken de enigen die daarvoor konden zorgen, en die waren verdeeld. Bovendien voelde de Franse keizer niets voor een revolutie bezuiden de Pyreneeën. Generaals die graag hun land dienden, moesten dus naar Parijs luisteren, doch Londen te vriend houden.

Progressief steunde op Londen en bracht met hulp van Narváez en Prim Espartero ten val. Vlak daarop bracht een studentenopstand Narváez ten val. Prim probeerde de aftocht van zijn concurrenten ten eigen bate aan te wenden, maar O'Donnell liep met het been weg. Niet voor lang, want een jaar later stierven zowel O'Donnell als Narváez. Het is dan 1867. Isabel heeft nu haar beste generaals verloren. De Liberale Unie, de militaire partij die het land een schijn van eenheid had gegeven, valt uit elkaar. In Cádiz, symbool van progressief Spanje, staan twee generaals en een admiraal op tegen de koningin. In een desperate poging stuurt Isabel haar laatste getrouwe, generaal Manuel Pavía, naar het zuiden om de rebellen het hoofd te bieden. In de buurt van Córdoba lijdt het koninklijke leger de nederlaag. Isabel en Franciscus van Assisi stappen in San Sebastián op de trein naar Frankrijk. De Revolución Gloriosa van 1868 is een feit. Tweehonderd jaar na de Glorious Revolution in Engeland, dat toen al een constitutionele monarchie was, is het Spanje nog steeds niet gelukt om tot een regeringsvorm te komen waarin kroon en burgerij bereid zijn met elkaar samen te werken. Sommige generaals hopen dat zulks binnen afzienbare tijd zal gebeuren en spreken zich alvast uit voor Alfonso, de zoon van de onfortuinlijke koningin, die nu met haar onderdanige gemaal troost gaat zoeken bij de Franse keizerlijke familie. Isabel vestigt zich aan de Parijse Avenue Kléber, in een huis met de naam Palais de Castille. In 1904 sterft ze, waarna haar stoffelijk overschot wordt bijgezet in de grafkelder van het Escorial. Franciscus van Assisi, de koninklijke echtgenoot, maakt van zijn verbanning gebruik door zijn ongewilde verbintenis met Isabel te verbreken en soelaas te zoeken in vrienden en reizen.

Maar zou het tot een constitutionele monarchie komen? De voortekenen leken allesbehalve gunstig. De carlisten waren nog lang niet uitgeschakeld, en die voelden niets voor de burgerlijke waarden die overal in Europa opgeld deden. De regionalisten waren duidelijk in opkomst, met name in Catalonië, waar Barcelona zich niet alleen tot het sterkste industriële centrum van Spanje had ontwikkeld, maar waar bovendien een beweging op gang was gekomen die de Catalaanse taal en cultuur nieuw leven wilde inblazen. Ten slotte deden ook de socialisten steeds meer van zich spreken, en daar was gezien de lamentabele situatie van de plattelanders en het fabrieksproletariaat alle reden toe. Carlisme, federalisme en socialisme vormden dus de voornaamste factoren die een constitutionele monarchie in de weg stonden.

Het onderwijs was sinds 1857 niet langer het exclusieve domein van de kerk, de journalistiek richtte zich steeds meer op wat er maatschappelijk niet deugde, en de romantische dichters, zoals Gustavo Adolfo Bécquer en Rosalía de Castro, namen hun toevlucht tot de eigen verbeeldingswereld. Zo was in grote lijnen de situatie aan de vooravond van de meest chaotische periode van de Spaanse negentiende eeuw.

DE WOELIGSTE JAREN

Wat Spanje gedurende de zeven jaren na de onttroning van Isabel II doormaakte, was zoiets als wat Frankrijk beleefde tussen de bestorming van de Bastille en de opkomst van Napoleon, meer dan een halve eeuw eerder. In progressief twintigste-eeuws perspectief heet het dat die glorieuze revolutie nu eens niet een gangbare pronunciamiento was, maar een structurele verandering aankondigde. Deze diagnose mag achteraf plausibel klinken, in 1868 wist niemand welke koers het schip van staat zou volgen. De generaal die het koninklijk leger had verslagen, Francisco Serrano – ooit minnaar van de danskoningin – wierp zich op als 'vervangend staatshoofd', usurpeerde de titel van 'Zijne Hoogheid' en benoemde zijn compagnon – de opportunist Prim – tot opperbevelhebber van de strijdkrachten. In 1869 zag de vijfde grondwet sinds 1812 het licht, ongetwijfeld de modernste van de eeuw, met zulke vernieuwingen als 'algemeen kiesrecht', 'erkenning van het burgerlijk huwelijk', 'vrijheid van godsdienst en onderwijs'. De Cortes kregen de schakering van een partijenstelsel dat bestond uit vijf kleuren: te rechter zijde de carlisten en de aanhangers van de afwezige Alfons XII, in het midden de republikeinen en te linker zijde de federalisten en de radicalen. Buiten het parlement manifesteerde zich een groepering van geestdriftige vrijwilligers die de 'nieuwe vrijheden' kosteloos propageerden bij de kleine burgerij, die Spanje vanaf nu haar stempel gaat opdrukken. Ultraprogressieven en ultratraditionalisten bromden in hun baard. De kerk voelde zich aan de kant geschoven nu het katholicisme niet langer de nationale godsdienst was. In Catalonië en Andalusië klonk de roep om autonomie. Baskenland en Navarra helden over naar de carlisten. Op Cuba schreeuwden sommigen, op instigatie van Washington, om onafhankelijkheid. In de kranten verschenen de eerste afbeeldingen van Bakoenin en Marx. Cánovas del Castillo, die als progressief journalist was opgeklommen onder de liberale generaals, profileerde zich nu als spreekbuis van het 'midden'.

Serrano en Prim gedroegen zich als regenten op zoek naar een vorst.

Wie durfde de Spaanse troon te bestijgen? Oud-dictator Espartero (eventueel te benoemen als koning Baldomero I), de Franse graaf van Montpensier en de Pruisische prins Leopold von Hohenzollern-Sigmaringen bedankten voor de eer, denkend aan het treurige einde van Maximiliaan van Oostenrijk, die zojuist was geëxecuteerd door de Mexicaanse held Benito Juárez. Amadeo van Savoye, de tweede zoon van de Italiaanse koning Victor Emmanuel, had niets te verliezen. Hij bleek bereid de rol van koning van Spanje op zich te nemen. Prim had deze kandidaat persoonlijk uitgezocht, maar de lokale aristocratie, of wat daarvoor doorging, betoonde zich wars van buitenlandse troonpretendenten en hield vast aan de afwezige Alfons XII. Dezelfde dag waarop Amadeo in de haven van Cartagena voet aan land zette, 27 december 1871, werd generaal Prim door een kogel geveld in de Madrileense calle de los Turcos. Geen ongelukkiger moment, want gelijktijdig brak de oorlog tussen Frankrijk en Pruisen uit, die leidde tot de Parijse Commune, de afzetting van keizer Napeolon III en het morgenrood van de Derde Republiek. En wat in Frankrijk gebeurt, gebeurt onvermijdelijk – hoewel altijd met vertraging – in Spanje.

Begin 1872 wordt Amadeo ingezworen in Madrid door generaal Serrano, onder protest van carlisten en adepten van Alfons, maar ook van de radicalen en de middenpartij. Geen moment is geschikter voor de carlisten om in opstand te komen dan nu. Carlos María de los Dolores, een neef van de broer van Fernando VII, die stamt uit het huis van Bourbon-Parma, laat zich uitroepen tot koning Karel VII. Baskenland en Navarra scharen zich aan zijn zijde, maar het eerste treffen met regeringstroepen loopt uit op een voorlopige wapenstilstand. De onderlinge onenigheid in het regeringskamp is zo groot dat Amadeo liever vertrekt dan executie af te wachten. Nog geen jaar na zijn troonsbestijging wordt in 1873 de Eerste Republiek uitgeroepen, die een reactie inhoudt op de centralistische politiek van de liberalen en gepaard gaat met verbranding van kerken en een golf van pornografie. De republiek – die wordt geleid door professoren en advocaten die de grootste moeite hebben met het beteugelen van de euforie van een volk dat op een nieuwe gouden tijd hoopte – houdt geen jaar stand en heeft binnen haar korte bestek maar liefst vier presidenten van respectievelijk progressief-liberalen, extreem-federalistischen, gematigd-federalistischen en conservatieven huize: Estanislao Figueras, Francisco Pi i Margall, Nicolás Salmerón en Emilio Castelar. De laatste, die beroemd is om zijn redenaarskunst, verzoent Spanje met de kerk en Europa, verhindert dat het land uit elkaar valt en ontbindt de Cortes. De angst voor de totale chaos is echter zo groot dat golven Spanjaarden naar Zuid-Amerika emigreren, terwijl de grootgrondbezitters hun kapitaal naar de Zuid-Franse casino's brengen. Ondertussen ruziën zowel de monarchisten, die verdeeld zijn over Karel en Alfons, als de communisten, die verdeeld zijn over Marx en Bakoenin. In 1874 marcheert generaal Manuel Pavía, de laatste paladijn van Isabel II, met een leger het al ontbonden parlement binnen om een einde te maken aan de Eerste Republiek.

Benito Pérez Galdós, de grootste romanschrijver van de Spaanse negentiende eeuw – niet alleen kwalitatief, ook kwantitatief –, publiceert juist op dit moment het eerste deel van zijn *Nationale episoden*, een uit vijf reeksen bestaande monsterroman van in totaal zesenveertig delen waarin hij de sociale ontwikkeling van Spanje behandelt vanaf de ondergang van de nationale vloot bij Trafalgar in 1805 tot en met de periode die nu aanbreekt. Deze staat in het teken van Cánovas del Castillo en de terugkeer van Alfons (XII). Galdós, die vaak in één adem wordt genoemd met Balzac en Dickens en Tolstoj, laat zien hoe de grote gebeurtenissen inwerken op de levens van alledag, conform de stroming van het 'realisme'. De auteur evolueert tijdens zijn gestadig groeiende portret van de Spaanse werkelijkheid van discreet liberaal via gematigd socialistisch naar overwegend ethisch getint. Zijn als 'intrahistorie' gekenschetste romanoeuvre geldt als een van de authentiekste schilderingen van het kleinburgerlijke Spanje.

DE RESTAURATIE

Het kalme vaarwater waarin Spanje vanaf 1875 belandt, heet in de geschiedenis 'de restauratie'. Het is een tijd van bestuurlijk evenwicht onder het staatkundig genie van Antonio Cánovas del Castillo, volgens de Britse historicus Raymond Carr 'een harde werker in een lui land, die de intellectuelen voor de monarchie wist te winnen'. Als leider van de 'conservatieve partij' bracht Cánovas de discretie op om zich om de zoveel jaar te laten vervangen door Mateo Práxedes Sagasta, leider van de 'liberale partij'. Het verschil tussen liberalen en conservatieven was klein, en daardoor leek het land eindelijk de zo noodzakelijke synthese te vinden. Cánovas slaagde erin het leger buiten de politiek te houden en voerde de democratie van bovenaf in, via getrapte verkiezingen. De kerk werkte mee door haar bezwaren tegen het liberalisme, zoals geformuleerd door paus Pius IX in zijn encycliek *Syllabus* van 1864, op te geven. Katholieken mochten van paus Leo XIII in het vervolg liberaal zijn en zich voor de geseculariseerde staat inzetten. Die nieuwe houding van de kerk sloeg de laatste fundamenten weg onder het carlisme. Met het bombardement van Bilbao, dat de tienjarige Miguel de Unamuno meebeleefde en later beschreef in zijn eerste roman *Paz en la guerra*, kwam er een abrupt einde aan de derde burgeroorlog. Toen de in Engeland opgevoede koning Alfons XII, vooral op verzoek van de militairen, in 1875 in Spanje arriveerde, vertrok Karel VII naar Frankrijk. Sommige carlisten, de zogeheten *requeté's*, verschansten zich in Navarra, maar andere verklaarden zich akkoord met de jonge koning.

De eerste tien jaren van de restauratie werden de vredigste van de hele negentiende eeuw. De zesde en voorlopig laatste grondwet, van 1876, regelde de cohabitatie van wie ooit onverzoenlijke vijanden waren: monarchisten en liberalen. De Cortes kregen de wetgevende macht. En de kroon mocht die macht naar buiten toe belichamen. De koning benoemde en ontsloeg ministers naargelang van de windrichting in het parlement. Het katholicisme bleef de nationale godsdienst, maar respecteerde nu de opvattingen van andersdenkenden. De republikeinen, de federalisten en de socialisten voelden zich buitengesloten en typeerden het contract van 1876 als 'de grondwet van de notabelen'. Ze vonden het stemrecht voor alleen mannen van vijfentwintig jaar en ouder niet democratisch genoeg. Ze verzetten zich tegen het overwicht van de kleine groep *caciques* of *terratenientes*, oud-liberalen met nieuwe adellijke titels die zich in de loop van de eeuw meester hadden gemaakt van het land waarop de rechteloze dagloners honger leden. De grond, ooit ontfutseld aan de 'dode handen' van adel en clerus, was nog even dood als in de achttiende eeuw. In plaats van de handen uit de mouwen te steken en zoals in Engeland de productie te bevorderen, betoonde de nieuwe bezittende klasse van Spanje zich – aldus Gerald Brenan in zijn *The Spanish Labyrinth* van 1943 – 'achterdochtig, pessimistisch en lui'. De industrie, die in de negentiende eeuw was opgeschoten, had in de steden een onderklasse van ontheemden met zich meegebracht die geen enkele invloed had op het reilen en zeilen van de staat. Van echte democratie, zo protesteerden de socialisten, was daarom geen sprake. De heersende rust was vals. Spanje werd in werkelijkheid geregeerd door een oligarchie van industriëlen, met instemming van een kerk die niet meer in haar sociale roeping geloofde.

Dat die oligarchie stevig in het zadel zat, kwam doordat het Engeland van koningin Victoria en het Duitsland van Bismarck dat wilden. En omdat ook in Frankrijk conservatieve liberalen de dienst uitmaakten, en radicalen en socialisten hoe dan ook buiten de deur moesten worden gehouden, was er voor Cánovas del Castillo vooralsnog geen vuiltje aan de lucht. De koning fungeerde als masker, bedoeld om de status-quo een legaal aanzien te geven. In 1878 huwde hij de lieftallige María de las Mercedes van Orléans. Deze populaire schoonheid stierf een halfjaar later en hij hertrouwde met aartshertogin María Cristina van Oostenrijk. In 1881 opende Alfons samen met koning Luís I van Portugal de spoorlijn Madrid-Lissabon, maar toen hij twee jaar later met de Duitse keizer aanpapte, liet Parijs Madrid weten daarop niet gesteld te zijn. In 1885 stierf Alfons XII op zeventwintigjarige leeftijd, volgens zijn voorstanders aan tuberculose, volgens zijn tegenstanders aan syfilis. Zijn weduwe, María Cristina, werd regentes. Maar in tegenstelling tot de vroegere María Cristina (van Bourbon), de weduwe van Ferdinand VII, had de Habsburgse niet eens in schijn iets te vertellen. Ze zou tot de meerderjarigheid van haar zoon Alfons XIII in functie blijven. Hoe het het doorsnee-Spanje onder haar aanwezigheid verging, staat satirisch geportretteerd in *La Regenta*, de naturalistische roman van Leopoldo Alas, alias 'Clarín'.

Inmiddels was uit Frankrijk de mode van het naturalisme overgewaaid, dat de mensen tot product van hun omstandigheden reduceerde. Samen met het positivisme, de antropologie en het darwinisme zorgde die nieuwe stroming ervoor dat de vooruitstrevende Spanjaarden de sociale werkelijkheid op de snijtafel van de kritische analyse legden en oog kregen voor de dierlijke en de ondeugdelijke kanten van de mens, ter verbetering waarvan wetenschappelijke remedies dienden te worden gevonden. De Spaanse romanciers en zelfs dichters lieten zich in dezen niet onbetuigd, maar ook dit keer leverde de navolging van wat elders in Europa eerder was geschied, geen originelen op, geen namen die de vergelijking met hun Franse pendanten, zoals Flaubert en Zola, kunnen doorstaan. Je zou hoogstens kunnen zeggen dat het naturalisme in Spanje wat minder ontmenselijkt was – een gevolg van het nog rurale karakter. Ook op het gebied van het onderwijs getuigde Spanje van achterstand en imitatie. Aan het begin van de restauratie, rond 1875, werd er in Madrid een vrije onderwijsinstelling opgericht, het Instituto Libre de Enseñanza, met als oogmerk de christelijke wereldbeschouwing die Spanje in de afgelopen eeuwen had gekenmerkt, aan te passen. Het 'katholieke denken' maakte op dit elitaire instituut plaats voor een neutralisme dat aan de Duitse filosoof Karl Christian Friedrich Krause, een leerling van Kant en Hegel, was ontsproten en dat in Spanje in Franse vertaling door een paar enthousiaste kenners was verspreid. De menselijke rede, die voorheen aan de dogma's van het geloof was onderworpen, kreeg via deze omweg in Spanje ten langen leste de status die ze in de andere West-Europese landen al lang genoot. De secularisatie die daarmee gepaard ging, had al ingang gevonden onder de politici van de Eerste Republiek, maar begon vanaf 1875 het hoger onderwijs te penetreren. En dat hield in dat de kunst en de wetenschap niet langer een religieus kader hoefden op te houden. Op filosofisch gebied betekende het 'krausisme' het einde van het neokatholicisme van Balmes en Donoso Cortés. De toonaangevende filosoof werd Marcelino Menéndez y Pelayo, die enerzijds nog probeerde om aan het katholicisme vast te houden, maar anderzijds het vrije kritische onderzoek propageerde. Dat leidde tot eclecticisme. De radicalere volgelingen van de nieuwe filosofie begonnen weldra een vitalisme en regenerationisme uit te dragen dat met het socialisme en naturalisme samenhing en dat tegen het einde van de eeuw medebepalend werd voor de herbezinning op wat Spanje zou moeten zijn.

Dit proces begon zich onder de elkaar afwisselende regeringen van Cánovas en Sagasta af te tekenen. Maar onderwijs, kunst en wetenschappen bleven voorlopig tot de bovenlaag beperkt. De directe uitdaging voor de status-quo kwam van de kant van het zich organiserende socialisme en anarchisme, alsmede het federalisme, dat zich tijdens de Eerste Republiek zelfs even van een separatistische kant had laten zien. Na de dood van Alfons XII en met de geboorte van Alfons XIII in 1886 kwam er een socialistische partij van de grond, die geschraagd werd door een groeiende vakbond die de oude gilden en broederschappen definitief verdrong. Ze vond haar aanhang voornamelijk in Madrid (overwegend socialistisch) en Barcelona (overwegend anarchistisch), inmiddels steden van rond de vijfhonderdduizend inwoners. Terwijl de eerste automobielen het straatbeeld veranderden, overal spoorwegen en tunnels opdoemden, de elektriciteit haar intrede deed en in Barcelona een wereldtentoonstelling (1888) rond de laatste technische vindingen de aandacht trok, stak het proletariaat de kop op en lieten sommige Catalanen weten dat ze liever een eigen staat hadden, omdat de vooruitgang in het meest vooruitgegane deel van het schiereiland nog sneller vooruit kon gaan als er geen rekening meer hoefde te worden gehouden met het onderontwikkelde achterland. Andere Catalanen, meer bezonnen, begrepen dat een onafhankelijke staat geen levenskracht had en spraken zich uit voor een centralistische koers. Centralisme en federalisme verdeelden het Catalaanse socialisme, dat bovendien moest concurreren met het anarchisme. Dat maakte links tot een vergaarbak zonder daadkracht. De rooms-katholieke kerk begreep dat ze niet meer om de sociale kwestie heen kon en kwam op de proppen met de encycliek *Rerum Novarum*, in de hoop het contact met de arbeidende klasse niet te verliezen. Ondertussen baarden op het gebied van de kunst het impressionisme en het symbolisme opzien. De architect Antoni Gaudí werkte in Barcelona aan een sprookjesachtige kathedraal die een eeuw later nog altijd niet voltooid is, wellicht een toonbeeld van het onvermogen van een totaal uitgeput land, dat niet meer tot zinvolle vernieuwing in staat was.

De jaren negentig werden gekenmerkt door een beginnende industrie in met name Catalonië en het Baskenland. Om de exploitatie van de wijn- en mijnbouw en de spoorwegen door buitenlandse ondernemingen tegen te gaan kondigde de regering een reeks protectionistische maatregelen af. Spanje bleef voorlopig een ruraal land met een onproductieve landbouw. Voor een werkelijke industrialisatie ontbrak het kapitaal. Bovendien was er geen markt om het weinige dat het land produceerde af te zetten. De progressieve liberalen wezen op het buitenland en klaagden erover dat Spanje de trein naar de toekomst had gemist. Het onbehagen van de onderklasse uitte zich steeds gewelddadiger en bracht de politiek van evenwicht aan het wankelen. In 1893 vond er een aanslag plaats op generaal Martínez Campos, die Alfons XII in 1875 tot koning had uitgeroepen en in 1878 met succes de Cubaanse opstandelingen had bestreden. In hetzelfde jaar ontploften er bommen op verschillende locaties in Madrid. In 1894 werden er enige anarchisten in Barcelona gefusilleerd en braken er onlusten uit in Spaans Marokko. In 1895 richtte een aantal Basken een nationalistische partij op. Cuba kwam weer in opstand, met hulp van de Verenigde Staten, terwijl ook de Filippijnen aanstalten maakten de band met het moederland door te snijden. In 1897 werd Cánovas del Castillo doodgeschoten door een Italiaanse anarchist. Sagasta nam het roer over en moest in 1898 aantreden tegen de Verenigde Staten, dat Spanje omwille van Cuba en Puerto Rico de oorlog had verklaard. Frankrijk wilde Spanje eventueel steunen, maar de belangen van beide landen bleken in Noord-Afrika te botsen. Duitsland had al eerder de Carolinen, een eilandengroep ten oosten van de Filippijnen, van Spanje afgenomen. In de steek gelaten door heel Europa moest het land op 12 augustus 1898, bij de vrede van Parijs, zijn laatste koloniën afstaan. Daarmee nam de 'crisis' een aanvang.

DE CRISIS VAN 1898

Voor het eerst teruggeworpen op zichzelf vraagt de voorhoede van het volk, dat inmiddels tegen de twintig miljoen inwoners telt, zich af hoe 'Europees' Spanje is. De generatie van 1898, die gevormd is door de onderwijsvernieuwing sinds 1875, buigt zich over het verleden om naar antwoorden voor de toekomst te zoeken. Miguel de Unamuno, Angel Ganivet, Joaquín Costa en José Ortega y Gasset zijn de vooraanstaande woordvoerders van de polemiek die de Spaanse intelligentsia de komende decennia bezig zal houden. De laatste twee van de vier willen hun land snel en radicaal moderniseren, wat een overwegend negatieve kijk op het eigen verleden en een rooskleurig beeld van het te imiteren Europa (met name Frankrijk en Duitsland) inhoudt. De eerste twee zien in het verleden ook positieve dingen en staan niet onverdeeld welwillend tegenover het buitenland. Costa vindt dat de tijd is gekomen om het graf van de Cid met zeven grendels af te sluiten. Spanje moet eindelijk 'regenereren', Europees worden. 'Begint Afrika bij de Pyreneeën?', roept Unamuno sarcastisch uit tegen de buitenlandse minachting en de Spaanse 'regenerationisten'. 'En wat dan nog? Wat heeft Europa te bieden? Zijn Europeanen zulke grote uitvinders? Wat vinden ze dan uit?' bijt hij de de apostelen van de moderniteit toe.

Unamuno beoogde de middenpositie tussen behoudend en vooruitstrevend, maar de extremisten waren niet binnen de perken te houden en probeerden de Baskische profeet tot een keuze te dwingen. De frustratie over de achterstand bleek diep en radicaliseerde de naar Europa hunkerende voorhoede, terwijl anderzijds patriottistische bekrompenheid de nostalgie voedde naar de grootsheid van weleer. Het ei voor de toekomstige, vierde burgeroorlog was gelegd, en het was alleen maar wachten tot de omstandigheden het uitbroedden.

De tijd van de restauratie was voorbij toen koning Alfons XIII in 1902 meerderjarig werd. Net als zijn vader zou ook de nieuwe koning aan de leiband lopen van staatslieden, maar die waren van minder gehalte dan Cánovas en Sagasta. Antonio Maura volgde de eerste op, José Canalejas de tweede, terwijl staat en kerk en leger desintegreerden. Economisch en industrieel stond Spanje weliswaar aan de vooravond van de snelste groei uit zijn geschiedenis, maar die verhevigde de maatschappelijke spanningen omdat de verschillen tussen rijk en arm, stad en platteland daardoor alleen maar schrijnender afstaken. En dit keer ontbrak het perspectief van de koloniën. Spanje kon niet anders dan opzien naar Europa, of navelstaren. Sociaal onbehagen was in beide gevallen het gevolg. Werden in de negentiende eeuw de Spaanse binnenlandse politiek en cultuur al door het buitenland bepaald, in de twintigste eeuw zou die invloed nog verder toenemen.

DE TWEE SPANJES IN HET LICHT VAN 1898

1898 betekent een keerpunt in de Spaanse geschiedenis. Er is natuurlijk treurnis om de teloorgang van de laatste resten van het eens oppermachtige imperium, maar meer dan ooit staan nu twee onoverbrugbare visies tegenover elkaar, waarvan de wortels teruggaan tot in de achttiende eeuw. Uit de verfransten en de spanjolisten van toen hadden zich in de loop van de negentiende eeuw twee houdingen gekristalliseerd met onverenigbare politieke, sociale en culturele idealen. Die twee houdingen bleven niet meer beperkt tot de bovenlaag. Steeds duidelijker tekende zich ook een tegenstelling af tussen stad en platteland, en tussen regering en wat volgens sommigen 'het ware wezen' van het land zou zijn. Het onbehagen van 1898 – Julián Juderías spreekt zelfs van zelfhaat – vond zijn weerslag in de duiding van het eigen verleden. Men begon naar de 'schuld' te zoeken die het 'huidige fiasco' kon verklaren. Binnen de geschiedschrijving verlegde men het idee van de twee Spanjes naar achteren, naar een tijd toen die dichotomie nog niet bestond. Zo ging men – tegemoetkomend aan de zwarte legende – het zestiende-eeuwse Spanje van Filips II voorstellen als een 'gesloten' en onwenselijke situatie, terwijl het Spanje van Karel V een 'open', renaissancistisch karakter zou hebben gehad. Het had het licht aangekondigd, dat daarna was gedoofd. Een voorzichtige aanzet daartoe gaf Menéndez y Pelayo met zijn *Geschiedenis van de Spaanse heterodoxen* van 1880. Marcel Bataillon ging een stap verder in zijn *Erasmus en Spanje* van 1937. Nog radicaler was het om Spanje vanaf 1492 repressief te noemen en het authentieke Spanje te verplaatsen naar de Middeleeuwen, zoals Américo Castro deed in zijn *Historische werkelijkheid van Spanje* van 1954.

De verlegging van de 'schuld' naar de tijd toen Spanje de wereld regeerde, leidde tot een zelfverloochening die de tegenovergestelde visie opriep, namelijk dat Spanje de mist in was gegaan met de komst van de Bourbons en dat men zou moeten terugkeren naar het 'imperialistische' ideaal van de Habsburgers. Dat deze visie het nationalisme en zelfs het fascisme in de kaart speelde, laat zich raden. Spanje moest weer trots worden op zichzelf en de glorierijke heldendaden van toen in ere houden. Spanje moest onwrikbaar aan zijn identiteit vasthouden. Nee, zeiden de anderen: Spanje moet aansluiting zoeken bij Europa, zo gauw mogelijk de verloren tijd inhalen. Dat Europa geen eenheid was en dat er binnen de verschillende Europese landen, waarvan sommige hun koloniën nog hadden, vergelijkbare tendensen bestonden, ontging het merendeel van de Spaanse denkers. In beide gevallen, of men nu 'rechts' was of 'links', bleek de onbekendheid met hoe er in andere Europese landen werd gedacht, enorm. Links en rechts deelden in Spanje in elk geval het feit dat ze niet verder keken dan het eigen land. Men praatte alsof Spanje het middelpunt van de wereld was. Zeer schaars waren bijvoorbeeld de Spaanse intellectuelen die een andere taal beheersten, en als ze al een beetje Frans of Engels kenden, voerde dat zelden tot een relativeren van het 'eigen probleem'. Men miste dus de vergelijking. Daardoor moesten individuele zelfkennis en interpretatie van het collectieve wel een eenzijdige, steriele vertoning blijven.

De Spaanse geschiedschrijving stond anno 1898 nog in de kinderschoenen. Cánovas del Castillo – wiens positie in het Spanje van zijn tijd te vergelijken is met die van staatslieden als Disraeli in Engeland, Thiers in Frankrijk, Bismarck in Duitsland, Cavour in Italië en Thorbecke in Nederland – keerde zich niet alleen tegen de anti-Spaanse geschiedschrijving van buitenlanders, maar ook tegen de reactionaire ophemeling van zijn land sinds De Maistre en Chateaubriand. Het verval vanaf 1648 weet hij aan de Franse politiek en aan de Spaanse laksheid op het punt van de handel. Spanje, zo luidt een van zijn conclusies, 'was in de zeventiende eeuw te veel met de eeuwigheid bezig om aandacht voor de aarde te hebben'. Dat hij hiermee voornamelijk zijn eigen 'liberale visie' ventileerde, spreekt voor zich, net als het feit dat hij en anderen het verleden vervalsten om de behoefte van het moment te dienen. Maar de teleurstelling over het heden was te groot om het verleden recht te doen. Zelfs Juderías, die zeer vele talen las en de zwarte legende ontzenuwde, zonder enig succes overigens, opperde dat Spanje zich 'te veel het uitverkoren land van God' had gevoeld en dat het katholicisme een wezenlijk andere grondslag vormde dan het imperialisme van Napoleon of dat van de Britten. Alsof secularisme zo benijdenswaardig was. Na 1648 raakte Spanje gefixeerd op het buitenland, kennelijk mocht alleen daarvandaan het heil worden verwacht. Maar daarmee verried het zijn ziel en veroordeelde het zichzelf om eeuwig achter de feiten aan te lopen, om zich te gedragen naar wat anderen voorschrijven. De ontdekking dat het buitenland Spanje beter kende dan het zichzelf kende, veroorzaakte zelfhaat.

Anders dacht Unamuno, die poneerde dat Spanje geen land was voor een middenklasse. Dat was wellicht goed voor Holland, schamperde hij, 'met zijn zelfingenomen burgerij'. Unamuno bestreed niet alleen de meeste buitenlandse geschiedschrijving over zijn land, maar ook de 'theoretische historici', zoals Hegel of Taine, die hij ervan beschuldigde feiten te selecteren om hun theorieën te bewijzen. Even sceptisch stond hij tegenover het archiefonderzoek dat sinds 1850 populair was geworden. Je vindt wat je zoekt, opperde hij. Hem ging het om de persoonlijkheid van de geschiedkundige. Hij bewonderde Thomas Carlyle en de Portugese historicus Oliveira Martins, die de 'mens' te midden van de collectieve gebeurtenissen benadrukten. Unamuno zocht zijn heil in een individualistisch 'aeternisme', in een houding die ooit karakteristiek voor de Spaanse aard was geweest: kritisch jegens het gezag, maar zonder zich van de maatschappij af te keren. Hij was er zich zeer van bewust dat het antagonisme in Spanje gevaarlijk kon worden als het regionalisme in separatisme ontaardde. Hij, zelf een Bask, pleitte voor een centrum dat het karakter van de regio respecteerde, maar veroordeelde tendensen die de 'Heimat' ten koste van de 'natie' verheerlijkten. Het 'catalanisme' en het Baskische geroep om autonomie wuifde hij weg als holle pretenties.

Van zo'n opvatting getuigt ook Salvador de Madariaga, die het catalanisme een zaak van tweederangs schrijvers noemt en erop wijst dat grote Catalanen van de Middeleeuwen allesbehalve provinciaals waren. Ramón Llull en Ausias March bijvoorbeeld dachten net zo universeel als de Bask Ignatius van Loyola. Separatisme herleidde hij tot een vorm van ressentiment. Het bewijs is, zo zegt Madariaga, dat geen enkele auteur van betekenis in de streektaal schrijft. Wél is hij met Unamuno van mening dat Madrid het eigene van de verschillende streken intact moet laten. Maar dat zal steeds afhangen van de geloofwaardigheid van het centrale gezag. De roep om autonomisme van de regio doet zich voor als het centrum tekortschiet. De eenheid van Spanje bewaren, dat is de wezenlijkste zaak van welke regering ook. De afscheiding van Portugal in 1640 is volgens Madariaga een vergissing. Portugal kwam sindsdien onder invloed van Engeland, ten nadele van de eigen identiteit. Men verfranste, men werd buitenlands. Geen intellectueel die het in een provinciaal land als Portugal uithoudt.

Het verlies van de koloniën maakte dat Spanje zich in het laatste decennium van de negentiende eeuw niet alleen aan Europa ging meten, maar ook de 'bloedband' met de Spaanstalige landen van Amerika aanhaalde. In 1892, bij de herdenking van het vierhonderdjarige jubileum van de ontdekking van Amerika, werd 'de dag van het ras' (van de grote Hispaanse familie) ingesteld, te vieren op 12 oktober. De band met Spaans Amerika herinnerde aan het grootse verleden en enthousiasmeerde de 'nationalisten'. De progressieven of 'modernen' keken liever naar Europa. Bij het 'modern' willen zijn van de Hispaanse intelligentsia, plaatst Madariaga kritische kanttekeningen. Je krijgt dan een valse moderniteit, zoals ook de 'reactie' in Spanje vals is. Of, zoals Pierre Vilar suggereert, je krijgt vlees noch vis. De Spanjaard overtuigt niet als dissident. De Spaanse katholiek is 'braaf', maar als hij het katholicisme afzweert wordt hij algauw een nihilist. Een tussenweg schijnt er niet te zijn. In Frankrijk heb je deïsten en atheïsten, maar ook religieuze apologeten van allure. Geestrijke heiligen vindt men in Spanjes zestiende eeuw. En wat voor! Vergelijkbare heiligen hoef je in Frankrijk niet te zoeken. Maar sinds de achttiende eeuw zijn in Spanje de schrijvers volgzame katholieken, óf ze doen alsof de godsdienst niet bestaat. Nadenken over de godsdienst is er uitzonderlijk. Tegenover de Franse burgerlijkheid is de Spaanse ziel volks, of men nu christelijk of onverschillig is.

De tragiek van Spanje is dat de kwaliteiten van weleer omsloegen in hun tegendelen. Daar hamert Ramón Menéndez Pidal op. Wat eens terechte trots was, werd nu loze inbeelding. Dat laatste leidde tot nationalisme of fascisme. Maar dat is mede opgeroepen door de verfransten, de liberalen en de socialisten, die het eigene inruilden voor wat vanbuiten kwam en de goede tradities ontkenden. De toenemende vijandschap tussen antiklerikalen en hyperpatriotten en het onvermogen tot coëxistentie die zich in de negentiende eeuw aftekenden – en waaraan de jonge Mariano José de Larra meer dan honderd jaar geleden was bezweken –, zijn de diepere oorzaken van de dictaturen en de burgeroorlog die het land in de twintigste eeuw te wachten staan. Gepaard daarmee gaan de vertekening van het eigen verleden en het onjuiste beeld dat het buitenland van Spanje heeft. Alles wat in de kiem van 1812 was verborgen – vanaf dat jaar heeft het land nooit meer een regering gehad die het 'geheel' vertegenwoordigde – moest naar buiten breken.

HET ANTAGONISME IN DE SPAANS-AMERIKAANSE REPUBLIEKEN

Het antagonisme is zeer beslist ook een grondtrek van de Spaans-Amerikaanse republieken sinds 1820. Maar dan met het verschil dat men daar naar de toekomst kon kijken zonder door een verleden te worden gehinderd. In de nieuwe landen manifesteerde zich eveneens een continue strijd tussen een minderheid van liberalen die op Europa en Noord-Amerika waren georiënteerd en een achterland van volksmassa's die door caudillos werden geleid. Grootsteedse 'creolen' probeerden in de nieuwe republieken een democratisch stelsel in te voeren naar voorbeeld van de Verenigde Staten, maar de plattelandspotentaten dachten er niet over om zich aan de zogenaamd 'beschaafde' heren met Europese gewoonten te onderwerpen. Die laatsten konden een tirannieke macht uitoefenen omdat de mensenmenigtes van Spaans Amerika drie eeuwen lang gewend waren geweest aan leiding van bovenaf en niet plotsklaps tot sociaal verantwoordelijke burgers waren om te turnen. Dingen als 'verkiezingen', 'parlementen', 'grondwetten' en andere democratische spelregels waren in de ogen van de volksmenners niets dan papier waarmee een urbane kliek het rurale volk onderdrukte. Het was dan ook niet verbazingwekkend dat de kleurlingen of mestiezen, indianen en negers de kant van de Spaanse koning kozen tegen de hoge ambtenaren van de hoofdsteden. Ze hadden liever met het verre Madrid te maken dan met het nabije Buenos Aires of Mexico, Lima of Caracas. Ze voelden heel goed aan dat ze zonder de koning de knoet van de creolen hadden te duchten. Na de onafhankelijkheid vond de oude tegenstelling voortgang onder de benamingen van 'centralisme' en 'federalisme'. De liberale creolen propageerden het eerste en het achterland behartigde een zelfstandiger bestuur voor de provincies. In werkelijkheid ging het om een machtsstrijd tussen sterke mannen, terwijl de Noord-Amerikanen de verdeel-en-heerspolitiek toepasten en de Engelsen en Fransen elkaar beconcurreerden om invloed, voedsel gevend aan de plaatselijke tegenstellingen. 'Partijen' kwamen pas heel laat in de negentiende eeuw aan de oppervlakte. Om democratie in te voeren misten de Spaans-Amerikaanse landen de daartoe vereiste voorgeschiedenis.

Ongeveer gelijktijdig met Spanje drong de Romantiek door in Argentinië. De andere landen volgden later. In de werken van de eerste romantici, zoals Esteban Echeverría, José Mármol en Domingo Faustino Sarmiento, allen Argentijnen, gaat het om de strijd tussen beschaving en barbarij, waarbij met dat laatste de autochtone tirannen en met dat eerste de weldaden van de democratie bedoeld worden. Naast dat thema begint tijdens de Romantiek – die in de Spaans-Amerikaanse landen veel langer zal duren dan in Europa – het besef baan te breken dat men een eigen vaderland heeft op te bouwen, in te kleuren met het in kaart brengen van landschappen en gewoonten. Onder invloed van Rousseaus *bon sauvage* en de romans van Chateaubriand en Bernardin de Saint-Pierre ontstaat een sterk geïdealiseerd beeld van de indiaan. Aan het eind van de negentiende eeuw verandert het beeld van de indiaan onder invloed van het naturalisme en raakt met het 'indigenisme' het aanklagen van diens ellendige sociale situatie in zwang. Maar net als de Argentijnse gaucholiteratuur is het indigenisme van grootsteedse origine, een nostalgisch verschiet voor de door Europa gevormde bevolking. Met de indiaan en de gaucho zelf heeft die literatuur weinig te maken.

Op het lange voortduren van de romantische poëzie – in het teken van Byron, Hugo, Bécquer, Zorrilla – volgde het symbolisme, dat in Spaans Amerika de naam *modernismo* kreeg en dat rond de eeuwwisseling ook de dichters van het oude moederland bereikte. Daarmee nam Spaans Amerika voor het eerst het voortouw ten opzichte van Spanje. Frankrijk bleef voorlopig voor beide de vuurtoren.

10 Spanje in de twintigste eeuw

De periode die in de Spaanse geschiedenis geboekt staat als de restauratie, en die vanaf 1875 na zoveel storm eindelijk wat bestuurlijke stabiliteit had gebracht, sleept zich gedurende de eerste twee decennia van de twintigste eeuw zieltogend voort. De aftakeling van het schijnbaar zo geslaagde akkoord tussen kroon en burgerij komt mogelijk voor rekening van de labiele koning Alfons XIII, maar tegen de achtergrond van de ontwikkelingen elders in Europa was zijn positie allesbehalve comfortabel. In 1908 vellen kogels de Portugese koning Carlos in het centrum van Lissabon; in 1914 valt de Oostenrijkse troonopvolger in Sarajevo een vergelijkbaar lot ten deel; in 1917 vermoorden de bolsjewieken de Russische tsaar en zijn familie te Jekaterinenburg. En in 1918, na zijn nederlaag in de grote wereldoorlog, kiest de Duitse keizer het zekere voor het onzekere door naar Nederland uit te wijken. De tijd bleek de kronen dus niet welgezind, en Alfons mocht het ergste vrezen. Officieel hield de Spaanse monarchie weliswaar tot 1930 stand, maar in feite had de jonge vorst nog minder te vertellen dan zijn jonggestorven vader. Kon die laatste zich nog verschuilen achter kundige staatslieden, zijn zoon moest zich behelpen met ministers die al niet meer dan 'politici' waren. Hij vertrouwde hen niet, en zij vertrouwden hem en elkaar niet. Spanje gleed onvermijdelijk af naar een dictatuur, gevolgd door een republiek, een burgeroorlog en een nieuwe dictatuur, om vanaf 1975 in het vaarwater van een democratische monarchie terecht te komen en uit te monden in 'Europa'.

DE AFTAKELING VAN DE MONARCHIE

In 1902 legde de meerderjarige Alfons XIII ten overstaan van de Cortes de eed af op de grondwet van 1876. In de drie daaropvolgende jaren zag het land vijf premiers en zesenzestig nieuwe ministers, van wie Antonio Maura en José Canalejas de meest vooraanstaande waren. De eerste leidde de conservatieven, de tweede de liberalen. Beiden leken daarmee het

Franco als wagneriaanse held

beleid van 'vreedzame afwisseling', zoals in het vierde kwartaal van de negentiende eeuw werd uitgedragen door Cánovas del Castillo en Sagasta, voort te zetten. Maar de tijden waren veranderd. De liberalen, ooit spreekbuizen van het vooruitstrevende Spanje, waren al lang behoudend geworden en verschilden alleen nog in naam van de conservatieven, met wie zij de status-quo ophielden. Daarvan profiteerden de rijke landeigenaren en de grootsteedse industriëlen. De kerk en het leger moesten het voortbestaan van de kroon mede garanderen. Maar de koning mocht dan graag in uniform poseren, het leger – onontbeerlijk als steunpilaar – zou weldra een even onberekenbare factor blijken als in de afgelopen honderd jaar.

Alfons beoogde aanvankelijk een democratisch proces van bovenaf aan te zwengelen, doch de opborrelingen van onderaf brachten hem alras in het gelid. Zijn militaire vertoon en zijn fysieke hobby's stoorden de intellectuelen. Zijn besluiteloosheid maakte hem tot trekpop van te veel middelmatige staatsdienaren. Hij dacht door het stimuleren van de onderlinge wedijver boven de partijen te kunnen blijven, maar zijn gebrek aan mensenkennis holde de monarchie gestadig uit. In zijn vertwijfeling hoopte hij zijn positie te verstevigen door bijval te zoeken in het buitenland. In 1906 huwde hij een Britse prinses en maakte hij zijn opwachting bij de Duitse keizer. Met dat laatste mishaagde hij Frankrijk, wat weer tot spanningen leidde in het Noord-Afrikaanse protectoraat Marokko, dat beide landen deelden.

De koning wilde in wezen liberalisme noch democratie. Wat wilde hij wél? Terwijl ministers en kabinetten kroon noch volk konden bevredigen en er een bestuurscrisis dreigde, staken twee nieuwe partijen buiten het parlement de kop op: de republikeinen en de socialisten. De eersten vertoonden sterk regionalistische trekken. De anderen concurreerden met de anarchisten die al aan het eind van de vorige eeuw waren opgekomen en die eveneens het regionalisme behartigden. De stad Barcelona, die net als Madrid was uitgegroeid tot zo'n zevenhonderdduizend inwoners en thans het industriële zwaartepunt van het schiereiland was, telde van die revolutionaire groeperingen de meeste aanhangers binnen haar grenzen. Dat het juist daar tot een uitbarsting moest komen, lag voor de hand. Hoofdrolspelers waren de militairen. De aanleiding gaf Marokko. Het gebeuren ging de geschiedenis in als de Semana Trágica, de tragische week van 1909.

De militairen waren sinds de oorlog met Amerika van 1898 een aparte kaste geworden met een eigen bureaucratie en een eigen esprit de corps.

Een overdaad aan onderbetaalde onderofficieren en een ruim assortiment generaals die zich hoe dan ook wilden bewijzen, vergden een uitlaat. De nationale eer stond op het spel in Noord-Afrika, waar de Fransen stookten en de autochtonen het koloniale juk wilden afschudden. Het prestige, dat was geknakt door het verlies van Cuba, vereiste genoegdoening en bovenal patriottische inzet. Uit de haven van Barcelona zou een vloot vertrekken naar het opstandige gebied. Daartoe waren soldaten nodig, maar die bleken niet in voldoende mate te vinden. De plaatselijke bourgeoisie, nog natrillend van de vele oorlogsinvaliden die uit het in haar ogen zinloze treffen met Amerika naar huis waren teruggekeerd, weigerde haar jongens af te staan voor een avontuur dat kennelijk alleen om de glorie van generaals werd ondernomen. De socialisten en de anarchisten buitten het algehele onbehagen in de Catalaanse hoofdstad uit en legden het openbare leven met stakingen plat. De kerk, die haar sociale roeping had verwaarloosd en via de jezuïeten met de middenklasse samenwerkte, kreeg de wind van voren. Kerken werden in brand gestoken en alom klonk op straat: 'Dood aan Maura!' Dat was de conservatieve minister die met kroon, leger en clerus werd vereenzelvigd. Zijn opponent, Canalejas, kon links noch rechts overtuigen. De militairen mochten van de koning ingrijpen, met als resultaat een tiental doden. De Semana Trágica leidde tot een verbond tussen socialisten en republikeinen, tot het neerschieten van Canalejas op de Madrileense Puerta del Sol en tot een verdeling van Marokko door Engeland en Frankrijk. Spanje behield voorlopig een segment van het protectoraat, maar optreden aldaar kon alleen met goedkeuring van Londen of Parijs.

De Semana Trágica richtte de schijnwerpers op de sociale kwestie. Ongeveer tien procent van de bevolking was in het eerste decennium naar Latijns-Amerika geëmigreerd, op zoek naar een beter bestaan. Het Spaanse platteland, dat de liberalen in de negentiende eeuw aan kerk en adel hadden ontnomen, bevond zich in net zulke 'dode handen' als in de tijd van het absolutisme. De nieuwe particuliere grootgrondbezitters, die vanaf het begin van de vorige eeuw, door moderne idealen gedreven, het nationale territorium productief zouden maken, hadden er niet méér mee gedaan dan hun adellijke en klerikale voorgangers. Ze verbleven nog steeds liever in de hoofdstad dan op hun grond. Veel landarbeiders zaten zonder werk en probeerden in de grote steden aan de slag te komen. Daar wachtten hun een hongerloon en morele ellende. Evenals elders in Europa nam de industrialisatie in het tijdvak tot aan de Eerste Wereldoorlog een hoge vlucht, maar de snel groeiende welvaart kwam niet ten goede aan de arbeiders. De kosten voor het levensonderhoud stegen en de verschillen tussen rijk en arm groeiden. Er ontstond een onderklasse van werkloze paupers in de steden en toekomstloze dagloners op het platteland.

In de jaren tachtig van de negentiende eeuw was in Spanje, onder invloed van Marx, de socialistische partij opgericht door Pablo Iglesias. Meer dan het socialisme trok het anarchisme, dat was geïnspireerd op Bakoenin, Proudhon, Fanelli, Kropotkin. Al tijdens de kortstondige Eerste Republiek had het anarchisme zich gemanifesteerd, gekoppeld aan de separatistische verlangens van de Catalanen. In 1882 had in Sevilla een congres van 'ontheemden' plaatsgevonden. In het rurale Aragon en Castilië kwamen utopische communes van de grond. Een mysterieuze organisatie, die zichzelf de Mano Negra (Zwarte Hand) noemde, had de dood gezworen aan het grootgrondbezit. De verslagen carlisten of requetés, voornamelijk in Navarra en het Baskenland, koesterden eveneens revolutionaire verlangens. Hoewel zij vasthielden aan godsdienst en vaderland, keerden ze zich tegen het feit dat de grond aan de staat was ontfutseld. Ze verweten de kerk het volk in de steek te hebben gelaten en te denken dat ze haar gehavende sociale status kon redden door zich met kroon en leger te verbinden. De conservatief-liberale kliek waarop de monarchie teerde, begreep dat het voortbestaan van de gevestigde orde hoe dan ook de loyaliteit van de militaire kaste vereiste.

Tegen het eind van de negentiende eeuw ontploften de eerste bommen in Barcelona. Het idee dat men zijn recht desnoods gewapenderhand moest afdwingen, sluimerde al bij sommige schrijvers van de generatie van 1898. In 1908 verschenen de *Réflexions sur la violence* van Georges Sorel, waarin echo's vielen te bespeuren van de filosofie van Schopenhauer, Nietzsche en Bergson. Het nihilisme, geïmporteerd uit Frankrijk, maakte school onder de sterk antiklerikale en antimilitaristische intelligentsia. Die 'mystiek van het geweld' viel samen met de opwaardering van de regio, het *patria chica*, zoals de Spanjaarden zeggen. Naarmate het geloof in de monarchie taande en het centrale gezag verzwakte, dreigde het regionalisme om te slaan in separatisme. De socialisten, die vooral grote aanhang in Madrid kregen, hielden vast aan de Spaanse eenheid. Hun ging het om de klassenstrijd. De anarchosyndicalisten daarentegen, wier invloed toenam in Barcelona, stonden een federalistisch Spanje voor, met grote mate van zelfbestuur voor provincies en gemeenten. Dat die laatste beweging het voortbestaan van het land bedreigde, spreekt voor zich, vooral daar de lokale verschillen in Spanje, in tegenstelling tot bijvoorbeeld Frankrijk, de eeuw van het absolutisme hadden doorstaan. De koning, symbool van de nationale eenheid, had dus alle reden om zich zorgen te maken.

Gedurende de Eerste Wereldoorlog, waar Spanje buiten bleef, zwoer Alfons XIII zijn reformisme af. Met de ultraconservatieve ministers die hij benoemde, onder wie de graaf van Romanones en Eduardo Dato, gaf hij te kennen dat hij zich niets wilde aantrekken van de sociale kwestie. Het gevolg was dat de socialisten en anarchosyndicalisten zich begonnen te organiseren in vakbonden, respectievelijk de UGT (Unión General de Trabajadores) en de CNT (Confederación Nacional de Trabajo). Die ontketenden tussen 1915 en 1917 een aantal omvangrijke stakingen, die samenvielen met de revoluties in Rusland en Mexico. Romanones smoorde de onlusten. Spanje profiteerde van de oorlog in Europa, zag de waarde van de peseta stijgen en de handel opleven. De prijzen gingen omhoog, maar de salarissen gingen niet mee. De ontevredenheid groeide, niet alleen onder het stadsproletariaat en de agrarische bevolking, maar ook onder de bureaucraten, die steeds meer de kantjes ervan afliepen, hun tijd uitzaten zonder werk te verrichten. De oorlog spleet de nationale opinie in een pro-Duits kamp onder aanvoering van koning en leger, en een aantal invloedrijke intellectuelen die sympathiseerden met de geallieerden en werden aangevoerd door de filosoof Miguel de Unamuno. Die laatste stak zijn minachting voor zowel de Teutoonse 'Kultur' als de koning niet onder stoelen of banken. Reden waarom men deze voorman van de generatie van 1898 uit zijn functie van rector van de universiteit van Salamanca ontsloeg. Dat leverde hem de adhesie op van de jonge modernist José Ortega y Gasset, alsmede van de dichter Antonio Machado en andere vooraanstaande schrijvers uit Spanje en Latijns-Amerika. Het krantenlezende publiek daarentegen kreeg van de officiële pers wat het horen wilde. De pro-Duitse stemming werd vooral ingegeven door haat tegen Frankrijk. Dat was in de ogen van de gemiddelde Spanjaard het arrogante land dat volgens traditie diep neerkeek op zijn zuiderbuur. Duitsland was ver en onbekend, en symboliseerde voor de Spanjaard de 'orde' die hij voor zijn eigen land ambieerde.

Intussen verspreidt zich aan de onderkant, gevoed door berichten over de oktoberrevolutie in Rusland, een sfeer van wrevel en wrok. De grote massa van analfabeten, die door de kerk aan haar lot was overgelaten, stroomt de UGT en de CNT binnen. In Andalusië dreigt een opstand van bezitlozen, de Mano Negra opereert ondergronds tegen de landheren, in Catalonië helt de lagere middenklasse over naar het ideaal van autonomie. 1917 brengt een regeringscrisis. De parlementariërs kunnen het over praktisch niets meer eens worden en kibbelen eindeloos over begrotingen. Het volk lijkt genoeg te hebben van Alfons XIII. Het leger neemt een afwachtende houding aan. De socialistische vakbond roept een staking uit in Barcelona, de hogere burgerij van de stad roept de hulp in van het centrale gezag, de koning zet de Cortes buitenspel en vormt met grote moeite een nieuw kabinet met alweer de oude conservatieven Maura, Romanones en Dato. De kerk begrijpt ten langen leste dat ze niet meer om haar maatschappelijke verantwoordelijkheid heen kan en zal door middel van een Acción Católica en het dagblad *El Debate* trachten de verloren schapen binnen een eigen vakbond te verzamelen. Maar de geest is al te lang uit de fles en de koning rest weinig anders dan het leger op te trommelen bij het bezweren van de chaos.

In 1919 plaatst hij Barcelona onder militair gezag, maar met het centrale gezag wil het niet vlotten. Met gemiddeld twee tot drie regeringen per jaar is er van de stabiliteit die ooit de restauratie kenmerkte, niet veel meer over. De roep om een republiek wordt almaar luider. De militairen richten de ogen op Marokko, waar Abd-El-Krim de Rifrepubliek dreigt te proclameren. Generaal Dámaso Berenguer spoedt zich erheen om de glorie van het vaderland te verdedigen, met in zijn kielzog de jonge Millán-Astray, de toekomstige held van een nationalistisch Spanje. De expeditie krijgt onvoldoende steun van de chaotische regering in Madrid en loopt uit op een echec. Dat kwetst de eer van de krijgerskaste. Vrijwel tegelijkertijd wordt minister Dato vermoord. Het leger acht de tijd rijp om in te grijpen. De koning, die de vele kabinetten beu is en beducht is voor algehele onlust, besluit in 1923 het regeren over te laten aan een sterke man. Hij begrijpt dat er voor Spanje geen andere mogelijkheid is dan ofwel een republiek, ofwel een dictatuur. Dat betekent het einde van de grondwet van 1876 en het einde van de restauratie.

De eerste twee decennia van de twintigste eeuw geven een bloei van de economie te zien, hoewel het land achterblijft bij de rest van West-Europa. Die materiële vooruitgang betreft de ijzerindustrie, de mijnbouw, de chemie, de textiel, waterwerken en de elektriciteitsvoorziening. De landbouwplannen blijven op de bureaus liggen. De bebouwing stagneert, de broodnodige irrigatie blijft uit, de agrarische sector is te weinig productief. Buitenlandse investeringen nemen toe, maar onvoldoende in vergelijking met andere West-Europese landen. De welvaart raakt alleen een paar grote steden van de periferie. Dat verklaart ten dele de opkomst van regionalisme en zelfs separatisme. Het arme centrum wordt gezien als een rem op de vooruitgang. Met name Catalonië denkt als zelfstandige republiek sneller aansluiting te vinden bij het geavanceerdere noorden. Maar de stad Barcelona is verdeeld. De hogere burgerij vreest er de anarchistische tendensen van de lage klasse en begrijpt dat haar belangen het best zijn gewaarborgd bij een kordate centrale overheid. Ondertussen duurt de invloed van Engeland en Frankrijk op de Spaanse politiek onverminderd voort, terwijl vanaf 1915 ook die van Noord-Amerika merkbaar begint te worden.

De kerk is als staatsfundament duidelijk op haar retour. Ze zoekt steun bij het leger en de conservatieve oligarchie, die beide onverschilliger staan tegenover het geloof dan een eeuw geleden. De meeste ministers van de koning en veruit de meeste militairen beschouwen de godsdienst slechts als noodzakelijk voor het handhaven van de maatschappelijke orde. Door niet openlijk voor het volk te kiezen heeft de kerk zich vervreemd van degenen die zij ooit vertegenwoordigde en versnelde ze onbedoeld de overgang van tienduizenden naar het socialisme, het anarchisme en weldra ook het leninistische communisme. De hogere hiërarchie denkt die ontwikkeling te kunnen keren door met de eens gewraakte liberalen in zee te gaan, die hun vroegere bezwaren tegen de kerk hebben opgegeven. Door dit huwelijk uit nood hopen de gevestigde machten de kurk op de fles te kunnen houden, maar het gevolg is dat een deel van de intellectuelen een extremere positie ging innemen. Ze worden antiklerikaler dan ze al waren, en kiezen voor het socialisme. De kerk doen zij af als een instituut dat alleen op sociale gehoorzaamheid uit is en het liberalisme verwijten ze de oorspronkelijke vrijzinnige idealen te hebben verraden.

Sommige schrijvers van de zogeheten generatie van 1898 dringen aan op 'europeïsatie'. José Ortega y Gasset pleit voor een vernieuwing van de Spaanse mens en samenleving door met de traditie te breken. Angel Ganivet wil het waardevolle van de traditie behouden, maar verwerpt het christendom. Miguel de Unamuno wil een synthese van het waardevolle binnen het Spaanse christendom en de filosofie. Andere schrijvers van '98, zoals Antonio Machado en Azorín, buigen zich moedeloos over de vergane glorie. Weer anderen, zoals Pío Baroja en Ramón del Valle-Inclán, uiten hun kritiek middels realistische aanklacht en satirische farce. Naast '98 doet, vooral onder dichters, het modernismo van zich spreken, een aan het Franse parnassianisme en symbolisme ontleend cultiveren van het muzikale, het exotische, het sensuele, het ireële. Voor de *modernistas* is de kunst een autonoom universum, los van de werkelijkheid. Opmerkelijk is dat die beweging Spanje bereikte via de uit Nicaragua afkomstige dichter Rubén Darío, die her en der door Zuid-Amerika had gezworven en uit Parijs de nieuwe mode meebracht naar Madrid. Opmerkelijk is ook dat de Spaanssprekende landen van Amerika, die ooit een voorbeeld namen aan de Verenigde Staten, vanaf 1900 hoe langer hoe meer naar hun 'Latijnse' wortels gaan zoeken en liever lijken op Frankrijk (en in mindere mate op Spanje) dan op de destijds geïdealiseerde Angelsaksische wereld. Het buitenland had geen benul van wat er literair in Spanje omging, zoals blijkt uit de toekenning van de Nobelprijzen in 1905 en 1922 voor de volkomen onbeduidende en terecht vergeten salonschrijvers José de Echegaray en Jacinto Benavente. En dat terwijl in 1905 een gigant als Benito Pérez Galdós nog leefde en terwijl in 1922 de enige echt grote schrijver van Spanje, Miguel de Unamuno, zijn tijdloze hoofdwerken (waaronder *Het tragisch levensgevoel*) al had gepubliceerd.

De generatie van '98 zette de toon voor een nieuwe kijk op het eigen verleden. Wat was Spanje? Wat kon het zijn? Wat moest het worden? Dat de zwarte legende nog lang niet was uitgedoofd, bewijst de studie van Julián Juderías, die tussen 1913 en 1917 vrijwel alles wat er in de afgelopen eeuwen door buitenlanders over Spanje was geschreven onder het kritische vergrootglas legde. Hij kwam tot de conclusie dat de weinigen die het land werkelijk kenden, geen invloed hadden gehad op een 'publieke opinie' die, volgens zijn zeggen, onophoudelijk het vooroordeel koestert dat Spanje een achterlijk en fanatiek land is, dat het spook van de inquisitie er nog steeds rondwaart en dat er op het gebied van filosofie en wetenschap nauwelijks iets vermeldenswaardigs is gebeurd. Het nieuwe van zijn onderzoek is dat hij laat zien hoe het 'zwarte beeld' inmiddels de Spaanse schrijvers zélf kwelde en de polemiek aanscherpte tussen de twee Spanjes: de holle trots van een bekrompen, xenofobisch, nationalistisch spanjolisme versus de valse schaamte van de regenerationisten en de 'eurofielen', die hun verleden verloochenden om aan te klampen bij een moderniteit waarvan ze de wortels niet kenden. De opvatting dat het 'ware Spanje' sinds 1492 was gewurgd door de Habsburgse monarchie – een visie die weldra school zal maken – paste wonderwel bij de federalistische tendensen die straks het 'rode' Spanje reliëf geven tegenover een 'zwart' Spanje dat diezelfde Habsburgse monarchie gaat bejubelen.

DE DICTATUUR VAN PRIMO DE RIVERA

Dat Spanje de dictatuur gedoogde om de anarchie te voorkomen, was gezien de situatie in de wereld niet verbazingwekkend. In Mexico en Rusland consolideerde zich de rode revolutie. In 1922 marcheerde de zwarte Mussolini op Rome af om aan 's lands bestuurlijke wanorde een eind te maken. Een jaar later zette Hitler met zijn putsch in een bierhal te München de bruine mars op Berlijn in, die de ondergang aankondigde van de intern verdeelde Weimarrepubliek. En in 1926 maakte de Portugese dictator Salazar korte metten met een republiek die in zestien jaar tijd vijfentwintig presidenten had gehad en bijgevolg stuurloos was geworden. Italie, Duitsland en Portugal bevonden zich in sociale omstandigheden die geen parlementair stelsel meer verdroegen. Mexico en Rusland misten de voorgeschiedenis die een democratie vereist. De rode oplossing kwam er als reactie op een langdurig autocratisch bewind en tastte de diepgewortelde godsdienstige traditie aan. Ze wilde 'nieuwe mensen' creëren. De zwarte of bruine oplossing, die eveneens 'nieuwe mensen' in het vooruitzicht stelde, kwam als reactie op een staat van chronische besluiteloosheid en kreeg een militair-republikeins karakter. Spanje wilde de Scylla en de Charibdis vermijden en voerde een dictatuur in die, voorlopig, vasthield aan de monarchie.

'Regeren' heette het devies van de Andalusische generaal Miguel Primo de Rivera, toen hij op 13 september 1923 met koninklijke goedkeuring de Cortes en de grondwet van 1876 buiten werking stelde. De in de adelstand verheven dictator fungeerde op het moment van zijn pronunciamiento als militair gouverneur van Catalonië, waar hij was ingezet om het separatisme te bezweren. Mussolini was zijn voorbeeld, Salazar zijn volgeling. Het leger en de kerk vormden de voornaamste pijlers van zijn autoritaire regime. De burgerij, die benauwd was voor de buitenparlementaire revolutionairen, en het volk, dat moe was van de praatzieke parlementariërs, schaarden zich gaarne achter een leider die simpele oplossingen aankondigde en de maatschappelijke rust beloofde te herstellen. Die rust hield de ontbinding in van de politieke partijen. De Unión Patriótica was voortaan de enig toegestane partij. Daarvan moest iedereen lid zijn die zich voor het vaderland verdienstelijk wilde maken. Primo de Rivera was zo slim om de liberalen op gemeentelijk niveau hun gang te laten gaan en in arbeidszaken de socialisten de wind uit de zeilen te nemen. Met het onderwijs paaide hij de invloedrijke jezuïeten, maar hij kortwiekte de universiteiten, vanouds de broedplaatsen van subversiviteit en nieuwlichterij. Gedurende de zes jaren dat hij de macht uitoefende, nationaliseerde hij de telefoonmaatschappij, de gasvoorziening, de bank, de verbindingen, de mijn- en landbouw. Doordat de wereldeconomie aan het begin van de roaring twenties oplaaide en doordat Spanje, dat voordelig buiten het oorlogsrumoer was gebleven, een graantje meepikte, scheen Gods zegen op de plannen van de dictator te rusten. De beoordeling van Primo de Rivera door latere historici is dan ook opvallend mild. Salvador de Madariaga omschreef hem als een goedmoedige patriot met het hart op de juiste plaats, die gunstig afstak bij Mussolini. De Britse Spanje-kenner en socialist Gerald Brenan betoonde zich al even enthousiast over deze kleurrijke, populistische en ietwat anachronistische Andalusiër, die hij, om de buitenwacht te prikkelen, vergeleek met de sprookjesachtige Haroen-Al-Rasjid uit de Duizend-en-één-nacht. Maar de modernistische Raymond Carr noemde Primo 'primitief, naïef, individualistisch en amateuristisch' en wreef hem aan dat hij geloofde in de mythe van 'het ware wezen van Spanje', dat híj pretendeerde te belichamen. Voor hem zou het 'volk' op de eerste plaats komen, gevolgd door 'kerk' en dan pas 'koning'. Met zijn militaire vertoon, zijn drinkgelagen en zijn ongegeneerde machismo belichaamde Primo de platvloerse 'jongens onder elkaar'-mentaliteit waarop de meeste Spaanse mannen hun fantasieën botvieren. Dat zijn bewind volkomen afhing van de internationale conjunctuur, drong niet tot zijn aanbidders door. Het muilkorven van ontevreden intellectuelen door middel van de censuur bezorgde hem de vijandschap van Unamuno, die in 1924 wegens majesteitsschennis werd verbannen naar het Canarische eiland Fuerteventura, en later vanuit Frankrijk het ene schotschrift na het andere lanceerde tegen wat hij een liederlijke kleptocratie van geestloze pretorianen noemde. Samen met Trotski werd Unamuno de meest gevierde balling van het Europa van die jaren. 'In Spanje,' schreef Unamuno, 'zijn de militairen als brandweerlieden, die eerst de vuren aansteken en vervolgens leven van het bluswerk.'

Primo begreep dat zijn werkelijke tegenstanders zich bevonden onder juist die militairen die hem aan de macht hadden geholpen. De enige uitweg uit de broeierige sfeer van onderling naijverige krijgslieden lag in het stellen van daden die de nationale eenheid accentueerden. Met de bouw van waterwerken, de toepassing van de laatste technologische verworvenheden en het inaugureren van openbare monumenten mocht hij de gegoede burgerij zoet houden, maar wilde hij indruk maken op zijn militaire concurrenten, dan moest hij meer doen. De gelegenheid kwam in 1925, toen de Marokkaanse vrijheidsstrijder Abd-El-Krim de Fransen aanviel. Hier lag de weg voor het regime om de nationale glorie te redden zonder de noorderbuur te pikeren. Dat Madrid geen poot in Marokko kon verzetten zonder toestemming van Parijs, hoefde het volk niet te weten. Unamuno, de enige intellectueel die door de campagne heen keek, kon in Spanje zijn stem niet verheffen. De andere intellectuelen genoten geen noemenswaardige invloed, en de nieuwe schrijversgeneratie van 1927 vergaapte zich aan de herontdekte barokpoëzie van Góngora, in het kader van een uit Frankrijk overgewaaid surrealisme, dat voor het regime onschadelijk was. Een paar jaar lang bespeelde de dictator de massa met Marokkaans heldenvertoon. Het Vaticaan werkte mee door koning Alfons XIII in Rome eervol op één lijn te stellen met Karel V en Filips II en de verrichtingen in Noord-Afrika tot kruistocht te bestempelen. Maar toen het getij begon te keren – omdat Parijs op de Spaanse helden was uitgekeken en de kruistocht op verlies uitliep – waren de dagen van de dictator geteld. Dezelfde krachten die Primo de Rivera in 1923 naar de macht hadden gestuwd, keerden zich nu tegen hem. In 1929 kreeg de minister van Economie, José Calvo Sotelo, die ooit was toegejuicht om de nationaliseringen, zijn congé. Aan de vooravond van de wereldcrisis was de peseta plotseling in waarde gedaald. Voor het eerst in de Spaanse geschiedenis viel een minister om puur economische redenen.

De koning had zich al die tijd op de achtergrond gehouden, uitgaande van de gedachte dat indien zijn sterke man zou slagen, hij zich nergens meer mee hoefde te bemoeien. Nu Primo's populariteit daalde, kroop hij uit zijn schulp. Hij ontdekte dat de meerderheid geen autoritair bestuur meer veelde en dat het algemene verlangen in de richting van democratie ging. Maar hoe hij ook zocht, het lukte hem niet om onder de vele politici ministers te rekruteren die weer een parlement onder de kroon aandurfden. De aristocraten, de conservatieven, de bankiers wilden niet alleen niets meer met de dictator te maken hebben, maar eigenlijk ook niet met de koning. Vergeefs trachtte Primo nog het leger naar zich toe te praten. Toen dat niet baatte, vroeg hij de koning in een open brief of hij desondanks verder mocht regeren. Die brief ergerde Alfons zozeer dat de dictator op 28 januari 1930 de enige juiste conclusie trok en zijn ontslag indiende. Op 16 maart stierf de zwaarlijvige Miguel Primo de Rivera in Parijs aan diabetes. De koning ontdekte dat hij met het afleggen van zijn knuppel in zijn hemd stond. Zijn volk had hem zo met zijn attribuut vereenzelvigd dat het verlies daarvan onvermijdelijke gevolgen voor de troon moest hebben. 1930 leek een herhaling van 1868, toen het wegvallen van Narváez tot de aftocht van Isabel II leidde. En evenals toen ging ook nu de doos van Pandora open.

De dictatuur had in elk geval voor twee dingen gezorgd: eenheid en stabiliteit. De subversieve krachten hielden zich op de vlakte zolang het economisch goed ging. De New Yorkse effectenbeurs bleef stijgen en het kapitaal leek alles mogelijk te maken. De materiële vooruitgang ging niet voorbij aan Spanje. Maar toen in 1929 de grote beurskrach plaatsvond en het geld plotseling niet meer het tovermiddel was om de sociale tegenstellingen te neutraliseren, stak het spook van de revolutie weer de kop op. Overal organiseerden zich de revolutionaire krachten teneinde met het klassenstrijdmodel een eind te maken aan de ongelijke verdeling van de welvaart. In Spanje was de socialistische partij van Pablo Iglesias, die in 1925 werd opgevolgd door Largo Caballero, de best georganiseerde beweging. Overal waren in de afgelopen decennia *casas del pueblo* opgericht, waar het volk bewust werd gemaakt van zijn maatschappelijke roeping. In 1927 was de FAI van de grond gekomen, de Federación Anarquista Ibérica, die binnen haar gelederen al diegenen verzamelde die van het traditioneel christelijke geloof waren afgevallen en met nieuwe idealen een vuist wilden maken tegen de bezittende klasse. De anarchisten van nu waren de monniken van weleer, die dit keer geen hemels, maar een aards paradijs in het vooruitzicht stelden. Voorts organiseerden zich, te rechter zijde, de carlisten. Uitgaande van de denkbeelden van De Maistre en Chateaubriand verlangden zij dat de kerk haar oorspronkelijke sociale zorg voor de armen hernam. Al deze volksbewegingen keerden zich tegen de slappe monarchie van Alfons XIII. In het midden bevond zich een aantal intellectuelen die opzagen naar Unamuno, die als martelaar van de dictatuur de status van orakel had gekregen. Zij wilden Spanje opstuwen in de vaart der volkeren, maar binnen deze groep heerste onenigheid over het hoe. Eén ding verbond hen: ze wilden af van de monarchie en stuurden aan op een republiek.

Spanje had rond 1930 het uiterlijk van een modern land gekregen. In Madrid en Barcelona, steden van tegen de miljoen inwoners, reden metro's. Auto's vulden het straatbeeld, vliegtuigen onderhielden het contact tussen steden die nog tot voor kort met elkaar waren verbonden door gebrekkige wegen. De grammofoon en de schrijfmachine, de telefoon, de radio en de fotografie hadden hun intrede gedaan. Uit Engeland en Amerika werden de wilde dansmode en het alcoholisme geïntroduceerd. De beroepssporten, het strandbezoek, de cultus van de lichamelijkheid en het feminisme baanden zich een weg in de Spaanse samenleving. Hollywoods droomfabriek trakteerde de massa op de romantiek van het gangsterdom en de ideale vrouw. Paus Pius XI waarschuwde tegen de vrije zeden die de nieuwe ontwikkelingen met zich brachten, maar de tijd dat de kerk het gedrag voorschreef was al lang voorbij. De intellectuelen verloren hun greep op de wereld, waarin ze geen coherentie meer waarnamen. De meeste schrijvers hadden het gevoel dat er, sociaal gezien, nog maar twee oplossingen waren: communisme of fascisme. De Spaanse schrijvers van de generatie van 1927 – meest professoren of leraren – lieten zich meeslepen door hetzij Russische, hetzij Italiaanse slogans, voorzover ze zich niet in hun ivoren torens opsloten. Wie niet een of andere vorm van democratie voorstond, benadrukte nationalistische gevoelens. De twee Spanjes groeiden toe naar hun meest extreme posities, waarbij – zoals Menéndez Pidal opmerkte – de negatieve kanten van de typisch Spaanse hoedanigheden nu de hele bevolking kenmerkten. Nationaal eergevoel sloeg om in angstige benepenheid ten aanzien van de nieuwe tijd. Gezonde openheid sloeg om in klakkeloos navolgen van buitenlandse ideeën. 'Tolerantie,' schreef George Bernard Shaw in die jaren, 'is afhankelijk van de spanning waaronder een staat zijn cohesie handhaaft.' De middenpositie, die onontbeerlijk is voor de tolerantie, sleet rond 1930 weg, waardoor de uitersten feller tegenover elkaar kwamen te staan dan tevoren. Spanje bevond zich aan de vooravond van een grimmige tweestrijd. Nooit eerder verketterden de kampen elkaar zo boosaardig als in deze jaren.

DE TWEEDE REPUBLIEK

Alfons XIII was nu verstoken van de persoon over wie hij ooit in Rome tot de Italiaanse koning Victor Emmanuel had gezegd: 'Deze is mijn Mussolini.' In een laatste poging het onafwendbare te keren benoemde de koning generaal Dámaso Berenguer in januari 1930 tot hoofd van een conservatieve regering, die het volk de *dictablanda* noemde; *blanda* (zacht) tegenover het *dura* (hard) van de voorafgaande *dictadura*. Berenguer zorgde in maart nog voor een grootse begrafenis van Primo de Rivera in Madrid, maar de krachten die op vernieuwing aanstuurden lieten zich niet meer door demonstraties van nationale glorie intimideren. De dictablanda durfde de censuur niet te handhaven, met als gevolg dat de republikeinse voormannen openlijk hun stem verhieven. In de maand april vormde zich een constituante uit de meest uiteenlopende schakeringen van het politieke scala: te linker zijde anarchisten en socialisten, in het midden republikeinen van onduidelijke kleur en te rechter zijde ex-monarchisten. Met uitzondering van de graaf van Romanones, de markies van Alhucemas, een paar generaals en sommige bisschoppen vielen vele hoge functionarissen en zelfs complete instituties de koning de een na de ander af. Onder aanvoering van academici, advocaten en partijvoorzitters liep de burgerij te hoop tegen de kroon. Berenguer trad niet noemenswaardig op.

In augustus kwamen de republikeinse leiders in San Sebastián bijeen om een provisorische regering op te zetten. Al direct bleek hoe verschillend de leiders dachten. Onder hen bevonden zich conservatieven en radicale utopici, die elkaar niet vertrouwden. Het enige wat zij deelden was een afkeer van de katholieke traditie. Die afkeer varieerde van onverschillig en agnostisch tot virulent antiklerikaal. De gematigde Niceto Alcalá Zamora, die als een van de eersten de monarchie openlijk had durven aanvallen, kwam uit de bus als voorlopig president. De ministersposten gingen naar socialisten, 'republikeinen' en conservatieven. Onder die laatsten was de ex-monarchist Miguel Maura, die in zijn memoires schreef 'dat hij zijn eigenliefde verdrong in het belang van het vaderland'. Opportunisme gold onder de nieuwe lichting politici niet langer als iets waarvoor je je hoefde te schamen. Het heette voortaan 'pragmatisme'. De ploeg die in San Sebastián aantrad, beloofde de landbouw te hervormen, het spoorwegnet uit te breiden, het financiële beleid te wijzigen. De koning werd officieel in staat van beschuldiging gesteld. De voornaamste aanklacht tegen hem luidde dat hij door de dictatuur de grondwet van 1876 had geschonden. De kersverse bewindvoerders beweerden voortaan belangeloos te zullen handelen 'uit naam van het volk'.

De dictablanda liet sommige van die bewindvoerders arresteren en opsluiten in Madrid, maar trad niet hard op vanwege de volkse sympathie voor deze 'eerste martelaren' van de republiek, die onder anderen Federico García Lorca bezong in zijn eerste toneelstuk *Mariana Pineda* (1927). Om die sympathie kracht bij te zetten legden stakers het land lam. Begin

1931 sprak een aantal vooraanstaande intellectuelen – onder wie José Ortega y Gasset, Gregorio Marañón en Pérez de Ayala – zich in een manifest uit ten gunste van de republiek. Ze betoogden dat de geschiedenis, die zij in hegeliaanse zin aanvoelden als een morele kracht, nu in een fase was beland waarin het 'volk' mondig genoeg was voor zelfbestuur. Alle geletterden werden opgeroepen om hun torens te verlaten en zich in te zetten voor de nieuwe orde waar het land om vroeg. De staat diende als een intrinsiek goed te worden opgevat, en verkiezingen waren de aangewezen weg om daaraan vorm te geven. In maart kwamen de studenten in opstand en vielen de eerste aanhangers van de nieuwe orde. Het volk jouwde de rechters van de gearresteerde ministers uit en eiste dat in hun plaats de koning in de beklaagdenbank zou plaatsnemen. Deze had immers de grondwet van 1876 geschonden. Op 28 maart noemt het Parijse *Le Journal* Alfons XIII 'de meest liberale, maar ook de meest zwakke vorst ter wereld'.

Een maand later maken de gemeenteraadsverkiezingen duidelijk dat het volk de koning is afgevallen. Alleen de katholieke krant *El Debate* had haar lezers opgeroepen om voor de monarchie te stemmen. Op alle openbare gebouwen wappert de republikeinse driekleur. De graaf van Romanones licht de koning over de situatie in. Alfons XIII wacht geen 'Jekaterinenburg' af en wil evenmin dat er om de troon ook maar één druppel bloed wordt vergoten. Op 14 april 1931 stapt hij in zijn auto en rijdt naar de havenstad Cartagena om zich vandaar in te schepen naar Marseille. De rest van de koninklijke familie neemt in Madrid de trein naar San Sebastián. Op de Castiliaanse hoogvlakte kruisen de trein van het koninklijk gezelschap die richting Frankrijk gaat, en die van de republikeinse ministers met bestemming Madrid elkaar. 'Vanaf nu,' oreerde Ortega y Gasset, 'zullen wij, of we dat willen of niet, anders worden dan we tot nog toe zijn geweest.' Zowel de linkse pers van Parijs als de rechtse van de Portugese dictator Salazar juichen. De Amerikaanse pers wijt de aftocht van Alfons aan het ontslag van Primo. De *New York Herald* schrijft: 'Dictaturen lokken altijd het omgekeerde extreem uit.' Dat is al geen voorspelling meer, want de koning had zijn hielen nog niet gelicht of de euforie ontaardde in sabotagedaden, kloosterverbrandingen, wildwesttaferelen en de onafhankelijkheidsverklaring van Catalonië. Madrid heeft de grootste moeite om Barcelona aan de afspraken van San Sebastián te herinneren. De bisschop van Vitoria en de primaat van Spanje, aartsbisschop Segura van Toledo, spreken zich uit tegen de republiek en moeten vluchten. Miguel de Unamuno, die door de republikeinen als held is binnengehaald vanwege zijn oppositie tegen de dictatuur, waarvoor hij zes jaar ballingschap heeft verduurd, keert zich teleurgesteld van de nieuwe orde af omdat deze de traditie te radicaal ontkent.

Van juni 1931 tot november 1933 wordt Spanje geregeerd door links. De algemene verkiezingen van juni hadden een overweldigende meerderheid opgeleverd voor de socialisten. In het 'midden' nestelden zich de republikeinen en aan extreem-linkse zijde opereerde een minderheid van anarchisten en communisten. Onder de triomferende socialisten, die Spanje radicaal willen veranderen, vechten drie voormannen om de macht: Indalecio Prieto, Julián Besteiro en Francisco Largo Caballero. In het republikeinse kamp (in een land zonder koning) vertrouwen de wild opportunistische Alejandro Lerroux en de gecompliceerde intellectueel Manuel Azaña elkaar niet, terwijl de burgerlijke Alcalá Zamora en de ex-monarchist Maura toekijken. Rechts en centrum zijn vleugellam. Salvador de Madariaga schreef dat Spanje in 1931 geen leiders, geen visie en geen principes had. De parlementsleden luisterden niet naar elkaar, ze schreeuwden. Iedereen koesterde verdenkingen tegen iedereen. Niemand was ergens vóór, maar overal tégen. En dit terwijl stakingen aan de orde van de dag waren en het land uit elkaar dreigde te vallen. De op drift geraakte republiek radicaliseerde.

De historicus Pierre Vilar bestempelde de jaren 1931-1933 tot het tweejarige tijdperk van hervormingen, waarin Spanje een voorbeeld nam aan de Weimarrepubliek (die juist op dat moment onderuit werd gehaald door Hitler). Ook de nieuwe grondwet van 1931 was geïnspireerd op Weimar. Dat hield in dat Spanje voor het eerst in haar geschiedenis niet langer een katholiek land was. Het onderwijs werd fel antiklerikaal. De godsdienst werd vervangen door de cultuur. Boeken, films en andere media moesten rap een eind maken aan het analfabetisme en een nieuw type mens scheppen, maar het kader ontbrak om de hervorming door te voeren. Het land werd onteigend en toegewezen aan werkcomités van arbeiders en grondbezitters, een oplossing die noch de vakbonden noch de eigenaren zinde. Het leger werd zwaar gereduceerd en zo'n tien kapiteins-generaal kregen hun ontslag, terwijl het leger in de afgelopen honderd jaar juist heel vaak progressief Spanje had geholpen. De Tweede Republiek maakte dus een onnodige vijand en legde daarmee de kiem voor een tegenbeweging.

Ultralinks vond al die veranderingen niet ver genoeg gaan en reageerde met stakingen die het socialistische kamp spleten in gematigden en radicalen. Militair rechts, dat werd gevormd door leger en kerk, was het wanbeheer zat. Generaal José Sanjurjo – die achtereenvolgens Primo de Rivera had gesteund en bestreden, en daarna de monarchie voor de republiek had verruild – meende dat in 1932 de tijd was gekomen voor weer iets nieuws. Maar de putsch van deze draaitol mislukte. Aan de andere kant van het spectrum probeerden anarchisten een utopie te vestigen in het Andalusische stadje Casas Viejas, wat de regering niet over haar kant wilde laten gaan. De landonteigeningen en het Catalaanse separatisme zetten president Manuel Azaña steeds meer onder druk en lokten een reactie uit van burgerlijk rechts, dat opkwam voor de eenheid van Spanje. In 1933 werd de CEDA opgericht, de Confederación de Derechas Autónomas, met als voormannen de jezuïtische advocaat José María Gil Robles en de voormalige, onder Primo ten val gekomen minister van Financiën Calvo Sotelo. Aan ultrarechtse zijde verhieven zich de carlisten en wierp de zoon van de gevallen dictator, José Antonio Primo de Rivera, zich op met een op het Italiaanse fascisme geïnspireerd falangisme. Kerk, leger en middenklasse vormden thans één front tegen de onderling hopeloos verdeelde regering van Azaña. Unamuno distantieerde zich zowel van de regering als van de oppositie, met in zijn kielzog Ortega y Gasset, schrijver van *De opstand der horden*, en andere humanisten.

Van november 1933 tot februari 1936 maakte rechts de dienst uit. De verkiezingen halveerden de socialistische partij. De republikeinen van Azaña vielen terug naar een onbeduidende splintergroepering. De CEDA van Gil Robles en de radicalen van Alejandro Lerroux behaalden de absolute meerderheid. Ultralinks en ultrarechts bleven aan de zijlijn. De linkse historici betitelden de periode 1933-1936 als de 'zwarte tijd'. De voorafgaande tijd geldt dan als 'rood'. De roden reageerden onmiddellijk hun ongenoegen af door algemene stakingen uit te roepen, waarachter voor het eerst de Sovjet-Unie zich roerde. Dictator Stalin, die al een paar miljoen mensen had geliquideerd, zocht naar andere landen die zijn revolutionaire voorbeeld wilden volgen. Het zwarte Spanje zoekt steun bij de Portugese dictator Salazar, de Italiaanse duce en de zojuist aan de macht gekomen Duitse Führer. Het Germaanse model schrikt de katholieke Gil Robles af vanwege het antichristelijke, maar het Oostenrijkse corporatisme spreekt hem aan. Verder gaat José Antonio, die politiek weliswaar van geen betekenis is – zijn partij had het parlement niet of nauwelijks gehaald – maar als leider charisma heeft. Niet Oostenrijk, maar het Italië van Mussolini diende Spanje tot lichtbaken te dienen.

José Antonio was een belezen man, die verschillende talen sprak en werd bewonderd door de dichter García Lorca (de bewondering was wederzijds) en door de socialistische voorman Indalecio Prieto. Hij had zich begin 1931 uit volle overtuiging aangesloten bij het manifest van de intellectuelen die de republiek bedongen. Hij beschouwde het als zijn plicht om zijn vader, die door een ondankbare koning in de steek was gelaten, genoegdoening te verschaffen en was dientengevolge voor de monarchistische CEDA onaanvaardbaar. Een bezoek aan Duitsland maakte duidelijk dat José Antonio en de Führer elkaar niet begrepen. Met de duce, een vriend van zijn vader, kon hij echter uitstekend overweg. Het socialistische klassenstrijdmodel vond hij een gruwel, maar de werkende klasse stelde hij een corporatistische samenleving in het vooruitzicht, waarbij de nationale component het belangrijkste was. De katholieke kerk achtte hij hoog om haar traditionele en stabiliserende rol. Ze was nodig als hoeksteen, mits gehoorzaam aan de staat. Die verabsoluteerde staat propageerde hij met symbolen die aan de Romeinse oudheid en de glorietijd van de katholieke vorsten waren ontleend, zoals de fasces of roedenbundel, het juk en de pijlen. De jonge garde van zijn Falange-beweging bestond uit *flechas* of 'pijlen', die op straat hun leven op het spel zetten voor 'Spanje', en met hun dood de status kregen van *caídos* of 'gevallenen'. Spanje moest 'una, grande y libre' (één, groot en vrij) zijn, gebaseerd zijn op gezin, familie, gemeente en vakvereniging. Zwart en rood waren de kleuren van het falangistische blazoen, '¡Arriba España!'(Heil Spanje!) luidde de strijdkreet en 'Cara al sol' (Met het gezicht naar de zon) heette de hymne. Miguel de Unamuno, die door José Antonio werd benaderd, reageerde met: 'Geef God wat God toekomt, en Caesar wat Caesar toekomt.' Daarop antwoordde José Antonio teleurgesteld dat de roden Spanje dreigden te overrompelen. De satirische dramaturg Valle-Inclán opperde, met een variatie op een uitspraak van Goya: 'De droom van het gevoel schept monsters.' Maar José Antonio dwong respect af, want hij was geen opportunist. Het parlement minachtte hij, en Gil Robles en Lerroux hadden liever niets met hem te maken. Zijn aanhang steeg gestaag en vormde met de anarchisten de buitenparlementaire oppositie. Falangisten en anarchisten deelden één ding: Spanje moest zijn eigen lot bestieren en het buitenland diende zich op een afstand te houden. Dat ideaal zou een droom blijken. De Spaanse politiek werd immers al twee eeuwen door het buitenland bepaald!

Niet alleen de nog kleine communistische partij, maar zelfs de grote socialistische partij dreef af in de richting van Moskou onder het leiderschap van Largo Caballero. Catalonië verklaarde zich opnieuw onafhankelijk, ditmaal onder Lluis Companys, die zich sinds het aantreden van de nieuwe regering niet meer gebonden achtte aan het pact van San Sebastián. De nationale regering had namelijk vele maatregelen die tijdens de voorafgaande hervorming waren afgekondigd, ongedaan gemaakt, en dat betekende in Catalaanse ogen een aanslag op de grondwet van 1931. De secularisatie van het onderwijs was teruggedraaid en het katholieke onderwijs heringevoerd. Het land werd op grote schaal teruggegeven aan zijn oorspronkelijke bezitters. Het leger werd snel in ere hersteld. Links reageerde met sabotagedaden, zoals het opblazen van de Barcelona-Sevilla-expres. De anarchistische FAI probeerde met geweld het paradijs te realiseren. Kerken en kloosters werden in brand gestoken, nonnen verkracht, leden van de guardia civil doodgeschoten. In het vrije Catalonië greep ultralinks de macht. De nationale regering van Gil Robles en Lerroux had niet alleen de grootste moeite om links te bedwingen – de afgevaardigde Azaña dreigde in Barcelona zelfs gearresteerd te worden – maar ook om de verontwaardigde oligarchie van een gewelddadige reactie te weerhouden. De socialistische partij werd verboden en anarchisten en fascisten gingen elkaar op straat met pistolen te lijf. De Spaanse dichotomie had nu ook de onderkant van de samenleving bereikt, vertroebeld door het separatisme en een generatieconflict. De twee Spanjes verketterden elkaar over en weer in het openbare leven. In feite was de 'vierde burgeroorlog' al uitgebroken.

De vuurproef kwam in 1934. In dat jaar brak er een opstand van mijnwerkers uit in Asturië, die was georchestreerd door de communistische partij van Spanje en haar hoofdkantoor te Moskou. 'Een heroïsche uiting van proletarische epiek,' zei Raymond Carr in 1980. Veertigduizend met dynamiet gewapende arbeiders was geen lichte uitdaging voor de regering. Gil Robles deed beroep op een militair die razendsnel carrière had gemaakt en in Noord-Afrika zijn onverschrokkenheid had bewezen: Francisco Franco. Met zijn 'moorse' legioen doofde Franco het Asturiaanse morgenrood, waarbij zo'n vijftienhonderd doden en drieduizend gewonden vielen. Ook de rode Catalaanse republiek van Lluis Companys werd bedwongen, ten koste van enige tientallen doden. Links Europa, dat werd gevoed door de Sovjet-propaganda, zag in het neerslaan van Asturië en Catalonië een vergrijp tegen de proletarische klasse. Rechts Europa, dat werd aangevoerd door Hitler en Mussolini, prees het optreden van de regering. José Antonio, de dromer, zag ineens de man van de daad: Franco. Hij verzocht hem 'Spanje te redden'. Maar Franco was slim en hield zich op de vlakte tegenover een Falange waarvan zijn opdrachtgever Gil Robles zich duidelijk had gedistantieerd. Zijn tijd was nog niet gekomen.

Voor de deur stond de tijd van links. Links had de verkiezingen van november 1933 verloren door onderlinge tegenstellingen. Ultralinks was ontevreden omdat veel beloften niet waren waargemaakt. Veel gematigde socialisten hadden uit protest op de radicalen van Lerroux gestemd. De gebeurtenissen in Asturië brachten de linkse krachten ertoe één groot volksfront te vormen, het Frente Popular. Tegenover dat blok vormden de rechtse krachten het Frente Nacional. De twee Spanjes stonden thans onverzoenlijker tegenover elkaar dan ooit tevoren. Werden ze in de negentiende eeuw vertegenwoordigd door legerleiders en staatslieden die nog verre van het volk bleven, nu was de hele bevolking van vijfendertig miljoen inwoners bij de confrontatie betrokken. Ontsnappen kon niet meer. Je hoorde ofwel bij het ene, ofwel bij het andere Spanje – met op de achtergrond een Europa waar de tegenstelling tussen communisme en fascisme eveneens het burgerlijke midden dreigde te mangelen. Er leken nog maar twee 'oplossingen' mogelijk.

Bij de verkiezingen van februari 1936 behaalt het volksfront de overwinning. Het nationale front komt met tien procent minder op de tweede plaats. Het politieke centrum wordt praktisch weggevaagd. Maar in het piepkleine midden strijden Azaña en Lerroux om de ereplaats. Binnen het grote volksfront ontbrandt de strijd tussen de gematigde Indalecio Prieto en de marxistisch-leninistische Largo Caballero. Om de schijn van objectiviteit op te houden laten de socialisten Azaña voor president spelen. Dat komt neer op de onmogelijke taak het rechtse blok, onder aanvoering van Gil Robles en Calvo Sotelo, tevreden te houden. Azaña fungeert als scharnier tussen een Spanje dat het christelijk geloof voor een marxistisch geloof heeft ingeruild, en een Spanje dat zich aan kerk en leger vastklampt. Een vlek van naijver, wraak en wrok verspreidt zich over het land. Streken en steden trekken zich steeds minder van de regering aan. In Madrid opereren anarchistische commando's vrijuit. Roofovervallen op huizen, inbraken, 'proletarisch winkelen', zwartrijden met het openbaar vervoer, stakingen en sabotage zijn schering en inslag. Honderden kerken en kloosters gaan in vlammen op, honderden mensen worden vermoord, duizenden raken gewond, overal ontploffen bommen. De communistische partij groeit in luttele tijd naar meer dan dertigduizend leden. Het proletariaat wil veel meer dan de regering geven kan, en de burgerij wordt almaar ontevredener. Kerk en leger schreeuwen om een redder die de nationale kruistocht aanvoert tegen de rode barbarij. De falangisten, in blauwe hemden gestoken, nemen het heft in eigen hand en schieten op rood. De socialisten geven president Azaña te verstaan dat José Antonio gearresteerd moet worden. Na een korte opsluiting in Madrid wordt de zoon van de dictator overgebracht naar een gevangenis in Alicante. De Falange doet een vergeefse poging om een opstand te ontketenen. Een socialistische voorman wordt in Madrid doodgeschoten. De tegenpartij slaat terug en schiet Calvo Sotelo dood. Het is 14 juli. Voor het Frente Nacional is de maat vol. Alejandro Lerroux, de opportunistische radicaal, krijgt te horen 'dat het uur daar is'. Een junta van generaals – onder wie Mola, Queipo de Llano, Goded en Franco – staat op tegen de republiek.

De intellectuelen kunnen alleen toekijken. Ortega y Gasset, de apostel van de actualiteit, die ooit hoopte op de komst van een beter type mens en in 1931 nog misprijzend deed over denkers die zich afzijdig hielden van het collectieve proces, heeft de horden de rug toegekeerd en vlucht in de studie van klassieken. Unamuno ziet in wat hij al een 'burgeroorlog' noemt, de zoveelste herhaling van wat in 1812 begon. Rood is voor hem identiek aan ressentiment, de katholieken verwijt hij samen te werken met de eens veroordeelde liberalen en het koninkrijk Gods tot aardse macht te verlagen. Spanje – voorspelt hij – nam ooit het zwaard op om het christendom te verspreiden en gaat nu aan het zwaard ten onder. De oorlog typeert hij, in navolging van Samuel Johnson, als uitlaat van mensen met misdadige hartstochten. De meeste dichters en schrijvers onthouden zich echter van commentaar op de gebeurtenissen en wachten gespannen af wat komt.

DE BURGEROORLOG

De Tweede Republiek was het radicaalste masker dat vooruitstrevend Spanje sinds 1812 had opgezet. Voor de hand ligt dus dat behoudend Spanje zich van zijn reactionairste kant zal laten zien. De periode 1931-1936 geeft een opeenvolging te zien van verenigd links, verenigd rechts en verenigd links, waarbij steeds de verdeeldheid van de oppositie de heersende coalitie in de kaart speelde. Men zou dus verwachten dat de militaire rebellie tegen de republiek links moest herenigen. Maar dat gebeurde niet. Dit gegeven, gekoppeld aan het feit dat rechts wel een gesloten front wist te maken, staat niet los van het buitenland. Nooit eerder werd het reilen en zeilen van Spanje zo sterk beïnvloed door Europa als in de jaren '36-'39. Maar nooit eerder ook was Europa zo verdeeld als op dit moment. Sinds 1933 waren in Duitsland de nationaal-socialisten aan de macht gekomen, en die vormden nu samen met het Italië van Mussolini het fascistische blok. In de Sovjet-Unie had het communisme zich geconsolideerd. Moskou en Berlijn stonden lijnrecht tegenover elkaar. De Verenigde Staten en Engeland vertegenwoordigden het burgerlijk-kapitalistische midden. Het sociaal-democratische Frankrijk probeerde nog even een eigen koers te bepalen. De resterende landen speelden geen rol van betekenis.

Over een aantal dingen zijn alle historici het eens. Het verloop van de vierde burgeroorlog ressorteerde onder het schaakspel van de grootmachten, de overwinning van de nationalisten voltrok zich middels actieve interventie van Duitsland en Italië, en de nederlaag van de republikeinen lag grotendeels aan het zelfzuchtige gemanoeuvreer van de Sovjet-Unie en de 'neutraliteit' van Frankrijk. Wat binnenslands de doorslag gaf, was het feit dat de nationalisten over een leger beschikten en één leider kozen, terwijl de ruziënde republikeinen elkaar het presidentschap niet gunden en geen noemenswaardig leger bezaten, want dat hadden ze nagenoeg afgeschaft. De rest was propaganda, waarbij opgemerkt mag worden dat de rol daarvan nog nooit zo groot was als op dat moment. Voor het eerst voelden vele mensen in verre landen zich gepassioneerd betrokken bij wat er in Spanje gebeurde. Iedereen wilde er een mening over hebben, maar weinigen kenden Spanje langer dan vanaf 1936. De verwarring als gevolg van de onbekendheid met het Spaanse verleden, die werd vertroebeld door de ideologische strijd in de media van de 'burgerlijk-kapitalistische' landen, gaf de aloude zwarte legende een nieuwe dimensie. Wat vroeger de elitaire reizigers deden, deden nu de journalisten. Ze schreven wat het publiek van hun verschillende plaatsen en achtergronden wilde horen. Overal koos men, ongehinderd door kennis, partij. De Spaanse smaakmakers, die al eeuwen lang trendvolgers waren, namen de slogans van voornamelijk Italiaanse en Russische herkomst slaafs over.

Tussen 12 en 20 juli 1936 stonden enige legeraanvoerders op tegen de republiek. De directe aanleiding vormde het neerschieten van de monarchistische advocaat José Calvo Sotelo. De diepere oorzaak wortelde in de ontevredenheid van de militairen over een republiek die het belang van het leger negeerde en het aantal officieren drastisch had teruggebracht. De sociale chaos en het separatisme maakten de opstand wenselijk voor de burgerij. Generaal Francisco Franco sprak zich op 19 juli in de Spaans-Marokkaanse stad Tetuan uit tegen de zittende regering van president Manuel Azaña. Vrijwel tegelijkertijd deed generaal Emilio Mola hetzelfde in de Noord-Spaanse stad Burgos. De generaals Manuel Goded en Gonzalo Queipo de Llano volgden in respectievelijk Barcelona en Sevilla. Direct na de putsch of de pronunciamiento, ook wel de *alzamiento nacional* genoemd, viel Spanje uiteen in een nationalistisch noord-zuid en een republikeins midden-oost. Alleen in Catalonië mislukte de rebellie, en Barcelona bleef voorlopig een republikeins bolwerk. De meeste legereenheden sloten zich snel aan bij de opstand, zodat de republikeinse regering zonder haar gereduceerde strijdkrachten kwam te zitten. Madrid mobiliseerde het volk en klopte aan bij Frankrijk en de Sovjet-Unie. De nationalisten kregen hulp van Duitsland en Italië. In september besloten de militairen op het vliegveld van Salamanca om generaal Franco tot hoofd van de junta te benoemen. Zijn voornaamste concurrenten Queipo de Llano, Mola en Lerroux trokken zich terug. De eerste was te grof, de tweede had onvoldoende ambitie, de derde had zich te zeer gecompromitteerd met de republiek. De vierde kandidaat, generaal Sanjurjo, kwam om het leven bij een vliegtuigongeluk in Portugal. Voor het eerst sinds lange tijd had Spanje, althans het nationalistische kamp, weer een leider. Deze werd in oktober in Burgos geïnstalleerd als staatshoofd. De generalísimo, die voortaan 'el caudillo' (de hoofdman) werd genoemd, was toen drieënveertig jaar oud.

Francisco Franco werd in 1892 in Galicië geboren. Zijn agnostische vader was een notoire Don Juan. Zijn religieuze moeder hield zich lijdzaam en trots op de achtergrond. Francisco's oudere broer was het evenbeeld van zijn verwekker. Zijn jongere broer bleek een anarchistische losbol. Francisco walgde van zijn geile vader en vereerde zijn vrome moeder. Op zijn vijftiende trad de tengere jongen met falsetstem toe tot de militaire academie van Toledo. Hier hoorde hij dat 's lands eer op het spel stond in Marokko. Men doceerde dat Engeland en Frankrijk vijanden van Spanje waren en dat Duitsland bewondering verdiende. Noord-Amerika moest gewantrouwd worden, want dat land had de Spaanse koloniën afgepakt. De gebeurtenissen van de Semana Trágica in 1909 beroerden de militairen van Toledo. Dronken demonstranten hadden nonnen verkracht en het separatistische Catalonië besmette het nationale blazoen. In 1910 werd Franco als luitenant gestationeerd in Galicië, maar zijn geboortestreek beviel hem niet. Als vrijwilliger liet hij zich overplaatsen naar Marokko, waar hij deel ging uitmaken van een korps *regulares*, een autochtone politiemacht onder Spaanse officieren. Zijn kordate optreden bezorgde hem een snelle promotie en op zijn eenentwintigste was hij kapitein, de jongste van het Spaanse leger. In 1916 overleefde hij een zware kogelwond en een jaar later plaatste men hem over naar Oviedo, waar hij zich verdiepte in de werken van Napoleon en Clausewitz en waar hij zijn toekomstige bruid, Carmen Polo, leerde kennen, het evenbeeld van zijn moeder. Het onderdrukken van een anarchistische opstand leverde hem de bijnaam *comandantín* op.

In 1920 stichtte hij samen met zijn vriend José Millán-Astray een Spaans vreemdelingenlegioen naar Frans model, dat om zijn onverschrokkenheid algauw *los novios de la muerte* werd geheten, de verloofden van de dood. Hij hield in die jaren een dagboek bij, waarin hij de militaire waarden bewierookte en verkondigde dat de Spaanse eer verdedigd moest worden in het Marokkaanse protectoraat, een boodschap die de zojuist aangetreden Primo de Rivera graag hoorde. Van zijn kant betoonde Franco zich ingenomen met de ontbinding van het parlement door de dictator. Moedig gedrag in de strijd tegen berberleider Abd-El-Krim maakt hem tot commandant van het legioen. Millán-Astray verloor zijn rechteroog en linkerarm in het krijgsgewoel. Franco handhaafde een ijzeren discipline, niet alleen voor zichzelf – hij vermeed alcohol en vrouwen, gangbare gewoonten onder militairen – maar ook voor anderen. Iemand die hem eens in het gelaat spuugde, liet hij ter plekke fusilleren. Op zijn drieëndertigste werd hij kolonel. Tot nu toe was hij een man van de daad geweest. Dat zou hij blijven, maar hij begreep dat inzicht in de politiek zijn hoge post paste. Van de kerk moest hij niets hebben. De bewegingen van Primo volgde hij daarentegen nauwlettend. Hij bewonderde hem als leider, als bezweerder van de bestuurlijke wanorde onder Alfons XIII. Maar het uiterlijke gedrag van de joviale, wellustige Andalusiër strookte weinig met zijn eigen Galicische gereserveerdheid en achterdocht. Bovendien was Primo minder geestdriftig over de Spaanse rol in Marokko dan Franco lief was.

In 1926 promoveerde Primo hem tot generaal, de prilste in Europa sinds Napoleon. Een paar jaar later volgde zijn benoeming tot directeur van de zojuist opgerichte militaire academie te Zaragoza, de leerschool van de nieuwe kruisridders van Spanje, waar vaderlandsliefde godsdienst was. In zijn vrije tijd las hij bij voorkeur zijn streekgenoot Valle-Inclán, 's lands scherpste satiricus. Hij was inmiddels met Carmen getrouwd en zijn reputatie was dusdanig dat Zaragoza al een straat naar hem had genoemd. Zijn zuster verbond zich, tot zijn genoegen, met de attractieve, intelligente en invloedrijke advocaat Ramón Serrano Suñer. Tussen 1926 en 1936 diende Franco alle zittende regeringen, vanaf Primo de Rivera via Berenguer tot en met de wisselende equipes van de Tweede Republiek. Dat de republiek in 1931 de eliteacademie van Zaragoza sloot, deed hem pijn, maar van Napoleon leerde hij dat het gunstige moment moest worden afgewacht. Terwijl zijn broer Ramón zich aan anarchistische wandaden schuldig maakte, hield Francisco zowel de republikeinen als de monarchisten aan het lijntje. De mislukte putsch van generaal Sanjurjo in 1932 maakte hem uiterst voorzichtig. In die jaren werd hij kaal, kreeg hij een buik en liet hij een snorretje staan.

In 1932 werd hij door de linkse republiek tot militaire commandant van de Balearen benoemd. Manuel Azaña hield krijgers van Franco's kaliber liefst zo ver mogelijk van Madrid. Op Majorca leerde hij zijn latere compagnon Luis Carrero Blanco kennen. Na de verkiezingsoverwinning van de CEDA in 1933 confereerde hij af en toe met Gil Robles en Alejandro Lerroux. Maar hij was slim genoeg om zich niet opzichtig met de wankele republiek in te laten, noch het achterste van zijn tong te laten zien. Anderzijds hield hij de antiparlementaire José Antonio op een afstand. In 1934 onderdrukte hij met zijn legionairen de communistische opstand van de Asturiaanse mijnwerkers. In 1935 kreeg hij van Lerroux het grootkruis in de orde van Sint-Hermenegildus. Gil Robles gaf hem het oppergezag over de Spaanse strijdkrachten in Marokko, met als speciale opdracht de reorganisatie van het nationale leger, dat door de linkse regeringen was gehavend. Daarmee werd Franco opperbevelhebber van de militie. De verkiezingsoverwinning van het linkse volksfront in 1936 bracht Franco in de hoogste staat van paraatheid, maar vooralsnog gehoorzaamde hij zijn burgerlijke superieuren. 'Zolang Spanje geen anarchie wordt en zolang Madrid zich niet uitlevert aan Moskou,' zei hij , 'zie ik geen reden tot ongehoorzaamheid.' Maar Azaña vertrouwde hem niet en plaatste de legeraanvoerder in maart 1936 over naar de Canarische eilanden. Door die overplaatsing voelde Franco zich in zijn militaire eer aangetast.

Het verval van de republiek was mede veroorzaakt door ontwikkelingen in het buitenland. Na de economische bloei vanaf 1910 kwam de grote depressie van 1929, die in Amerika tot de New Deal leidde. De regering van Roosevelt begon zich te bemoeien met sociale problemen en daarmee eindigde het tijdvak van het laissez-faire. Waar de resterende welvaart niet snel genoeg werd verdeeld en de werkloosheid niet snel genoeg werd gelenigd, stak het fascisme de kop op, dat net als het communisme in elk geval aan de kapitalistische roverij een eind maakte. De tijd was rijp voor socialistische experimenten, hetzij van nationale, hetzij van internationale aard. Voor liberalisme was geen plaats meer. Franco gruwde van het communisme, dus lag het fascisme voor de hand. Wat hem in José Antonio tegenstond, was diens onverbiddelijke afkeer van de monarchie. Wat hem in de CEDA-politici mishaagde, was het parlementarisme. Maar hij had beide partijen nodig in de strijd tegen een republiek die hij naar Moskou zag afdrijven. Franco was 'een zwaard op zoek naar een zaak'. Op dat punt verschilde zijn positie niet van die van Riego, Espartero en alle andere generaals van de afgelopen honderd jaar. Dat hij bovendien rekening moest houden met de ambities van andere potentiële redders van het vaderland, kon hij uit de geschiedenis leren. Hij moest zich niet opdringen, maar zich waarmaken en wachten tot men hem riep.

In juni 1936 stuurt Franco een brief aan de minister van Defensie, Santiago Casares Quiroga, waarin hij ontkent dat er een samenzwering op komst is. Wel wil hij kwijt dat vele officieren ontevreden zijn. De moord op Calvo Sotelo in juli brengt hem tot andere gedachten, die hem zijn ingeblazen door Gil Robles. Hij huurt een Engels vliegtuig en ruilt de Canarische eilanden in voor Marokko. Ondertussen kondigt generaal Mola in Pamplona de nationale opstand aan. Azaña en Casares Quiroga voelen zich verraden als Francisco Franco in Tetuan de opstand bevestigt en direct iedere officier laat neerschieten die de republikeinse regering van Madrid trouw blijft. Om Spanje te redden zijn alle middelen geheiligd. Maar als hij wil slagen heeft hij een program nodig. Twee dingen weet hij zeker: Spanje heeft behoefte aan leiding, maar mag de monarchie niet opgeven. Hij moet dus de CEDA en de Falange zien te verenigen, én kunnen rekenen op de loyaliteit van alle officieren die zich bij de opstand aansluiten. Zonder dat alles heeft de opstand geen kans van slagen, want zowel binnens- als buitenslands ziet men zijn pronunciamiento als een aanslag op een democratisch gekozen regering, als een onderdrukking van volk en vrijheid door het leger en de kerk. Daags na zijn geste ontpopt Franco zich dan ook als hersteller van de katholieke waarden, geheel in navolging van Napoleon.

Met een leger van Marokkaanse legionairen, aan te vullen met falangisten en carlisten en Italiaanse fascisten, steekt Franco over naar het vasteland en trekt veilig langs de grens van het bevriende Portugal van dictator Salazar op naar het noorden, om zich zo snel mogelijk bij de troepen van Mola te voegen. Her en der laat hij de republikeinse aanhang terechtstellen – met de bloedige wraakacties in Badajoz als dieptepunt – maar overal vindt hij bijval van de katholieke burgerij. Zonder die bijval zou zijn *reconquista* tot mislukken zijn gedoemd. Onderwijl laat de republikeinse regering toe dat kerken en kloosters in vlammen opgaan. Die achteloosheid, of miskenning van de Spaanse volksaard, versterkt de roep om een redder. Heel traditionalistisch Spanje staat achter de 'kruistocht'. In noord en zuid wijkt de republikeinse driekleur voor het oude rood-geel-rood van de monarchie. Om de Falange tegemoet te komen introduceert Franco het corporatistische staatsmodel van Mussolini en José Antonio. Duitsland stuurt vliegtuigen, en Italië behalve vliegtuigen ook manschappen. De republikeinse regering zoekt dringend hulp bij Frankrijk en de Sovjet-Unie. In de nacht van 18 op 19 augustus 1936 fusilleren de nationalistische autoriteiten van Granada, waarschijnlijk per ongeluk, de dichter Federico García Lorca. De republiek claimt nu een illustere martelaar, hoewel in feite een van de duizenden slachtoffers van persoonlijke via de politiek uitgespeelde wrok. De nationalisten verheffen Calvo Sotelo tot 'gevallene'.

In september belegeren republikeinse troepen het Alcázar van Toledo, waar kolonel José Moscardó zich heeft verschanst namens de opstandelingen. Als hij de veste niet overgeeft, zullen de belegeraars zijn zoon doden. De kolonel rekent op hulp van Franco, maar die komt te laat. Zijn zoon is dood, maar het Alcázar is gewonnen. Franco claimt het wapenfeit, en dat versterkt zijn epische missie. Op 1 oktober mag Franco zich staatshoofd noemen, mede met instemming van Gil Robles, die naar het buitenland is gevlucht, en Lerroux. Zijn oudste broer Nicolás wordt staatssecretaris. Met naar voren gestoken buik houdt de kale caudillo in Burgos een korte toespraak waarin hij de nationale eenheid belooft te herstellen. Spanje moet worden gezuiverd van links-liberale, decadente ideeën en van de verderfelijke vrijmetselarij, zo laat een spreekbuis van de caudillo weten. De kerk moet in ere worden hersteld, maar gehoorzaam zijn aan de staat. Ondertussen zucht de drieëndertigjarige José Antonio in de gevangenis van Alicante, waar de anarchisten de dienst uitmaken. Dat zijn dagen geteld zijn, staat vrijwel vast. Kan of wil Franco iets doen? Bemiddeling via de Duitse consul mislukt. De republikeinse president Azaña kan niets doen als 'gevangene' van de door Russische diplomaten gemanipuleerde socialisten. De anarchisten trekken zich niets van hem of van de regering aan, en na een kort schijnproces in november wordt de oprichter van de Falange geëxecuteerd. De socialist Indalecio Prieto respecteerde José Antonio als 'een man van zijn woord'. De liberale historicus Madariaga noemde hem 'moedig, intelligent en idealistisch'. De Amerikaanse hispanist Stanley G. Payne omschreef hem als 'een franciscaanse falangist, een ernstige en romantische intellectueel, maar te sceptisch om een politiek leider te kunnen zijn'. De executie van José Antonio levert Franco een martelaar op, plus een program.

Ondertussen krijgt de republiek wapens van en via Frankrijk (waaraan het stevig geld verdiende) en propaganda van de Sovjet-Unie, alsmede daadwerkelijke hulp van duizenden vrijwilligers uit Amerika, Canada en alle Europese landen, die bereid zijn om de 'vrijheid' tegen de 'tirannie' te verdedigen. Maar die internationale brigades wegen niet op tegen de Duitse vliegtuigen en de Italiaanse troepen. De republiek heeft domweg geen georganiseerde legermacht. Alle linkse facties opereren onafhankelijk van elkaar met geïmproviseerde en slecht gedisciplineerde legertjes. De Russische diplomatieke dienst begrijpt dat de oorlog op deze manier niet gewonnen kan worden en probeert via de communistische partij van Spanje alle linkse krachten onder zijn supervisie te bundelen. Wie niet gehoorzaamt heeft het ergste te vrezen. De chaos in republikeins Spanje is enorm. Iedere groep treedt zelfstandig op en iedereen die van sympathie met het nationalistische Spanje wordt verdacht, kan van zijn bed worden gelicht en op een donkere straathoek de kogel verwachten. Te midden van de algehele achterdocht verslechtert de economische situatie snel. Aan nationalistische zijde heeft men in elk geval voedsel. Er heerst orde, maar de prijs is hoog. Iedereen die van republikeinse sympathie wordt verdacht, krijgt met de goedgeorganiseerde militaire regering te maken. En zo staat chaotisch geweld tegenover gestroomlijnd geweld. Over de tien- of honderdduizenden slachtoffers ontbrandt een verwoede propagandaoorlog, waarin beide partijen elkaar beschuldigen van wreedheden en met aantallen om de oren slaan. Nooit eerder speelden de cijfers en de statistieken zo'n grote rol in de mediastrijd, alsof leed kwantitatief kon worden gemeten.

Het laatste restje Spaans intellect vluchtte naar het buitenland, waaronder Ortega y Gasset, Gregorio Marañón en Pérez de Ayala. De tweeënzeventigjarige Miguel de Unamuno, rector van de universiteit van Salamanca, was gebleven. Hij had zich al lang van de republiek gedistantieerd en was korte tijd overgeheld naar de nationalisten. Op 12 oktober 1936 kwamen die nationalisten onder leiding van Millán-Astray de universiteit binnen. Deze vriend van Franco, die een oog en een arm had geofferd voor de glorie van het vaderland, minachtte de man van de letteren. Toen deze bezwaar maakte tegen de uitlating van Millán-Astray dat Catalonië en Baskenland kankergezwellen waren die de nationale eenheid in de weg stonden, schreeuwde de oorlogsheld: 'Weg met de intelligentie!' En: 'Lang leve de dood!' Unamuno reageerde geschokt: 'Wellicht kunt u winnen, overtuigen kunt u niet.' Hij kreeg huisarrest. De vele internationale en nationale journalisten die de laatste maanden vóór zijn dood zijn huis platliepen, ergerden hem door hun onbekendheid met Spanje en hun botte uitspraken. Op de laatste dag van 1936 droeg Unamuno de geestelijke eenheid van Spanje, de ziel van het land, met zich mee in zijn graf. De schrijvers die in Spanje bleven of die Spanje bezochten, bekenden zich ofwel tot het rode ofwel tot het zwarte kamp. De synthese was overleden.

Begin 1937 waren het zuiden en het grootste deel van het noorden in nationalistische handen. De republiek handhaafde zich in het centrum en het oosten, met Madrid en Barcelona als zwaartepunten. Franco's strategie was erop gericht de republiek in tweeën te splijten en de twee grote steden van elkaar af te snijden. Lukte hem dat, dan kon hij rustig, stap voor stap, zijn reconquista voltooien. Duitsland, Italië, Portugal en een paar Latijns-Amerikaanse republieken erkenden inmiddels zijn bewind. Maar de bestorming van Guadalajara met Italiaanse troepen mislukte. In april bombardeerden Duitse junkers het Baskische stadje Guernica, waardoor het hele noorden in nationalistische handen viel. De internationale propaganda buitte het bombardement, dat beroemd is geworden door het schilderij van Picasso, uit. Franco heette nu een monsterlijke dictator, maar de republikeinen bombardeerden op hun beurt onschuldigen in hetzelfde Baskenland en Asturië. Een paar maanden later brak Franco de republiek in tweeën bij de slag om Teruel. Hij stootte nu door naar Valencia, geholpen door tienduizenden Italiaanse zwarthemden, Portugese salazaristen, Franse ultramontanen, Ierse katholieken en Engelse fascisten. Aan republikeinse zijde vochten tienduizend Fransen, duizenden Italiaanse antifascisten, Angelsaksische avonturiers, en idealisten uit vrijwel alle Europese landen, inclusief zo'n zes- tot achthonderd strijders uit Nederland. In welke mate deze internationale brigades door de communisten werden gemanipuleerd, is een onderwerp van polemiek. Uit Frankrijk, de Verenigde Staten, Mexico, de Sovjet-Unie kwamen wapens en geld naar de belegerde vrijheidsstrijders. Spanje stond in het middelpunt van de aandacht. Hier leek zich een gebeuren te voltrekken dat beslissend zou zijn voor de rest van de mensheid. Hier leken goed en kwaad een beslissend front te hebben gevonden.

In 1938 viel de beslissing. Het nationalistische offensief in Aragon en het Duits-Italiaanse bombardement van Barcelona maakten de toestand van het vrije Catalonië onhoudbaar. In München gingen Frankrijk en Engeland door de knieën voor Hitler, die vanaf nu vrij zijn gang mocht gaan in Oost-Europa. Stalin, die het jaar tevoren al alle niet-communistische linkse krachten – waaronder de anarchistische FAI en CNT en hun afsplitsingen, alsmede hun internationale helpers – had laten opruimen, keerde zich van Spanje af en wilde alleen nog wapens leveren in ruil voor 's lands goud. De republikeinse president Juan Negrín, die Azaña was opgevolgd en die zich als een Faust aan Moskou had verkocht, bleek bereid tot die koehandel, terwijl de dagen van de republiek al geteld waren. In oktober werden de internationale brigades voor het laatst toegesproken door de Spaanse communiste Dolores Ibarruri, bijgenaamd La Pasionaria en beroemd om haar eerder in Madrid gedane uitspraak 'no pasarán', 'ze komen er niet door'. Wat ze in haar toespraak verzweeg, was dat Moskou alle vrijheidsstrijders die niet naar het pijpen van Stalin wilden dansen, lafhartig in de rug had geschoten onder het voorwendsel dat ze 'verwerpelijke trotskisten' waren of een 'vijfde colonne' vormden. 'Kameraden, jullie kunnen vertrekken met opgeheven hoofd. Jullie zijn geschiedenis, legende...' Verlaten door de brigades, de Sovjet-Unie en Frankrijk, lag de republiek op sterven. In februari rukten de nationalisten Catalonië binnen. Madrid was al gevallen. In de loop van april en mei werd de oorlog tot afgelopen verklaard. Frankrijk opende zijn grenzen voor de tienduizenden republikeinen die de komst van het Franco-regime liever niet afwachtten, vooral niet omdat Frankrijk en Engeland, gevolgd door de andere landen (met uitzondering van Mexico), zich haastten el caudillo te erkennen.

Miguel de Unamuno zag in de burgeroorlog de zoveelste manifestatie van de typisch Spaanse afgunst. De maskers die beide partijen tussen 1931 en 1936 opzetten, typeerde hij als marxistische wrok en katholiek heidendom. De partijen stelden elkaar als boemannen voor. De grondwet van 1931, die een einde aan de traditionele Spaanse godsdienst maakte, achtte hij een zware vergissing. Degenen die dat deden, vergaten dat zijzelf óók 'gelovigen' waren, aanhangers van een rode utopie. De katholieken verweet hij dat ze alle middelen, waaronder samengaan met de goddeloze liberalen, geoorloofd vonden om het socialisme te bestrijden. De politici, pure carrièrejagers, verweet hij cynische handel in kiesvee. In de rode verbranders van kerken en kloosters bespeurde hij het onheuglijke ressentiment van degenen wier voorzaten door de inquisitie van de openbare begraafplaatsen waren geweerd. In de fascistische kruisridders herkende hij degenen die de macht van kerk en inquisitie wilden herstellen. De republiek symboliseerde voor hem de zoveelste fase in de ondergang van het avondland, in de verdwijning van de 'innerlijke' mens. De alliantie tussen troon en altaar, die onweerlegbare slagader van de Spaanse traditie, deed Unamuno pijn, maar een oplossing zag hij niet. 'Spanje is als een hond die voor de spiegel staat, schrikt en wegloopt,' schreef hij vlak voor zijn dood. Unamuno was onaanvaardbaar voor alle partijen. Hij stierf aan Spanje.

De andere reactie was de vlucht. José Ortega y Gasset en een klein aantal intellectuelen verlieten het strijdperk waar de broeders elkaar afslachtten, teleurgesteld in de 'geschiedenis', die ze nog kort tevoren uit volle overtuiging hadden toegejuicht. De grote hegeliaanse droom van de morele opmars der mensheid was in duigen gevallen. Vol afkeer van de sociale actualiteit begroeven zij zich in het bestuderen van de Grieks-Romeinse oudheid, de hoofse liefde van de Middeleeuwen, de schilders van de gouden eeuw. Wat dan ook, als het maar ver van de maatschappelijke werkelijkheid was. Maar zij werden mettertijd de grondleggers van een nieuwe evaluatie van Spanje.

De minder intellectuele schrijvers, romanciers en dichters verklaarden zich ofwel solidair met de republiek ofwel met de nationale kruistocht. Die laatsten bleven uiteraard in Spanje, de eersten trokken in ballingschap.

Ten slotte waren er de vele buitenlandse waarnemers die tijdens de burgeroorlog naar Spanje stroomden om poolshoogte te nemen in het land dat in het middelpunt van de belangstelling stond. Wie goed met de pen overweg kon, vond zonder al te veel moeite de drukpers aan zijn zijde. Vrijwel ieder Europees land of Zuid-Amerikaanse republiek, en bijvoorbeeld ook Noord-Amerika, Australië en Nieuw-Zeeland, had brigadiers, journalisten, romanciers, dichters en avonturiers in Spanje rondlopen, die allemaal gretig op zoek waren naar stof voor hun dagboeken, feuilletons, kranten, films of radioreportages. En zo ontstond er een nieuwe beoordeling van Spanje, bekeken uit de periode 1936-1939 en toegesneden op de behoeften van de verschillende thuisfronten. Wat vers van de pers rolde, ontkwam zelden aan de dichotomie van links en rechts. De Britse dichter Cecil Day Lewis typeerde de burgeroorlog als een 'strijd tussen licht en duisternis', waarin geen plaats was voor subtiele gewetensnuances. Zelfs buitenlandse kenners van Spanje, zoals de Brit Gerald Brenan en de Nederlander Johan Brouwer, hielden rekening met wat hun publiek verwachtte. Beiden kozen, ofschoon met voorzichtigheid en tact, voor de republiek. Hoewel diep teleurgesteld in de machiavellistische machinaties van de Sovjet-Unie, hield George Orwell, de schrijver van *1984*, die namens een radicaal-socialistische splintergroepering de vrijheid in Catalonië had verdedigd, vast aan de linkse utopie. Samen met de Amerikaanse literaire bodybuilder Ernest Hemingway meende hij dat de godsdienst een achterhaalde zaak was en dat de socialistische dageraad de enige reële uitweg bood. We zouden nog André Malraux en André Gide en Jef Last en een heleboel andere waarnemers kunnen noemen, we zouden de Latijns-Amerikaanse dichters Pablo Neruda, César Vallejo, Octavio Paz kunnen noemen – maar hoe verschillend ze zich onderling ook uitdrukten, over één ding waren ze het allemaal eens: het heil moest komen van het socialisme, en dat hield dus in dat de republiek, hoezeer die ook tekortschoot, aller steun verdiende. Wie die visie niet deelde – in Nederland bijvoorbeeld de hoogleraar archeologie L. H. Grondijs en dr. M. W. R. van Vollenhoven, ambassadeur in Madrid, die beiden in 1937 hun afschuw voor de rode barbarij niet onder stoelen of banken staken (zo'n zevenduizend priesters waren afgeslacht) – kon zijn publicaties hoogstens slijten aan parochiecirculaires. Maar die hadden geen noemenswaardige invloed op de publieke opinie, die, samen met de republikeinse propaganda in het buitenland de komende decennia het beeld van Spanje ging bepalen. Een beeld dat de oude zwarte legende versterkte, ditmaal met het blauwhemdenregime van een dictator. Alle oude wonden – de inquisitie, het schandelijke gedrag van de conquistadores in Amerika, de achterlijkheid van de monarchie van Filips II – werden vanuit het gezichtspunt van de vierde burgeroorlog opengereten 'ter verklaring' van een Spanje dat voor ieder modern mens – en wie wilde niet 'modern' heten? – een onwenselijk anachronisme was. Het zou nog een hele generatie duren voordat men de periode van de Tweede Republiek en de vierde burgeroorlog met de nodige afstand kon beoordelen.

'Zijn totale overwinning in 1939 gaf Franco meer macht dan ooit enige bewindvoerder vóór hem in Spanje,' schreef de Amerikaan Stanley G. Payne in 1992, ter gelegenheid van de honderdjarige geboortedag van de dictator. Hij vergat eraan toe te voegen dat Spanje vanaf 1939 minder macht had dan ooit in zijn geschiedenis. Want zelfs van het Marokkaanse protectoraat, waar Franco ooit de eer van zijn vaderland had opgehouden, restte weldra niets meer dan een tweetal symbolische enclaves, overblijfselen van het eens roemrijke koloniale verleden. Lang mocht het bewind van de machtige generalísimo duren, voor de internationale gemeenschap bestond Spanje voorlopig niet meer. Met de overwinning van de nationalisten verdwenen de vele buitenlandse schrijvers en journalisten. Spanje had als onderwerp afgedaan.

Met ideeën van de Falange creëerde Franco een brede beweging, de Movimiento, waarin alle groeperingen die tegen de republiek hadden gevochten dienden op te gaan. Degenen die José Antonio trouw bleven, werden opzijgeschoven omdat Franco de deur naar de monarchisten wilde openhouden. José Antonio zelf ontving postuum de status van held. Straten, pleinen, gebouwen en instellingen kregen zijn naam. De verticale vakbonden, het blauwe overhemd en de aanspreekvorm 'kameraad', de sociale inzet van de vrouw, het rood-zwart, het juk en de pijlen, de hymne 'Cara al sol' en de kreet '¡arriba España!' ontleende de Movimiento – vanaf nu ook wel de FET of Falange Español Tradicionalista genoemd – aan José Antonio. De oude getrouwen hoefden alleen maar hun stichter door de caudillo te vervangen en zich achter zijn visie te scharen. Die visie bleek veel monarchistischer dan de oorspronkelijke blauwhemden lief was, en bovendien veel katholieker. Lang niet alle kameraden van José Antonio waren godsdienstig, Franco trouwens evenmin. Maar die laatste begreep dat de kerk als bondgenoot noodzakelijk was en dat hij zich als staatshoofd katholiek diende te gedragen. Na tien jaar maakte hij van Spanje weer een officieel rooms-katholiek land.

De FET moest vormgeven aan de grote massa en daarom benoemde Franco alleen overtuigde falangisten tot zijn naaste medewerkers. Tot hun opdracht behoorde de creatie van een nieuwe cultuur, die was gebaseerd op Spanjes glorieuze verleden. De katholieke vorsten, Isabel en Fernando, moesten de eenheid verzinnebeelden die door de ontaarde republiek was geschonden. Voor de cultuur uit de voorafgaande periode was geen plaats.

Vele dichters en schrijvers waren met de republikeinen naar het buitenland getrokken, zoals Antonio Machado, Rafael Alberti, León Felipe, Luis Cernuda, Francisco Ayala, Ramón Sender, Max Aub, José Bergamín, María Zambrano. Voor de republikeinse intellectuelen kon Spanje tot aan 1936 bogen op grote verworvenheden op het gebied van de kunsten en de wetenschappen, en was er sprake van een ongekende bloei sinds de zestiende eeuw. Voor de 'nationalisten' was het 'ware', 'historische' Spanje verraden door 'kosmopolitische professoren'. Intellectuelen die bleven moesten zich aanpassen, ondergronds gaan en zich verbijten of, zoals de dichter Miguel Hernández, gevangenschap dulden. Onder degenen die het nieuwe bewind steunden, waren de toneelschrijver José María Pemán, de dichter Dionisio Ridruejo (schepper van 'Cara al sol') en de Catalaanse filosoof Eugenio d'Ors, die de komende periode tot een nieuw klassiek tijdperk uitriep en de negentiende eeuw als verwerpelijk barok voorstelde. Het franquistische tijdvak zag tal van biografieën verschijnen over de helden van de gouden eeuw, zoals Columbus, Cortés, Cisneros, de Gran Capitán. Spanje moest weer in zichzelf gaan geloven, zijn ware identiteit opdelven, namelijk dat van een land dat ooit het christendom tegen de islam had verdedigd en over de nieuwe wereld had verbreid.

De vele duizenden aanhangers van de republiek die in Spanje achterbleven, wachtten represaillemaatregelen. Alom werden rekeningen vereffend door voormalige slachtoffers van het republikeinse bewind. Tijdens de burgeroorlog waren de tegenstanders meestal zonder vorm van proces geëxecuteerd. Naarmate de nationalisten meer greep op de situatie kregen, werden die executies aan militaire tribunalen overgelaten. Honderdduizenden hadden, aan beide zijden, de dood gevonden, zowel burgers als militairen. Maar na zijn overwinning handhaafde Franco de militaire rechtbanken tot aan 1948. Die veroordeelden zo'n dertigduizend mensen tot de doodstraf omdat ze tot de republiek hadden behoord. De Falange, die tijdens de tweede republiek en de burgeroorlog een splintergroepering was, zwol in 1939 aan tot zeshonderdvijftigduizend leden. Aan het hoofd van de beweging stond Agustín Muñoz Grandes, een spierballenman die tijdens de republiek de guardia civil had aangevoerd. Vele, maar niet alle falangisten sympathiseerden met de Duitse nazi's. Vooral de katholieke leden van de Movimiento hadden zich, ten gevolge van het pauselijk schrijven *Mit brennender Sorge* (1937), van het nazisme afgekeerd. Hitlers niet-aanvalsverdrag met Stalin van 1939 stelde de fervente anticommunist Franco weliswaar teleur, maar hij meende desondanks op de Führer te moeten wedden. Hij was er namelijk van overuigd dat Duitsland de oorlog zou winnen. Van zijn kant hoopte Hitler de caudillo naar zijn kamp over te halen, maar pogingen via de duce liepen op niets uit, vooral niet omdat Hitler de Afrikaanse pretenties van Spanje weigerde te steunen. De Führer wilde Frankrijk en Engeland op dat moment niet in de wielen rijden. Eind oktober 1940 ontmoetten Hitler en Franco elkaar aan de Spaans-Franse grens bij Hendaye. Als Spanje meedeed, zou dat Duitslands entree in Afrika kunnen vergemakkelijken, maar de caudillo hield zijn poot stijf. Joachim von Ribbentrop, de rechterhand van de Führer, was teleurgesteld in de kleine dikke Franco niet de bewonderde Don Quichot te treffen, maar de donkere *Untermensch* Sancho Panza. Spanje bleef echter, ondanks pogingen van maarschalk Pétain van Vichy-Frankrijk, officieel buiten de oorlog. Alleen mochten in 1941 een kleine twintigduizend falangisten die waren verzameld in de Blauwe Divisie onder leiding van Muñoz Grandes, de Führer helpen aan het oostfront bij het bestrijden van de communisten. Met tegenzin overigens van de caudillo, die een jaar later zijn mannen terugvroeg. Doch vergeefs.

Onzeker over Duitsland – dat Spanje niet serieus nam – probeerde Franco elders relaties aan te knopen. In 1942 vond in Sevilla de eerste ontmoeting plaats met dictator Antonio Salazar, de stichter van de Portugese Estado Novo. Portugal was praktisch een Brits protectoraat en dus noodgedwongen 'neutraal' tijdens de wereldoorlog van 1940-1945. Dat Franco zich afzijdig hield, lag in de strategie van de Brits-Amerikaanse politiek, maar de grote Duitse ambassade in Madrid stelde alles in het werk om Spanje uit handen van de geallieerden te houden. Binnen de regering van Franco waren er zowel 'neutralisten' als voorstanders van Berlijn, maar de caudillo zelf bekende geen kleur. Als bij een hanengevecht wachtte hij af wie zou winnen, en zolang de beslissing niet vaststond probeerde hij beide partijen te vriend te houden. Voortvluchtige joden, zo'n dertig- tot zestigduizend, vonden in of via Spanje een veilig heenkomen. Geallieerde vliegtuigen mochten van het Spaanse luchtruim gebruikmaken. Toen geleidelijk duidelijk werd dat Hitler de oorlog ging verliezen, moesten de pro-Duitse ministers in zijn regering plaatsmaken voor neutralisten. De nederlaag van Duitsland betekende een gevoelige klap voor de falangisten, die vanaf 1945 hun overmacht in de binnenlandse politiek zagen verminderen. Franco's zwager, de pro-Duitse falangist Ramón Serrano Suñer, tot dan toe de nummer twee van Spanje, moest wijken voor de neutralist Carrero Blanco, voortaan Franco's alter ego. Ondertussen stelde

Franco behalve de falangisten ook de carlisten teleur door contact te zoeken met don Juan van Bourbon, een zoon van de in 1941 in Rome overleden koning Alfons XIII. Hij wilde verhinderen dat de prins, die in de Portugese badplaats Estoril woonde, gemene zaak zou maken met de republikeinen in het buitenland en de gelederen zou sluiten van degenen die Spanje als een totalitaire staat afschilderden. In 1943 vond een eerste geheime ontmoeting plaats tussen de caudillo en don Juan. Spanje, zo gaf het staatshoofd de prins te verstaan, was nog niet rijp voor de monarchie, maar hoop voor de toekomst was er wel. Voor de persoon van don Juan voelde Franco minachting, maar voor de monarchie die hij symboliseerde, had hij respect. Vanaf 1945 kleedde de caudillo zich niet meer in het falangistische uniform. Nu het nazisme was verslagen, ontpopte hij zich als voorvechter van het christendom tegen het communisme en de vrijmetselarij.

Gedurende de Tweede Wereldoorlog en de daaropvolgende jaren – een periode die door de tegenstanders van Franco is gekenschetst als de blauwe of gesloten etappe, en zelfs als de hel – maakte Spanje niet alleen duizenden terechtstellingen van tegenstanders mee, maar ook grote armoede. Velen stierven van honger. In sommige Andalusische steden werd zelfs gras gegeten. Wie niet bij de Movimiento was aangesloten en ook niets van de kerk wilde weten – en zeer velen hadden in de afgelopen decennia hun geloof verloren –, gold als paria en kon niet op bijstand van sociale instellingen rekenen. In tegenstelling tot de Eerste Wereldoorlog, toen Spanje van zijn neutraliteit profiteerde, leverde '40-'45 het land niets extra's op. Integendeel, de burgeroorlog had het land uitgeput. De levensomstandigheden waren niet beter dan in bezet Europa. De zwarte markt tierde welig. De gronden, die waren onteigend door de republiek, keerden terug in de handen van hun voormalige bezitters. De arbeiders hadden hun rechten verloren en waren weer werkloze plattelanders geworden, die leefden bij de dag en niet wisten wat morgen te eten. Alleen wie lid was van de alomtegenwoordige Movimiento ging het redelijk goed.

Toen Frankrijk was bevrijd, hergroepeerde de regering van de republiek zich in Toulouse. Zij wierp zich op als de ware regering van Spanje en stelde alles in het werk om het Spanje van Franco via de internationale organen te isoleren. Dat was in 1945 niet moeilijk, want de geallieerde overwinnaars zagen in Franco's Spanje een fossiel van de verslagen dictaturen, dat verdacht veel gelijkenis vertoonde met het Italië van de gewraakte Mussolini. De socialistische regering van Frankrijk sloot de grens met het onwenselijke, ondemocratische, ouderwetse Spanje en liet de Spaanse communisten op haar grondgebied de vrije hand. De zojuist opgerichte Verenigde Naties, bedoeld om de oorlog eens en voor altijd uit te bannen, hielden Spanje buiten de deur. De Marshallhulp voor de wederopbouw van het gehavende Europa, inclusief West-Duitsland, ging aan Spanje voorbij. Alleen Portugal, het Vaticaan, een aantal Arabische landen en de Latijns-Amerikaanse landen (met uitzondering van Mexico, waar vele gevluchte republikeinen zaten) knoopten relaties aan met Madrid. In 1947 kreeg de caudillo bezoek van Juan en Evita Perón, die in Argentinië een op Mussolini en José Antonio geïnspireerde staat hadden gesticht. Hetzelfde jaar vond een tweede ontmoeting plaats tussen het Spaanse staatshoofd en don Juan. Diens tien jaar oude zoon Juan Carlos, die in Rome was grootgebracht en nu met zijn vader in Estoril woonde, wilde de dictator graag zelf opvoeden. Zo zou hij een opvolger van koninklijken bloede hebben, die Spanje na zijn dood kon regeren. Die geste betekende een nieuwe stap terug voor de falangisten en de carlisten.

Hoe meer het buitenland Spanje isoleerde, des te populairder werd de dictator binnenslands. Franco isoleerde zichzelf liefst zoveel mogelijk in het jachtpaleis van El Pardo buiten Madrid, maar als hij zich in het openbaar vertoonde, stroomden onafzienbare menigtes samen om hem hartstochtelijk te bejubelen. Met opgeheven rechterarm begroette men hem dan als redder en vader des vaderlands, '¡Arriba España!' en '¡España una, grande, libre!' scanderend. Men beeldde hem af als de Cid, als wagneriaanse kruisridder, geharnast en met blinkend zwaard, omstraald door hemels licht. In dat licht mocht ook de jong gesneuvelde held José Antonio zich baden, troetelkind van de blauwhemden met hun zwart-rode vaandels, hun juk en pijlen, hun gepassioneerde ballades die in toon nauwelijks te onderscheiden waren van de poëzie van Federico García Lorca, die de heilige koe was voor de republikeinen in ballingschap. De falangisten slikten Franco's toenadering tot don Juan omwille van het vaderland, hoewel een klein aantal *camisas viejas* (oude getrouwen) bleef mokken. In 1949 schreef het falangistische dagblad *Arriba* dat Franco 'onvergelijkelijk groots' was, 'Gods man', 'ster van de wereld', 'uittorenend boven Alexander de Grote en Julius Caesar'. De caudillo liet zich al dat gevlei met een pokerface aanleunen, en hield zich zoveel mogelijk op de achtergrond. Hij moest niets hebben van het geprononceerde machismo à la Primo de Rivera. Hij sprak weinig en speelde graag botsende ambities binnen zijn regeringen tegen elkaar uit. Zijn ideaal was om de Spanjaarden goede gewoonten bij te brengen. Hij beroemde zich erop de 'hand' van de heilige Teresa van Avila in zijn nachtkastje te hebben en onder pseudoniem schreef hij enkele artikelen tegen de vrijmetselarij, in zijn ogen de grote zondebok, die eropuit was de wereld te vernietigen. De enige die 'de autocraat van El Pardo' soms durfde te weerstaan, was de uit Rome teruggekeerde primaat van Toledo, kardinaal Pedro Segura, die enerzijds de onderwerping van de kerk aan de staat verafschuwde en anderzijds het werk van Unamuno op de index plaatste. De intellectuelen en schrijvers – de essayist en professor Pedro Laín Entralgo, de romancier Camilo José Cela, de dramaturg Antonio Buero Vallejo – hielden hun mond. De naar Spanje teruggekeerde Ortega y Gasset beperkte zich tot academisme en filologie. De wereldberoemde surrealistische schilder Salvador Dalí had geen moeite met het regime. De wereldberoemde surrealistische cineast Luis Buñuel verkoos, evenals componist Manuel de Falla, de ballingschap. Echte oppositie was alleen mogelijk in het buitenland, maar daar was de belangstelling voor Spanje weggeëbd, zodat de meeste republikeinse schrijvers hun toevlucht in universitaire instellingen en bij plaatselijke socialistische groeperingen zochten. De harde kern van de Spaanse communisten probeerde in de Sovjet-Unie en haar satellieten een bestaan op te bouwen. De gematigder republikeinen verkozen Frankrijk, Mexico, de Verenigde Staten. Pierre Vilars *Histoire de l'Espagne* (1947) gold buiten Spanje voorlopig als het standaardwerk voor iedere geïnteresseerde die het niet met Franco eens was. Het ademde de marxistische geest die in de komende decennia bon ton was. Franco werd in het boek voorgesteld als een triomfalistische en versteende afgod, wiens autarkie de weldaden van de economie en de dageraad van de mondige massamens tegenhield. Genuanceerder, maar uitgesproken negatief over Franco, was de in Engeland woonachtige Salvador de Madariaga in *Spain, a Modern History* (1930-1958), die de de caudillo verweet alleen aan zichzelf te denken. Raymond Carr noemde Franco 'een soeverein in de zin van Hobbes, met meer macht dan Napoleon en gemodelleerd op Filips II'.

De, opportune, kentering begon met Gerald Brenans *The Face of Spain*, het in 1950 verschenen vervolg op zijn eerdere *The Spanish Labyrinth* (1943). Hoewel Brenan aan zijn antifranquisme vasthield, moest hij toegeven dat Spanje nog niet aan democratie toe was. Het land had, naar zijn zeggen, een 'autoritair regime' nodig. Dat paste bij de volksaard. Want Spanje was anders. Met dit anders-zijn luidde de in Spanje woonachtige

Brenan, die was begaan met de armoede die hij om zich heen zag, een nieuw tijdperk in. Hij zag in de toekomst mogelijkheden voor het toerisme. Engeland en de Verenigde Staten zouden er goed aan doen, schrijft Brenan, om Spanje leningen te verstrekken of geld te geven. Die oproep was al niet meer voor dovemansoren gezegd, want Washington had zijn oog al op het Iberische schiereiland laten vallen. De conferentie van Jalta (1945) had de wereld in twee blokken gespleten en de Koude Oorlog geïntroduceerd. In 1949 overwon president Truman zijn afkeer van de caudillo, die per slot van rekening een verklaard anticommunist was. De *New York Times* schreef in 1950 dat 'de Amerikaanse toenadering weldra zou leiden tot de incorporering van Spanje in de familie van westerse landen'. Het isolement was gebroken. Het Joegoslavië van dictator Tito, die vaak met Franco is vergeleken, bleef officieel een neutrale communistische staat, maar zou na de val van de Berlijnse muur in 1989 tragisch uit elkaar vallen. Franco voorkwam een vergelijkbare desintegratie – die heel goed denkbaar was vanwege het aloude regionalisme – door tijdig te voorzien dat Spanje bij de westerse alliantie hoorde en hoe dan ook aan de monarchie moest vasthouden, want de kroon was van oudsher de enige bindende factor. Helemaal gek of uitsluitend zelfzuchtig was de caudillo dus niet, ook al heeft de buitenwacht constant het tegendeel beweerd, zoals op de Venetiaanse Biënnale van 1950 bij monde van wereldvermaarde Spaanse artiesten als de schilder Pablo Picasso en de cellist Pablo Casals, en al stelde Paul Preston, een van Franco's breedvoerigste biografen, hem in 1992 nog voor als een Aziatische despoot.

Tussen 1950 en 1960 wijkt het gesloten, autarkische karakter van Spanje geleidelijk voor een meer op het Westen gerichte samenleving. Het communisme maakte grote vorderingen in Azië, zoals in China en Korea. Noord-Amerika, dat sinds de Tweede Wereldoorlog de leidende grootmacht was, heette alle anticommunistische landen welkom. Dus waarom niet ook Spanje? De pogingen van de republikeinen om de publieke opinie tegen Franco te richten hadden voorlopig alleen succes in West-Europa. Binnen de Verenigde Staten, waar men het communisme actief bestreed, hoorde men liever andere geluiden. Het is dan ook niet verwonderlijk dat juist daar de eerste nieuwe geschiedenissen van Spanje werden geschreven, die kritisch waren jegens de republiek, zoals Burnett Bollotens *Spanish Civil War* (1952), waarin de anarchisten openlijk 'moordenaars' werden genoemd. In hetzelfde Amerika herbloeide de hispanistiek, die in West-Europa aan het antifranquisme van de republikeinen was opgeofferd. In 1954 bood Washington Spanje vele miljoenen dollars in ruil voor militaire bases op Spaans grondgebied, zoals Zaragoza, Torrejón bij Madrid, Morón bij Sevilla, Rota bij Cádiz. Voortaan mochten Amerikaanse vliegtuigen en schepen gebruikmaken van Spaanse vliegvelden en havens in het kader van de Koude Oorlog tegen het Oostblok. Onder druk van Washington brak het ijs. Spanje werd in 1955 toegelaten tot de Unesco en de Verenigde Naties. Het voorbeeld van Amerika werd gevolgd door Engeland, terwijl de Franse president Charles de Gaulle de communistische infiltratie via de Pyreneeën stopzette.

In hetzelfde jaar ontmoetten Franco en don Juan elkaar voor de derde keer, ditmaal openlijk. Don Juan erkende nu de Movimiento en liet zich op de hoogte stellen van de vorderingen van zijn zoon Juan Carlos aan de ooit door Franco gestichte militaire academie van Zaragoza, waar vaderlandsliefde de godsdienst is. De eer van Spanje hoefde niet meer in Afrika te worden opgehouden, want Franco had liever goede relaties met de Marokkaanse koning Mohammed v. Behalve Ceuta en Melilla, zag Madrid af van verdere aanspraken. Spanjes eer gold nu vooral de binnenlandse rust. Om die te garanderen was de toename van welvaart het probaatste middel. En zo geschiedde. Van alle ministeries werd dat van Informatie en Toerisme in de komende tijd het belangrijkst. Wat de informatie betreft bleef de censuur van kracht tegen alles wat als anti-Spaans, als antikatholiek en als pornografisch kon worden gebrandmerkt. Daarbinnen vielen bijvoorbeeld de werken van Marx, Sartre, Camus, Hemingway, Dos Passos, Madariaga, Joyce, Rafael Alberti en Darwin. Wat het toerisme betreft zette Spanje de deur wagenwijd open. Spanje was 'anders' en Spanje was 'een goedkoopte-eiland'. Maar Spanje wilde ook economisch meetellen in de wereld, en daartoe moest men een exporterende industrie tot ontwikkeling brengen. En dat betekende het einde van de sobere autarkie.

Om die nieuwe politiek van toerisme en industrie ten uitvoer te brengen, drong Franco de macht van de Falange terug. De blauwhemden in zijn kabinetten moesten wijken voor de leden van een nieuwe organisatie, Opus Dei. Opus Dei was in de jaren twintig al opgericht door de priester José María Escrivá de Balaguer, maar kreeg in 1950 pauselijke goedkeuring. De sterke binding van Madrid met het Vaticaan, die werd bekrachtigd door het concordaat van 1953, maakte van deze organisatie een bruikbaar instrument voor de caudillo. Opus Dei appelleerde zowel aan de grootindustrieel als aan de middenstander en pleitte voor een samengaan van christelijke waarden en maatschappelijk welslagen. Het combineerde de jezuïtische wereldgerichtheid met gehoorzame overgave aan het dagelijks werk en de gevestigde orde. Opus Dei had een groot voordeel boven de Falange doordat het niet nationalistisch dacht en het openleggen van Spanje voorstond met alle kapitalistische middelen. Bovendien was Opus Dei voorstander van de monarchie, en daarheen wilde Franco, zij het op voorwaarde dat de monarchisten de Movimiento zouden respecteren. De benoeming van ministers uit het kamp van Opus Dei bracht vele falangisten ertoe zich van Franco te distantiëren. Sommigen, zoals Dionisio Ridruejo, trokken zelfs naar het buitenland om zich bij de oppositie aan te sluiten.

De oppositie liet ook binnen Spanje steeds meer haar geluid liet horen. Intellectuelen, kunstenaars en studenten waren het paternalisme moe. Ondergronds organiseerden de socialisten zich, en zelfs de communisten en anarchisten. Onderdrukking van demonstraties en arrestaties van opponenten leidden in het buitenland steevast tot protesten en veroordelingen van het Franco-regime, die dan binnenslands weer leidden tot massale manifestaties ten gunste van de caudillo. Maar de Amerikanen en de toeristen lieten zich door die cirkelbeweging niet afschrikken. In 1959 bezocht president Eisenhower de Spaanse hoofdstad om zich naast een triomfantelijke caudillo te laten toejuichen. Franco was immers een onvervalste anticommunist. En de toeristen waardeerden Spanje als pittoresk, wellevend jegens buitenlandse gasten en bovenal spotgoedkoop. De deviezen stroomden binnen. Buitenlandse investeringen kwamen op gang. De primaat van Toledo was tevreden en vergeleek Franco met Sint-Jozef. Om de falangisten te vriend te houden bouwde de caudillo een reusachtig monument ter nagedachtenis aan José Antonio, een modern soort Escorial, de Vallei der Gevallenen geheten, die was voorzien van een onderaardse basiliek en een gigantisch kruis. Maar dat was nostalgie, want de werkelijkheid wees in de richting van het economische liberalisme. En dat kon op den duur alleen maar tot politiek liberalisme leiden.

De periode 1960-1975 noemt men wel 'de grote sprong voorwaarts'. Spanje opent zich. In zeer korte tijd groeit het aantal buitenlandse investeringen. Maar liefst acht miljoen toeristen stromen tussen 1959 en 1962 het land binnen. Die influx verandert Spanje, dat nu vijfendertig miljoen inwoners telt, razendsnel in een consumentenmaatschappij. De levensstandaard schiet omhoog, het gemiddelde inkomen stijgt, de banken rijzen als paddestoelen uit de grond, de macht van de publiciteit en de media laat zich alom gelden. Maar met de economische welvaart begint tevens een proces van ontworteling. Het verlies van identiteit leidt tot een ongebreideld hedonisme. De gevolgen daarvan zullen eerst aan het daglicht treden na 1975, het jaar waarin de caudillo sterft. Natuurlijk kan men opperen dat vergelijkbare ontwikkelingen zich ook in de rest van Europa voordeden. Het verschil zit in de snelheid waarmee de verandering zich voltrekt. Als iemand die gisteren nog niets had en vandaag alles heeft. Een diepere analyse van dat verschijnsel, gekoppeld aan de uitwerking daarvan op de Spaanse samenleving, valt – vanwege de geringe afstand in de tijd – buiten het kader van dit boek. Maar het staat vast dat Spanje, in 1950 nog 'anders', zeer snel 'niet meer anders' is.

In 1962 treedt de tweeëntwintigjarige Spaanse kroonprins Juan Carlos in het huwelijk met de Griekse prinses Sofía. Franco is tevreden, maar neemt een voorzichtige houding aan. Enerzijds moet hij de Falange, die de harde kern van de Movimiento vormt, niet provoceren. Anderzijds moet hij twee andere kandidaten voor de troon op een afstand houden: Jaime van Bourbon Battemberg, een andere zoon van Alfons XIII, en Carlos Hugo, de kandidaat van de carlisten. De eerste neutraliseert hij door diens zoon aan zijn eigen kleindochter te koppelen. De tweede, die getrouwd is met de Nederlandse prinses Irene, stuurt hij het land uit vanwege linkse sympathieën (Carlos Hugo gokte erop dat Juan Carlos, die was opgevoed door de caudillo, onaanvaardbaar zou zijn voor links). Vervolgens is het zaak om Juan Carlos als troonpretendent voor de Spaanse publieke opinie te winnen. Dit doet Franco meesterlijk. De prins kan zich zodanig profileren dat iedereen overtuigd is van zijn onafhankelijkheid. Men mag hem niet te veel met de dictator vereenzelvigen, zoals men met zijn grootvader heeft gedaan. Van zijn kant houdt Juan Carlos de Movimiento zoveel mogelijk te vriend, terwijl hij tegelijkertijd de politieke groeperingen buiten de nationale beweging hoop geeft.

Om de Movimiento tevreden te houden, deed Franco afstand van de functie van partijvoorzitter ten behoeve van de falangistische macho Muñoz Grandes, die tot kapitein-generaal was gepromoveerd. Maar de invloed van Opus Dei, de tegenkracht, verhoogde hij met ministersposten, teneinde het economische wonder voortgang te doen vinden. Binnen het bestuur stonden dus pragmatische technocraten van Opus Dei tegenover ideologische, antikapitalistische falangisten. Door het creëren van die tegenstelling handhaafde Franco zich als onpartijdige aan de top. De buitenlandse ambassadeurs, die in 1952 nog afkerig van Spanje waren, kwamen in 1962 in groten getale naar Madrid. Omgekeerd nam het Spaanse ministerie van Buitenlandse Zaken in belangrijkheid toe. Dat de Spaanse regering haar zinnen had gezet op aansluiting bij de Europese Economische Gemeenschap, die in 1957 was opgericht, werd hoe langer hoe duidelijker. Maar in 1962 vonden vooral de kleine landen van de gemeenschap, onder leiding van de Belgische socialist Henri Spaak, de toetreding van Spanje, dat uiteindelijk een dictatuur was, te vroeg. Een 'verdrag' met de zes lidstaten was voorlopig alles wat erin zat. Onder invloed van stakingen van de verboden socialistische partij, solidariteitsbetogingen van de studenten en protesten van schrijvers en intellectuelen (onder wie Salvador Espriu, José Bergamín, de gebroeders Goytisolo, Alfonso Sastre) en van republikeinen in het buitenland (onder wie CEDA-oprichter Gil Robles en de ex-falangist Dionisio Ridruejo) keerde de publieke opinie zich tegen de caudillo. Spanje was nog even 'te anders'. Aardig voor de toeristen misschien, maar niet voor de verontwaardigde socialistische smaakmakers en hun politieke achterban. Zelfs de Italiaanse kardinaal Montini, later paus Paulus VI, vond Franco-Spanje te autoritair. Die sfeer bracht anarchisten er weer toe bommen te gooien, en dat resulteerde steevast in massabetogingen te Madrid om Franco toe te juichen, die de falangisten bevredigden.

In 1963 nam de economische liberalisatie dankzij Opus Dei toe, maar de politieke liberalisatie ondervond een terugslag. Een communistische voorman werd gearresteerd en in de gevangenis tot zelfmoord gedreven. Hoewel de persoon in kwestie destijds over lijken was gegaan, schreeuwden de buitenlandse socialisten weer in koor: 'Franco, moordenaar!' Geen reden voor Parijs overigens om af te zien van toenaderingspogingen. De Amerikaanse president Kennedy was minder gecharmeerd van de caudillo dan zijn voorgangers, onder meer wegens diens relaties met het Cuba van dictator Fidel Castro, een communist weliswaar, maar dan een met falangistische trekken. Vanwege de bloedband met het eiland onderhield Madrid contact met Havana, ondanks de Sovjet-raketten en de daardoor ontstane crisis tussen Washington en Moskou. Desondanks verlengde Amerika het militaire verdrag met Spanje. Franco wilde Gibraltar terug, maar de Britse socialisten lachten de 'moordenaar' uit, gesterkt door de publieke opinie die weer tegen de dictator oplaaide naar aanleiding van zijn hulp aan de Portugese geheime politie van collega Salazar, de arrestatie van communisten en de demonstraties van Spaanse studenten. Intussen ging het economisch voor de wind. De stroom toeristen zwol aan tot zeventien à achttien miljoen en maakte het chronische deficit van de staat in één klap goed.

In 1967 groeiden de inkomsten tot meer dan een miljard dollar. Het gemiddelde inkomen van de Spanjaard steeg naar zeshonderd tot zevenhonderd dollar, lager dan dat van de gemiddelde West-Europeaan, maar wel een forse vooruitgang in weinig tijd. Men begon auto's, wasmachines en televisietoestellen aan te schaffen. De plattelanders trokken massaal naar de steden. Wie daar geen werk vond, vertrok als gastarbeider naar de Europese Economische Gemeenschap, waar men om werkkrachten verlegen zat. Spanje begon voor het eerst aan economische planning te doen. De macht van Opus Dei nam verder toe ten koste van de Falange. De oude blauwhemd Muñoz Grandes moest plaatsmaken voor de kleurloze, hoewel sterke Carrero Blanco. Een nieuwe wet van het ministerie van Informatie en Toerisme versoepelde de censuur. Alleen anti-Spaanse geschriften bleven verboden, zowel van eigen als van buitenlandse makelij. Het tweede Vaticaanse concilie bepaalde dat de rooms-katholieke religie niet langer de Alleenzaligmakende was, dus kwam ook het oerkatholieke Spanje over de brug door vrijheid van godsdienst toe te staan. Maar toen Franco in 1967 aan zijn volk vroeg om zich in een referendum ten gunste van hem uit te spreken, weigerde de regering de tegenstanders televisieruimte om een 'nee' te propageren. Juan Carlos en zijn vrouw Sofía kregen van de dictator een eigen paleis toegewezen.

Het jaar 1968 bracht overal in Europa luidruchtige betogingen van studenten tegen de gevestigde orde. Moskou maakte van de gelegenheid gebruik om het naar vrijheid dorstende volk van Tsjechoslowakije met ijzeren hand tot de orde te roepen, maar de socialistische media leken de situatie in Spanje minstens even erg te vinden. In Catalonië roerden zich dichters, kunstenaars en studenten die van het autoritaire regime af wilden, en voor het eerst vonden die een deel van de lokale clerus aan hun zijde. Deze richtte het oude benedictijner bolwerk en bedevaartsoord Montserrat in als baken van hoop tegen het franquisme. De Baskische bevrijdingsorganisatie ETA, die was opgericht in 1959, buitte de gewillige publieke opinie uit om een paar leden van de guardia civil te vermoorden. En ook in de hoofdstad zelf nam het verzet, vooral onder studenten, steeds grotere proporties aan. In 1969, tijdens het veertiende kabinet sinds 1939, kwam het eerste economische schandaal aan het licht, de zogenaamde Matesa-affaire. Om de export te bevorderen had de regering jarenlang premies verstrekt, maar textielmagnaat Matesa bleek gefingeerde orders uit het buitenland aan het ministerie van Economische Zaken te hebben doorgegeven. Er was in feite niets geëxporteerd, dus waren er grote sommen in het water gegooid. Opus Dei was nauw bij de zaak betrokken. De Falange probeerde haar opponent in diskrediet te brengen, maar ook de blauwhemden bleken niet vrijuit te gaan. Franco liet de zaak uitzoeken en Opus Dei kwam er zonder kleerscheuren af. De grens met Gibraltar werd gesloten om het nationale gevoel te voeden.

In 1970 bezocht Frankrijks sterke man Charles de Gaulle Madrid. Hij bewonderde de caudillo omdat deze al zo lang aan de macht was, en hij deelde diens afkeer van politieke partijen. De stijging van het gemiddelde inkomen, als gevolg van de bloeiende toeristenindustrie, liep parallel aan de toename van stakingen en terroristische aanslagen. Het aantal slachtoffers van de ETA liep inmiddels in de honderden. Franco bevond zich tussen de vuren van de steeds vijandiger publieke opinie en de groeiende toeristenindustrie. Het gevaar bestond dat het onbehagen van degenen die van het autoritaire regime af wilden, zou leiden tot een vorm van chaos die de toeristen, zo vitaal voor de Spaanse economie, zou afschrikken. Spanje mocht wel 'anders' zijn, maar niet 'zo anders' dat de zomergasten niet meer onbezorgd van hun vakantie konden genieten en daarom massaal wegbleven. De ETA rook bloed en gijzelde een Duitse zakenman. Dat leverde het gewenste effect op. Bonn zette de caudillo onder druk, paus Paulus VI drong aan op clementie voor gevangen politieke tegenstanders, de kunstwereld van Barcelona (Dalí, Tapiès, Miró) protesteerde en Franco ging op patrijzenjacht om na te denken over de manier waarop hij uit de impasse moest komen. Ondertussen betoonde de Falange de caudillo alle steun, terwijl ze haar boosheid over de macht van Opus Dei inslikte. Het 'Cara al sol' en het '¡Arriba España!', het rood-zwart en de opgeheven rechterarm verwelkomden de inmiddels achtenzeventigjarige dictator op de Plaza de Oriente in Madrid. Hoe lang zou hij het nog volhouden? Zou hij voor het buitenland door de knieën gaan? De Duitse gijzelaar kwam vrij, maar zes terroristen kregen de doodstraf, ondanks de buitenlandse verontwaardiging. Europa leek verder dan ooit.

Maar Spanje bleek ondanks alles voorbestemd voor Europa. De toenemende ouderdom van het staatshoofd wees hoe dan ook in die richting. Tussen 1970 en 1975 vertoonden de nog schuchtere politieke partijen zich, die lonkten naar de inmiddels officieel tot opvolger benoemde maar nog schuwe Juan Carlos. De ETA ging onverdroten voort en gijzelde zakenlieden, doodde leden van de guardia civil en pleegde bankovervallen.

De kunstenaars en de intellectuelen, de studenten en de periodiek stakende arbeiders, en zelfs de lagere clerus keerden zich van de caudillo af. Zo nu en dan roerde de Falange zich, in een laatste poging het onafwendbare te keren en Juan Carlos aan de kaak te stellen als het paard van Troje. In 1973 slaagde de spectaculairste daad van de ETA tot dan toe: het opblazen van de limousine die de gehate rechterhand van Franco, admiraal Carrero Blanco, dagelijks naar zijn werk vervoerde. Die klap schokte de bejaarde dictator in het diepst van zijn ziel. Tijdens de door twintigduizend personen opgeluisterde uitvaart van Carrero Blanco viel de caudillo flauw in de armen van kardinaal Tarrancón. Hij reageerde met de benoeming van de harde falangist Carlos Arias Navarro, voor zijn vijanden 'de slachter van Málaga'. Die 'harde hand' veroordeelde de terroristische anarchist Salvador Puig Antich, een lid van de Catalaanse evenknie van de ETA. Hoe 'anders' Spanje was, bewees de worgpaal door middel waarvan de bommengooier werd terechtgesteld. Maar ook al schreeuwde het buitenland moord en brand, de toeristen lieten zich niet afschrikken.

Op 20 november 1975, een jaar na de omwenteling in Portugal, hetzelfde jaar waarin de Vietnamoorlog eindigde – de oorlog die een nieuwe generatie van idealistische hippies met een eigen tegencultuur op het wereldtoneel had gebracht –, blies Franco, die aan de ziekte van Parkinson leed, de laatste adem uit. In Rome stierf terzelfdertijd de oprichter van Opus Dei, die achttien jaar later heilig zou worden verklaard, wellicht omdat het met de geprononceerd politieke macht van de organisatie in Spanje gedaan was. De langste dictatuur in de Spaanse geschiedenis was ten einde. Juan Carlos en Sofía mochten zich koning en koningin noemen van een land dat door de dictatuur was gestabiliseerd en dat een ongekende welvaart doormaakte, waarvan de gevolgen de komende decennia zullen blijken.

Het geestelijk klimaat in dat land tijdens de dictatuur werd gekenmerkt door desillusie, verslagenheid en soms zelfhaat. Het naoorlogse existentialisme, van voornamelijk Franse origine, kwam als geroepen. Twijfel aan de zin van het leven, de absurdideit van alles, het protest tegen een als vals gevoelde maatschappij en het sympathiseren met alle mogelijke vormen van subversiviteit deden zich net als in de rest van Europa ook in Spanje gelden, zij het in bedektere vorm. In de poëzie maakten het formalisme en het surrealisme van de generatie van 1927 plaats voor een directer, prozaïscher taalgebruik, dat was geïnspireerd op de dichter Antonio Machado. De dichter 'engageerde zich'. De Spaanse toneelschrijvers namen een voorbeeld aan Sartre, Anouilh, Becket, Genet, Pinter, Brecht. De grote populariteit van de bioscoop, waar men zich vooral aan Amerikaanse illusies vergaapte, bracht sommige autochtone cineasten tot schuchtere navolging van de Franse en Italiaanse 'kunstfilms'. De romanschrijvers lieten verscheurde binnenwerelden zien. Men likte zijn wonden. Deze pregnant desolate sfeer contrasteerde met de nieuwe literatuur in de Latijns-Amerikaanse landen, waar de schrijvers nog dromen koesterden en sappen onttrokken aan de grootste Europese schrijvers van weleer en aan hun eigen, nog onontgonnen werkelijkheid. Latijns-Amerika had weliswaar grote sociaal-politieke problemen, maar was nog niet geschonden door het defaitisme en de ontzieling waarmee de Oude Wereld uit de nachtmerrie van '40-'45 was ontwaakt. Het zou nog even duren voordat de Spaanse schrijvers hun overzeese taalgenoten ontdekten. De gerichtheid op Frankrijk zat hun ingebakken en voor de 'ex-kolonialen' haalde men uit gewoonte de schouders op, een enkele vroege uitzondering als Unamuno daargelaten.

De republikeinse schrijvers die naar het buitenland waren getrokken, begonnen vanaf 1975 terug te keren, maar hadden de aansluiting verloren. Spanje was een probleem en liet de geest weinig ruimte voor het algemeen menselijke. De specifieke omstandigheden die door de burgeroorlog en de dictatuur waren opgeroepen, beheersten de letterenrepubliek. Sommigen beten zich daarin vast, anderen vluchtten naar hun binnenwereld. Onder de historici manifesteerden zich in de jaren veertig en vijftig Ramón Menéndez Pidal, Américo Castro en Claudio Sánchez Albornoz als de nieuwe richtingwijzers. Ze hielden zich bezig met de identiteit van de Spanjaard en Spanje. Volgens de eerste waren vele positieve karaktertrekken van de Spanjaard (zoals individualisme, idealisme en traditionalisme) omgeslagen in hun negatieve tegendelen (egoïsme, apathie, bekrompenheid). Volgens de tweede was het ware 'pluralistische' Spanje sinds 1492 onderdrukt en had men in de laatste twee eeuwen leentjebuur gespeeld zonder tot een authentieke en vruchtbare synthese te komen. De derde ontkende de 'pluralistische harmonie' van vóór 1492 en noemde Spanje een 'raadsel'.

Achter deze historische beschouwingen laat zich de eigentijdse hunkering raden. Spanje moet zich openen zonder het eigene prijs te geven. De twee Spanjes moeten eindelijk tot vreedzame coëxistentie komen. Of dat ideaal haalbaar is, is de grote vraag. Veel waarschijnlijker is dat het actie-op-reactiemodel, dat per slot van rekening al sinds het eind van de achttiende eeuw heerst, zal voortduren, bewust of onbewust, onderkend of verdrongen. Maar vluchten voor dat gegeven helpt niet. De Spanjaard zal pas weer vertrouwen in zichzelf kunnen krijgen als hij zijn verleden heeft begrepen en verwerkt. Of de zeer snel toegenomen materiële welvaart een gunstige invloed daarop zal hebben, lijkt twijfelachtig.

HET DEMOCRATISCHE SPANJE

De dood van de dictator luidde de periode van de zogenaamde *apertura* in. Die 'opening' betekende de terugkeer van partijen en politici. In 1977 volgden de verkiezingen en in 1978 kwam er een nieuwe grondwet, waarbij Spanje een constitutionele monarchie werd en de delen van het land een grote mate van autonomie kregen. Het Baskisch, het Catalaans en het Galicisch – talen die veertig jaar waren verdrukt – kregen dezelfde status als het Castiliaans of Spaans. Ondertussen had Spanje nog zo'n honderdduizend geregistreerde falangisten en een leger dat meer officieren telde en zijn soldaten slechter betaalde dan elders in West-Europa. Officieel heette het land katholiek, maar van de negenenegentig procent gedoopten was nog maar vijftig procent praktiserend. De voormannen van de christen-democratische unie of UCD, de opvolgster van de CEDA, bleken onderling te verdeeld om het langer dan vijf jaar uit te houden. Het leger bleek niet over voldoende steun onder het volk te beschikken om het democratische proces tegen te houden. De mislukte aanslag van 23 februari 1981 op het parlement door kolonel Antonio Tejero – een aanslag die sommigen vergeleken met die van Manuel Pavía van een eeuw daarvoor – toonde aan dat het getij was gekeerd. Het leger, de Falange, de Movimiento en alle krachten die Spanje terug wilden brengen onder een autoritair regime en die de koning ervan beschuldigden de idealen van Franco te hebben verraden, moesten inbinden.

De verkiezingen van 1982 leverden een absolute meerderheid op voor de Partido Socialista Obrero Español (PSOE) van Felipe González, die Pablo Iglesias in 1879 had opgericht. De overwinning was even groot als in 1931, maar dit keer opereerden de socialisten niet namens een republiek, maar onder de monarchie. En dit keer was West-Europa niet in twee kampen verdeeld, maar een economische eenheid. Het lag dus voor de hand dat het nieuwe Spanje aansluiting zou zoeken bij dat nieuwe Europa. De culturele belangstelling van Europa voor Spanje liep vooruit op de politieke. Niet alleen het massatoerisme nam toe, ook de journalistiek betoonde zich opgetogen. Spanje was alleen nog anders op aantrekkelijke punten, zoals voedsel en drank, zang en stierengevechten. Voor de rest werd Spanje in snel tempo even modern als de rest van Europa. De censuur verdween, abortus en echtscheiding mochten, pornografie was geen schande meer. Het Nobelprijscomité te Stockholm werkte mee door in 1977 Vicente Aleixandre, in wie men de naglans van García Lorca bespeurde, te belprijzen. Het Spaanse dagblad *El País*, de spreekbuis van het gematigde socialisme, werd overal in Europa een gerespecteerde en geciteerde krant. Buitenlandse uitgeverijen ontdekten nieuwe Spaanse schrijvers, met Camilo José Cela, de Nobelprijswinnaar van 1989, voorop. Spaanse films werden populair. De Spaanse taal vond alom weerklank. Kwamen vroeger alleen de internationale badgasten, nu kwamen ook degenen voor wie het in de tijd van Franco onfatsoenlijk heette om Spanje te bezoeken. Spanje telde weer mee. En Spanje deed zijn best om het wat verwendere publiek te lokken door zijn musea beter in te richten, zijn monumenten op te poetsen, zijn pittoreske steden te restaureren. Madrid en Barcelona gingen nu door voor 'bruisend'. De kurk ging van de fles, men stapte uit de kleren, niets hoefde en alles mocht.

De koning slaagde erin de politieke partijen van zijn goede wil te overtuigen en, als hoofd van het leger, de militairen tevreden te houden. Catalonië mocht de eigen taal weer bezigen en kreeg net als andere provincies een zekere mate van autonomie. Alleen de Baskische ETA bleef roet in het eten gooien met periodieke moorden en aanslagen, maar de sympathie voor deze afscheidingsbeweging viel na de dood van Franco aanmerkelijk terug. In 1985 trad Spanje samen met Portugal toe tot de economische gemeenschap van Europese staten. Een jaar later volgde, ondanks een aanzienlijk aantal neestemmers in een referendum, de definitieve toetreding tot de NAVO. De economische welvaart hield aan, maar de lelijke kanten van het moderne materialisme die de westerse wereld teisterden, gingen niet aan Spanje voorbij. De jaren tachtig gaven een enorme stijging van de werkloosheid te zien, tot meer dan twintig procent van de bevolking. Het gebruik van en de handel in verdovende middelen nam, vooral door de contacten met Latijns-Amerika, grote proporties aan. De straatcriminaliteit, die vrijwel onbekend was tijdens de Franco-periode, stak overal de kop op. De socialistische partij kreeg van links het verwijt haar oorspronkelijke idealen te hebben verloochend. De eerste grote stakingen tegen de regering braken uit. Corruptieschandalen kregen de publieke media in hun ban – media die tot voor kort klein gehouden waren en nu een ongekende explosie van genotzucht en inbreuk op de privacy te zien gaven. Het gezinsverband en de familierelaties, van oudsher hartelijk, begonnen dezelfde verscheurdheid en hetzelfde egoïsme te vertonen als elders in de westerse welvaartsmaatschappij.

In 1989 verklaarde de socialistische president voor een menigte dat Spanje een groter internationaal prestige genoot dan ooit sinds de tijd van keizer Karel v. De werkloosheid en de vervuiling van de Middellandse Zee wierpen weliswaar een smet op het moderne blazoen, maar dat waren niet alleen Spaanse problemen. Want het lot van het land hing in alle opzichten af van de internationale conjunctuur, en niet in de laatste plaats van het reilen en zeilen van de Europese Gemeenschap.

In 1992 greep Spanje op monumentale wijze de gelegenheid aan dat Columbus vijfhonderd jaar daarvoor Amerika had ontdekt. Met de Olympische Spelen in Barcelona, met de wereldtentoonstelling in Sevilla en met Madrid als culturele hoofdstad van Europa baadde het land in de mondiale aandacht. De regering van Felipe González adverteerde Spanje tot in alle uithoeken van de planeet als 'democratisch', 'Europees', 'jong', 'productief', 'industrieel', 'optimistisch', 'socialistisch', 'niet langer Afrikaans', 'niet meer het Mexico van Europa', 'zakelijk', 'zonder mañana, siësta of de spreekwoordelijke luiheid'. Spanje was niet alleen het land van zon en wijn, flamenco en paella, maar ook het land van Velázquez en Goya, Picasso en Miró, Buñuel en Dalí, Lorca en Carmen en Don Quichot. Het leger en de kerk gedroegen zich decoratief, de vrouwen waren geëmancipeerd, het toerisme zorgde voor tien procent van het nationale inkomen en de relaties met de inmiddels democratische regeringen van Latijns-Amerika brachten een boeiende culturele uitwisseling op gang. Spanje was heel tevreden over zichzelf.

Wat de geestelijke bijdrage van Spanje sinds 1975 is geweest, is een andere vraag. Die is moeilijk te beantwoorden door de geringe afstand in tijd. De verwachting leefde dat Spanje vanaf dat jaar een culturele opleving te zien zou geven. Dat is niet gebeurd, maar daarbij moet men bedenken – aldus Raymond Carr in 1980 – dat in iedere kapitalistische democratie, inclusief Spanje, cultuur als ieder ander product afhankelijk is van de wet van vraag en aanbod. Vóór de dood van Franco had die cultuur de aura van protest. Daarna ontdekten schrijvers en kunstenaars dat het lot van hun werk, zoals overal, door schommelingen op de markt werd bepaald.

Julián Marías, die minder cynisch is, signaleert in zijn *España inteligible* van 1984 een 'afwezigheid van onafhankelijke persoonlijkheden', een 'gebrek aan intellectuele coherentie'. Marías denkt aan de generatie van 1898 en eventueel die van 1927, en vooral aan de persoon van Ortega y Gasset, om tot de conclusie te komen dat Spanje op dit moment geen denkmeesters heeft, geen schrijvers die vanuit het bewustzijn van de eigen identiteit een nieuwe richting aangeven. Men dompelt zich onder in het heden, men volgt – zoals vanouds – de mode in de rest van Europa, maar men komt niet tot een evaluatie van het verleden waarop vruchtbaar kan worden voortgeborduurd. Marías doelt op het feit van de twee Spanjes. Het is duidelijk dat het Spanje van na 1975 een reactie inhoudt op het voorafgaande, een zich extreem openen na een extreem isolement. Van een synthese is geen sprake. Integendeel, men heeft de dichotomie verdrongen, uit partijdigheid, onwetendheid, ongeïnteresseerdheid of valse schaamte. Wat Marías' stelling onderbouwt, is de viering van 1492 door 1992. Alle ingrediënten van de zwarte legende kwamen toen, vooral in het buitenland, weer naar boven, zonder dat de Spaanse intellectuelen noemenswaardig de handschoen opnamen. Ze vermeden het onderwerp liever. Hetzelfde geldt voor de burgeroorlog van '36-'39. Men is nog niet in staat die tragedie met voldoende afstand te bekijken. De wonden zijn te recent, en men vergeet of vlucht of fantaseert liever dan dat men de historische werkelijkheid probeert te duiden. Het gegeven dat Spanje deel uitmaakt van Europa en dat Spanje dus niet 'anders' meer is, lijkt het verleden te hebben achterhaald.

Spanje is niet meer anders. Maar anders-zijn is ook zichzelf zijn. Dat geldt net zo goed voor een volk als voor een individu. Anders-zijn is zinloos als het alleen op uiterlijkheden berust, maar zinvol als het wezenlijke trekken laat zien, waaraan anderen, die die trekken niet hebben, zich kunnen spiegelen. Of het anders-zijn van Spanje vóór 1975 vruchtbare diepte had, is een strijdvraag die modernisten en behoudenden bezighoudt. Dat Spanje sinds 1975 nauwelijks meer te onderscheiden valt van de rest van West-Europa, is niet noodzakelijk iets goeds. De gelijkvormigheid waar de huidige wereld op aanstuurt, verdringt de geaardheid van ieder volk afzonderlijk. Als de mensheid een grote eenheidsbrij wordt, zonder onderscheidende karakteristieken die nu eenmaal van nature bij ieder volk horen, dreigt het gevaar van een totalitaire cultuur, waardoor essentiële waarden verloren gaan. Het wezenlijk andere betreft immers de ziel van een volk, een onmisbaar segment voor de mozaïek van de gehele mensheid. Zonder de ander leert men zichzelf niet kennen. Zonder diversiteit verschraalt het universele tot platvloerse uniformiteit. Net als ieder ander land staat Spanje nu voor de uitdaging om een synthese te vinden tussen het eigene en het algemene.

Beknopte bibliografie

in chronologische volgorde

MIDDELEEUWEN

Isidorus van Sevilla, *De origine Gothorum*, 619-624
Gregorius van Tours, *Historia Francorum*, 591
Alfons de Wijze, *Crónica General* en *General e Grand Estoria*, 1280

VIJFTIENDE EEUW

Andrés Bernáldez, *Historia de los Reyes Católicos*, circa 1500
Hernando del Pulgar, *Crónica de los Reyes Católicos*, 1490
Philippe de Commynes, *Mémoires*, 1461-1481

ZESTIENDE EEUW

Alonso de Santa Cruz, *Crónica de los Reyes Católicos* (deze kroniek, die dateert van de periode van Karel v, werd pas in de twintigste eeuw ontdekt en uitgegeven)
Jerónimo de Zurita, *Anales de la Corona de Aragón*, 1562
Willem van Oranje, *Waarschuwing*, 1568 en *Apologie*, 1581

ZEVENTIENDE EEUW

Juan de Mariana, *Historia de España*, circa 1594-1610
Jaime Bleda, *Coronica de los Moros de España*, 1618
Diego de Colmenares, *Historia de la insigne ciudad de Segovia*, 1637
Diego de Ortíz y Zúñiga, *Anales eclesiásticos y seculares de la muy noble y muy real ciudad de Sevilla*, 1647-1664
Francisco de Quevedo, *Política de Dios y Gobierno de Cristo* 1617-1635; *Mundo Caduco*, 1621; *Grandes Anales de Quince Días* , 1621; *Sueños*, 1607-1627
Diego de Saavedra Fajardo, *Empresas Políticas*, 1640
P. C. Hooft, *Historiën*, 1642

ACHTTIENDE EEUW

Montesquieu, *Lettres Persanes*, 1721
Voltaire, *Essai sur les moeurs et l'esprit des nations*, 1740-1756
Gibbon, *Decline and Fall of the Roman Empire*, 1776-1788

NEGENTIENDE EEUW

Joseph de Maistre, *Lettres à un gentilhomme russe sur l'Inquisition espagnole*, 1815
Juan Antonio Llorente, *Historia crítica de la inquisición española*, 1822
William Prescott, *History of the Reign of Ferdinand and Isabella, the Catholic of Spain*, 1837
C. J. Hefele, *Der Cardinal Ximenes und die kirchlichen Zustände Spaniens am Ende des 15 und Anfange des 16 Jahrhunderts*, 1844
Antonio Cánovas del Castillo, *Historia de la decadencia española*, 1854
Marcelino Menéndez y Pelayo, *Historia de los heterodoxos españoles*, 1880-1882
James Anthony Froude, *The Spanish History of the Armada*, 1892

TWINTIGSTE EEUW

Henry Charles Lea, *A History of the Inquisition in Four Volumes*, 1906
Martin Hume, *The Court of Philip IV, Spain in Decadence*, 1907
Julián Juderías, *La leyenda negra*, 1917
Johan Brouwer, *Kronieken van Spaansche soldaten uit het begin van den Tachtigjarige Oorlog*, 1933
José Deleito y Piñuela, *El rey se divierte*, 1935
Johan Brouwer, *De Spaanse Burgeroorlog*, 1936
Marcel Bataillon, *Erasme et l'Espagne*, 1937
L. H. Grondijs, *Spanje, een voortzetting van de Russische Revolutie?*, 1937
M. W. R. van Vollenhoven, *Het Spaansche Drama*, 1937
Rudolf Timmermans, *Het beleg van het Alcázar van Toledo*, 1937
Johan Brouwer, *Spaansche aspecten en perspectieven*, 1939
Felipe Ximénez de Sandoval, *José Antonio*, 1941
Gerald Brenan, *The Spanish Labyrinth*, 1943
Gregorio Marañón, *El conde-duque de Olivares*, 1945
Ramón Menéndez Pidal, *Los españoles en la historia*, 1947-1959,
Gerald Brenan, *The Face of Spain*, 1950,
Jean Sarrailh, *L'Espagne eclairée de la seconde moité du XVIIième siècle*, 1954
José L. Asián Peña, *Manual de Historia de España*, 1959

Pierre Vilar, *Histoire de l'Espagne*, 1947,
Américo Castro, *La realidad histórica de España*, 1954
Claudio Sánchez Albornoz, *España, un enigma histórico*, 1956
Salvador de Madariaga, *Spain, a Modern History*, 1958
Miguel Maura, *Así cayó Alfonso XIII*, 1962
Hugh Thomas, *The Spanish Civil War*, 1961
Peter de Polnay, *A Queen of Spain, Isabel II*, 1963
J. H. Elliott, *Imperial Spain*, 1963
A. Rumeu de Armas, *Historia de España Moderna*,1964
Richard Herr, *España y la revolución del siglo XVIII*, 1964
Edouard de Blaye, *Franco ou la monarchie sans roi*, 1974
Gabriel García Volta, *El mundo perdido de los visigodos*, 1977
Geoffrey Parker, *Philips II of Spain*, 1978
John Lynch, *Bourbon Spain*, 1980
Raymond Carr, *Modern Spain, 1875-1980*, 1980
Julián Marías, *España inteligible*, 1984
J.H. Elliott, *Richelieu and Olivares*, 1989
Julio Valdeón Baruque, Antonio Domínguez Ortíz, Manuel Tuñón de Lara, *Historia de España*, 1991
Stanley G. Payne, *Franco*, Spaanse editie, 1991
S. A. Vosters, *Het beleg en de overgave van Breda*, 1993
Fernando García de Cortázar en José Manuel González Vesga, *Breve historia de España*, 1994
Paul Preston, *Franco*, 1994
John Hooper, *The New Spaniards*, 1995

Chronologie

1200 v. C. Stichting van het mythische Tartessos.
1000 v. C. Eerste Fenicische nederzetting bij Straat van Gibraltar.
800 v. C. Keltische invasie.
575 v. C. Eerste Griekse nederzettingen (Ampurias, Rosas) aan noordoostelijke kust.
300 v. C. Stichting van de Keltiberische stad Numantia.
225 v. C. Stichting van Carthago Nova (Cartagena).
213 v. C. Komst van Scipio (Major), begin van de Romeinse tijd.
206 v. C. Inname van Saguntum door de troepen van Hannibal, begin van de Tweede Punische Oorlog (218-201).
139 v. C. De Iberische hoofdman Viriathus door de Romeinen vermoord.
133 v. C. Verwoesting van Numantia door de Romeinen.
82 v. C. Sertorius gouverneur van Hispania.
72 v. C. Pompejus verslaat Sertorius.
49 v. C. Julius Caesar overwint Pompejus.
25 v. C. Stichting van Emérita Augusta (Mérida).

65 In Rome sterven de in Córdoba geboren filosoof Seneca (door toedoen van keizer Nero) en diens neef, de eveneens uit Córdoba afkomstige dichter Lucanus.
284-305 Hispania verdeeld in vijf gewesten.
250-313 Christenvervolgingen.
313 Edict van Milaan, christenen vrij om hun godsdienst te belijden.
385 Terechtstelling van de Hispaanse ketter Priscillianus.
410 West-Goten vallen Hispania binnen.
507 Onder Alarik II maken de West-Goten, die het arianisme aanhangen, zich los van Byzantium.
575 Leovigildus laat zich tot koning kronen.
579-585 Hermenegildus rebelleert tegen zijn vader Leovigildus uit naam van de rechtzinnige leer.
589 Op het derde concilie van Toledo wordt het rechtzinnige christendom tot de officiële godsdienst van Hispania uitgeroepen.
615 De joden tot het doopsel verplicht door koning Sisebuto.

620 Isidorus van Sevilla draagt zijn *Etymologieën* (de eerste encyclopedie) op aan Sisebuto.

711 Arabische invasie; Rodrigo, de laatste Gotische koning, verslagen.

722 De West-Goot don Pelayo weerstaat de Arabieren.
bij Covadonga, begin van de Reconquista.

756 Abd Er-Rahman I maakt Al-Andalus los van Bagdad en roept zich in Córdoba uit tot emir.

778 Karel de Grote loopt in een hinderlaag bij Roncesvalles.

814 Vondst van het graf van de apostel Sint-Jakobus, stichting van Santiago de Compostela.

850 Navarra wordt koninkrijk; stichting van Burgos, centrum van Castilië.

886 Bouw van de moskee van Córdoba.

929 Abd Er-Rahman III roept zich uit tot kalief; begin kalifaat van Córdoba.

985 Al-Mansoer plundert Barcelona en andere christelijke steden.

1023 Het kalifaat valt uiteen: de Taifas.

1085 Inname van Toledo door koning Alfonso VI.

1135 Alfonso VII van Castilië en León tot keizer gekroond.

1139 Afonso Henriques roept zich uit tot koning van Portugal.

1171 Almohaden in Sevilla onder Yoesoef, begin van de bouw van de Giralda; in Santiago groeit de kathedraal onder bouwmeester Mateo.

1195 De christelijke legers verslagen bij Alarcos de la Frontera.

1198 De Arabische filosoof Averroës begraven in zijn geboortestad Córdoba.

1204 De joodse filosoof Maimonides, uit Córdoba, begraven in het Heilige Land.

1212 Las Navas de Tolosa: definitieve overwinning van de christelijke legers op de islam.

1213 De kruisvaarder Simon de Montfort verslaat het leger van de Katharen en de Aragonese koning Pedro II bij Muret.

1215 Vierde concilie van Lateranen: Domingo de Guzmán (Dominicus) sticht met instemming van paus Innocentius III de orde der predikheren (dominicanen).

1229 De Aragonezen veroveren Majorca op de Arabieren.

1236 De Aragonese koning Jaime de Veroveraar neemt Valencia in; de Castiliaanse koning Fernando III ('de Heilige') verovert Córdoba.

1242 Het concilie van Tarragona verbiedt bijbels in de volkstaal.

1244 Castilië en Aragon stellen hun nieuwe grenzen vast bij het verdrag van Almizra.

1254 Stichting van de universiteit van Salamanca onder Alfonso X, 'de Wijze'.

1275 Raymundus Lulius schrijft zijn *Libre del ordre de cavayleria.*

1280 Alfons de Wijze voltooit de eerste algemene geschiedenis, vanaf Adam tot aan zijn eigen tijd.

1282 Siciliaanse Vespers: Aragon krijgt vaste voet op Sicilië.

1328 Einde van de Franse dynastie in Navarra, de Aragonese koning verklaart zijn gebieden tot onvervreemdbaar van de kroon.

1330 Juan Ruiz schrijft zijn *Libro de buen amor.*

1369 Moord op Pedro I door Enrique II in Montiel; Enrique laat zich uitroepen tot koning van Castilië en daarmee begint de dynastie der Trastamara's.

1385 Castilië lijdt een smadelijke nederlaag tegen de Portugezen bij Aljubarrota.

1391 Pogroms tegen de joden in Castilië en Aragon.

1412 Compromis van Caspe: Aragon krijgt een Castiliaanse koning.

1414 Dispuut van Tortosa: openbare debatten over de godsdienst tussen dominicanen en rabbijnen.

1419 Dood van Vicente Ferrer, boetprediker en bekeerder van joden.

1420 Napels onder bereik van koning Alfonso V van Aragon.

1444 Juan de Mena voltooit zijn *Laberinto de Fortuna.*

1449 Toledo in opstand tegen de 'nieuwe christenen'.

1453 Onthoofding van Alvaro de Luna, de sterke man van de Castiliaanse koning Juan II; Constantinopel door de Turken veroverd.

1469 Isabel van Castilië en Fernando van Aragon huwen in het geheim te Valladolid.

1470 Dood van Jorge Manrique, dichter van de *Coplas* – meditatie over de vergankelijkheid.

1474 Isabel tot koningin van Castilië gekroond te Segovia.

1474-1479 Successieoorlog om Castiliaanse troon tussen Castilië-Aragon en Portugal.

1478 Paus Sixtus IV geeft Spanje toestemming voor oprichting van inquisitie.

1480 Cortes van Toledo: verbond van kroon en volk tegen hoge adel; Turken plunderen Zuid-Italië.

1482 Begin van de tienjarige oorlog tegen Granada.

1484 Na Spanje wordt Frankrijk een eenheid; begin van een lange rivaliteit.

1490 Verschijning van de ridderroman *Tirant lo Blanc.*

1492 Isabel en Fernando nemen Granada in; de joden uitgewezen; de ontdekking van Amerika; publicatie van de Spaanse grammatica van Antonio de Nebrija; Spaanse paus in Rome.

1493 Verdrag van Tordesillas: de paus verdeelt de wereld tussen Spanjaarden en Portugezen.

1494 Isabel en Fernando door de paus uitgeroepen tot *reyes católicos*, katholieke vorsten.

1497 Dood van kroonprins Juan.

1498 Filips de Schone en Juana naar Vlaanderen.

1501 Eerste editie van *La celestina*.

1503 Oprichting Casa de Contratación te Sevilla, poort naar Amerika.

1504 Spanje verdrijft de Fransen uit Napels, dat als onderkoninkrijk wordt ingelijfd; dood van Isabel van Castilië.

1506 Dood van troonopvolger Filips de Schone; koningin Juana ontoerekeningsvatbaar verklaard; Fernando neemt bestuur waar voor de toekomstige Karel I.

1507 Dood van Columbus, ontdekker van Amerika, te Valladolid.

1510 Paus roept Spanje te hulp tegen Fransen.

1511 Monniken in Santo Domingo (Hispaniola) kiezen de kant van de indios tegen de seculiere kolonisten.

1514 Kardinaal Cisneros begint met de polyglotbijbel aan de door hem gestichte universiteit van Alcalá de Henares; Erasmus slaat uitnodiging van Cisneros af.

1516 Dood Fernando van Aragon; Cisneros regent.

1517 Karel, kleinzoon van Fernando van Aragon en Maximiliaan van Oostenrijk, vertrekt uit Vlaanderen naar Spanje; Hernán Cortés ontdekt Mexico; in Wittenberg staat Luther op tegen Rome.

1520 Opstand van Castiliaanse steden (*comunidades*) tegen koning Karel I van Spanje, keizer Karel V van het Heilige Roomse Rijk.

1521 Ignatius van Loyola raakt gewond bij slag om Pamplona (inlijving van Navarra).

1522 Eerste zeereis rond de aarde voltooid.

1525 Keizer Karel neemt de Franse koning Frans gevangen bij het Italiaanse Pavia.

1526 Karel krijgt het hertogdom Milaan en huwt Isabel van Portugal.

1527 Geboorte kroonprins Filips; plundering van Rome (Sacco di Roma) door de troepen van Karel.

1530 In Granada bouwt Karel een paleis binnen het Alhambra.

1531 Verschijning van de Maagd Maria bij Guadalupe, Mexico, aan de indiaan Juan Diego.

1532 Francisco Pizarro begint aan de verovering van Peru.

1542 Nieuwe wetten voor de Indiën moeten wangedrag van kolonisten betomen.

1543 Opening van het concilie van Trente; de zojuist opgerichte Sociëteit van Jezus (jezuïeten) neemt het op tegen de Reformatie; Simancas wordt archief van de staatsbureaucratie.

1547 Karel overwint protestanten bij Mühlberg en wordt geportretteerd door Titiaan; ontdekking van de zilvermijnen van Potosí in Peru.

1548 Ignatius schrijft zijn *Ejercicios espirituales.*

1550 Dispuut over de behandeling van de indios aan de universiteit van Salamanca.

1552 Publicatie van de *Brevísimima relación de la destrucción de las Indias* van Bartolomé de las Casas.

1554 Verschijning van de eerste schelmenroman, *Lazarillo de Tormes.*

1555 Karel doet afstand van de troon in Brussel en trekt zich terug in het klooster van Yuste, Extremadura.

1556 Filips II volgt op.

1557 Filips behaalt overwinning op calvinisten bij Saint-Quentin.

1559 Uitvaardiging Index, waarbij o.a. de boeken van Erasmus worden verboden; auto-de-fe's te Sevilla en Valladolid, waarbij enige tientallen protestanten worden verbrand; aanhouding van aartsbisschop Carranza van Toledo.

1561 Madrid wordt de hoofdstad van Spanje.

1562 Concilie van Trente heropend.

1563 Eerste steen voor de bouw van het Escorial.

1568 Egmond en Hoorne in Brussel onthoofd door Alva; opstand van morisken in Granada; dood van kroonprins Carlos en koningin Isabel.

1570 Granada gezuiverd door don Juan.

1571 Don Juan (Johan van Oostenrijk) behaalt met Venetië en de paus de overwinning op de Turken bij Lepanto.

1578 Raadselachtige dood van don Juan in Vlaanderen.

1580 Filips wordt koning van Portugal.

1581 De Lage Landen zweren Filips af; Willem van Oranjes *Apologie* betekent het begin van de zwarte legende.

1582 Dood van Teresa de Avila, mystica en ongeschoeide karmelietes.

1584 Willem van Oranje doodgeschoten door Baltasar Gerards in Delft; Francis Drake plundert de kusten van Peru.

1586-1588 El Greco schildert *De begrafenis van de graaf van Orgaz* in Santo Tomé, Toledo.

1587 Mary Stuart onthoofd.

1588 De onoverwinnelijk geachte Armada vergaat in het Kanaal.

1591 Vlucht van Antonio Pérez, secretaris van de koning; Filips slaat de opstand van Aragon neer; dood van San Juan de la Cruz (*Noche oscura, Cántico espiritual*) en fray Luis de León (*De los nombres de Cristo*).

1595 Aartshertog Albert van Oostenrijk benoemd tot gouverneur van de Lage Landen.

1598 Filips II sterft in het Escorial.
1599 Juan de Mariana publiceert *De rege*, waarin koningsmoord onder bepaalde omstandigheden wordt gerechtvaardigd.
1600 Zware Spaanse verliezen in de slag bij Nieuwpoort.
1603 In Valladolid schildert Rubens het ruiterportret van de hertog van Lerma, de sterke man van koning Filips III.
1604 Herovering van Oostende door Spínola; Quevedo publiceert de schelmenroman *El buscón*.
1605 Het eerste deel van Cervantes' *Don Quijote* verschijnt.
1609 Verbanning van de morisken; begin van het Twaalfjarig Bestand met Holland; Lope de Vega publiceert zijn *Arte nuevo de hacer comedias*; de inca Garcilaso de la Vega publiceert zijn *Comentarios Reales*.
1611 Dubbelhuwelijk met Frankrijk.
1613 De *Soledades* van Góngora verschijnen.
1618 Begin van de Dertigjarige Oorlog.
1621 Dood van Filips III; de graaf van Olivares grijpt de macht onder Filips IV; einde van het Twaalfjarig Bestand.
1624 Kardinaal Richelieu wordt eerste minister van Lodewijk XIII.
1625 De graaf van Olivares tot hertog verheven; de Hollanders moeten het Braziliaanse Bahía verlaten.
1626 Herovering van Breda door Spínola.
1627 Triomfjaar, ondanks vierde staatsbankroet.
1628 Piet Hein verovert Spaanse zilvervloot.
1634 Spaanse overwinning bij Nördlingen in het kader van de Dertigjarige Oorlog.
1635 Madrid verklaart Parijs de oorlog; opvoering van *La vida es sueño* van Calderón de la Barca.
1636 Herovering van Breda door Frederik Hendrik.
1639 Ondergang van de 'tweede' Armada bij Duins door Maarten Tromp.
1640 Rampjaar: Portugal verklaart zich onafhankelijk; Catalonië en Andalusië staan op tegen het centrale gezag; publicatie van de *Empresas políticas* van Saavedra Fajardo.
1643 Bij Rocroi gaan de roemruchte vendels van Spanje ter ziele; Fransen vallen Vlaanderen binnen; val van de graaf-hertog van Olivares.
1648 Vrede van Westfalen: einde van de Dertigjarige oorlog; Spanje erkent de Hollandse Republiek.
1651 De *Criticón* van Baltasar Gracián verschijnt.
1653 De Engelsen nemen Jamaica van Spanje af.
1656 Diego de Velázquez schildert *Las meninas*.
1660 Pact van de Pyreneeën: Lodewijk XIV krijgt de dochter van Filips IV tot vrouw, en daarmee uitzicht op de Spaanse troon.

1664 Dood van Filips IV; Mariana van Oostenrijk, regentes namens minderjarige Karel II.

1678 Vrede van Nijmegen: Spanje verliest grote delen van Vlaanderen en de Franche-Comté; Karel II krijgt Marie-Louise van Orléans tot vrouw.

1697 Vrede van Rijswijk: Frankrijk verbindt zich met Spanje tegen de rest van Europa.

1700 Dood van Karel II, einde van de Habsburgse dynastie.

1702 Begin van de Successieoorlog tussen Frankrijk en Oostenrijk om de Spaanse troon.

1713 Vrede van Utrecht: Engeland krijgt Gibraltar en Minorca, Oostenrijk krijgt de Spaanse bezittingen in Vlaanderen en Italië, de Bourbons mogen de Spaanse troon bestijgen in de persoon van Filips V.

1714 Stichting van de Koninklijke Taalacademie; Havana en Caracas krijgen universiteiten.

1718 Protectionistische maatregelen ten behoeve van de nationale textiel.

1726 Verschijning van het *Teatro crítico* van padre Benito Feijóo.

1734 Eerste familiepact met Frankrijk; Karel, zoon van Filips V en Isabel van Farnese, wordt koning van Napels en Sicilië.

1743 Tweede familiepact; 'verlichte' politiek van de eerste minister, de markies van Ensenada.

1746 Dood van Filips V.

1755 Aardbeving van Lissabon.

1759 Verbod op Franse encyclopedie door inquisitie; dood Ferdinand VI; begin van het 'verlichte' koningschap van Karel III; de markies van Pombal verbant de jezuïeten uit Portugal.

1761 Plan voor aanleg van wegen tussen Madrid en de belangrijkste steden van de periferie.

1763 Oprichting van *sociedades económicas de amigos del país.*

1765 Alle Spaanse havens gaan open voor de handel met de Amerikaanse koloniën.

1766 Paleisrevolutie brengt Italiaanse ministers ten val.

1767 Uitwijzing van de jezuïeten.

1773 Opheffing van de Sociëteit van Jezus door paus Clemens XIV.

1776 Buenos Aires wordt hoofdstad van het nieuwe onderkoninkrijk van La Plata.

1780 Begin textielindustrie van Barcelona; opstand van Tupac Amaru in onderkoninkrijk van Peru.

1784 Oprichting van de Banco de San Carlos.

1789 Jovellanos redigeert zijn *Informe sobre el expediente de reforma agraria*; Spanje sluit zijn grenzen met Frankrijk als gevolg van de Revolutie.

1792 Manuel Godoy tot eerste minister benoemd door Karel IV.
1796 Bij het verdrag van San Ildefonso moet Spanje Trinidad, Luisiana en de helft van Hispaniola (Santo Domingo) aan Frankrijk afstaan.
1798 Begin van de *desamortización*, de secularisatie ofwel het 'uit dode handen halen' van kerkelijke goederen.
1801 Oorlog met Portugal.
1802 Bij de vrede van Amiens verliest Spanje Parma aan Napels.
1805 Nelson vernietigt Frans-Spaanse vloot bij Trafalgar.
1807 Kroonprins Ferdinand gearresteerd wegens samenzwering tegen zijn vader Karel IV en de Prins van de Vrede, Manuel Godoy.
1808 Napoleon bezet Spanje; Karel IV doet troonsafstand ten gunste van Napoleons broer; het Spaanse volk verzet zich: *Dos de Mayo* (de 2e mei).
1809 De opstandelingen treden in contact met de Engelsen.
1810 Eerste bijeenkomsten van de Cortes te Cádiz.
1811 Eerste Spaans-Amerikaanse juntas verklaren zich onafhankelijk.
1812 Liberale grondwet van Cádiz; inquisitie afgeschaft.
1814 Congres van Wenen; koning Fernando VII verwerpt de grondwet en herstelt, gesteund door de Heilige Alliantie, het absolutisme; de schilder Goya laat het zwarte Spanje zien.
1817 Chili verklaart zich onafhankelijk.
1818 Stichting van het Prado-museum in Madrid.
1819 Simón Bolívar roept de onafhankelijkheid van Spaans-Amerika uit.
1820 Liberale revolte van generaal Rafael del Riego; grondwet van Cádiz weer ingevoerd.
1823 Heilige Alliantie herstelt het absolutisme in Spanje.
1824 Slagen van Ayacucho en Junín: Spaans-Amerika onafhankelijk.
1828 Mariano José de Larra begint aan zijn *Artículos*.
1830 Burgerman Louis-Philippe bestijgt de Franse troon; afschaffing van de Salische wet maakt Spaanse troon vrij voor vrouwen.
1832 Verschijning van Juan Antonio Llorentes *Historia crítica de la inquisición española*.
1833 Dood van Fernando VII; María Cristina regentes namens minderjarige Isabel II; carlisten ontketenen eerste burgeroorlog.
1837 Tweede grondwet (liberaal getint).
1839 Eerste burgeroorlog eindigt in compromis tussen liberalen en carlisten.
1840 Generaal Espartero grijpt macht namens liberalen.
1844 Oprichting Guardia Civil.
1845 Derde grondwet (conservatief); Jaime Balmes publiceert *El criterio*; Antonio Cánovas del Castillo publiceert *Historia de la decadencia de España*.

1851 Concordaat met Heilige Stoel.
1855 Grootschalige onteigening van kerkelijk bezit.
1856 Vierde grondwet; val van Espartero.
1857 Oprichting banken van Spanje, Santander en Bilbao.
1859-1860 Marokkaanse oorlog eindigt in overwinning van Tetuán; tweede burgeroorlog tussen liberale aanhangers van Isabel II en behoudende carlisten.
1864 Antiliberale encycliek *Syllabus* van paus Pius IX.
1868 Revolución Gloriosa maakt einde aan het koningschap van Isabel II.
1869 Vijfde grondwet sinds 1812.
1870 Oorlog tussen Frankrijk en Pruisen; Amadeo I tot koning van Spanje uitgeroepen.
1872 Begin van de derde burgeroorlog.
1873 Eerste Republiek; Benito Pérez Galdós publiceert eerste deel van zijn *Episodios Nacionales.*
1874 Generaal Manuel Pavía ontbindt de Cortes; generaal Martínez Campos roept Alfonso XII tot koning uit.
1875 Einde derde burgeroorlog met bombardement van Bilbao door carlisten; stichting Instituto Libre de Enseñanza (hervorming onderwijs).
1876 Begin van de Restauratie; zesde grondwet (duurzaamste) geeft compromis tussen liberaal en conservatief.
1879 Oprichting Partido Socialista Obrero Español (PSOE) door Pablo Iglesias.
1881 Opening spoorlijn Madrid-Lissabon.
1882 Marcelino Menéndez y Pelayo publiceert *Historia de los heterodoxos españoles.*
1885 Dood Alfonso XII.
1888 Wereldtentoonstelling te Barcelona, oprichting vakbond UGT.
1887 Oprichting agrarische liga.
1890 Algemeen kiesrecht voor mannen.
1891 Paus Leo XIII komt met encycliek *Rerum Novarum* tegemoet aan de arbeidende klasse.
1892 Vierhonderdjarig jubileum van de Ontdekking van Amerika; instelling van 'Dag van het Ras' (broederbond van Spaanssprekenden) op 12 oktober.
1895 Oprichting Partido Nacionalista Vasco (Nationale Baskische Partij); Vrijheidsheld José Martí landt op Cuba; Verenigde Staten verklaren Spanje de oorlog.
1897 Cánovas del Castillo doodgeschoten door Italiaanse anarchist.

1898 Vrede van Parijs; Spanje verliest zijn laatste koloniën: Cuba, Puerto Rico en de Filippijnen.

1902 Alfonso XII meerderjarig.

1904 Eerste autofabriek in Spanje; Pío Baroja begint zijn trilogie *La lucha por la vida*.

1907 Paus Pius X veroordeelt de modernistische theologie.

1909 Semana Trágica: de burgerij van Barcelona verzet zich tegen de militairen; de anarchist Francisco Ferrer gefusilleerd.

1911 Stichting anarchistische vakbond CNT.

1913 Miguel de Unamuno publiceert *Del sentimiento trágico de la vida*.

1914 Première in Parijs van *La vida breve* van Manuel de Falla.

1914-1918 Spanje blijft neutraal tijdens Eerste Wereldoorlog.

1917 Verschijning van *La leyenda negra* van Julián Juderías.

1920 Stichting van de Partido Comunista de España en de Liga de Acción Monárquica.

1921 In Marokko roept Abd-El-Krim de Rifrepubliek uit.

1922 Mars op Rome van Benito Mussolini.

1923 Begin dictatuur van Miguel Primo de Rivera; opheffing van de grondwet van 1876; einde van de Restauratie.

1924 Unamuno verbannen wegens majesteitsschennis naar het Canarische eiland Fuerteventura.

1926 Begin dictatuur van Antonio Salazar in Portugal.

1927 Oprichting Federación Anarquista Ibérica (FAI); de 'generatie van '27' ontdekt de barokpoëzie van Góngora; Luis Buñuel en Salvador Dalí maken de surrealistische film *Un chien andalou*.

1928 Sichting Opus Dei door Josemaría Escrivá de Balaguer; verschijning van *Poesías completas* van Antonio Machado en *Romancero gitano* van Federico García Lorca.

1929 Koning Alfonso XIII ontslaat Primo de Rivera.

1930 Pact van San Sebastián; Niceto Alcalá Zamora tot president benoemd van de Tweede Republiek; publicatie van *La rebelión de las masas* van José Ortega y Gasset.

1931 Koning Alfonso verlaat Spanje; de grondwet van 1931 legaliseert echtscheiding, bedingt landhervormingen en bepaalt dat Spanje geen katholiek land meer is. Links wint de verkiezingen, kerken en kloosters gaan in vlammen op.

1933 Oprichting Falange door José Antonio Primo de Rivera, zoon van de afgezette dictator.

1933 Verkiezingsoverwinning van de rechtse CEDA van Gil Robles en de radicalen van Alejandro Lerroux.

1934 Onderdrukking van de Asturiaanse mijnwerkers en de Catalaanse separatisten door generaal Francisco Franco.

1936 Het linkse Frente Popular wint verkiezingen; Manuel Azaña president; een aantal generaals, onder wie Franco, staat op tegen de republiek. Italië, Hitlers Duitsland en Portugal steunen de rebellen; de republiek zoekt steun bij Frankrijk en de Sovjet-Unie; begin burgeroorlog.

1938 Niet-aanvalsverdrag tussen Hitler en Stalin bevordert de zaak van de rebellen onder leiding van generaal Franco.

1939 Einde van de vierde burgeroorlog; grondwet 1931 opgeheven; Spanje is weer een katholiek land onder de Movimiento, de enige toegestane partij.

1940 Hitler ontmoet Franco aan Frans-Spaanse grens; Spanje blijft officieel neutraal in Tweede Wereldoorlog.

1942 Publicatie van *La familia de Pascual Duarte* van Camilo José Cela.

1943 Franco ontmoet don Juan, de zoon van de in 1941 te Rome overleden Alfonso XIII.

1945 De republikeinse regering in ballingschap vestigt zich in Frankrijk en keert de publieke opinie tegen het Spanje van Franco.

1947 Pierre Vilars marxistische *Histoire de l'Espagne* wordt de nieuwe gids van de hispanofielen buiten Spanje; Juan en Eva Perón bezoeken Franco in Madrid.

1950 Washington zoekt toenadering tot Spanje in het kader van de Koude Oorlog.

1953 Concordaat met Vaticaan; opmars van Opus Dei ten nadele van de Falange.

1955 Spanje treedt toe tot de UNO; nieuwe ontmoeting van Franco met don Juan; diens zoon Juan Carlos studeert aan de militaire academie van Zaragoza; de dichter Blas de Otero publiceert *Pido la paz y la palabra*.

1956 Protestbewegingen onder studenten van de universiteit van Madrid.

1959 Oprichting Baskische vrijheidsbeweging ETA, die in de komende decennia honderden mensen zal vermoorden; de Amerikaanse president Eisenhower naast Franco toegejuicht door Madrilenen.

1962 Juan Carlos huwt de Griekse prinses Sofía; Spanje zoekt toenadering tot de Europese Economische Gemeenschap (EEG); Opus Dei bepleit economische planning.

1966 Nieuwe wet matigt censuur op pers.

1968 Studenten in Madrid, Barcelona en Bilbao willen autonome universiteiten; Juan Carlos benoemd tot opvolger van Franco.

1969 Affaire Matesa: eerste grote economische schandaal.

1970 Universiteiten gesloten; Charles de Gaulle spreekt in Madrid zijn bewondering uit voor Franco.
1973 ETA vermoordt Carrero Blanco, de rechterhand van Franco.
1975 Franco sterft; Juan Carlos I koning van Spanje.
1977 Verkiezingsoverwinning christelijke UCD; communistische partij weer toegestaan; peseta devalueert met 20%.
1978 Nieuwe grondwet maakt van Spanje een constitutionele monarchie met grote mate van autonomie voor de delen van het land.
1979 Nieuwe overwinning UCD onder Adolfo Suárez.
1981 Aanslag op Cortes door falangistische kolonel Antonio Tejero; het schilderij 'La Guernica' van Pablo Picasso arriveert uit New York in Madrid en wordt bijgezet in het Prado.
1982 Verkiezingsoverwinning van socialisten onder leiding van Felipe González.
1985 Spanje treedt samen met Portugal toe tot de Europese Gemeenschap.
1986 Spanje treedt toe tot NATO, ondanks een aanzienlijk aantal nee-stemmers.
1992 Vijfde eeuwfeest van de ontdekking van Amerika; wereldtentoonstelling te Sevilla; Olympische Spelen in Barcelona; Madrid culturele hoofdstad van Europa.
1996 Gehavend door corruptieschandalen en beschuldigd van financiering van terroristische anti-ETA-organisatie, verliezen de socialisten de verkiezingen; met de Partido Popular van belastinginspecteur José María Aznar begint een gematigd rechtse periode.

Register